일본의 방송제도

放送槪論

카타오카 토시오 지음/이창근·김광수 옮김

한울
아카데미
1994

COPYRIGHT ⓒ 1988 by Toshio Kataoka.
Original Japanese edition published by Japan Broadcast
Publishing Co., Ltd., Tokyo. All rights reserved including
the right of reproduction in whole or in part in any form.

이 책은 (株)日本放送出版協會(東京)와 도서출판 한울(서울
특별시 서대문구 창천동 503-24)간의 放送槪論 한국어판 번
역본 협약에 의거하여 번역·출판되었습니다.

増補改訂

放送概論
制度の背景をさぐる

片岡俊夫

日本放送出版協會

발간사

　방송문화진흥회는 1988년 국회입법으로 제정된 '방송문화진흥회법'에 의해 창설된 법정단체입니다. 또 방송문화진흥회는 (주)문화방송의 주식 70%를 정부로부터 출연받아 동 주식을 정부나 외부의 간섭 없이 독자적으로 운용함으로써 문화방송의 독자성과 공정성을 보장하는 역할을 하고 있습니다.

　방송문화진흥회는 1988년 창설 이래 국민으로부터 주어진 문화방송 관리·감독의 역할을 수행하는 한편, 법정 방송문화진흥단체로서의 임무 수행을 위해 각종 조사연구 사업과 심포지엄 개최 및 지원, 국내 최초의 『방송대사전』, 『한국방송총람』 간행, 민족문화진흥사업인 '축전곡 제정'과 '한민족 마당춤 제정' 등 다양한 진흥사업을 펼쳐 왔습니다.

　『방송문화진흥총서』는 이러한 방송문화진흥사업의 연장선상에서 이루어지고 있는 본회의 주요 사업의 하나로서 1992년 이래 매년 방송관련 해외 우수도서를 엄선하여 번역·출간하는 방식으로 진행되고 있습니다. 특히 국내 출판계의 현실상 번역·출판되기 어려운 도서를 선정한 다음 번역을 지원하여 출간하고 있는바 이 사업이 한국 방송문화의 진흥에 남다른 도움이 되리라고 믿고 있습니다.

　전 세계적으로 진행되고 있는 방송기술의 급속한 발전과 사회문화적 환경의 변화 속에서 우리의 방송환경이나 구조도 엄청난 변화를 겪고 있습니다. 이러한 변화의 흐름에 대응해야 하는 국내 방송인들에게 『진흥총서』가 보탬이 되기를 바라며, 성실히 번역에 임해준 분들과 어려운 여건 속에서 출판에 응해준 출판사 관계자 여러분께 감사드립니다.

1994.10.
放送文化振興會 理事長 趙完圭

역자 서문

가깝고도 먼 나라로 묘사되는 일본. 그 일본의 방송제도에 대하여 흔히들 이야기하면서 정작 그 제도에 관한 종합적이고 체계적인 이해를 도울 만한 소개가 이루어지고 있지는 못하였다. 간헐적으로 자료가 인용되지만 그러한 자료도 단편적이고 피상적으로 제시되고 정작 의미 있는 정보로서 기능하는 경우를 찾기란 어렵다.

이러한 상황에서 역자들은 마침 일본의 방송제도를 조망할 수 있도록 소개한 카타오카 토시오(片岡俊夫)의 책을 발견하게 되었다. 『放送槪論』은 일본의 주요 방송법이 제정된 배경과 주요 조항을 설명하고 있을 뿐만 아니라 방송제도가 지닌 의미도 기술하고 있어서 일본의 방송 상황을 아는 데 적격이라고 생각되었다. 비록 개론서이긴 하지만 방송연구자가 항상 참고할 수 있는 기본적인 논리와 자료를 제공하고 있어서 현업인을 비롯하여 방송연구자에게 조그만 도움이 될 것으로 기대한다. 그리고 원서에는 빠져 있으나 부록에 삽입한 「일본민간방송연맹 방송기준」을 참고하기 바란다.

마지막으로 이 번역서를 지원해주신 방송문화진흥회에 감사드린다. 아울러 부록정리를 도와준 광운대학교 신문방송학과 학생들과 교정과 출판을 맡아주신 도서출판 한울 여러분에게도 고마움을 전한다.

1994. 10.
이창근·김광수

개정에 즈음하여

　1988년 많은 분의 협력으로 이 책을 출판한 지 2년여가 경과하였다. 이 책은 1987년 저자가 동경대학 신문연구소에서 행한 『방송론Ⅰ』의 강의를 기초로 한 것으로, 출판한 목적은 우선 이 분야에 대하여 공부하고자 하는 학생들에게 총괄적인 개설책을 제공하고자 하는 데 있었다. 그리고 이와 함께 방송분야에서 활약하고 있는 방송인들이 방송법제에 관하여 연구할 경우에도 참고로 활용되기를 바라는 생각에서였다.

　그러나 이 책이 출판된 뒤, 의도한 독자 외에 방송 이외의 영역에서 활약중인 인사와 이웃 나라의 방송관계자, 유학생들도 이 책을 이용하고 있다는 소식을 듣게 되었다. 이는 저자에게는 아주 큰 기쁨이었다.

　그리고 이와 같이 많은 사람이 이용하고 있는 가운데 이 책의 개정 여정에 관한 질문도 많았다. 이는 초판 발간 후 매년 방송법이 개정되었기 때문이다.

　최근과 같이 급격한 변화 속에 있는 방송계와 관련 방송법제에 관하여 항상 현상에 맞도록 개설서를 개정하는 데는 많은 어려움이 있으나 개설서의 필요성을 역설했던 한 사람으로서 이제 초판 발행 후 2년 사이에 일어난 변화를 중심으로 개정판을 내놓음으로써 이 책을 이용하거나 이용하고자 하는 분들께 책임을 다하고자 한다.

　이번의 개정에서도 과분한 서문을 써주신 전 내각법제국 장관인 吉國一郞 선생께 깊은 감사를 드린다.

또한 방송법제를 함께 연구하고 있는 野口育彦, 渡辺三鶴, 黑川次郎, 大塚壽, 山本博史의 도움을 받았으며, 이번에는 飯田昌雄의 도움도 받았다. 일본방송출판협회로부터는 처음 출간 때부터 많은 도움을 받았는데 이번 개정에서 또 무리한 부탁을 하게 되어 깊은 감사를 드리고자 한다.

1990년 2월 12일
片岡俊夫

서문

　일본 방송이 大正 14년 3월 사단법인 동경방송국에 의해 개시된 지 60여년, 2차 세계대전 후 방송법과 전파법이 제정되어 일본 방송의 기본체제가 확립된 지는 40여 년 가까운 세월이 흘렀다. 이 동안 방송은 비약적인 발전을 하여 오늘날에는 일상생활에서 불가결한 존재가 되었다.
　방송 및 이를 근본으로 하는 방송제도의 위상은 국민에게 중요한 관심이 되어 있으므로 전국에 걸쳐 풍요롭고 월등한 방송이 행해지길 기대할 뿐만 아니라 방송제도가 항상 훌륭하게 되기를 희망하는 것은 당연하다.
　본인은 30여 년간 NHK에서 방송법제에 종사하여 방송제도를 연구하였는데 1987년 봄 퇴직할 때 동경대학 신문연구소의 당시 소장 竹內郁郞으로부터 『방송론Ⅰ』의 강의 의뢰를 부탁받고 內川芳美 교수 및 兒貌和人 교수로부터 수업에 관한 구체적인 조언을 받았다.
　진작부터 본인은 자신의 담당업무가 끝나게 되면 이를 모아 정리하고 싶다는 생각이 있었으므로 이 기회를 활용하고 싶었다. 그리하여 강의는 1987년 10월 1일부터 14회에 걸쳐 이루어졌고 이 동안 수강생에게 강의안을 기초로 종합 정리하겠다는 약속을 하였다.
　금년 출판은 무엇보다 학생과의 약속을 지키는 것이지만, 이외에 방송 관련 분야와 방송법제를 연구하는 여러분을 위해 오랫동안 이 분야를 담당한 사람으로서 조금이나마 유익한 자료를 남기고 싶다는 마음에서 비롯된 것이다.

서문 9

  집필에서는 물론 객관적인 소개에 치중하고 있지만, 의견에 해당되는 부분에 있어서는 개인적인 면도 있다는 점을 미리 양해하기 바란다.
  본인은 현재까지 업무 관계상 각 분야의 많은 사람으로부터 직접 조언을 받을 기회가 많았으며, 이 점이 책을 쓰는 데 귀중한 지침이 되었기에 깊은 감사를 드린다. 그리고 이같은 기회를 얻을 수 있게 된 것을 NHK의 상사, 선배, 동료의 배려에 의한 것이라고 생각한다.
  이 책을 출판하면서 元內閣 법제국 장관인 吉國一郞 선생으로부터 과분한 서문을 받게 되어 진심으로 감격하고 있다.
  또한 이번 발행에 있어서 오랫동안 방송법제에 대하여 연구를 지속한 野口育彦, 渡辺三鶴, 黑川次郞, 大塚壽, 山本博史에게 내용검토, 문헌전망, 집필, 색인작성 등에 협력을 구했다.
  마지막으로 방송법제에 관한 출판이 실현된 것은 일본방송출판협회의 이해와 협력이 있었기 때문이다. 심심한 감사를 드린다.

1988년 4월
片岡俊夫

차례

역자서문 5
개정에 즈음하여 6
서문 8

제1장 방송의 기초적 문제 13
　1. 방송의 특성과 사회적 기능　13
　2. 방송체제에 관한 문제　19
　3. 전파의 사용과 방송 사업　24

제2장 일본 방송사업자간의 기본관계 32
　1. 일본 방송사업자의 현황　32
　2. NHK와 민방의 기본관계　38

제3장 NHK에 관한 문제 53
　1. NHK의 역할과 성격　53
　2. NHK의 업무　62
　3. NHK의 경영기구　73
　4. NHK의 경영 재원　80
　5. NHK에 대한 공공규제　91

제4장 국제방송의 현상과 과제 99
　1. 방송분야에서의 국제활동　99
　2. 국제방송의 현황　102
　3. 각국의 국제방송　108
　4. 국제방송의 과제　108

제5장 민간방송에 관한 문제 ……………………………………………… 116
　1. 현황 116
　2. 민방의 지역성과 수신 격차의 시정 118
　3. 민방의 경영재원 124
　4. 민방과 방송국 면허 126

제6장 교육방송에 관한 사항 ……………………………………………… 134
　1. 교육방송에 관련된 진행 134
　2. 방송과 대학교육 138

제7장 방송 프로그램 편집의 자유와 책임 ……………………………… 148
　1. 표현의 자유와 알 권리 148
　2. 방송 프로그램 편집의 자유와 프로그램 편집준칙 154
　3. 광고 방송에 관한 규정 166
　4. 재해(災害)방송에 관한 규정 166
　5. 편집권과 내부적 자유에 관한 문제 167
　6. 방송 프로그램과 방송 행정 170

제8장 시청자에 관한 문제 ………………………………………………… 178
　1. 방송과 시청자 178
　2. 현행 법제와 방송에의 접근(access) 180
　3. 사설방송과 그에 따른 반론 184
　4. 송신자와 수신자의 상호관계 187
　5. 방송수신의 개선 191
　6. 방송 프로그램 센터 193

제9장 방송사업과 고도 정보사회 196
   1. 사회환경의 변화와 방송사업 196
   2. 방송 관련 뉴미디어 202
   3. 기존 제도에의 영향과 이후의 전개 209

제10장 위성방송의 동향 215
   1. 방송위성의 개발과 실용화 215
   2. 방송위성의 장점 221
   3. 소유·관리·이용의 기본 관계 224
   4. 향후 이용 주체의 존재방식 229
   5. 통신위성에 따른 방송 서비스 240
   6. 방송위성의 국제적 상황 245

제11장 CATV에 관한 문제 258
   1. CATV의 역사 258
   2. 현재까지의 정책 261
   3. 이후의 새로운 전개 264
   4. 유선 텔레비전 방송법의 검토 270
   5. 외국의 CATV 275

제12장 전파에 관한 규율과 방송 행정조직 282
   1. 전파에 관한 국제 및 국내 규율 282
   2. 방송 행정조직 292

부록 1: 방송제도 관계문헌(1990년 11월 증보) 295
부록 2: 방송법 342
부록 3: 전파법 377
부록 4: 일본민간방송연맹 방송기준 396

제1장 방송의 기초적 문제

1. 방송의 특성과 사회적 기능

방송을 주로 제도론의 관점에서 연구해 보고자 하는데, 방송의 기초적인 문제를 개괄적으로 설명하기에 앞서, 우선 현대인의 생활에 불가결한 존재가 되고 있는 방송의 특성과 그 사회적 기능부터 생각해 보기로 하겠다.

(1) 방송의 특성

현재, 신문, 잡지, 서적, 영화, 방송 등 많은 매스미디어가 우리의 일상생활 속에서 제각기 역할을 수행하고 있으나, 방송은 전파(電波)를 매개로 하는 대중매체로서 인쇄매체나 비인쇄매체 중에서도 영화 등과는 다른 고유한 특성을 갖고 있다.[1] 즉 방송은 전송 매체로서 전파를 사용하는 것에서부터, 전파의 물리적 특성이 방송의 전송 면에서 특성으로 뚜렷이 나타나고 있는데 즉시성(卽時性)과 광파성(廣播性)이 바로 그것이다.

우선, 즉시성 면에서 보면, 방송국이 발사한 전파는 삽시간에 즉시 시청자에게 도달된다. 이 경우, 송신과 수신이 같은 시점에서 이루어질 수 있기 때문에 이러한 현상을 방송의 동시각성(同時刻性)이라고도 말한다.

광파성에 관해서 보면, 방송은 전파에 의해, 동시에 같은 내용을 광범한 지역에 전달할 수 있는데, 이것은 단위 시간당 전송 경비를 크게 저렴하게 하는 효율성과도 관계가 있다. 이 점은 앞으로 고도의 정보사회에서 벌어질 매체 경쟁에서 방송이 우위를 확보할 수 있는 하나의 특성이 될 수 있다. 한편, 이와 같이 넓은 지역에 있는 사람들이 같은 내용을 향유하는 것을 방송의 동시성(同時性)이라고 부르는 견해도 있다.

이밖에도 전송 면에서 방송의 특성에는 일회성(一回性), 일방향성(一方向性), 시간성(時間性) 등을 생각해 볼 수 있다.

일회성이란 최근까지 방송에 기록성이 없어 한 번 시청할 기회를 놓치면 재방송 외에는 시청이 불가능한 성질을 가리키나, 이러한 특성은 녹음이나 녹화 기술의 진보에 의해 보완되고 있는 중이다. 또, 텔레비전 다중(多重)방송과 같이 수시로 이용할 수 있는 뉴미디어도 출현하였다. 일회성과 관련해서 방송의 정시성(定時性)을 특성의 하나로 꼽는 견해도 있으나, 이것을 방송국 측이 정한 시간에만 시청할 수 있다는 특성으로 본다면 일회성과 같은 견해로는 볼 수 없을 것이다.

일방향성은, 유선방송을 포함해 생각하면, 앞으로 쌍방향형 CATV의 보급에 의해 그 성질이 보완될 수도 있으나, 방송 전파의 본질에서 생기는 것으로 생각해야 할 것이다.

다음 시간성에 대해 살펴보면, 방송은 전파를 매체로 하여 시간과 함께 표현돼 전달되는 것이기 때문에 시간적으로 변화하는 사물과 현상을 동시에 중계하는 능력이 뛰어나다. 따라서 시간성은 방송이 음악이나 연극 등의 시간예술을 전송하는 데 적합한 성질을 갖고 있다라는 점에서 본 견해이다. 이에 대해 인쇄 매체는 그림 등의 공간예술에 적합한 것으로 지적된다. 이와 같이 시간적으로 변하는 사상(事象)을 동시에 전송하는 능력을 들어 이 점을 방송의 동시성으로 보는 견해도 있다.

위에서 살펴본 방송의 특성은 전파를 전송 매체로 하는 전송 측면에서 파악한 것인데 방송의 특성을 시청자의 수용 측면에서도 몇 가지 생각해 볼 수 있다. 즉 라디오나 텔레비전 방송은 유아로부터 노인에 이르기까지 일상생활에서 스피커와 브라운관에 의해 쉽게 향유될 수 있는데, 이러한 수용 형태로부터 일상성, 현실성, 소구성(訴求性), 침투성 등을 방송의 특성으로 들 수 있다.

이와 같은 전송 측면, 수용 측면에서의 방송의 특성들은 서로 결합하여 방송이 갖는 강대한 사회적 영향력의 기초를 이루고 있다.

또한 이에 덧붙여 방송이 매개로 이용하는 전파는 사회, 경제 활동에 널리 이용되며, 수요에 비해 유한(有限)하고 희소(稀少)하다는 사실 그리고 전파를 무질서하게 사용하면 전파의 특성상 혼신(混信)이 생겨 그 기능이 발휘되지 못한다는 사실은 방송의 특성을 생각할 때 고려해야 할 중요한 사항들이다. 따라서 전파의 사용은 그 본질상 일정한 법률 하에서 이루어질 것이 요구된다.

(2) 방송의 사회적 기능

1) 방송의 다양한 기능

방송은 지금까지 살펴본 특성과 함께 현대 생활에서 다양한 사회적 기능을 수행하고 있다. 이 사회적 기능을 개괄해 보면, 사람들에게 나라 안팎의 정치, 경제, 사회 등에 관한 정보를 보도하는 것에서부터, 건전한 시민 생활의 형성에 기여하고(보도 기능), 교육, 문화에 관한 프로그램을 통해 문화 수준의 향상에 도움을 주며(교양·교육적 기능), 예능, 오락을 제공하여 일상생활의 윤활제가 돼 주는(오락적 기능) 등의 기능을 수행한다. 또한 민간 방송의 경우는 광고매체를 통해 직접 경제의 발전을 위한 기능(광고 기능)도 수행한다.

여기에 덧붙여, 현행 일본 방송법은 텔레비전 방송사의 경우, 일본 국내 방송 프로그램을 편성할 때 교양 프로그램과 교육 프로그램, 보도 및 오락 프로그램 등을 만들어 반드시 이들 프로그램간에 상호 조화를 이루도록 규정하고 있다(방송법 제3조의 2 제2항: NHK의 중파방송, FM방송에도 준용됨－제44조 제3항). 이것은 방송법이 유한 희소한 전파를 사용하는 방송이 교양 기능, 교육 기능, 보도 기능 및 오락 기능을 조화 있게 발휘할 것을 기대하고 있기 때문이다.

2) 송신자 상황

이상과 같은 다양한 기능을 가지고 있는 방송이 송신자인 방송사업자에 의해 실제로 어떠한 편성 상황 하에서 이루어지고 있는가를 일괄해 보면 다음과 같다. 최근 NHK 및 민간 방송의 텔레비전 방송의 경우를 보면 다음과 같다.[2]

NHK 총합 텔레비전 방송(1989년):
1일 평균 방송시간 19시간 3분
프로그램 편성 비율: 보도 45.6%, 교육 10.7%, 교양 22.9%, 오락 20.8%

NHK 교육 텔레비전 방송(1989년):
1일 평균 방송시간 18시간 2분
프로그램 편성 비율: 교육 79.7%, 교양 17.0%, 보도 3.3%

민간 방송(1989년 10월부터 12월 평균)
1일 평균 방송시간 19시간 42분
프로그램 편성 비율: 보도 18.2%, 교육 12.1%, 교양 24.8%, 오락 43%,
광고 0.9%, 기타 1.0%

3) 수용자 상황

다음, 방송을 수용자가 어떻게 받아들이고 있는지를 몇 개의 조사를 통해 보기로 한다. 우선 국민 전체 생활시간 중에서 방송의 시청상황을 보자(「국민생활시간조사」).

국민생활시간조사: NHK가 1985년에 실시한 「국민생활시간조사」에 의하면, 일본 국민의 평일 라디오 청취시간은 32분(1980년에 비해 7분 감소), 텔레비전 청취시간은 2시간 59분(1980년에 비해 18분 감소)이다. 라디오, 텔레비전 모두 시청시간이 감소하고 레저활동이나 교제에 투자되는 시간이 증가하고 있다. 그러나 일본인의 생활시간에서 TV 시청시간은 예전과 같이 큰 몫을 차지하고 있다(동 조사는 5년마다 실시되고 있다).[3]

다음, 텔레비전의 사회적 기능을 구체적으로 파악하기 위해 NHK가 1990년 3월에 실시한 「일본인과 텔레비전」을 보면, <표 1>에서 보는 바와 같이 텔레비전은 '세상의 사건과 동향에 대해 알게 된다'와 '정치·사회 문제를 생각한다,' '생활과 여가에 관한 정보를 얻는다'의 항목에서 다른 매체를 앞서고 있으며, 또한 '피로를 풀고 즐긴다'는 항목에서도 높은 평가를 받고 있다(「일본인과 텔레비전」, 1990).[4]

<표 1> 제일 도움이 되는 매체(단위: %)

	1위	2위	3위
피로를 풀고 즐긴다	TV(35.4)	가족(17.3)	친구(15.3)
교양을 익힌다	책(28.0)	TV(24.8)	신문(24.3)
생활과 여가에 관한 정보를 얻는다	TV(44.1)	신문(18.4)	친구(11.4)
세상의 사건과 움직임을 알게 된다	TV(66.0)	신문(25.4)	라디오(3.1)
정치와 사회문제를 생각한다	TV(52.4)	신문(36.8)	라디오(2.2)

또한 같은 조사에서, 텔레비전과 일상생활의 관계를 질문하였을 때, <표 2>에서 보는 바와 같이 '매일의 생활에 없어서는 안될 정보를 얻을 수 있다,' '가족과 함께 있는 시간에 단란함을 더해 준다'라는 항목에서 특히 높은 평가

를 받고 있다.5)

<표 2> 텔레비전과 일상생활의 관계

"텔레비전과 귀하의 생활과의 관계에 관해 여쭈어 보겠습니다. 리스트의 A부터 D에 관해 '그렇게 생각한다'라든지 '그렇게 생각하지 않는다'로 응답해 주십시오."

	그렇게 생각한다	그렇게 생각하지 않는다	어느 쪽이라고 말할 수 없다	모르겠다 무응답
매일 생활에 필요한 정보를 얻을 수 있다	75.0%	15.6%	7.7%	1.6%
매일의 생활에 습관과 리듬이 생긴다	38.2%	46.3%	12.8%	2.6%
생활방식과 행동에 본보기가 된다	42.5%	36.8%	18.0%	2.7%
가족과 함께 있는 시간에 단란함을 더해준다	67.4%	18.7%	11.4%	2.4%

자료:「일본인과 텔레비전」, 1990.

이같은 조사는 방송매체가 가지는 보도와 오락 기능이 일상생활에서 높은 효용을 발휘하고 있음을 여실히 보여주고 있다.

이상으로 방송의 특성과 사회적 기능에 관해 살펴보았다. 지금까지 말한 바와 같이, 방송은 유한 희소한 전파를 매체로 하여 다양한 사회적 기능을 수행하고, 오늘날 국민의 일상생활에서 불가결한 존재가 되었다는 의미에서 방송은 공공성(公共性)이 매우 높다 하겠다.

이와 같이 대중매체인 방송의 특질은 방송의 특성, 다양한 사회적 기능, 불가결성, 공공성을 총체적으로 파악하지 않으면 안된다.

2. 방송체제에 관한 문제

(1) 방송체제의 형태

 국민생활에 불가결한 존재이며 공공성이 높은 방송의 효용을 최대한 발휘하도록 하기 위해, 과연 어떠한 방송체제를 택할 것인가?
 세계 각국의 방송체제를 살펴보면, 각기 그 나라의 역사, 전통, 정치, 경제 등의 상황에 차이가 있으며, 그 영향을 받아서 방송체제에도 여러 종류의 형태가 있다.[6]
 이를 대별해 보면 첫째, 이른바 국영방송만 있는 나라가 있다. 동유럽의 경우 소련, 체코슬로바키아, 폴란드, 루마니아 등이 여기에 해당하며, 아프가니스탄, 인도, 이라크, 이집트 등에도 국영방송만이 있다.
 다음으로, 소수 국영 방송국이나 공영 방송사가 있지만 압도적으로 상업방송사가 강한 나라로 미국, 멕시코 등이 있다.
 이 두 가지 형태 중간에 국영 방송사와 상업방송사, 공공적 기업체와 상업적 기업체의 병존체제를 채용하고 있는 나라가 있다. 병존의 형태는 다양하지만, 일본, 영국, 캐나다, 오스트레일리아 등이 그 대표적 국가들이다.[7]

(2) 각국의 현황

 여기에서 몇 나라의 방송제도를 개별적으로 살펴보기로 하겠다.
 소련은 국영 체제로 소련 텔레비전·라디오방송 국가위원회가 운영한다. 소련에는 1990년 8월부터 '신문·잡지 및 기타 매스미디어에 관한 법률'이 시행되어 언론의 자유와 검열의 금지를 명확히 하였으며 국가기관과 각종 단체 및 개인이 대중매체를 설립할 수 있는 권리를 규정하였다. 또한 같은 해 7월에는 '방송의 민주화와 발전에 관하여'라는 대통령령이 포고되었는데, 이 법률은 위에 언급한 매스미디어에 관한 법률에서 다룰 수 없는 텔레비전과 라디오에 관한 방송 법안을 연내에 만들어 최고회의에 제출하도록 정부에 명하였다. 또, 이 대통령령은 공화국, 지방, 각 주의 TV 라디오위원회의 권리를 확대하였으며, 방송국에 대한 연방정부의 관리권 등에 관한 생각도 더 명확해졌다고 알려지고 있어 앞으로의 개혁이 주목되고 있다. 현 체제는 구소련과 거의 비슷한 체제로 운영되고 있으나, 최근의 급격한 정치, 경제 정세의 변화로 방송체제가 어떻게 될 것인지는 매우 유동적이다.[8]

미국은 겉으로는 라디오와 텔레비전 모두 상업방송과 공공방송(Public Broadcasting)의 2원체제를 이루고 있지만, 상업방송이 압도적으로 강하다. 미국 방송의 중심을 이루는 방송사는 ABC, CBS, NBC의 3대 네트워크이다. 이에 대해, 공공방송은 공공방송협회(CPB), 텔레비전전국네트워크(PBS), 라디오전국네트워크(NPR)와 각 지역의 공공방송국으로 구성되어 있다. 미국 방송제도의 근저에는 경제적인 경쟁에 의해 언론의 다양성이 확보되고, 방송 서비스는 시장 메커니즘에 맡김으로서 원활하게 제공할 수 있다는 사고방식이 깔려 있다. 이러한 생각 하에서 운영돼 온 미국의 라디오와 텔레비전은 매우 번창하였으나 한편에선 지식인들이 공공방송의 필요성을 강하게 지적하는 상황에 처하게 되었다. 그리하여 1967년 '공공방송법'이 성립되고 상업·공공의 2원체제를 일단 갖추게 되었으나, 공공방송은 항시 재정난에 빠져 있다.[9]

독일은 90년 10월 동서독의 통일이 이루어졌으나, 통일 전의 서독에 관해 먼저 살펴보자. 서독에선 방송이 매우 공공성이 높은 사업으로 취급되어 이를 위한 공공적 규제의 필요성이 인정되어 왔다. 1961년 연방 헌법재판소의 소위 '제1차 방송 판결'에 의해 명시된 "고려할 수 있는 모든 세력이 그 조직 속에 영향력을 가지며, 모든 프로그램에 대해 발언의 기회를 가진다"는 생각 하에 내부 감독기관에 의한 내부적 다원성의 원리를 확립하는 것을 필수로 여겨왔다. 근년에 CATV, 위성방송의 출현 등과 더불어 방송의 존재방식에 대해 논의가 진행되고 있으며 86년 11월에는 '제4차 방송 판결'에 의해 공공방송이

'기본적인 서비스의 공급(Grundversorgung)' 역할을 수행하는 것을 전제로 사영 방송을 허용하자는 의견이 대두됐다. 그리하여 1987년 4월, 이른바 미디어 협정이라고 불려지는 '방송제도의 재편성에 관한 주간(洲間) 협정'이 각 주 사이에 조인되어 서독에서도 공공·사영의 2원방송체제가 본격적으로 실현되게 되었다.10) 통일 후 독일의 방송체제에 관해서는 서독 체제가 중심이 되어 형성될 것으로 예측되고 있는데, 이를 지금 논하는 것은 성급한 감이 있으므로 이 책에서는 통일 전의 서독에 관해 기술하기로 한다.

프랑스의 경우는, 일찍이 프랑스 방송협회가 1975년 7개로 분할되고 1982년에는 10개의 사업체로 되었다. 이 10개 공공 사업체 가운데, TF1(프랑스 텔레비전 1-프랑스 방송협회의 제1TV를 물려받아 운영돼 온 공공방송 사업체)를 민영화하고, FMI(프로그램 판매회사)를 폐지하였으나, 새로이 위성방송(유럽문화채널)을 위해 SEPT가 설립됐다. 프랑스의 방송사정은 정치정세와 얽혀 있어 매우 유동적이다. 텔레비전은 민간의 3개 회사(TF1, 라 셍크, M6)와 지상 유료TV(Canal Plus) 및 2개의 공공방송(France1, 2) 체제로 돼 있으며, 여기에 위성방송이 가세해 경쟁이 격화될 것으로 예상된다.11)

영국의 방송은, 라디오, 텔레비전 모두 현재는 공공방송(BBC)과 상업방송(ITV)에 의해 운영되고 있다. 그러나 영국의 방송 사업은 공공서비스로 간주되어 제2차 세계대전 후 도입된 상업 텔레비전도 공공서비스로 간주되고 있다. BBC의 경우는 특허장(Royal Charter)과 무선전신법에 기초한 면허협정서에 의해, ITV는 방송법(Broadcasting Act)과 정부가 부여한 면허서에 의해 운영되고 있다.

영국은 지금까지 BBC 특허장의 기한이 다가올 때마다, 그 이후 10년 내지 15년간의 방송의 존재양태에 관해 총체적으로 조사하여 보고서를 만들고 정부는 이 보고서를 참고로 하여 시책을 결정해 왔다. 이 보고서는 영국은 물론 세계의 방송계에도 귀중한 자료가 되었으며, 최근에는 방송의 장래에 관한 위원회(이후, 아난위원회라고 함) 보고서가 1977년 작성되었다.

또 이와는 별도로 영국정부는 최근 BBC의 재정난 타개책을 위한 자문을 BBC 재원에 관한 조사위원회(이하, 피코크위원회라 함)에 의뢰해 1986년 동위원회로부터 보고서가 발표되었다. 이 보고서에 의하면, 관련 방송기술의 발달에 따른 광섬유의 활용을 포함하여 다채널화가 실현되고 전파의 유한 희소성이 극복되어 장래에는 소비자주권에 바탕한 시장원리에 의한 방송시스템(소비자가 많은 프로그램 공급원으로부터 좋아하는 프로그램을 직접 구입할 수 있는 시스템)의 완성을 목표로 하고 있다. 또한 이를 위해 3단계를 설계, "Pay-per-View"에 의한 유료 텔레비전을 실현할 것을 제언하고 있다. 혁신적인 내용의 피코크위원회 보고서를 검토한 영국 정부는 1988년 11월, 방송백서「90년대의 방송－경쟁·선택·프로그램의 질」로 발표하였다. 이 백서에서 BBC는 수신허가제를 당분간 존속시키고, 장래에 유료방식으로 이행할 것을 기대하며, 상업방송에 관해서는 IBA(Independent Broadcasting Authority: 상업방송사업체)의 개조와 (면허부여 시) 경쟁 입찰제의 도입, 다채널화 규제를 완화한다고 영국정부의 방침을 밝혔다. 그리고 상업방송 개혁법이라고 불리는 방송법안(Broadcasting Bill)이 89년 12월 의회에 제출되었으며 90년 5월에 하원을 통과하였다.

이 법안의 골자를 보면 다음과 같다.

① ITC(Independent Television Commission)를 신설한다(IBA와 Cable Authority를 대체하는 감독기구로서 케이블과 위성을 포함한 상업방송 전반에 면허를 부여한다).
② IBA의 텔레비전 방송을 수행하는 ITV를 채널 3으로 이름을 바꾼다.
③ 채널 4를 개조한다(IBA의 자회사에서 비영리법인으로 독립, 광고방송으로 재원을 충당한다).
④ 채널 5를 신설한다.
⑤ 위성방송에 관한 시책을 마련한다(영국에 할당된 방송위성 주파수를 사용하는 국내 위성방송뿐만 아니라 이 주파수를 사용하지 않아도 영국내에서 일반 수신

을 목적으로 하는 외국 위성서비스에 관해서도 면허를 부여하고 프로그램 내용을 규제한다).
⑥ 지방 텔레비전을 설립한다(케이블과 마이크로파를 이용하여 다수의 지방국의 설립을 가능하게 한다).
⑦ 전국 라디오 네트워크를 신설한다(3국의 면허 부여: 현재는 지방 방송국만 있다).
⑧ 경쟁 입찰에 의해 면허를 교부한다(채널 3, 5, 국내위성 서비스, 지방 텔레비전, 전국 라디오 네트워크의 면허는 경쟁입찰, 면허는 원칙적으로 최고 입찰자에게 부여한다: 예외 인정).
⑨ 면허기간 만료시 프로그램 기준을 만족하면 경쟁입찰에 부치지 않고 면허를 갱신한다.
⑩ 소유권의 제한에 대해, 전국지(全國紙)의 소유자와 EC역외의 기업은 비국내 위성 서비스와 지방 텔레비전 방송국 이외의 TV 면허를 취득할 수 없다고 규정하였다(이 법안은 90년 10월 상원에서 수정을 받아 성립되었다).

또한 BBC의 특허장 기한이 끝나는 1996년에 대비해 BBC에 대한 검토작업이 이루어지고 있는데, 피코크위원장이었던 알란 피코크 교수는 BBC의 수신허가료의 연동제(連動制) 실시를 현행과 같이 1988년부터 3년간에서 7년 정도로 연장하는 동시에 다채널화가 진행되고 있는 와중에서 BBC의 위상을 재검토하도록 요구하고 있다.12)

이상과 같은 외국의 현황에 비춰볼 때, 나중에 자세히 말하겠지만, 일본은 소화(昭和) 25년(1950년)에 성립된 방송법에 의해, 기업성격과 경영재원 면에서 상이한 공공방송과 민간방송의 2원체제가 확립됐다. 이 2원체제가 2차 세계대전 이후 초기 단계에 일찍 발족했던 점이 현재 세계적으로 '공영방송의 위기'가 운운되는 상황에서도 일본이 비교적 안정된 방송체제를 유지해올 수 있었던 요인으로 작용하였다.

3. 전파의 사용과 방송 사업

 방송을 하기 위해서는 전파를 사용할 수밖에 없다. 그러나 전파는 앞에서 말한 바와 같이 그 특성으로서 광파성이 있으며 무질서하게 사용될 때는 혼신을 일으켜 그 효용을 발휘하기가 곤란하게 된다. 따라서, 전파의 사용은 일정한 질서하에 이루어지지 않으면 안된다. 이것은 국내는 물론 국제적으로도 마찬가지여서 전파의 주파수를 분배하고 할당하는 것, 그리고 특정인에게 일정의 조건하에 사용을 인정하는 무선국 면허의 필요성이 대두된다.[13]
 현재, 국제조약으로서는 국제전기통신조약이 있는데 이 조약의 부속조항인 무선통신규칙에 따라 전파의 주파수대를 지역별로 이용형태에 따라 구분하고 있다(일본은 제3지역에 속해 있다). 또, 각국은 그 범위내에서 필요에 따라 지역별로 협의를 거쳐 국내 분배표를 결정한다. 일본은 '주파수 할당원칙'이라는 표를 설정해놓고 있다. 그리고 방송용 주파수에 대해서는 방송국에서 사용 가능한 주파수 및 주파수에 관해 필요한 구체사항을 정한 '방송용 주파수 사용계획'이 마련되어 있어, 이를 기초로 방송국의 면허가 부여되고 있다.[14]
 이와 같이 전파를 혼신 없이 유효하게 사용하기 위해서 국제적으로나 국내적으로 일정의 법률이 필요하게 되는데, 이러한 법률에 의해 우리는 방송을 향유할 수 있게 되는 것이다.

(1) 방송의 규제와 방송의 개념

1) 방송의 규제
 방송사업은 유한 희소한 전파를 사용한다는 사실, 또한 그 사회적 영향력이 강력하다는 점에서 전파·방송법제에 의한 규율 하에 이루어지는 것으로 이해되어 왔다.
 일본에서는 신문, 서적 등의 대중매체에 대해서 2차 대전 이전과 전쟁중에는 있었지만, 전후에는 그 자체를 규제하는 신문지법(新聞紙法), 출판법과 같은 법률은 존재하지 않는다.

이에 반해, 방송에 대해서는 일본 유일의 언론법인 방송법이 존재한다. 물론, 유한하고 희소한 전파를 사용한다는 등의 이유로, 혹은 방송법이 있다고 해서 무한정 규제가 허용되는 것은 아니다. 언론 및 표현의 자유는 민주주의 국가의 존립을 위한 근간을 이루며 일본 헌법의 기본 이념의 하나이다. 따라서, 일본에서 방송이 대중매체의 유력한 수단으로서 그 역할을 수행하기 위해서는 방송에서 표현의 자유를 어떻게 보장하고, 확보해 갈 것인가 하는 것이 방송제도의 기본적·중심적 명제가 된다.

방송법률의 기본이 되는 방송법 및 전파법은 그 법률의 목적을 다음과 같이 정하고 있다.

방송법은 ① 방송을 최대한 보급하고 그 효용을 발휘하며, ② 방송의 불편부당, 진실 및 자율의 보장에 의해 표현의 자유를 확보하며, ③ 방송에 종사하는 자의 직책을 명확히 하여 방송이 건전한 민주주의의 발달에 기여하도록 한다는 3개의 원칙에 따라 방송이 공공의 복지에 이바지하고 방송의 건전한 발달을 도모함을 목적으로 한다. 또한 전파법은 전파를 공평하고 능률적으로 이용하도록 하여 공공의 복지를 증진하는 데 목적이 있다.

이 두 법과 방송의 관계를 알아보면, 일본에서 방송 허가를 원하는 사람은 우선 전파법에 따라 방송국의 면허를 받아야 무선전파를 발사해 방송을 할 수 있다. 또 방송법상의 방송사업자가 되어 방송법의 규제를 받아야 한다. 이것이 소위 하드·소프트웨어 일치의 원칙이다.

이상과 같이 두 법은 밀접한 관련을 맺고 있어, 방송법제, 방송정책을 배우거나 논하는 경우, 방송법뿐만 아니라 방송법과 전파법의 관련에 대해서도 십분 유의하여 연구할 필요가 있다는 것을 여기에서 지적해두고 싶다.

2) 방송의 개념·정의

현행 일본의 방송법, 전파법은 모두 방송에 관해 "공중(公衆)에 의해 직접 수신되는 것을 목적으로 하는 무선통신의 송신"이라고 정의하고 있다(방송법 제2조 제1호. 전파법 제5조 제4항).

국제적으로는 국제전기통신조약부속 무선통신규칙이 방송업무에 관해 "일반공중에 의해 직접 수신되는 것을 전송의 목적으로 하는 무선통신 업무는 음향의 전송, 텔레비전의 전송 또는 타 형식의 전송을 포함할 수 있다"라고 정의되어 있다(무선통신규칙 제1조 3.17).

방송의 정의를 검토하는 것은 형식적인 문제 같으나, 특히 지금부터의 다매체, 미디어 융합의 시대에 있어서는 언론·표현의 자유에 관련되는 방송규제와 규제의 양태를 전혀 달리하는 인접 전기통신 영역과의 경계가 불분명해지고 있어 각별한 의의가 있다.

여기에서 방송법 등에서 말하는 "방송"의 정의에 관해 검토해 보면, 우선 방송은 '공중(公衆)'을 대상으로 하는 통신이다. 공중은 일반적으로 불특정 다수의 사람들을 가리키는 것으로, 복수(複數)의 사람이라도 특정한 사람들이면 공중이라고 말할 수 없게 된다. 특정의 여러 사람들에게 동시에, 동일 내용의 통신을 송신하는 것은 "동보통신(同報通信)"이라고 불러 방송과 구별하고 있다. 또한, '직접 수신되는' 것을 목적으로 하는 통신이므로 다른 방송국에 중계할 때의 통신은 포함되지 않는다. "목적으로 하는" 통신이므로, 송신자의 의도도 요소의 하나가 된다. 다음, "무선통신의 송신"이므로 유선 통신의 송신은 당연히 해당되지 않는다.

이같은 발상에서 지금까지 방송의 영역을 확정해 왔으나, 앞으로 다매체 시대가 진행되면 많은 문제가 발생할 것이다. 예를 들면, 문자 다중(多重) 방송은 방송이지만, 전화회선을 이용한 비디오텍스는 방송은 아니다. 또, 장차 고도의 전기통신 회선망을 통해 넓은 지역에서 화상(畵像)통신이 가능해질 것이라고 하지만, 이것도 방송의 영역 밖에 속한다. 또, 통신위성에 의해 동보형

정보 공급사업이 시작되면 수신자가 설정한 방법에 따라서는 방송과의 구분이 곤란한 사례가 발생한다.15)

앞에서 지적한 바와 같이, 원래, 언론과 표현에 관련된 대중매체의 하나인 방송이 특유한 법적 구속을 받는 이유는, 유한하고 희소한 전파를 이용한다는 것과 사회적 영향력이 강력하다는 사실을 들어 왔다. 그러나, 각종 통신 기술이 발달하게 됨에 따라, 이러한 구속 근거를 다시 생각해 볼 필요성이 나타나게 되었다.

우선 유한 희소성 면에서는, 중파, 단파, VHF TV시대로부터 UHF TV와 FM 방송으로, 그리고 다중 기술의 발달에 따른 음성 다중, 문자 다중 방송과 우주 기술의 발전에 따른 위성방송이 확산되고 있으며, 앞으로 새로운 미디어의 등장도 예상되는 시점에 이르고 있다. 따라서, 유한 희소성은 전체적으로 완화되는 방향으로 가고 있는데, 매체에 따라서는 사정을 달리해야 한다고도 말하고 있다.

사회적 영향력 면에서도, 문자 다중 방송에서는 수용자의 선택이 작용하여 방송의 동시성도 약하고 소구성(訴求性)도 비교적 약화되고 있다.

1987년 4월에 발표된 우정성의 「뉴미디어 시대의 방송에 관한 간담회」(이하, '방정책간담회'로 칭함)의 보고서는 "사용하는 전파의 유한 희소성 및 사회적·문화적 영향력에 있어서, 다양한 변형을 취하는 미디어가 종전의 전형적인 방송 분야의 주변에 출현하고 있다. 그리고 그러한 미디어들이 방송과는 규제의 모양을 전혀 달리하는 일반 전기통신 분야와 방송 사이에 분포하고 있다. 이같은 현상 하에서 종래 전형적인 방송과 전기통신이라고 하는 2원적 행정대응은 바뀌어야만 한다"고 지적하였다.

이 보고서는 전형적인 방송 개념과 현행의 제도적 대응을 한쪽 끝에 놓고, 전형적인 전기통신 개념과 그에 대한 현행의 제도적 대응을 다른 한쪽 끝에 놓은 뒤, 그 양쪽을 잇는 선상에 여러 미디어를 배치, 분류하여 그 특성에 따라 엄격한 법률이나 완화된 법률을 부과하여 빈틈없이 정리해야 한다고 말하

고 있다.16)

또한, 1988년 8월부터 우정성에서 열렸던 「통신과 방송의 경계 영역(境界領域)적 서비스에 관한 연구회」는 평성(平成) 원년(1989년) 2월에 중간보고를 발표하였는데, 이 보고서는 우선, 현행 통신과 방송의 두 영역 외에, 새로이 '경계 영역적 서비스'를 대상으로 제3의 분야를 만들거나 혹은 '방송'의 개념을 재구성해야 할 필요성을 제시하고 있으며, 나아가 당면 시책으로 종래의

<표 3> 최근 일본 우정성이 관계한 주요 조사회

조사회 명칭	중간보고	최종보고	비 고
뉴미디어 시대의 방송에 관한 간담회(방송정책간담회)		1987.4.	88년 방송법, 전파법 개정 관련
방송의 공공성에 관한 조사 연구회	1988.12.	1990.7.	중간보고가 1989년의 방송법 개정 관련
통신과 방송의 경계 영역적 서비스에 관한 연구회	1989.2.		중간보고가 1989년의 방송법, 전파법 개정 관련
방송 라이브러리에 관한 조사 연구회	1989.2.		중간보고가 1989년의 방송법 개정 관련
위성방송의 장래 전망에 관한 연구회	1989.2.		
방송 프로그램의 해외제공 촉진에 관한 조사 연구회	1989.2.		우정성 및 외무성에서 개최
팩시밀리 다중 방송에 관한 조사연구회	1989.3.		중간보고가 1989년의 방송법, 전파법 개정 관련
고도화 시대를 맞은 CATV에 관한 간담회	1989.6.		

통신, 방송 2구분에 따라 경계 영역적 서비스에 대처할 것을 제안하였다. 그리하여, 이 경계 영역적 서비스 가운데 '통신'으로 구분되는 것은 통신, '방송'으로 구분되는 것은 방송으로 발전시켜야 한다고 하였다. 이 중간 보고서를 기초로 하여 같은 해, 하드·소프트웨어 분리방식을 도입하여 통신위성에 의한 방송서비스를 허용하는 방송법 개정이 이루어지게 되었다. 즉 이 보고서는 미래의 다양한 서비스에 대비한 새로운 개념의 구축을 역설하였다.

구미(歐美)의 경우, 앞에서 지적한 피코크위원회는 방송 특유의 규제가 광섬유를 포함하는 다채널의 출현으로 필요 없어질 것을 전망하고 있으며 미국의 FCC(연방통신위원회)도 방송에만 해당되는 공평의 원칙(Fairness Doctrine)을 재래형 방송국의 증가, 뉴미디어의 등장, 그리고 언론의 자유에 지장을 준다는 이유로 1987년 8월에 위헌 결정을 내렸다. 앞으로 이에 대해 강한 이견을 보이고 있는 미국 의회가 어떠한 움직임을 보일 것인가 주목된다.17)

지금까지, 이 장에서는 방송에 관한 기초적 문제에 관해 논하였는데, 사회 전체가 고도의 정보사회를 향한 전환기 속에 있고, 특히 방송 사업에서는 관련 기술의 급속한 발달과 함께 다매체·다채널 시대를 맞게 될 것이다. 이같은 시기에 방송이 민주주의 사회의 근간인 언론·표현의 자유를 중심에 두고 그 공공성을 유지하면서 어떻게 대응해 나갈 것인가를 생각해 보고자 한다.

앞의 <표 3>은 지금까지 이 책의 여러 곳에서 언급된 우정성 관련 주요 조사 회의의 일람표를 보여주고 있다.

■ 주

1. 辻村明, 「放送の機能」, NHK放送學硏究室編, 『放送硏究入門』, 28-32쪽; 藤沼昌次, 「わが國における放送硏究の視點」, NHK放送學硏究室編, 『放送學序説』, 459-484쪽; 秋山隆志郎, 「放送敎育論の考察」, 『NHK放送文化調査硏究年報』(이하 『NHK硏究年報』라고 함) 제30집, 97-102쪽.

2. 『日本放送協會平成元年度業務報告書』, 79쪽; 郵政省編, 『平成2年版通信白書』, 363쪽, 364쪽.
3. NHK放送文化硏究所編, 『國民生活時間調査』(昭和60年度) 7쪽.
4·5. ≪NHK放送硏究と調査≫(이하 ≪NHK放送硏究≫라고 함), 1990년 8월호, 61쪽, 62쪽, 66쪽.
6. F.S. 시버트, T.A. 피터슨, W. 슈람, 『マスコミの自由に關する四理論』, 內川芳美 譯 참조.
7. 日本放送協會 編, 『世界ラジオとテレビジョン 1986』, 46쪽 이하; 동 1988, 21쪽 이하; 『NHKデータブック 世界の放送』(이하 『世界の放送』라고 함), 1990, 175쪽 이하 참조.
8. 『世界ラジオとテレビジョン 1986』, 166쪽; 동 1988, 160쪽; ≪新聞協會報≫ 제2943호, 平成2年 7月24일; ≪NHK放送硏究≫ 1990년 9월호, 45-47쪽; 『世界の放送』, 147-152쪽 참조.
9. 『世界ラジオとテレビジョン 1986』, 214쪽 이하; 동 1988, 201쪽 이하; 山口秀夫, 「アメリカにおける公共テレビの財政とCorporate Uunderwriting」, ≪NHK硏究年報≫ 제32집, 87쪽 이하; 『世界の放送』, 1990, 61쪽, 62쪽 참조.
10. 『世界ラジオとテレビジョン 1986』, 189쪽, 190쪽; 동 1988, 166-167쪽; 石川明, 「公共放送が提起した憲法訴訟」, ≪NHK硏究年報≫ 제32집, 25쪽 이하; 上野正英, 『發足後5年を迎えた西ドイツ民間放送』, ≪NHK放送硏究≫ 1989년 12월호, 14-25쪽. 『世界の放送』, 1990, 28쪽 이하 참조.
11. 『世界ラジオとテレビジョン 1986』, 189-190쪽; 동 1988, 178쪽 이하; ≪NHK放送硏究≫ 1986년 2월호, 52-53쪽; 9월호 44-45쪽; 10월호 58-59쪽; 1987년 4월호, 66-67쪽; 6월호 52쪽; 大谷堅志郎, 「フランス放送界の變貌とその制度的枠組み」, ≪NHK放送硏究≫ 1989년 9월호, 30-43쪽; 『世界の放送』, 1990, 115쪽 이하 참조.
12. 『世界ラジオとテレビジョン 1986』, 133-134쪽; 동 1988, 132쪽; 西谷茂, 「イギリスにおける放送制度改革の提言」, ≪NHK放送硏究≫ 1986년 10월호, 2쪽 이하; 蓑葉信弘, 「放送白書に見る英國の將來像」, ≪NHK放送硏究≫ 1989년 2월호, 18-25쪽; ≪NHK放送硏究≫ 1990년 6월호, 58-60쪽; 7월호 54쪽; 蓑葉信弘, 「英商業放送改革法成立へ」, ≪NHK放送硏究≫ 1990년 9월호, 20-27쪽; 『世界の放送』, 1990, 91쪽 이하 참조.
13. 內川芳美, 「放送における表現の自由」, ≪ジュリスト≫ 增刊總合特輯 5, 『現代のマスコミ』, 49쪽; 浜田純一, 「放送における自由と規制」, 『メディアの法理』, 147-150쪽 참조.
14. 郵政省電波監理局放送部監修, 『新放送總鑑』(電波タイムス社), 23쪽 이하; 蔣宏, 『放送制度論のために』, 21쪽 이하; 今泉至明, 「放送法等改正の槪要」, ≪ジュリスト≫ 增刊, 1988년, 『ネットワーク社會と法』, 170쪽; 池田佳史, 「放送の發展多樣化に對應した新しい放送制度」 당시 법령 1988년 10월 30일호, 27쪽 참조.

15. 『放送政策の展望』(ニューメディア時代における放送に關する懇談會報告書), 45-48쪽(이하『放送政策懇談會報告書』라고 함). 電氣通信振興會刊의 쪽수에 따름.
16. 『放送政策懇談會報告書』, 50쪽.
17. ≪NHK放送硏究≫ 1987년 10월호, 42쪽; 1989년 4월호, 64-65쪽; 內川芳美,『マスメディア法政策史硏究』, 457쪽 참조.

제2장 일본 방송사업자간의 기본관계

1. 일본 방송사업자의 현황

1950년 6월 1일 방송법과 전파법이 시행되면서 공공방송과 민간방송이라는 두 체제의 방송 기본틀이 확립되었다. 그리하여 방송법의 규정에 기초한 일본방송협회(NHK)가 설립되었고 또한 자유로운 사기업으로서의 일반 방송사업자(민간방송)의 실현이 전개되었다.

제2차 세계대전 이전에, 일본 방송은 무선전신법에 기초한 방송용 사설무선전화규칙에 의해 규제를 받았고 이 규제에 따라 1925년 3월 사단법인 동경방송국이 라디오방송을 먼저 시작하였고, 오오사카(大阪)방송국, 나고야(名古屋)방송국에서도 라디오방송이 시작되었다. 이들 세 법인은 1926년 8월 사단법인 일본방송협회로 통합되었다.

사단법인 일본방송협회는 비영리의 전국적 방송사업자로서 1951년 9월 새로운 방송법에 기초하여 민간 라디오국인 중부일본방송(中部日本放送), 신일본방송(新日本放送)이 탄생할 때까지는 NHK 방송이 사단법인 시대로부터 계속되어 온 일본 유일의 방송이었다.

전쟁 이후 일본에서 신헌법에 의해 많은 법률이 폐지 또는 개정되었으며, 방송법에 있어서도 연합국최고사령부(GHQ)의 지도 아래, 사단법인 일본방송협회의 개편과 함께 새로운 관계 법률의 입안이 진행되었다.

GHQ의 사단법인 일본방송협회 개편 방법에 관해서는 당시 입법 작업을 담당했던 장굉(莊宏)의 말을 들어보기로 하겠다.

> 사단법인 일본방송협회는 전국을 그 업무지역으로 한다. 말하자면, 전국민을 시청자로 한 거대한 사업자이고 그 사업의 경영은 즉각적으로 전국민의 이해와 직결된다. 그러나 동 협회는 사단법인으로서 그 구성원이 6,500명 정도의 회원으로 되어 있다. 그 수는 전국민의 시각에서 볼 때 지극히 작은 일부분에 불과하다. 그럼에도 불구하고 적은 숫자의 회원 총회에서 협회의 중요한 사항을 의결하고 이에 따라 협회의 활동이 결정되었다. 이는 부당하다. 당연히 협회는 민주적이고 전국민적 기반에 기초한 공공 기업(public corporation)으로 개편되어야 한다.[1]

이 공공 기관의 개념은 전쟁 후 미국에서 도입된 개념으로 1948년 7월 맥아더 장군의 서한에도 나타나 있다. 이 서한은 국가공무원의 파업 금지를 요청하고, 동시에 국철(國鐵)과 전매국(專賣局)을 공공 기업체로 보아 그 직원은 국가공무원에서 제외하는 지시를 하고 있었다.

이들 국철과 전매에 덧붙여, 이후에 전신전화사업이 공공 기업체로 개편되어 세 개의 공사는 1985년에 민영화될 때까지 계속되었다. 이들 3개 공사는 국가의 특별회계로부터 독립적인 것이지만 통상적으로 공공 기업체가 그러하듯이 회계상으로 독립되어 있기도 하고, 혹은 국가의 출자를 받아 설립되기도 하였다. 그리하여 국가의 행정기관과 관련하여 특성 사업을 담당하게 되었다.

이에 비해 NHK는 국가의 출자를 받아 사단법인 일본방송협회의 일체 권리와 의무를 승계하였고 언론과 표현의 자유에 있어서는 방송기관으로서 불편부당과 자율을 기본으로 설립되었다. 따라서 그 본질을 비롯한 기능에서 3공사와 커다란 차이가 있다. 그러나 1945년에 기업성과 공공성을 추구하는 기업형태로서 도입이 제창된 공공 기업(public corporation)방식이 개편의 한 모델이었다는 점은 부정할 수는 없다.

이렇게 해서 방송법에 기초하여 NHK가 설립되었고 그 후 약 40년이 경과되어 NHK는 현재 전국 각지에 중파 제1, 제2 방송, FM방송, 텔레비전 종합방송, 교육방송, 텔레비전 음성다중방송, 텔레비전 문자다중방송을 실시하고 있을 뿐 아니라 해외에 국제방송을 시행하고 있고 텔레비전 2채널에 의한 위성방송을 실시하고 있다(1989년부터 본방송, 위성방송의 수신자를 대상으로 위성계약 신설). 1990년도 예산에서 사업 수입이 약 4,846억엔에 이르고 있다.

<표 4> NHK의 1990년 수지 예산 개요(단위: 억엔)

구 분	예산액(일반회계/사업수지)
사업수입	4,845.9
수신료	4,699.0
교부금 수입	15.1
부차수입	57.9
재무수입	65.6
잡수입	3.3
특별수입	5.0
사업지출	4,480.4
사업운영비	3,923.5
감가상각비	366.4
재무비	149.8
특별지출	10.7
예비비	30.0
사업수지차액	365.5
채무상환충당	150.9
수지과부족	214.6

1990년부터 5개년 계획을 기초로 6년간 거치해 놓은 수신액을 개정하여 수지 개선을 도모했지만, 장기적으로는 본격적인 다매체·다채널 시대를 대비한

엄격한 의미의 경영환경에 있어서는 큰 변화가 없는 셈이다(<표 4> 참조).
전쟁 전과 전쟁중에는 사단법인 일본방송협회의 독점상황에 있었지만, 민간방송은 전쟁 이후에 많은 곡절을 겪은 끝에 새로운 방송법, 전파법에 의해 그 실현의 길이 열렸다. 그리하여 1951년 9월에 민간 라디오국이 설립되었고, 1953년 8월에 민간 텔레비전국이 최초로 탄생하였다.

<표 5> 1989년 민방 결산 개요(단위: 백만엔, 괄호안은 1988년도)

	영업수입	전년비 신장률	영업이익	전년비 신장률	순이익	전년비 신장률
라디오 텔레비전 겸업 36사(36사)	636,266 (589,348)	8.0	74,490 (65,480)	13.8	36,178 (25,270)	43.2
라디오	97,196	5.6				
텔레비전	521,359	9.0				
라디오 영업 44사(41사)	159,883 (137,737)	12.4	21,052 (15,139)	36.4	8,536 (6,050)	36.9
중파12사 (12사)	91,577 (85,769)	6.8	7,982 (6,689)	19.3	2,727 (2,467)	10.5
FM 32사 (29사)	68,306 (51,968)	21.8	13,070 (8,450)	49.9	5,809 (3,583)	55.0
텔레비전 영업 70사(67사)	1,140,980 (996,785)	14.1	141,187 (101,313)	39.5	57,963 (44,636)	30.2
V 14사 (14사)	834,987 (724,936)	15.2	94,894 (62,568)	51.7	38,799 (28,795)	34.7
U 56사 (53사)	305,993 (271,849)	11.0	46,293 (38,745)	19.7	19,164	21.8
150사 계 (144사)	1,937,129 (1,723,870)	11.8	236,729 (181,932)	30.0	102,677 (75,956)	35.0

주: 전년도비 신장률은 동일회사 수로 산출.
자료: ≪민간방송≫ 제1174호(1990.7.13).

1989년말 현재 텔레비전과 라디오 겸업사 36사, 텔레비전만의 영업사 70사, 중파 라디오만의 영업사 11사, FM만의 영업사 32사, 단파만의 영업사 1사로 총계 150사에 이르고 있다. 여기에 문자 방송만을 영업하는 10개사를 더하면, 160사에 이르고 있다.

문자방송 단독영업사를 제외한 150사의 1989년 영업수입은 1조 9,371억엔으로 2년 연속해서 두자리 숫자의 성장을 보이고 있다(<표 5> 참조).2)

민간방송은 현재 전부 주식회사 형태로서 광고수입(<표 6> 참조)3)을 주요 경영재원으로 삼고 있다. 민간방송의 경영상황은 일본 경제의 동향에 따라 변

<표 6> 1989년 일본의 광고비(電通 조사)

	광고비(억엔)	전년비(%)	구성비(%)
매스컴 4매체 광고비	32,790	112.0	64.6
	(29,269)	(112.9)	(66.3)
신문	12,725	112.9	25.1
	(11,267)	(114.0)	(25.5)
잡지	3,354	113.2	6.6
	(2,962)	(114.9)	(6.7)
라디오	2,084	110.9	4.1
	(1,879)	(108.8)	(4.3)
텔레비전	14,627	111.1	28.8
	(13,161)	(112.1)	(29.8)
SP광고비	17,830	120.2	35.2
(sales promotion)	(14,828)	(110.3)	(33.5)
뉴미디어 광고비	95	121.8	0.2
	(78)	(109.9)	(0.2)
총 광고비	50,715	114.8	100.0
	(44,175)	(112.0)	(100.0)

주: 괄호 안은 1988년.
자료: 《신문협회보》 제2294호(1990. 3. 6).

동하고 있는 경향이 강한데, 최근에는 일본경제가 호황을 유지하고 있어 전반적으로 경영성적이 양호하다.

이외에 방송대학학원이 있는데 1985년 4월부터 학생을 받아들여 관동 지방에서 텔레비전 방송을 비롯한 FM방송을 시행하고 있다.

게다가 1988년과 1989년의 방송법 개정에 따라 유료방송방식이 도입되면서 다음과 같은 방송이 가능하도록 제도가 정비되었다. 경제 시황, 일기예보, 스포츠, 뉴스 등의 사항만을 방송하는 소위 전문방송, 박람회 등의 일시 목적을 위한 소위 임시목적 방송, 그리고 인공위성을 이용하여 타인의 부탁에 따라 그 방송 프로그램을 국내에 수신하는 일을 목적으로 하여 그대로 송신하는 수탁방송사업자, 수탁 방송자에 위탁한 방송 프로그램을 방송하도록 하는 위탁방송사업자 등이다. 이들은 모두 방송사업자로서, NHK나 방송대학학원 이외의 방송사업자이므로 일반 방송사업자에 해당된다.

현재까지 일반방송사업자를 민간방송 또는 민방이라고 부르고 있지만 이후에 어느 범위까지 민방이라고 불러야 할지, 그 이외의 방송사업자를 어떻게 부르게 될지는 아직 미정으로 용어의 정착을 기다리고 있다.

본 책에서는 장래의 소위 민간방송을 지칭할 경우에는 종래의 용법을 따르고 특별히 엄밀하게 기술할 필요가 있을 부분에 있어선 위탁방송사업자와 일반 방송사업자(NHK와 방송대학학원 이외의 방송사업자)의 용어를 사용하고 있다. 위탁방송사업자는 수신 장해대책 중계방송을 제외한 전파법 규정에 의한 방송국의 면허를 받은 업자를 말한다. 여기에서 언급한 수신 장해대책 중계방송은 후술하겠지만 1990년의 방송법 개정에 의해 탄생된 건축주와 지방자치체 등이 수행하는 방송으로 수신 장해가 발생한 텔레비전 방송 등을 수신하여 동시에 수신 장해가 발생한 해당 구역에 그대로 수신하도록 하는 재송신을 의미한다. 이상의 정의에 기초하여 방송의 실시 주체를 개괄적으로 정리한 것이 <표 7>이다.

<표 7> 방송 실시 주체의 구분

수신장해대책 중계방송하는 자	방송국의 면허를 받은 자			
	방송사업자			
	NHK	방송대학학원	일반방송사업자	
			일반 민간방송	수탁방송 사업자	위탁방송 사업자

2. NHK와 민방의 기본관계

(1) 입법시의 생각

입법 당시, 정부는 NHK와 민방이라는 두 체제의 의의에 관해서 다음과 같이 방송 법안의 개요를 설명하고 있다.

  일본 방송사업의 사업 형태를, 전국 방방곡곡까지 골고루 미치는 방송을 청취할 수 있도록 방송 설비를 시설하고, 전국민의 요망을 만족시키는 방송 프로그램을 방송할 임무를 지닌 국민적이고 공공적인 방송 기업체와, 개인의 창의와 연구에 따라 자유롭게 방송문화를 건설할 자유로운 사업으로서의 문화방송 기업체, 소위 일반 방송국 또는 민간방송국이라고 하여 두 체제로써 각각의 장점을 발휘함과 동시에 상호 계몽하여 각각의 단점을 보강하고 방송에 의하여 국민이 복지를 충분히 즐길 수 있도록 계획하였다(網島顔 전파감리장관, 중의원 전기통신위원회 1950년 1월 24일).4)

이러한 설명은 일본 방송체제의 기본을 간결하게 기술하고 있으며 의미가 있는 것이어서 부연 설명을 하겠다.
NHK는 전국 방방곡곡까지 전달되도록 방송 설비를 시설하고 이를 항상 양호한 상태로 유지한다. 그리고 이를 통하여 국민의 요망을 만족시키고 문화수준의 향상에 도움이 되는 프로그램을 위한, 방송법에 기초하여 설립된 국민적인 공공방송사업체의 성격을 지닌다. 그리하여 NHK는 국민으로부터 경영재원을 지원 받아 운영하고 또한 국민적인 규제에 의한 기본적 성격을 지니고 있다. 반면에 민간방송은 방송사업의 경영을 희망하는 자가 방송국의 면허를 받아 개인의 창의와 연구에 의해 자유롭게 운영하는 것을 목표로 하고 있다. 그리하여 성격상 차이가 있는 NHK와 민간방송이 각각의 장점을 발휘하여 경합함으로써 일본 방송의 건전한 발전을 도모할 수 있게끔 한다.

이상과 같이 1950년의 입법 당시 일본방송체제의 기본이념은 명확하게 생각되었던 것이고 바로 이것이 일본 방송제도의 원점이 되고 있다. 본 책에서도 이러한 기본적 생각을 기초로 하여 일본 방송의 현상과 장래를 고찰하고 있다.

(2) 기본관계에 관한 논의

전쟁이 끝난 부흥기에서 고도 성장기로 진입하면서 민간방송은 비약적인 발전을 이루었고 NHK와 민방의 기본관계에 있어서도, 여러 방면에 걸쳐 논의가 거듭되었다.

그 중 집약된 논의라고 할 수 있는 것이 소화 30년대 말부터 40년대 초에 걸쳐 행해졌던 우정성 '임시 방송관계법제 조사회'(이하 '임방조')의 심의를 둘러싼 각 방면에서의 움직임이다.

먼저 NHK는 일본방송협회의 방송법제에 관해 다음과 같이 밝힌다(1963년 11월).

일본방송협회는 발족이래 국민적 기반에 기초하여 방송사업의 선구적이고 중심적인 지위를 점하고 있으며, 방송의 진보 발전과 그 보급에 노력하였고, 방송의 질적 향상을 이룸으로써 일본 문화수준의 향상에 기여하였다. 이후에도 그러한 역할을 더욱더 중요하다고 여기고 있다. 이같은 견지에서 협회의 지위를 비롯한 사명과 책임을 먼저 명확하게 매듭지어야 할 것이다.
한편, 방송 프로그램의 다양화와 광고매체로서의 기능 등이 얽혀 있는 상업방송 사업 등을 인정한 것도 의미 있는 일이다.
따라서 방송법제에 있어서는 일본의 방송이 일본방송협회가 행하는 기간 방송과 상업 등의 방송사업자가 행하는 방송으로 2원화되어 있고 각각의 특질을 비롯하여 사명에 부응한 방송체제가 확립될 수 있도록 배려한 것이다.5)

또한 '일본민간방송연맹'(이하 '민방련')의 방송법 개정에 관한 의견은 다음과 같다(1964년 2월).

일반 방송사업자와 일본방송협회는 그 기업적 성격이 완전히 틀리다. 즉 일반 방송사업자는 사기업의 성격인데 반하여 일본방송협회는 공기업적 성격을 지니고 있다. 이러한 상반성에 따라 양자의 분담 분야를 비롯하여 방송 프로그램의 측면까지도 명확하게 할 필요가 있으며 이와 함께 일본방송협회는 일반 방송사업자와 쓸데없이 경쟁하지 말고 광고 방송을 비롯한 유사한 방송을 행하지 않도록 해야 될 것이다.
일본방송협회의 방송 프로그램은 ① 문화수준의 향상에 기여할 것, ② 일본의 과거 우수한 문화의 보존과 함께 새로운 문화의 육성과 보급 등 교육, 교양, 보도에 중점을 둘 것, ③ 국민체육 향상에 기여할 것에 프로그램의 중점을 두고 편성해야 한다.6)

이같은 민방련의 생각은 현재까지도 기본적으로 변하지 않고 지속되고 있다. 예를 들면, 민방련은 1987년 10월, 우정성이 요청으로 제출한 「이후 방송제도의 본연의 모습에 관한 의견」에서 '수신료로 운영되는 비영리 법인 NHK와 사기업인 민방과의 조화 있는 병존 체제를 원칙으로 하여 각각의 특색을 살린 방송을 행하여 국민 복지 증진에 기여하는 것이 바람직하다. 이러한 취지를 방송법 총칙에 명시하여 방송법제와 행정의 개선 조치가 강구되어야 한다'고 제의하였다. 또한 NHK의 목적과 사명에 관해서는 "주로 전국을 향한 보도를 비롯한 교육 목적의 방송, 또한 국민의 일반 교양 향상을 목적으로 한 방송을 행하는 사명을 완수해야 된다는 취지를 법률에 명확하게 정하고 비영리 방송사업체에 걸맞는 목적과 사명을 명확히 해야 된다. 아울러 지방국의 정리, 통합 등에 의해 경비 부담의 경감을 도모해야 한다"[7)]고 주장하였다.

또한 1990년 3월 민방련은 명확하게 「NHK의 위상에 관한 민방련 견해」에서 '프로그램의 다양성과 질의 유지 및 향상을 도모하는 관점에서 NHK와 민방은 각각 상이한 재원으로 운영되기 때문에 방송 서비스의 차별화를 이루어야 한다. NHK는 사업 운영을 위해 수신료라고 하는 공적으로 보장된 재원을 독점적으로 취득하고 있으므로 국민에 있어서 최소한의 비용 부담으로 기회 균등하게 즐길 수 있도록 보편적인 방송을 비롯한 일본의 문화 향상과 발전을 위해 필요한, 마땅히 있어야 할 방송의 서비스를 제공해야 한다'라고 말하였다.[8)]

이러한 관점을 방송정책간담회 보고서에서도 볼 수 있는데 "NHK와 민방의 양자가 병존하면서 각각의 존재 의식과 특성을 유감없이 발휘함에 따라 방송이 지니고 있는 우월한 효용을 상승시킬 수 있었다"고 현재까지의 실적을 평가하고 있다. 그리고 각자의 존재 의식에 있어서도 NHK는 국민 내부에 있는 다양성을 NHK의 구성과 활동에 십분 반영할 수 있도록 제도화된 존재이므로 특별히 소수자의 의견을 언론 보도에 반영하는 이외에 유효하게 기능할 수 있도록 고려하는 일, 방송 프로그램의 질적 향상을 달성하여 NHK와 민간방송의 경합 상황에서 민간방송의 프로그램에 좋은 영향을 끼치는 일, 방송에 기대하고 있는 사회적 기능과 민간방송에서 충분히 달성하고 있지 못한 분야를 달성하는 역할 등을 거론하고 있다.

또한 민간방송은 자유로운 사기업으로서 다수 존재하고 각각의 주체성을 지니고 프로그램을 편성함으로써 언론기관의 다원화를 도모하는 일과 지역사회의 문화적·경제적 발전에 공헌하는 일, 방송계 전체를 활성화시켜 방송의 사회적 효용을 최대한으로 발휘하는 일, 광고매체의 기능에 의하여 경제 발전과 개인의 소비 활동에 기여하는 일 등을 서술하고 있다. 그리고 이후에도 병존하여 각 특성을 발휘하는 일이 필요하다고 보고 있다.9)

이상과 같은 NHK와 민방의 관계에 대한 의견에서 공통된 사항은 1950년에 각각의 기본을 정한 공공·민방의 2체제를 기본체제로 시인하고 그 의의를 높이 평가하고 있는 것이라고 할 수 있다.

그렇지만 이러한 기본체제에 놓여 있는 양자의 존재 위치에 대해서 각양각색의 의견이 있어 NHK와 민방의 의견간에는 차이가 있다. 또한 방송정책간담회는 NHK와 민방이 각각의 존재의의를 상세하게 설명하고 있지만 일본 방송의 기본체제에 있는 양자의 존재 위치에 관해서는 집약적인 기술을 하고 있지 않다.

(3) 서독의 방침과 방송정책간담회

NHK와 민방의 기본관계에 관해서 계속 고찰을 하겠지만 여기서 서독의 동향을 잠깐 참고하고자 한다. 서독연방헌법재판소의 소위 '제4차 방송판결'의 의의에 관해서는 제1장 방송의 기초적 제문제 중에 이미 서술되어 있지만 간략히 언급해 보겠다.

동 판결은 서독의 공공·사영의 2원적 방송체제를 인정하여 공공방송의 역할과 사영방송의 허용 조건을 명확히 하고 있다.

동 판결에서는 먼저 공공방송을 기본적인 서비스 공급(Grundversorgung)으로 파악하여 이를 서독의 민주주의적 질서와 문화적인 생활을 유지하는 방송의 본질적인 기능으로 평가하고, 한편 광고수입에 의존하고 있는 사영방송은 이윤의 획득이라는 기업 행동에 따라 문화적인 프로그램을 본래 등한시하는 경향이 있다. 따라서 이같은 사영방송의 존재가 허용되는 것은 한 쪽에서 공공방송이 본래의 역할을 완수하여 전체적으로 방송의 자유, 다시 말하

면 균형을 이룬 다양성을 유지하기 때문이라는 판결을 보였다.10)

서독은 1961년 '제1차 방송판결'에서 방송사업체에 관하여 전술한 대로 '고려해야 될 모든 세력이 영향력을 지니고 전체 프로그램에 관하여 발언의 기회를 지닐 수 있도록' 하면서 전체 프로그램에 있어 '내용상의 균형성, 객관성, 그리고 대립되는 견해의 상호 배려가 최저한 보장되도록'하는 방침을 제시했다. 전자는 내부적 감독기관의 다원적 구성원리에 입각한 것이고, 후자는 균형성과 객관성의 원칙을 준수할 것을 지칭한다. 제1차 판결 자체는 사영방송사업을 배제하는 것은 아니지만 내부적 다원성을 보유한 사영방송사업을 설립하는 일이란 실제적으로 어려웠다.

이에 대하여 1981년의 '제3차 방송판결'은 내부적 다원성 이외의 복수의 사업체가 함께 서비스를 제공하는 형태의 외부적 다원성을 선택할 수 있도록 한 것이다. 이같은 과정을 겪고 나서 1986년의 '제4차 방송판결'에서는 공공방송에 대한 내부적 다원성 요청과 사영방송에 대한 복수 사업체의 존재에 의한 외부적 다원성을 확보하는 방침이 공공과 민방의 2원체제하에서 각각의 존재의의를 검토할 수 있는 귀중한 근거가 되고 있다.11) 다만 서독의 '고려할 만한 모든 세력이 방송의 조직체 안에서 영향력을 지니고 전 프로그램에 발언할 수 있는 기회를 지니는 일'이라는 독특한 생각에 대해서는 현행 일본 방송법제에서 견지하고 있는 방송의 불편부당, 자율의 기본이념과 관련이 있는 것인지 충분히 고찰할 필요가 있다.

다음으로 서독의 판결에 염두를 두고 방송정책간담회 보고서를 검토하도록 하겠다. 이 보고서에는 서독의 판결을 직접 인용하고 있지는 않지만 도처에 다원성의 확보를 강조하고 있고 이 점을 서독의 판결과 공통되는 생각이라고 보아도 문제되지 않을 것이다.

방송정책간담회 보고서는 NHK에 대하여 "국민 내부에 있는 다양성이 방송의 구성과 활동에 충분히 반영되도록 제도화된 공공방송"12)으로 기록하고 있으며 경영위원회에 대해서는 "지역과 직업 등의 다원적인 구성이 NHK의 방송을 통하여 언론시장의 다양화에도 공헌하는 등 공공방송의 존재의의에 직결되는 중요기관"13)이라고 하였다.

또 민방에 대하여는 '자유로운 사기업으로서 유한하고 희소가치가 있는 전파를 최대한으로 활용하여 다수 존재해야 하며, 각각의 주체성을 지니고 프로그램 및 방송을 행하여 언론기관의 다원화를 도모해야 한다'14)고 하였다.

우선 이같은 민방에 관한 설명은 서독의 복수 사업체를 허용하여 서비스를 제공하는 외부적 다원성의 방침과 공통되는 것으로 보아도 지장이 없을 것이다. 이에 반하여 NHK에 대해선 서독에서 언급한 내부적 다원성을 의식한 표현을 찾기에는 문제가 있다. 내부적 다원성 자체는 서독의 독특한 방침으로 일본 방송법제에서 본다면 음미할 필요가 있다. 그러나 간담회 보고서에 의하면 NHK가 그 구성과 활동에 있어서 국민의 다양성을 십분 반영하는 제도화된 공공방송이라고 방침을 세웠듯이 NHK는 그같은 측면을 중시하고 있는 것도 사실이다. 따라서 간담회 보고서는 적어도 서독의 판결을 충분히 인식하고 이를 정리한 것이라고 추론해도 좋을 것이다.

그러나 간담회 보고서에서 공공과 민방의 2본위 체제하에서의 양자의 위치, 양자의 기본관계에 대하여 서독 판결에서 나타났듯이 명확한 집약을 하고 있지는 않다. 이 점은 유감스럽기는 하지만 서독에서는 30년에 걸쳐 형성된 공공방송사업체의 기본이념, 또는 공공방송사업체의 존재를 전제로 한 위에 사영방송의 위상을 깊이 검토하고 있어 일본으로선 방송의 기본체제하의 NHK와 민방의 위치에 대한 명확한 생각을 확립할 때에 참고가 될 수 있을 것이다.

(4) 기본관계에 대한 근거

전국적인 민방의 발전과 NHK의 최근 경영상황을 고려해 보면서 NHK의 방송 프로그램에 대한 기능분담론이나 지역방송 불필요론이 등장하고, 또 방송 뉴미디어와 관련한 NHK의 사업규모를 볼 때 업무범위의 경량화와 감량화를 진행시켜야 된다는 견해 등이 최근 대두되고 있다.

이 중에서 먼저 기능분담론에 대하여 생각해 보면 NHK가 주축이 되어 전국을 대상으로 한 보도, 교육, 교양의 방송을 시행해야 하고 방송 프로그램의 측면에서는 민방과 경합해야 된다고 보는 견해이다.

이 의견에는 논의할 만한 문제점이 꽤 있다. 애초에 일본 방송체제의 기본은 경영재원과 기업성격에 차이가 있는 NHK와 민방, 지역방송을 포함하여 전체 프로그램의 측면에서 경합하여 방송문화의 발전과 향상을 도모함으로써 다양한 언론과 다채로운 방송 프로그램이 확보될 수 있도록 하는 것이다. 많은 민간방송의 존재에 의해 다채로운 프로그램 편성이 시행된다는 측면에 대해서 물론 기대를 하였지만, 실정을 살피면 광고료를 주요 재원으로 하는 민간방송의 성격상 시청률이 중시되는 경향이 강하고 결과적으로 볼 때 프로그램의 획일화를 초래하고 있다. 이에 반하여 성격과 재원이 다른 NHK가 존재하여 프로그램 편성 이외에 다방면에 걸쳐 경합하여 프로그램의 다양화와 질적 향상에 기여하고 전체적인 일본 방송문화의 발전이 도모되는 것이다. 그러나 이같은 점 때문에 기능 분담론을 채택해서는 안된다.

다음으로 방송 뉴미디어와의 연관에 대하여 NHK의 사업규모, 업무범위에 대한 검토를 논해야 되지만 이는 후술하도록 하고 여기서는 기본적 방침만을 밝히도록 하겠다.

이 문제를 논의할 경우, 일본 방송체제의 기본으로 돌아가서 검토하면 결론은 명백하다. 결국 방송은 유한하고 희소적인 전파를 이용하고 있으며 그 사회적 영향력은 막대한 것이다. 따라서 방송을 공공의 복지에 적합하게 법률로 정하고 그 건전한 발달을 도모하기 위해 방송법제가 제정되어 있으며 매우 뛰어난 방송을 전국에 널리 수신할 수 있도록 방송하는 공공방송사업체로서의 NHK가 설립되어 있다. 그리고 이외에 언론보도의 다원성과 다채로운 방송문화의 형성을 위해 누구라도 방송국 면허를 얻어 운영할 수 있는 민간방송의 제도가 도입된 것이다.

이러한 기본을 근거로 하여 NHK의 사업규모, 업무규모, 방송 뉴미디어의 대응 등은 여기에서 부터 연역하여 논의되어야 할 사항이라고 본다.15)

NHK도 물론 근본적으로 업무를 재조정하고 경영합리화를 추진하는 일이 필요하다. 수신계약체결 업무제도에 기초한 수신료 수입을 경영재원으로 하는 이상, 오히려 그같은 시책은 철저하게 시행되지 않으면 안되지만, 그 문제와 결부시켜 일본방송의 기본체제하에 있는 NHK의 위상을 간단히 일단락 시키는 논의는 피해야 할 것이다.

(5) 방송보급 기본계획의 방침과 그 의미

1985년의 방송법 개정에 따라 우정대신은 방송의 계획적인 보급 및 건전한 발달을 도모하기 위해 방송보급 기본계획을 정하여 필요한 조치를 강구하는 일을 동법 제2조 2항에 추가로 규정하였다.

여기서는 방송보급 기본계획의 책정과 그 의미를 '일본 방송사업자간의 기본관계'와 관련지어 고찰하겠다. 먼저 방송보급 기본계획에서는 방송국의 설치에 관해 다음과 같이 정하고 있다.

① 방송을 국민에 최대한으로 보급하기 위한 지침, 방송을 할 수 있도록 기회를 될 수 있는 한 많은 사람에게 확보되도록 하여 방송에 의한 표현의 자유 또한 될 수 있으면 많은 사람에게 향유될 수 있도록 하는 지침, 그 외에 방송의 계획적인 보급과 건전한 발달을 도모하기 위한 기본적 사항
② NHK, 방송대학학원, 일반 방송사업자의 방송을 구분하고, 또는 중파방송, FM 방송, 텔레비전 방송 등의 방송 종류에 따른 구분, 그 외에 우정성령에 정해져 있는 방송 구분에 따른 방송 대상지역
③ 방송대상지역에 따른 방송계(放送系) 수(數)의 목표.

그리고 전파법도 방송법과 동시에 개정되어 방송보급 기본계획상에 정해져

있는 방송계 수의 목표를 달성하는 데 도움이 되도록 방송용 주파수 사용 계획을 책정하는 일이 규정되어 있다(제7조 제3항).

이 방송보급 기본계획은 1985년 10월 우정성 고시로 명확해졌다.[16] 이후 수차례 변경되기도 했지만 일부를 소개하면 다음과 같다.

방송보급 기본계획

제1. 방송국의 설치에 관한 지침 및 기본적 사항(略)
제2. 방송의 구분에 따른 방송대상지역 및 방송대상지역에 따른 방송계 수의 목표
  1) 총칙(略)
  2) 국내방송에 관한 방송구분에 따른 방송대상지역 및 방송대상지역에 따른 방송계 수의 목표
    (1) 지역계에 따른 방송
      ① 중파방송 (略)
      ② 단파방송 (略)
      ③ 초단파방송 (略)
      ④ 텔레비전 방송

방송의 구분			방송대상지역	방송계 수의 목표
협회의 방송	종합 방송	광역방송	관동광역권	1
		현역(縣域)방송	관동광역권에 속한 현을 제외한 도부현(道府縣)의 각 지역	방송대상 지역마다 1
	교육방송		전국	1
학원의 방송	대학교육방송		관동광역권(注)	1
일반방송 사업자의 방송	종합 광역방송		관동광역권 중경광역권 및 근기광역권의 각 구역	5 방송대상 지역마다 4
	현역(縣域)방송		북해도 및 후쿠오카현의 각 구역 및 오카야마현 및 향천현의 각 구역을 포함한 구역	방송 대상 지역마다 5

이상의 방송보급 기본계획의 개요에 대해서 조금 더 검토해 보도록 하겠다. 먼저 방송보급 기본계획에 관한 이번 개정의 의미를 생각해 보면, 이 개정은 지금까지의 방송법 개정 중에서 특별히 주목되는 점이 있다. 종래와 같으면, 이런 종류의 개정은 통상 방송국의 신청, 면허에 직접적으로 관계가 있는 전파법 체계 내에서 처리되었고, 지금까지의 관계자의 요망이나 방송정책간담회의 제언도 종래의 노선을 기초로 법정비를 구하는 선에서 생각되어 왔다. 이들은 또한 면허의 심사 기준과 방송용 주파수 사용 계획 책정에 근거를 두고 동 계획 책정의 기본 방침에 있어서는 법에 기초한 행정의 원칙 하에 규정되어 왔다.[17] 그러나 이번의 개정에서는 방송법의 체계 중에서 시책의 적극성이 명확히 드러났다. 이러한 일은 필시 종래의 전파법 체계에서 법을 정비할 때는 기본적으로 희망자의 신청과 이를 받는 면허의 수동적 틀에서 벗어나기 힘들다고 판단했기 때문인 것으로 보인다.

방송법의 체계상에 보급 기본계획을 가미해서 일종의 공익사업 정책적 요소로써의 능동적이고 유도적인 행정을 가능할 수 있게 한 것이다.

소위 공익사업에는 방송 이외에 지역 독점적 서비스 내지는 불완전한 경쟁의 상황하에서 제공되는 생활 필수 서비스-예를 들면, 철도, 버스, 정기항공, 정기항로, 전기, 가스, 수도 등-의 많은 분야가 있지만,[18] 이번 개정에 포함시킨 것과 같이 법에 기초한 보급 기본계획의 방식은 특이하다. 그리고 이것이 언론과 표현의 자유를 다루는 방송법의 체계 하에 방송의 전국 보급을 법적 책무로 하는 NHK의 방송체계 위상을 실질적으로 규율함과 동시에 자유로운 발의하에 개발돼야 할 민간방송에 대하여 전국적인 계획 보급을 주안점으로 책정한 것은 이번 개정에서 주목되는 중요한 점이다. 즉 종래의 전파행정으로부터 새롭게 시작하는 방송행정의 기본자세를 보여준 것이라고 하겠다.

다음으로 민간방송의 계획적 보급을 기초로 하여 방송사업자간의 기본관계를 검토하겠다.

이번에 정해진 방송보급 기본계획 중에는 방송을 국민에게 최대한으로 보급할 목적으로 민간방송의 텔레비전 방송에 대해서 '종합방송 4계통의 방송이 전국 각 지역에서 널리 수신될 수 있도록 한다'라고 기술된 부분이 있다.

이는 민방 텔레비전 전국 4파화(波化), 수신 격차의 시정을 시책으로 삼고 종래의 행정당국에 의해 추진되어 온 노선에도 기재되어 있듯이 '현대 생활에서의 방송 역할을 생각하면 널리 전국민이 그 효용을 즐길 수 있도록 보급은 될 수 있는 대로 지역간의 격차가 없는 형태로 진행될 필요가 있다'라는 생각에 기초하고 있다.19)

그러나 이는 당연히 일본 방송의 기본체제에 관한 생각, 즉 방송법에 기초하여 설립된 국민적 방송사업체와 민간방송에 의해 성취되는 방침을 전제로 하지 않으면 안된다. 따라서 현대생활에서의 방송의 효용이 전국에 널리 향유될 수 있도록 하기 위해서 먼저 방송법에 의한 NHK가 설립된 것이고, 민간 방송 텔레비전 방송의 수신격차를 시정하기 위해 각지의 민간방송개설에 관하여 자유로운 발의를 주축으로 함으로써 성취될 수 있는 일이라고 기대되었던 것이다.

더욱이 방송보급 기본계획과 관련하여 부언하면, NHK의 지상계 중파방송, 텔레비전 방송, 위성계의 텔레비전 방송계통, 민방의 유료방송이라는 방송범위 등은 동 계획에서 실질적으로 규정하여 방송법 시행규칙도 방송법 제2조 2(방송보급 기본계획) 제2항 제2호의 방송구분을 정한 중요한 성령(省令)의 위치를 차지하게 되었다.

(6) 방송체제에 관한 여론조사

일본 방송의 NHK와 민방의 기본체제가 국민에게 어떻게 받아들여지고 있는가를 살펴도록 하겠다.20) 1989년 9워례 'NHK에 관한 여론조사'를 실시하였다(전국 20세 이상의 국민 2,000명을 대상으로 개인 면접법을 통한 여론조사를 하였는데 유효수는 1,458명, 비율은 72.9%). 이 조사 중에는 NHK와 민방의 병존 체제에 대한 질문이 있었고 그 결과는 <표 8>에 제시되어 있다.
'NHK도 민방도 각각의 상이한 장점을 지니고 있으므로 양방이 모두 존재하는 것이 좋다'라는 의견이 80%를 넘고 있었다. 따라서 현재의 NHK와 민방의 기본체계가 국민간에 받아들여지고 있는 것으로 평가되어 이 체제가 정착되고 있음을 시사해 주고 있다. 1990년 6월 민방련연구소에서의 「2000년의 방송비전 연구」의 중간보고를 보면 더 명백해진다. 전문가 앙케트 조사결과, 공공방송과 상업방송의 2원체제에 대하여 '공공방송과 상업방송이 각각의 고유한 방송 서비스를 분담하여 많은 사람들의 다양한 정보 필요에 부응하는 일에 존재의의를 발견한다'는 의견이 가장 많았으며(48.8%), 다음으로 많았던 항목은 '공공방송과 상업방송이 각자의 방송 서비스 분야에서 상호 특성을 살려서 경합하는 데 가치를 발견한다'였다(41.7%).21)

<표 8> NHK와 민방의 병존 체제에 관하여(단위: %)

	이번	1983년	1980년*
· NHK도 민방도 각각의 상이한 장점이 있으므로 양쪽 다 존재하는 것이 좋다	87%	82%	85%
· NHK의 방송만으로 충분하기 때문에 민방은 없어도 좋다	3	3	3
· 민방의 방송만으로 충분하기 때문에 NHK는 없어도 좋다	7	8	4
· NHK도 민방도 좋은 점이 없어서 양쪽 모두를 없애고 새로운 형태의 방송국을 만드는 게 좋다**		2	1
· 모른다/무응답	4	5	7

* 1980년 10월 방송에 관한 여론조사 가운데 20세 이상의 결과만을 추출하여 제시.
** 마지막 항은 이번 조사의 질문항에 없었다.

어쨌든 NHK와 민방의 기본체제에 대하여 긍정적인 역할의 생각을 하고 있다는 데는 틀림이 없다. 이 조사에서 볼 수 있는 제한된 기능분담론과 경쟁 향상론이 각각 상당한 비율을 차지하고 있는 것이다.

■ 주

1. 蔣宏,『放送制度論のために』, 169쪽 참조. 放送法制立法過程硏究會編 자료, 점령하의 방송입법 증언편,『吉國一郞にきく』, 431쪽.
2. ≪민간방송≫ 제1174호(平成2年 7月 13일).
3. 新聞協會報 제2924호(平成2년 3월 6일).
4. 電波廳 編, 第7回國會電波關係三法議事錄(衆議院), 42-43쪽.
5. 臨放調答申書資料編, 267-268쪽 참조.
「일본방송협회의 방송법제에 관한 의견」은 「방송법제연구회제1차보고서」를 기초로 되어 있는데 방송법제연구회는 당시, 我妻榮, 鈴木竹雄, 田中二郞, 加藤一郞를 외부위원, 鹽野宏助 교수를 외부간사로 하였고 이외에 NHK의 임직원이 위원과 간사로 참가하여 구성되었다. 이 연구회는 제1차보고서 외에 「방송법제연구제1차보고추보」를 명확히 하고 있다. 鹽野宏,「日本における放送の新秩序諸原理」,『放送法制の課題』, 368-369쪽 참조.
6. 臨放調答申書資料編, 269쪽 참조.
7. ≪민간방송≫ 제1082호(昭和62년 11월 3일) 참조.
8. ≪민간방송≫ 제1163호(平成2년 3월 23일) 참조.
9. 방송정책간담회보고서, 55-57쪽 참조.
10. 石川明,「二元的放送體制と公共放送−西ドイツの第4次放送判決をめぐって」,≪NHK放送硏究≫ 1987년2월호, 2-11쪽; 浜田純一,「放送における多樣性」,『メディアの法理』, 175쪽, 176쪽, 179쪽 참조.
11. 石川明,「公共放送が提起した憲法訴訟−南ドイツ放送協會と州メディア法」,≪NHK硏究年報≫ 제32집, 29-31쪽.
12.『방송정책간담회보고서』, 55쪽.
13.『방송정책간담회보고서』, 80쪽.
14.『방송정책간담회보고서』, 56쪽.
15.『방송법제연구제1차보고서』, 16-17쪽;『臨放調答申書』, 52쪽, 73쪽; 片岡俊夫,「放送法制と諸課題と公共放送事業」,≪ジュリスト≫ 增刊, 1987년 7월 15일호, 35-36쪽

참조.
16. 情報通信六法(平成2年版), 1649-1656쪽.
17. ≪민간방송≫ 제1082호(昭和62年 11월 3일); ≪新聞協會報≫ 제2810호(昭和62年 11월 3일),『방송정책간담회보고서』, 57-58쪽.
18. 北久一,「公益事業とは何か」,『公益事業槪論』, 34쪽, 39쪽, 40쪽, 41쪽.
19. 今泉至明,「放送法等改正の槪要」, ≪ジュリスト≫ 增刊,『ネットワーク社會と法』, 170쪽 참조.
20.『NHKの長期展望に關する提言』(平成2年 2월) 자료편, 31쪽.
21. 民放硏報告書「2000年の放送ビジョン硏究」중간보고, 6쪽.

제3장 NHK에 관한 문제

1. NHK의 역할과 성격

(1) 기본적 역할

일본 방송법 제7조는 NHK의 목적으로 '일본방송협회는 공공의 복지를 위하여 일본 전국에서 널리 수신할 수 있도록 풍부하고 좋은 프로그램으로 국내방송을 하는 동시에 방송 및 그 수신의 진보발달에 필요한 업무를 행하며, 아울러 국제방송을 행하는 것을 목적으로 한다'라고 규정하고 있다. 또한 제7조의 목적을 달성하기 위한 NHK의 업무를 제9조 1항 및 2항에 나누어 규정하고 있다.

이 9조 1항은 본래업무(本來業務)라고 부르는데, 국내방송으로 중파방송, 초단파방송, TV 방송, 초단파 문자다중방송, TV 음성다중방송, TV 문자다중방송이 명기돼 있고 아울러 방송 및 그 수신의 진보발달에 필요한 조사연구, 국제방송에 관해 규정하고 있다.

또한, 9조 2항은 NHK가 행할 수 있는 임의적인 업무가 열거되어 있다. 그리고 9조 3항에는 1항과 2항에 규정된 업무를 원활하게 수행하는 데 지장이 없는 범위 안에서 우정대신의 인가를 받아 보유하고 있는 시설 등의 임대, 위탁에 의한 방송 프로그램의 제작 등 특정한 업무를 행할 수 있는 지침이 규정되어 있다. 말하자면 목적 이외의 법정(法定)업무이다. 이 목적규정과 업무규정은 1988년의 방송법 개정에 의해 정비가 이루어졌다.1)

다음, 방송법 제44조 1항에 NHK의 국내방송 프로그램의 편집에 관한 규정이 있는데 '풍부하고 좋은 프로그램을 방송함으로써 공중(公衆)의 요망을 만족시키고 문화수준의 향상에 기여하도록 최대의 노력을 하고,' '전국 지향의 방송 프로그램 이외에 지방 지향의 프로그램을 제작하며,' '일본의 과거 우수한 문화를 보존함과 동시에 새로운 문화의 육성 및 보급에 이바지하도록 한다'고 규정하고 있다. 또 동 조항 2항은 NHK가 공중의 요망을 알기 위하여 정기적으로 과학적인 여론조사를 실시하며 그 결과를 공표해야 한다고 규정하고 있다. 이 규정은 수탁(受託) 방송사업자를 제외한 전 방송사업자에 적용되는 국내방송 프로그램 편집준칙(제3조의 2)에 덧붙여 NHK에만 특별히 적용되고 있다.

이상과 같이 NHK에 관한 방송법상의 규정들을 통해 보면, NHK의 기본적인 역할에 대해 다음과 같이 정리할 수 있을 것이다.

① 국민의 다양한 요망을 만족시키고 일본의 문화수준을 향상시키는 데 기여하는 풍부하고 우수한 방송 프로그램을 방송한다.
② 방송을 전국에서 수신할 수 있도록 방송망을 정비하여 유지한다.
③ 전국지향의 방송 프로그램 이외에 지역지향의 프로그램을 제공한다.
④ 방송 및 그 수신의 진보발달에 필요한 조사연구를 하여 그 결과를 가능한 한 일반에 제공한다.
⑤ 국제 친선 및 다양한 교류의 발전에 이바지하기 위하여 국제방송 등을 실시한다.

이와 같은 NHK의 기본적인 역할을 다시 개별적으로 검토해 보기로 하겠다.

제①항과 관련하여, 일본 방송법은 제1조에서 방송을 최대한 보급하고, 방송에 의하여 표현의 자유를 확보하며 방송이 건전한 민주주의에 기여한다는 3개 원칙을 제시하여 방송법이 이 3원칙에 따라 방송을 공공복지에 적합하도록 규제하고 방송의 건전한 발달을 도모한다는 취지를 명확하게 규정하고 있다. 그리고 제7조 이하에서는 NHK의 조직, 운영에 관한 기본적인 규정을 담고 있다. 이 부분은 상기 3원칙에 따라서 방송의 건전한 발달을 도모하는 사업체로서의 역할을 법률상으로 우선 NHK에 기대한다고 표현하고 있다. 이런 의미에서 NHK는 상기 3원칙에 따라 방송이 공공의 복지를 위해 가장 정확하게 그 역할을 수행하고 방송의 건전한 발달을 도모하는 사명을 띠고 있다. 또한 프로그램 면에서는 국민의 가치관이 다원화되고 방송에 대한 요구도 다양화하고 있어 소수의 의견과 의향에 대한 배려를 포함하여 그들의 요망을 만족시키며 일본 문화수준의 향상에 기여할 것을 요구하고 있다.

제②항에 기술한 방송의 전국적 보급에 대해서는 전술한 방송법안의 국회 제출시에 관해 개괄적으로 설명하면서 밝힌 것처럼 NHK는 영리를 목적으로 하지 않고 전국 방방곡곡까지 널리 방송수신이 가능하게 하는 것을 설립의 목적으로 삼고 있다.

일반적으로, 영리기업이 인구가 극히 적은 지역까지 방송 서비스를 전국에 두루 제공한다는 것은 매우 곤란한 일이다. 따라서 이같은 서비스는 공공 서비스 또는 공공 기업이 수행하는 것이 보통이다. 예를 들어, 우편법 제1조는 '이 법률은 우편업무를 되도록 싼 값에 널리 공평하게 제공함으로써 공공의 복지를 증진시킴을 목적으로 한다'고 규정하여 공공 서비스의 요점을 저렴한 가격, 넓은 지역, 공평이라고 밝히고 있다.

NHK도 국민생활에 불가결한 방송 서비스를 두루 공평하게 제공하는 목적으로 설립되었지만, 최근 점차 방송 뉴미디어가 등장하게 되자 방송법 제7조에서 말하는 '일본 전국에서 두루 수신할 수 있도록 방송을 한다'는 규정과 관련하여 과연 NHK가 방송 뉴미디어의 어느 범위까지를 담당업무로 삼아 전국적으로 수신가능하게 해야 하는가에 대한 논의가 제기되고 있다.

방송정책간담회 보고서는 NHK가 방송 뉴미디어와 새로운 업무 분야로의 진출에 관하여 다음과 같은 5개 사항을 기본으로 삼아야 할 필요가 있다고 말하고 있다.2)

① 원칙적으로, 새로운 수신료 체계를 채용할 경우를 제외하고, 시청자에게 새로운 부담증가의 필요성을 연계시키지 않는다.
② 해당 미디어와 업무를 대다수 국민에 보급하는 것이 가능하고 바람직하다.
③ NHK 이외의 사업자(즉 민간방송)가 단독으로 사업화 또는 보급하는 것은 곤란하기 때문에 NHK가 자체 설비, 노하우, 수지(收支) 계획을 활용하여 사업에 참가하는 것이 그 후 민방사업자의 참가를 용이하게 한다.
④ NHK의 존재와 서비스를 수신료만으로 유지한다는 시청자의 합의와 지지를 명확히 얻을 수 있도록 한다.
⑤ NHK와 민방이라는 2원체제의 장점(재원을 달리하는 경쟁)이 유지되어야 한다.

방송정책간담회가 제시한 이상의 5개 관점을 살펴보면, 해당 미디어 또는 업무를 대다수의 국민에 보급하는 일이 가능하고 바람직하다는 것과 시청자의 합의와 지지를 명확하게 얻을 수 있다는 2개항은 NHK의 공공적 성격에서 본다면 당연히 배려해야 하는 항목일 것이다. 또한 NHK가 방송 뉴미디어와 새로운 업무에 진출하기 위해 수신료의 증액을 요구하는 것은 원칙적으로 피해야만 한다는 점도 당연하다고 하겠다.

그러나 민방 단독에 의한 새로운 사업이나 보급이 곤란할 경우, NHK의 참가를 인정하는 것이 그 후에 민간사업자의 참여를 용이하게 한다는 것과 NHK와 민방의 2원체제의 장점이 유지되어야 한다는 두 항목은 검토해 볼 필요가 있다. 우선 전자를 보면, 민방 단독으로 사업이나 보급이 가능한 경우, 이것을 인정할 수 있다고도 해석할 수 있다. 이에 대해 후자는 NHK 단독에 의한 진출은 인정할 수 없고 필히 NHK와 민방 2원체제의 장점이 유지되도록 요구하고 있다.

방송정책간담회 보고서가 이같은 사고에 기초하고 있다고 한다면 이는 일본 방송 정책의 기본과 관련되는 사항이 된다. 이미 지적한 바와 같이, 일본의 방송 법제는 방송의 효용을 최대한 발휘하고 풍요롭고 우수한 방송 프로그램을 전국에 두루 방송하기 위하여 먼저 법률에 바탕을 둔 NHK를 설립하고 그에 사명을 부과하였기 때문에 이념적으로는 앞으로 다매체·다채널 시대가 진행돼도 방송 뉴미디어에 관한 한 NHK가 담당해야 한다고 생각하는 것이 당연할 것이다. 앞으로 다중기술 등이 발달하여 많은 방송 뉴미디어가 실용화될 때, 현실적 문제 때문에 시청자의 요망에 따라 NHK가 실시를 보류하고 민방이 먼저 착수하는 것을 전적으로 인정할 수 없다는 취지는 아니지만, 기본적인 이념만이라도 명확히 해두지 않으면 안된다.

NHK의 기본적 역할의 세번째 사항인 전국 및 지역지향의 방송 프로그램을 제공하는 문제에 관하여 보면 근년에 와서 풍요롭고 매력 있는 지역사회의 형성이 중요한 사회적 과제로 돼 있어서, 지방을 주체로 보는 관점을 중시하고 다양한 지역정보를 제공하는 지역지향의 프로그램이 요청되고 있다.

NHK, 민방의 병존 체제하에서 전자를 전국방송형, 후자를 지역밀착형으로 하여 민방을 전국적으로 발전시키고 NHK의 경영을 합리화시킨다는 관점에서 NHK의 지역지향의 방송을 폐지해야 한다는 주장이 있다. 그러나 시청자의 다양한 요구와 지역사회 특유의 요망사항에 모두 부응해야 하는 NHK는 오히려 앞으로도 지역지향의 프로그램의 충실화에 노력해야만 한다고 생각한다.

특히 최근 동경(東京) 한 곳으로 집중화되는 추세 속에서 다극분산형으로 지역 진흥에 이바지하고 경제구조의 전환기를 맞아 지역사회의 활성화에 도움이 되는 지역지향의 방송 프로그램을 편성하는 것이 긴요한데, 이러한 점에서 NHK가 지역지향의 프로그램을 방송하는 역할에는 큰 의미가 있다.

다음 제4항에 대해서 살펴보면, 방송에 관련된 기술의 급속한 전개, 고도 정보사회로의 이행기를 맞아 조사연구 업무가 매우 중요한데, 최근에 하이비전(HDTV) 연구성과에서 그 점이 명백해졌다. NHK가 방송에 관한 조사연구를 적극적으로 추진하고 그 성과를 방송계 전반의 향상에 도움이 되도록 정책을 강구하는 것도 중요한 사명의 하나이다.

일본 전신전화주식회사법 제2조, 회사의 책무에 관한 규정에는 앞에서 인용한 부분에 이어 동 회사는 "앞으로 사회경제 발전을 이룩해야 하는 전기통신 역할의 중요성에 비추어, 전기통신 기술에 관한 실용화 연구 및 기초적 연구를 추진함과 동시에 그 성과를 보급함으로써 우리나라 전기통신의 창의적인 발전에 기여하고 나아가 공공의 복지를 증진하는 데 노력하여야 한다"라고 규정하고 있다. 전기통신사업이 대폭 자유화되고 있긴 하지만 아직 국민생활에 불가결한 전화를 전국에 두루 안정적으로 공급하고 전기통신기술의 실용화 연구 및 기초적 연구와 그 성과를 보급하는 것이 일본전신전화주식회사의 책무라고 법으로 규정하고 있다는 사실에 주목하고 싶다. NHK, 민방병존체제하에 있는 NHK의 조사연구 업무 역할은 앞으로 전개될 시대에 있어서도 방송계 전반의 향상을 위하여 매우 중요하다.

제5항 국제방송 실시의 의의에 대해서는 제4장 국제방송의 현상과 과제에서 상세히 언급하겠지만 구미(歐美)와의 경제마찰이 격화되어 일본의 사회경제 전반에 큰 영향을 미치는 현상에 대해 국제간 상호이해를 한층 촉진하는 것은 일본에게 중요한 과제이다. 이같은 시기에 여러 나라 가정에서 직접 수신할 수 있는 국제방송의 역할은 매우 크다고 하겠다. NHK는 앞으로도 일본에서 국제방송을 실시하는 유일의 주체로서 그 사명을 다하기 위해 노력해야만 한다. 또한, 프로그램과 기술면에서 많은 국제활동의 역할은 앞으로도 더욱더 중요해질 것이다.

이상, 5가지로 정리하여 NHK의 기본적 역할에 관해 논하였는데 NHK회장의 자문기관이었던 NHK장기비전심의회는 1982년 1월 보고서를 발표하였는데 그 속에서 "앞으로도 중요한 기능을 할 방송 미디어에서 시대의 정치권력과 사회적·경제적 세력들로부터 독립한 사업체를 가지는 것은 우리나라의 건전한 민주주의의 발달에 매우 유익하고 불가결한 것으로 생각되며 이같은 중요한 사명을 NHK가 앞으로도 담당할 것을 기대한다"라고 밝히고 있다.[3]

앞으로 민간방송의 다국화(多局化), 방송 뉴미디어의 탄생, 방송과 전기통신의 융합이 고도 정보사회로의 이행과정에서 일어날 것으로 예측되고 각종 공공기업체가 민영화되고, 여러 외국에서 민간방송의 발전이 이루어지고 있는 가운데 NHK가 공공방송 사업체로서 그 역할을 수행해 나가는 데는 당연히 많은 어려움이 예상된다. 그러나 NHK는 이 어려움을 극복하고 언제나 시대의 요청에 가장 적합한 공공방송 사업체가 되도록 노력해야만 한다.

여기에서 필자는 공공방송사업의 의의를 다음과 같이 개괄해 보고자 한다. 즉 '공공의 복지를 위해 전국에 걸쳐 불편부당하고, 공정한 보도와 풍부하고 우수한 방송 프로그램을 방송함과 동시에 그 사업활동을 유지할 수 있는 적절한 경영재원을 기초로 하여 그 경영에 시청자의 의향이 반영되는 구조를 기본적으로 가진다.'

(2) 기본적 성격

다음, NHK의 기본적 성격에 관하여 고찰해 보고자 한다. 우선, NHK가 1989년 9월에 실시한 <NHK에 관한 여론조사>에서 <NHK의 성격에 대한 이해>의 조사결과를 보기로 한다(<표 9> 참조).[4]

이 조사에서 특수한 공공적 사업체라는 것이 정답인데 국영기관, 반관반민 단체라는 응답도 많아 NHK의 성격을 일반 국민이 이해하는 데는 어려움이 있는 것이 분명하다.

<표 9> NHK의 성격에 대한 이해(단위: %)

	1990	1983	1980*
· 국영기관	25	26	26
· 반관반민(半官半民) 단체	31	26	23
· 특수한 공공적 사업체	29	32	34
· 민간회사	4	4	5
· 기타	0	0	0
· 모르겠다	11	12	12

* 1980년 10월 방송에 관한 여론조사에서 20세 이상의 응답 결과

NHK는 1950년에 제정된 방송법에 입각해 설립되었으나 방송법 부칙 제13항에서 '협회가 성립하였을 때는 사단법인 일본방송협회는 해산하고 그 일체의 권리의무는 협회에 승계한다'라고 돼 있다. 이것을 봐서 알 수 있는 바와 같이 NHK는 그 전신(前身)인 사단법인이 가졌던 일체의 권리 의무를 승계(직접 승계한 순 재산액 약 1억 6,300만엔)한 것으로 말하자면 시청자가 낸 수신료의 축적 위에 설립됐다고 말할 수 있어 국가의 출자 같은 특정한 출자가 없다. 이러한 점에서 국가가 출자해 설립한 공단(公團)이나 정부로부터 분리 독립한 공사와는 그 성격이 다르다.

'임시 방송관계법제 조사회(이하, 임방조)'의 답신서(答申書)도 "NHK는 정부 관장과 관련된 소위 국영사업은 아니고 일본 국유철도 등의 이른바 공공사업체나 일본주택공단 등과도 유형을 달리하며 정부 출자도 없다. 임직원은 '법령에 의해 공무에 종사하는 직원'이라고 볼 수 없다. 그 재산은 수신자가 지불한 수신료를 기반으로 하여 형성한다"라고 명시하고 있다.[5]

'NHK장기비전 심의회'의 조사 보고서는 'NHK가 이른바 특수법인의 하나라고 말하는 것은 다만 그 설립에 있어서, 정부(당시의 전기통신 장관)가 임명하는 설립 위원이 설립 행위에 관계되는 사무를 처리했다는 데서 끝난다. 일반적으로 말해, 법인의 설립 행위에 관련된 공통성만으로 업무, 재산 등이 다양한 여러 형태의 법인을 한 법률로 취급할 수는 없다'라고 말하고 있다.[6]

이 보고서에서 말하는 정부가 임명하는 설립 위원이 설립 행위에 관련한 사무를 처리한 경위는 방송법 부칙 제6항에 '전기통신대신은 설립 위원을 명하고, 협회의 설립에 관한 사무를 처리하도록 한다'라는 규정에 기초한 경위를 가리킨다. 현재, 일반적으로 총무청 설치법 제4조 제11호는 '법률에 의해 직접 설립되는 법인 또는 특별법에 의해 특별한 설립 행위를 통해 설립되는 법인'을 소위 특수법인이라고 규정하고 있는데, NHK는 방송법이라는 특별한 법률에 의해 특별한 설립 행위를 통해 설립된 것이기 때문에 이런 의미에서 특수법인의 하나다. 또한 이 때문에 1980년 5월, 당시의 행정관리청 설치법이 개정되어 각 행정기관의 감찰과 관련하여 행한 조사의 대상을 종래의 48법인으로부터 모든 특수법인(당시 110개)으로 확대하였을 때에도 그 대상에 들어갔다. 이 개정은 당시 일본의 어려운 재정 사정과 일부 법인에서 발생한 불상사 등을 계기로 이루어졌었다고 하지만, 보도, 언론과 관련된 NHK를 그 대상에 넣는 것은 특히 신중해야 한다.

이 개정안을 심의한 중·참의원 내각 위원회도 이 점을 고려하여 다음과 같은 부대 의결을 첨부하고 있다.[7]

'조사대상 법인을 조사하게 될 때에는 해당 법인의 자주성 및 특성을 존중함과 동시에 주무(主務)대신의 감독권이 미치는 범위를 벗어나는 경우가 없도록 십분 유의한다(이하 생략 중·참의원). 언론, 보도, 연구, 학문의 자유에 간섭하여 조사하는 경우가 없도록 배려한다(참).'

NHK는 이와 같이 소위 특수법인에 속하지만 국가의 출자를 받지 않고 그 업무를 국가의 행정 기능과 관련해 특정의 사업을 담당하는 것이 아니고 보도 언론과 관련된 매스미디어로서 방송 사업을 한다. 따라서 실질적으로 다른 곳에서 예를 찾을 수 없는 독특한 법인이며 그와 같은 전제하에 그 자주성이 존중되어야 한다고 생각한다.

2. NHK의 업무

(1) 업무 관련 규정

일반적으로 법인은 설립 목적을 중심으로 존립하지만, 그 행위와 능력의 범위는 그 법인이 담당하는 사회적 작용을 완전히 달성하기 위해 필요한 행위 모두를 포함하는 것으로 간주되어 왔다. 그러나 공공적 법인은 그 성격상 엄격히 해석되는 경향이 강한데 일반적으로 특수법인의 경우는 해당 법인 설립의 근거법에 업무에 관한 규정이 행위능력의 범위를 정하고 있다.

NHK의 경우, 그 업무는 제9조에 특히 엄밀히 규정하고 있는데 이것은 입법 당시 아직 미군정(美軍政)하에 있어, 연합국 측의 의향을 고려하면서 영국, 호주, 캐나다의 입법 사례를 참작하였기 때문이었다.[8]

방송법 제9조는 제1항에서 제7조의 NHK의 목적 규정을 받아 그 목적을 달성하기 위해 본래 업무로서 행해야 할 국내방송, 조사연구 업무 및 국제방송을 규정하고 있으며, 동 조항 제2항에서는 제7조의 목적을 달성하기 위하여 행할 수 있는 임의 업무를 특별히 열거하고 있다. 또한 동 조항 제3항에 목적 외 법정 업무로서 제1항, 제2항에서 규정하는 업무의 수행에 지장이 없는 범위 안에서 우정대신의 허가를 받아, 보유하고 있는 시설 등의 임대, 위탁에 의한 방송 프로그램의 제작 등의 업무를 행하게 될 때에는 영리를 목적으로 해서는 안된다는 취지를 규정하고 있으며, 제39조에서는 NHK의 수입은 제9조 제1항부터 3항까지 언급돼 있는 업무 수행 이외의 목적에 지출해서는 안된다는 취지를 명확히 규정하고 있다. 또한 제55조 제1호에서는 이같은 업무 이외의 업무를 행하는 임원에 대해 벌칙 규정이 있다.

현행 NHK의 업무 규정은 1950년에 방송법이 제정되었던 당시의 규정을 기본으로 하고 있으나, 그 후 여러 번 개정된 바 특히 1989년 개정에 의하여 목적 규정과 함께 상당한 정도의 정비가 이루어졌다.

이 점에 관하여 민간방송연합(이하 민방련)은 1989년 3월에 밝힌 '방송법 등 개정안에 대한 견해'에서 'NHK의 목적 규정을 변경하여 이와 연동하는 업무범위를 확대하려고 하고 있다. 이러한 법 개정은 NHK의 목적, 사명, 업무범위 등에 관하여 민방과의 적절한 조정을 꾀하고, 진정한 의미에서 NHK-민방병존 체제를 유지해 가려는 민방련의 사고에 역행하는 것이다'라는 견해를 밝혔다.[9]

그러나 이 목적 규정 및 업무 규정의 개정은 규정의 정비와 NHK가 갖고 있는 노하우와 시설의 유효한 활용을 주목적으로 하고 있다고 생각된다.

(2) 각 업무의 개요

다음, NHK의 업무와 관련해 방송법 제9조, 제9조의 2, 3의 규정에 관하여 그 개요를 설명하고자 한다(다만, 국제방송에 관한 규정에 관해서는 제4장에서 후술하겠다).

1) 본래 업무
제9조 1항은 NHK가 제7조의 목적을 달성하기 위하여 행하는 본래 업무에 대한 규정이다.

① 국내방송
우선, 9조 1항의 1호는 국내방송에 대하여 규정하고 있다. 일본 국내방송의 영역은 중파방송, 초단파 방송, TV방송과 최근 다중 기술의 발달에 따른 초단파 문자다중방송, TV 음성다중방송, TV 문자다중방송 등이다.
NHK는 현재 지상계(地上系) 중파 라디오 방송 및 지상계와 위성계 TV 방송, 2종류의 방송을 하고 있으나, 현행법에는 아무런 규정은 없고(몇 개를 소유한다는 규정-역주), 1988년 방송법, 전파법 개정에 의해 책정된 방송보급기본계획10) 및 방송주파수 사용계획11) 속에 중파방송 및 지상계 TV 방송에 관하여 종합 방송, 교육방송 각 1계통, 위성계 TV에 관해서는 난시청 해소를 목적으로 하는 방송 및 종합방송 각 1계통이라고 명시되어 있다. 또한 방송법 시행규칙에도 방송보급 기본계획을 정할 때 필요한 방송의 구분이 명시되고 있다.

NHK가 소유하는 방송매체의 종류나 수(數) 등의 규모와 NHK의 업무범위에 관해서는 결국 시청자가 부담하는 수신료액과 관련되기 때문에 항시 논의의 대상이 되는 사항이다.

앞에서 언급한 1987년 10월의 민방련 의견은 NHK의 "업무범위 및 사용채널 계통수(系統數)는 필요한 최소한으로 하는 등 종합적으로 재검토하여야 한다"라고 밝히고 있고 1987년 1월의 민방련 방송계획위원회는 NHK의 본연의 위상에 대한 제언에서 "NHK는 지상계 TV 2개 채널, 라디오 3개 채널 등 5채널, 위성계 2채널, 국제방송 1채널의 모두 8개 채널을 가지고 있다. 이는 매스미디어 집중 배제의 규칙 등에 저촉되고, 8개 채널이나 되는 과대한 채널을 운용하고 있는 것은 적정 규모를 넘는다. 게다가 각종 뉴미디어에 진출하고 지나친 거대화(巨大化)를 도모하는 것은 방송에서 공정한 경쟁 시장의 확보라고 하는 관점에서 볼 때 문제가 있다"라는 설명을 덧붙이고 있다.12)

또한 동 위원회는 1990년 3월에 밝힌 'NHK의 본연의 존재방식에 관한 민방련 견해'에서 "중장기 시점에서 본 업무범위, 사업규모의 감량화 정책을 단계적으로 강구할 필요가 있다. 특히, 보유한 매체의 종류와 수는 공공방송으로서의 목적을 달성하기 위한 최소한의 것이 되어야 한다"고 지적하고 있다.

더욱이 같은 해 9월 표명된 「NHK의 소프트 관련사업회사 설립에 관한 기본적 사고」에서도 "NHK계 기업 집단의 조직적 비대화는 이미 민방련을 위시해 관계 각 방면으로부터 지적돼 왔으며, 방송 서비스 분야에서 '공정한 경쟁 시장의 확보' 및 '언론·표현의 다원성'의 확보 면에서 간과할 수 없는 문제를 초래한다. 따라서 보유한 매체의 종류와 수(數)의 재고 등 사업규모의 감량화

와 관련한 제도적 개선 조치가 강구되어야 한다"라고 말하고 있다.13)

이상은 여러 번 지적한 민방련의 의견인데, 다음에는 우정성(郵政省)에 설치되었던 두 회의의 의견을 살펴보도록 하자. 우선, '방송정책간담회'는 'NHK의 기본적 사명, 이에 기초한 업무범위, 사업규모(매체의 종류 및 수)에 관해서는 사회적·경제적·문화적 상황 등 공공방송을 둘러싼 환경의 변화에 대응하는 가장 적정한 존재양식이 검토되어야 한다. 이미 NHK가 소유하고 있는 매체의 종류 및 수에 관해서도 기정사실인 것으로 당연시하지 말고, 각 매체마다 그 의의를 항시 검토하고 그 위에 공공방송으로서 한정된 경영재원으로 최대한의 효용을 국민에게 가져다 줄 수 있는 최적의 매체구성을 탐색해 갈 필요가 있다'라고 말하고 있다.14)

다음에, 1988년 8월부터 우정성에서 개최되었던 '방송의 공공성에 관한 조사 연구회'는 같은 해 12월에 발표한 중간보고서에서 '본격적인 위성방송시대에서 NHK가 실시해야만 하는 TV 방송은, 위성방송, 지상방송을 합해 3파(波)로 하는 등 그 적정한 보유 수에 관해 시급히 검토할 필요가 있다' 'NHK가 앞으로도 라디오 3파를 보유해야만 하는가에 대해 시급한 검토가 필요하다'라고 하였다. 또, 1990년 7월의 최종 보고서에서 'NHK가 보유한 매체의 바람직한 위상에 대하여 국민과 관계자의 의견을 충분히 근거로 하여 우정성에서 구체적인 결론을 내리도록 진행할 필요가 있다'라고 말하고 있다.

이상과 같이, 보고서 등에 지적되어 있는 여러 사항에 관하여, 공공 사업체로서 NHK가 항시 검토돼야 한다는 것은 당연하지만, 시청자의 요구에 부응하는 방송 뉴미디어의 실시를 위해 결과적으로 NHK의 사업규모가 확대되었다고 할지라도 그 부담을 시청자에게 전가하지 않는다면, 그러한 행위를 즉각 부정해야 한다고는 생각하지 않는다. 시청자의 다양한 요구에 부응하는 공공방송기관으로 설립된 NHK의 사업규모가 시청자의 요구에 의해 확대된다 하더라도, 거기에 수반하는 폐해가 발생하지 않도록 조치를 취한다면, 규모의 크기만을 문제 삼을 필요는 없다. 그리고 거대화에 의한 폐해를 방지하기 위하여 NHK에는 최고의사결정기관으로 경영위원회가 조직 구성상 명확히 자리잡고 있으며 국회에서 예산, 결산의 심의제도 등 공공규제적 제도가 마련돼 있는 등 이 점을 배려한 조치들이 강구돼 있다.

앞에서 언급한 'NHK 장기(長期)비전심의회' 조사 보고서에도 'NHK가 새로운 미디어를 도입하면 NHK의 거대화를 가져온다는 견해가 있을지도 모르겠다. 그러나 한편으로, 사회 전체의 정보 제공량과 수요량이 현저히 증가하고 있는 사정을 고려할 필요가 있다. 더욱이 근본적으로 NHK는 국민의 다양한 요구에 가능한 한 폭넓게 부응하고, 공정한 운영을 확보하도록 조직구성상 배려되어 있기 때문에, 단순히 뉴미디어에 의해 업무가 확대되었다고 해서 곧바로 거대화가 초래되는 폐해가 발생한다고는 말할 수 없을 것이다'라고 지적하고 있다.15)

1990년 3월에 책정된 NHK의 '평성(平成) 2~6년도(1990~1994) 경영계획'에서는 '앞으로 NHK의 역할을 구체적으로 전개해 나가기 위해서 필요한 매체와 사업범위를 확보해 가는 것이 기본이 되겠지만, 위성방송 보급의 진전과 다른 매체의 발전상황도 감안하면서 공공방송 사업체로서 효율적이고 효과적인 체제와 적정한 사업범위의 확립을 지향하여 우리나라 방송 체제에서 NHK의 위상과 국민의 적정한 비용 부담액 등 종합적 관점에서 검토를 한다'라고 밝히고 있다.

NHK가 장래 본격적으로 위성 방송을 보급할 단계에서 위성방송과 지상파 방송에 관하여 적정하고 효과적인 방송체계를 확립하는 것은 긴요한 일이며, 이를 위하여 다각적인 검토를 해야 할 필요가 있다고 생각한다.

② 조사연구

방송법 제9조 1항 제2호에 규정된 조사연구가 NHK의 기본적인 역할의 하나라고 앞에서 언급하였는데, 다시 이 점에 관해 논하기로 한다.

조사연구 업무는 NHK의 본래 업무 속에 속하는데, 그 업무와 관련하여 제

9조 2항 5호에는 외부의 위탁에 의한 방송 및 수신의 발달에 기여하는 조사연구, 방송설비의 설계 그 외의 기술원조를 하는 것이 가능하도록 돼 있다. 또한 제9조 6항에는 NHK 조사연구의 성과는 가능한 한 일반인이 이용하도록 규정하고 있으며, 이를 통하여 방송계 전반의 향상에 도움이 되도록 한다.

앞으로 고도의 정보사회에서 이러한 종류의 업무는 더욱 중요한 역할을 맡게 되는데, 전술한 민방련 방송계획위원회는 "방송기술 및 방송문화 조사의 두 연구기관의 활용을 용이하게 하기 위하여, 이들 기관을 NHK의 부속기관으로 하지 않고 독립기관으로 하는 등 적절한 조치가 강구되어야 한다"라고 말하고 있다.16) 이 제언은 수신료의 성격을 현재처럼 NHK를 유지하고 운영을 위한 부담금으로부터 일본방송 전체의 유지발전을 위한 부담금으로 변경하고, NHK의 경비 외에 독립 연구기관의 경비 등에 충당해야 한다는 사고와 관련해 제기되고 있다.

또한, 방송정책간담회는 NHK의 기술개발에 관하여, "NHK는 ① 프로그램 제작부터 수신까지 방송 시스템 전체에 관하여 각종 노하우를 축적한 기관이며 ② 기초기술부터 실용화에 이르는 연구개발의 일관된 방침을 근간으로 안정되고 지속적으로 수행할 수 있어야 하며, 장기적 시야에서 방송기술의 개발에 선도적 역할을 할 것이 기대된다. 한편, 기술개발의 대규모화, 다각화에 대응하여 다른 기관 내지 기업과의 공동연구, 공동개발에 서로 협력하여 효과적인 기술개발에 노력하는 것이 요청된다"17)라고 언급해 기술개발에 있어서 NHK의 선도적 역할을 기대하고 있다.

조사연구 업무는 일반적으로 장기적인 방침 위에서 장기적으로 수행할 필요가 있으나, 특히 방송사업의 경우는 방송 프로그램의 충실화와 방송기술의 추진을 위하여 일상활동과 밀접한 관련을 맺고 실시할 필요가 있으며, 현장으로부터 유리된 것이어서는 안된다. 이러한 의미에서 조사연구 기관을 분리 독립시켜야 한다는 제언은 신중한 검토를 필요로 한다. 더구나, 이것이 민방련 방송계획위원회의 의견과 같이 수신료의 성격변경과 관련하여 주장되고 있는 것이라면, 일본의 방송 체제 기본에 관한 문제가 되며 현 상황에서 즉각 동조할 수 있는 것은 못된다.

2) 임의(任意)업무

방송법 제9조 2항은 NHK가 제7조의 목적을 달성하기 위해 수행할 수 있는 임의업무에 대한 규정으로써 제1호부터 6호까지 NHK가 수행할 수 있는 업무가 상세히 규정하고 있다.

① 본래 업무인 국제방송 프로그램을 외국에서 송신할 때 외국방송 사업자에게 위탁할 경우, 필요하면 해당 외국방송 사업자와의 협정에 따라 중계 국제방송을 실시할 수 있다.
② 본래 업무에 부대(附帶)하는 업무를 행할 수 있다.
③ 방송 프로그램 및 편집상 필요한 자료를 외국방송 사업자에 제공할 수 있다.
④ 다중방송을 행하고자 하는 자에 방송설비를 임대할 수 있다.
⑤ 위탁에 의하여 방송 및 그 수신의 진보 발달에 기여하는 조사연구, 방송 설비의 설계, 기타의 기술원조와 방송 사업자를 양성할 수 있다.
⑥ 방송 및 그 수신의 진보 발달에 특히 필요한 업무로써 우정대신의 인가를 받아 행한다.

종래 NHK의 임의업무는 제9조 2항에 제1호부터 11호에 규정하고 있었으나, 이것을 본래업무의 일부로 포함하는 것과 본래업무에 부대(附帶)하는 업무, 그리고 임의업무로 크게 나누어 규정하고 있다. 여기에서는 제6호에 관하여 논하기로 한다.

이 6호의 규정은 1959년의 방송법 개정에서 추가된 규정으로 1호부터 5호까지 업무가 개별적으로 정해져 있는데, 예외적으로 5호까지의 업무 외에 방송 및 그 수신의 진보 발달에 특히 필요한 업무를 우정대신의 인가(제9조 8항)를 받은 경우에 인정한다고 규정하고 있다. 지금까지의 실례(實例)로서 학교법인 일본방송협회학원의 설립 및 조성, 사단법인 동경 케이블비전 등에의 출연, 재단법인 방송문화 기금의 설립 등의 예가 있다.

1990년 3월 민방련의 의견은 이같은 개괄적인 규정은 적절하지 못하고, 업무의 범위는 구체적이고 명확하게 법률로 정하여 엄격히 운용하여야 한다고 말하고 있으나[18] 앞으로도 NHK가 여러 사회상황의 변화 속에서 사업운영을 원활하게 해 나가기 위해서 필요한 규정이라고 생각한다.

3) 제9조 3항의 업무

1988년의 방송법 개정에 의하여 새로이 제9조 3항에, 제1항의 본래업무, 제2항의 임의업무 외에, 이들 업무를 원활하게 수행하는 데 지장이 없는 범위 안에서 다음의 업무를 행할 수 있다는 취지가 추가적으로 규정되었다(제9조 8항: NHK가 해당업무를 행하려고 할 때에는 우정대신의 인가를 요한다).

① NHK가 보유하는 시설, 설비를 일반에게 이용 또는 임대.
② 위탁에 의하여, 방송 프로그램 등을 제작하는 업무, 기타 협회가 본래업무, 임의업무를 행하기 위하여 보유하는 설비나 기술을 활용하는 업무로써 NHK가 행하는 것이 적절하다고 인정되는 일.

이 제9조 3항이 새로운 업무로서 추가된 것은 NHK가 오랫동안 축적해 온 노하우와 시설의 유효한 활용을 도모하며 부차수입을 늘리는 데 도움을 주기 위한 것이다.[19]

또한 제9조 3항의 업무에 관련된 경리(經理)는 특별한 계정(計定)을 만들어 정리해야 한다고 돼 있으며(39조 2항), 시설 및 설비를 임대하는 경우, 대상이 방송설비의 경우는 방송법 47조의 대상이 되나, 우정대신의 인가와 양의원(兩議院)의 동의 중, 전자만으로도 충분하도록 규정되어 있다.

이상과 관련해 부언하면 ①의 NHK가 보유하는 시설 및 설비 속에는

NHK 소유토지의 신탁이 종료되거나 해제됨에 따라 취득한 것을 포함한다고 특별히 기술되어 있으며, 제14조의 경영위원회의 의결을 거쳐야 하는 사항에도 토지의 신탁이 추가되었다. 이에 따라 NHK가 토지를 신탁할 수 있다는 것이 법조문상으로 한층 명확해진 것이다.

더욱이, 민방련은 1990년 3월 「NHK의 바람직한 위치에 관한 민방련의 견해」에서 이들 업무에 대한 우정대신의 인가가 엄정하게 이루어질 것을 요구하고 있으며, 미리 구체적인 허용기준을 법령으로 명시해야만 한다고 말하고 있다.[20]

4) 영리목적의 금지

제9조 4항은 NHK가 9조 1항, 2항 및 3항의 업무를 행할 때 영리를 목적으로 해서는 안된다고 규정하고 있다. NHK가 공공적 기업체로서 영리를 목적으로 업무운영을 할 수 없는 것은 그 설립목적에서 보더라도 당연한데, 제9조 4항의 규정은 주의를 위한 것이라고 볼 수 있다. 이러한 종류의 규정은 공공적 기업의 특별법이나, 상공회의소나 소비생활협동조합법의 최대 봉사의 원칙에 관한 규정 등에도 보이는데 그러한 예는 많지 않다.[21]

5) 출자(出資)규정

출자규정이 현재와 같이 정비된 것은 1982년에 개정된 방송법에 의해서이다. 이보다 앞서 우선 1969년에 출자규정이 추가되었으며, 그 후에도 여러 번 개정이 있었다. 그러나 1982년의 개정 이전에는, 우주개발사업단, 통신·방송위성기구, 유선 TV 방송 시설자에게만 출자할 수 있는 길이 열려 있었는데, 실제로는 통신·방송위성기구에만 출자되었을 뿐이다.

그 후 1982년 텔레비전 다중방송의 실용화 등을 위하여 방송법 개정이 이루어져 출자규정에 '여타 협회의 업무에 밀접히 관련된 정령(政令)으로 정하는 사업을 행하는 자'가 추가되었다. 이것은 NHK의 경험이나 기술 등을 활용하고 방송분야에서 축적된 바를 사회에 환원함과 동시에, 경영의 활성화, 효율화, 사업운영의 원활화에 이바지하기 위하여 추가된 것이다. 또한, 1988년의 방송법 개정에 의해 전술한 제9조 3항이 신설되었으나 출자규정의 대상이 되는 것은 제9조 1, 2항의 업무뿐으로, 이 점은 88년의 방송법 개정에서도 명확히 규정하고 있다(제9조의 2). 현재, 일본방송출판협회, NHK 아트, NHK 엔터프라이즈, NHK 테크니컬 서비스, NHK 컴퓨터 서비스와 같은 주식회사에 국회의 승인을 받은 수지예산, 사업계획 등을 바탕으로 우정대신의 인가를 얻어 출자가 이루어지고 있다.

이 점에 관하여, 1990년 3월 민방련이 제시한 의견은 'NHK의 비영리성을 확보하기 위하여 영리기업에 출자하는 것은 원칙적으로 금지되어야 한다. 이미 NHK의 출자를 받아 존립하고 있는 자회사·관련회사에 관해서는 NHK와 인적·자본적으로 완전분리하는 방향으로 나아가야 한다'라고 하고, 같은 해 9월에도 '공공방송인 NHK는 말할 것도 없고, NHK에 의해 직접적으로 지배받고 있는 관련기업이 외부의 영리기업에 대해 출자하는 것은 엄격히 삼가해야 한다'라는 견해를 밝히고 있다.[22]

다음, 이와 관련하여 소개해 둘 필요가 있는 것이 1986년 6월 임시행정개혁추진심의회, 이른바 행혁심(行革審)이 밝힌 '금후의 행재정(行財政)개혁의 기본방향'이다. 이 행혁심이 언론이란 특수한 성격을 가지는 NHK를 그 대상으로 했다는 것에 대해서는 논의의 여지가 있으나, 행혁심은 NHK가 자주적으로 경영의 효율화, 활성화 등을 추진해 가는 것이 필요하다고 하여 '관련기업으로부터의 수익의 환원방책을 검토하고, 경영기반의 강화를 도모한다.' '관련시설의 유효활용, 방송 생산물의 부차이용 등 공공방송의 목적에 반하지 않는 한도 안에서 업무범위를 확대하고 부차 수입의 증대를 꾀한다'는 것 등을 요구하고 있다.[23]

이에 대하여, 민방련 방송계획위원회는 "부차수입의 증가를 도모하는 것은 NHK의 본질에 비추어 적절하지 않으며 행혁심의 답신은 방송법의 정신을

십분 이해하고 있다고는 말하기 힘들다"라고 지적하고 있다.[24]

NHK의 업무운영은 공·민방 방송체제의 기본이념에 기초해 이루어져야 하는 것은 당연하지만 이를 전제로 한다 하더라도 시청자의 부담증가와 연결되는 수신료 개정을 억제하기 위해 수입증대의 방도를 다각적으로 강구하는 것도 매우 긴요하다.

이런 의미에서 NHK가 효율적이고 원활하게 업무를 수행할 수 있도록 일정한 조건하에서 업무에 밀접한 관련을 가지는 사업에 한하여 출자의 길을 허용하는 것이 필요하며, 부차수입의 증가책도 한계는 있다고 해도 거듭 노력해야 할 것이다.

6) 업무의 위탁

1988년 12월 우정성이 발표한 '방송의 공공성에 관한 조사연구회'의 중간보고는 NHK 업무의 외부위탁에 관하여 일정기준을 만들어 위탁사업을 시급히 검토하여 정리해야 한다고 제시하였다. 우정성은 이 보고서를 참고로 하여, 89년에 방송법을 개정하였다.

이 개정으로 제9조 3항이 방송법에 새로 추가되어, NHK의 본래업무(9조 1항), 우정대신의 명령에 의한 국제방송(33조 1항), 그리고 우정대신의 명령에 의한 연구업무(34조 1항)는 NHK가 정하는 기준을 따르는 한, 업무의 일부를 남에게 위탁할 수 있도록 하였다. 그리고 그 기준을 정하거나 변경하였을 경우에는 우정대신에게 신고하도록 하였다.

업무위탁 규정의 필요성에 관하여 NHK는 방송 프로그램의 질을 저하시킨다든지 노하우의 유지 발전을 곤란하게 하는 등의 업무위탁은 하지 않도록 사전에 자주적으로 기준을 정하여 행할 것을 규정하고 있다.[25] 또 부칙을 달아, 개정 규정의 시행 이전에 상기업무에 관하여 위탁한 것에 대해서는 종래와 같이 처리한다고 돼 있으며, 상기업무 이외의 업무위탁에 대해서는 방송법에 의해 특별히 규제돼 있지는 않다. 원래 방송법에는 NHK가 남으로부터 위탁을 받아 행하는 업무에 관해서는 규정이 있지만, NHK의 각 업무를 남에게 위탁하는 것에 관해서는 특별한 규정이 없어서 NHK의 경영 판단하에 이루어져 왔다. 이같은 취지에서 89년에 방송법 개정이 이루어졌기 때문에 개정된 규정이 시행된 뒤에는 해당 업무의 위탁은 이 규정이 정하는 바에 의해 행하도록 되었다.

3. NHK의 경영기구

NHK의 경영기구는 의사 결정기관으로 경영위원회(방송법 13조 이하), 집행 기구로 회장 이하, 그리고 감사(監査)기관으로 감사(監事)(방송법 24조 이하)로 구성돼 있다.

(1) 경영위원회(經營委員會)

국민과 관련하여 NHK의 경영을 논의하는 경우는 특히 경영위원회의 바람직한 위상을 중심으로 논의되는 경우가 많다. 국민과 NHK의 관계를 고려할 때, 경영위원회의 기능이 매우 중요하다는 것은 명확하다.

경영위원회는 방송법의 규정에 입각하여 위원 12인으로 조직되며 그 가운데 8인은 전국 8개 지구(地區)에서 각기 임명되고, 4인은 지구를 초월하여 임명된다.[26] 또한 경영위원은 교육, 문화, 과학, 산업 기타 각 분야가 공평하게 대표되도록 고려하여 선임된다. 경영위원은 중·참의원 양원의 동의를 얻어 내각 총리대신이 임명한다. 임명 과정에서는 매우 엄격한 결격사항이 적용된다. 임기는 3년이며 재임할 수 있다.

경영위원회는 수지예산, 사업계획 및 자금계획, 수지결산, 방송국의 설치계획, 프로그램 기준, 방송 프로그램의 편집에 관한 기본계획, 수신계약의 조항, 방송채권의 발행 및 차입금의 차입, 토지의 신탁, 업무위탁 기준, 사업관리 및 업무집행의 규정 등 NHK 경영의 중요 사항을 의결하며, 회장, 감사의 임면, 부회장, 이사 임면의 동의 등 중요 인사(人事)에 관해 권한을 가지고 있다.

이러한 합의제의 의사 결정기관으로는 구 일본전신전화공사의 경영위원회, 일본 은행의 정책위원회, 제도고속도교통영단(帝都高速度交通營團)과 주택·도시정비공단의 관리위원회의 예가 있으나 NHK의 경영위원회와 같이 집행기관장의 임면권을 독립 권한으로 갖는 등 강력한 권한을 가지고 있는 예는 없다.

임방조(臨放調) 답신서는 경영위원회에 관하여 '수신자의 이익을 대표하는 자로서 국민적 입장에서 NHK의 운영에 관해 최고 방침을 결정하고, 또한 최종적인 책임을 갖는 기관이며, NHK의 성질상 필수적인 제도로 존치되어야 하고, 이 위원회가 회장의 임명권을 가지는 것은 의의가 크다고 생각한다'라고 하였다.[27] 또한, 방송정책간담회는 앞에서 다루었지만, "경영위원회는 국민적 입장에서 NHK의 운영에 관한 최고 방침을 결정하고 최종 책임을 갖는 기관이며, NHK의 운영을 국민의 이익에 따르게 하는 역할이 기대된다. 또 지역(地域), 직역(職域)면 등에서의 다원적인 구성이 NHK 방송을 통하여 언론 시장의 다양화에도 공헌할 수 있는 등 공공방송의 존재 의의에 직결하는 중요한 기관이며, 앞으로도 존치하는 것이 적당하다"라고 말하고 있다.[28]

NHK가 국민의 방송기관으로서의 성격을 근본으로 삼아 운영되고, 자주, 자율성을 견지하기 위해서 의사결정기관인 경영위원회가 수행해야 할 역할은 매우 크다. 특히 집행기관의 장인 회장의 임면권을 제도적으로 보유하고 있는 의의는 매우 중요하다.

다음, 경영위원회가 구성되게 된 경위와 외국의 관련제도에 관해 살펴보기로 한다. 우선, 경위에 관하여 말하면, 앞에서도 지적하였듯이, 1948년 7월 연합국최고사령부(GHQ)의 맥아더 원수의 편지가 일본에서 공공 기업체가 탄생하는 단서가 되었다. 신설된 3개의 공공 기업체로, 국철(國鐵)에는 당초 감리위원회가, 전매(專賣)에는 대장성에 전매사업심의회가 설립되었으며, 맨 나중에 설립된 전전공사(電電公社)에는 경영위원회가 설치되었다.

이 맥아더 편지가 발표된 시기는 방송법의 책정작업이 진행된 시기이며, NHK에 대해 당시의 사단법인 조직에서 민주적인 전국민적 기반 위에 입각한 공사(public corporation)로 개조해야 한다는 GHQ의 시사도 있어서 검토가 진행되었다. 그 결과, NHK는 방송법의 근거로 설립된 법인이 되어 그 최고 의사결정기관으로 합의제의 경영위원회가 설치되었다.

당시, 입법작업에 관여했던 장굉(莊宏)씨는 "국가는 경영위원회 위원을 임명하는 것만이 아니라 다른 인사의 구성, NHK 업무방침의 결정, 인사권에 기초한 집행기관에 대한 감독을 모두 경영위원회에 신탁하고 있다고 말할 수 있으며, NHK는 그 조직 및 인사에 관하여 비상하게 강고(强固)한 자주성과 독립성을 부여받게 된 것이다"라고 말하고 있다. 그는 또 의사결정기관을 합의제로 한 이유는 독단을 배제하고 각종의 지식, 경험, 의견을 모아 민주적으로 가장 적절한 의사결정을 도모하고, 기관의사(機關意思)의 계속성을 확보함과 동시에, 완만한 가변성을 아울러 주도록 했다는 것을 지적하고 있다.29)

다음에 서구, 특히 영국과 서독의 경영위원회, 방송위원회에 관하여 논하겠다. 이미 지적한 바와 같이 영국에서는 방송에 소비자 주도 원리의 도입을 주창하는 발상이 일어나 상업방송제도를 채용하려는 움직임을 둘러싸고 많은 논의가 벌어지는 등 유동적인 요인이 있으나, 현재 방송은 공공적 업무(public service)이며 이를 담당하는 사업체는 공공적 사업체이어야 한다는 사고를 바탕으로 방송제도가 성립돼 있다.

그리고 공공적 사업체의 의사결정기관으로 경영위원회와 방송위원회를 채용하고 있다. 우선, 영국의 예를 BBC의 경영위원회에서 보면, 위원 12명을 국왕이 추밀원에 자문하여 임명하는 것으로 돼 있으나, 실질적으로는 내각이 임명한다. 임기 5년 이내, 재임 할 수 있다. 경영위원회는 시청자인 국민을 대표하는 기관으로 모든 중요한 문제를 결정하고 업무 전반에 관하여 최종 책임을 진다.30) 아난위원회는 그 보고서에서 'BBC 경영위원회는 매일의 운영에 책임이 있는 톱 경영진은 아니다. 경영위원회는 어느 정도 거리를 두고 공공 이익의 옹호자로서의 역할을 반복해 강조하지 않을 수 없다'라고 그 책임을 설명하고 있다.31)

위원 12명의 구성은 위원장 1인, 부위원장 1인, 웨일즈, 스코틀랜드, 북아일랜드 각 지방 대표위원 외에 특히, 위원의 자격과 분야에 관하여 정해진 것은 없으나 관례로 재정문제 전문가, 노동조합 출신자, 외교관 출신자, 교육자를 포함시킨다.

서독의 공공방송은 각 주법(州法)에 의거해 운영되는 9개의 지역방송협회(ARD), 모든 주(州)가 공동 설립한 제2독일텔레비전협회(ZDF) 및 국제방송을 담당하는 2개의 협회가 있다. 이들 협회의 기관으로 방송위원회가 있다. 이는 합의제의 최고의사결정기관이지만 각 계층의 의견을 반영시키기 위하여 적게는 19인, 통상 20인부터 40인 정도, 많으면 50~60인의 위원을 둘 수 있다. 이러한 형태로 방송위원회 제도가 설립돼 운영되고 있는 바탕에는 전술한 1961년 연방 헌법재판소의 제1차 방송판결의 사고-즉 '고려에 넣을 수 있는 모든 세력이 그 조직 속에서 영향력을 가지며 전 프로그램에서 발언의 기회를 갖는 것'-가 깔려 있다. 이 내부적 다원성의 구성원리는 사실 이상(理想)에 가깝고 현실화하는 데는 많은 난점이 있을 것이다. 이 점에 관해 영국의 아난위원회는 "이 제도의 존재이유와 배후에 있는 큰 결의를 이해할 수 있다. 제2의 괴벨스가 두 번 다시 중앙정부를 통하여 방송제도를 지배해서는 안된다라는 의도이기 때문이다. 그러나 듣는 바에 의하면, 소위 중립이라는 회원조차도 정당의 노선을 따라 투표하고 있다. 예를 들면 교회의 대표는 기독교민주동맹(CDU)의 방침에 따라서, 스포츠 계의 대표는 사회민주당(SPD)의 방침에 따라 행동하는 형편이다. 이 제도가 우리나라에 어울린다는 것은 믿을 수 없다"라고 밝히고 있다.32)

방송위원회의 구성은 서부독일방송협회(WRD)의 경우, 12명(주의회가 비례선거로 선출, 의원은 7인까지), 17명(교회, 노동조합, 경영자 단체 등의 사회적 집단이 선출), 9명(언론, 문화, 예술, 학술단체 기관이 선출), 3명(고령자, 신체장애자, 외국인 노동자 집단에서 각 1명씩 선출) 등 모두 41명으로 이루어진다.

우정성이 1964년 1월, 당시 임시 방송관계법제조사회에 제출한 「방송관계법제에 관한 검토상의 문제점과 그 분석」은 경영위원회에 관하여 '경영 이론상으로 경영위원회는 집행기관에서 독립한 회원으로 구성되어 소위 사외성(社外性)을 보유하면서 독자의 경영관리 기능과 책임을 갖는 것이 요청된다. 협회의 목적 내지 사명에서 볼 때, 협회에 부여한 자주성이 강할수록 이러한 요청은 커지며, 반대로 그 정도가 약하면 약할수록 후퇴하여 자문기관적인 기능을 갖는 데 지나지 않게 된다'고 지적하고 있다.[33] NHK는 방송 프로그램 편집권의 자유를 중핵으로 하고, 불편부당과 공정을 기본으로 운영되지 않으면 안되는데, 이를 위해서는 자주성과 자율성이 강하게 요청된다. 따라서 NHK의 경영위원회에 기대하는 바는 더욱더 커지며 그 책무는 지극히 중요해지고 있다.

(2) 집행기관

NHK의 집행기관에 대해서는 방송법 제24조 이하에 규정하고 있는데, 회장 1인, 부회장 1인, 이사 7인 이상 10인 이내로 하고 있다. 임기는 회장, 부회장 3년, 이사 2년이다. 이사 가운데 약간 명은 회장의 지명에 의해 전무이사가 된다(정관 제20조 2항). 또, 기사장(技師長) 1명을 두어 전무이사를 보충하도록 하고 있다(기사장에 관한 규정).

전술한 것처럼, 회장의 임명은 경영위원회가, 부회장과 이사의 임명은 경영위원회의 동의를 얻어 회장이 하도록 돼 있어, NHK는 인사면에서 강력한 자주성을 갖고 있다.

기업성격을 달리하지만, 예를 들어 재래의 공공 기업체인 구(舊) 전전공사(電電公社)는 총재, 부총재는 경영위원회의 동의를 얻어 내각이 임명하고, 이사는 총재가 임명하였으며(구 전전법 21조 1, 3항), 구 국철(國鐵)에서 총재는 내각 임명, 부총재, 이사는 운수대신의 인가를 얻어 총재가 임명하였다(구 국철법 19조 1, 2항).

회장, 부회장, 이사의 임명에 관해서는 경영위원과 같이 엄한 결격사항이 있으며(27조 5항), 영리를 목적으로 하는 단체의 간부가 되거나 영리사업에 종사하는 것은 금지되어 있으며, 방송사업(수탁 방송사업은 제외)에 투자하는 것도 금지돼 있다(제30조).

NHK을 둘러싼 경영환경은 어려워지고, 다매체·다채널의 신시대를 향하여 많은 경영문제에 적확히 대처하지 않으면 안되는 상황에서, NHK 집행기관이 해야 할 역할은 매우 크다.

(3) 감사 기관

감사(監査)기관인 감사(監事)는 경영위원회가 임명하며(임기 2년), 3인 이내에서 둘 수 있다. 감사의 감사기능을 강화하는 문제에 대하여 지금까지 많은 논의가 있었으나, 최근에는 방송정책간담회에서 기능을 강화해야 한다는 지적이 있었으며, '방송의 공공성에 관한 조사 연구회'의 중간보고에서는 NHK의 출자와 관련하여 감사의 권한을 정비하는 것에 대한 의견이 개진되었다. 그리고 이러한 움직임을 받아들여 88년과 89년 2회에 걸쳐 방송법의 관계 조문을 개정하였다.

우선, 방송정책간담회에서 "감사는 현재 정관에서 필요하다고 인정되는 경우에는 경영위원회에 의견을 말할 수 있도록 돼 있으나, 이것을 법정화(法定化)하는 것 등의 방책에 의하여 감사기능을 강화하도록 검토할 필요가 있다"라고 지적하고, "국회에서 결산을 충분히 심사하기 위하여, NHK가 지금까지 제출하도록 돼 있는 결산관계의 자료에 덧붙여, 감사의 감사 보고서를 제출하는 것 등을 검토해 갈 필요가 있다"라고 하였다.34)

1988년의 법 개정은 이를 받아들여, 개정 이전의 '감사는, 회장, 부회장 및 이사가 행하는 업무를 감사하고, 그 감사의 결과를 경영위원회에 보고한다'는 표현을 전후 2항으로 나누어 규정함에 동시에(제26조), 감사가 경영위원회의 회의에 출석하여 의견을 말할 수 있도록 법정화하였다(제23조). 또한, 매 사업연도의 업무보고서와 재무제표(諸表)에 감사의 의견서를 첨부하여 우정대신에 제출하도록 하고, 감사의 의견서는 업무보고서에 덧붙여 국회에 보고하는 한편, 재무제표에 더하여 회계 감사원을 거쳐 국회에 제출하도록 하였다(제38, 40조).

다음 88년 12월에는 '방송의 공공성에 관한 조사연구회'의 중간보고가 발표되어 "NHK가 일정 비율 이상 출자한 법인에 대해서는 일반 주식회사의 예와 같이 영업 보고를 요구하고, 필요한 경우에는 업무 및 재산 상황을 조사하는 권한을 인정하는 등의 제도를 검토할 필요가 있다"라는 견해를 제시하였다. 이것은 상법 제274조의 3(자회사 조사권)의 규정을 모방한 발상이다.

89년의 방송법 개정에서는 이 조사연구회의 중간보고를 받아들여, 감사는 그 직무를 수행할 필요가 있는 경우, 발행 주식 총수의 과반수에 해당하는 주식을 NHK가 소유하는 주식회사(유한회사의 경우는 그 자본의 과반에 해당하는 출자구수(口數)를 NHK가 소유한다), 즉 소위 자회사(子會社)에 대하여 영업 보고를 요구할 수 있게 되었다. 또한 NHK와 자회사가 혹은 자회사만이 소유하고 있는 주식이나 출자구수가 같은 상황에 있는 회사도 자회사라고 간주하게 하였다.

이들 자회사에 대하여 감사가 보고를 요구할 때, 자회사가 지체 없이 보고하지 못하거나 보고의 진부(眞否)를 확인할 필요가 있을 때에는 자회사의 업무나 재산상황을 조사할 수 있게 규정되어 있다. 그러나 정당한 이유가 있을 때에는 자회사는 보고와 조사를 거절할 수 있다(26조 5~8항). 이상, 2회의 법

개정에 의하여 감사의 감사기능은 한층 정비되었다.

4. NHK의 경영 재원

NHK의 경영은 시청자가 부담하는 수신료를 주요 재원으로 이루어지고 있다. 이미 지적한 바와 같이 일본의 방송은 NHK·민방의 2원체제 하에 있으며, 기업성격과 경영재원을 달리하는 양자가 경쟁하면서 지금까지 발전하여 왔다. 경영재원은 민방의 경우는 광고수입을 기본으로 하고 NHK는 광고수입을 금지하고 수신료 수입에 의존하도록 하고 있다(방송법 32, 46조).

(1) 수신료의 성격

수신료의 성격은 1964년 임방조 답신서에서 '나라가 그 일반적인 지출에 충당하기 위하여 징수하는 조세가 아니며, 국가가 징수하는 목적세도 아니다. 국가기관이 아닌 독특한 법인으로 세워진 NHK에 징수권이 인정되어 그 유지 운영을 위한 수신료라는 이름의 특수한 부담금으로 해석해야 한다'라는 사고방식이 현재까지 일반적이다.[35]

전술한 우정성의 「방송관계법제에 관한 검토상의 문제점과 그 분석」은 수신료의 성격에 관해 다음 4가지 사고방식을 거론하고 있는데, 즉 방송 서비스에 대한 대가로 보는 사고(계약설), 수신기세와 같은 세금으로 보는 사고방식(세금설), 수신허가수수료, 이른바 라이선스 휘(licence fee)로 보는 견해(허가료 설), 공공부담의 일종으로 수익자 부담적 성격의 것으로 보는 사고방식(공용 부담설)이다.

이상 네 가지 설에 대하여 검토하기로 하겠다.

1) 계약설

 방송 서비스에 대한 대가로 보는 이 견해는, 민방이 광고수입을 재원으로 삼고 있기 때문에, 광고방송이 금지되고 있는 NHK에 대한 대가로서만 지불해야 하는 문제가 있다. 또 NHK 방송을 시청하지 않는 사람에 대하여 어떻게 대응해야 하는 문제도 있다. 일반적으로 말하면 방송전파와 같이 관리 가능성이 없는 매체의 서비스를 향유한 경우에만 한해서 대가를 지불한다는 계약을 맺기는 어렵다.

 최근에 와서야 전기통신기술의 진보와 함께 스크램블(scramble) 방식36)을 채용하여 채널별 또는 프로그램 별로 유료방송을 할 수 있게 되었다. 따라서, 앞으로 민간방송에서 유료방송의 실시가 기술적으로 가능해졌으며 1988년의 방송법 개정에 따라 우선 90년 8월 발사된 방송위성 BS-3으로 스크램블 방식에 의한 유료방송의 길이 열리게 되었다. 그러나 NHK의 경우는 특정의 장치를 설치한 자만이 방송을 시청할 수 있는 방식이 공공방송의 기본적인 성격에 어울리느냐 하는 문제가 있으며 NHK에서 스크램블 방식을 채택하는데 대해서는 신중론이 우세하다.37) 다만, 영국의 피코크위원회는 영국에서 이 방식을 보급할 것을 제언하고 영국정부의 방송백서도 장래 BBC가 유료방식으로 이행할 것을 기대한다고 밝히고 있다.

2) 세금설

 수신기세와 같은 세(税)로 보는 이 사고방식에는 보통세로 할 것인가, 목적세로 할 것인가 하는 문제가 있으나 어느 경우에든 세금의 징수주체는 국가가 되고 NHK에 대한 교부금의 형태가 되어 불편부당과 자율을 기본으로 하는 NHK의 경영재원으로 적절한 것인가라는 논의를 불러 일으킨다.

3) 수신허가 수수료

 1950년 전파법 시행 이전의 구 무선전신법 시대에는 수신기의 설치도 허가 대상이었다. 현재는 무선국을 개설하고자 하는 자는 우정대신의 면허가 필요하지만(전파법 4조) 동법의 무선국에 대한 정의에 의하면, 수신만을 목적으로 하는 자는 이에 포함되지 않는 것으로 돼 있으며(제2조 5호), 일본에서는 전후 수신기의 자유로운 설치가 이미 보장되었기 때문에 현 상황에서 이러한 사고방식을 택하는 데는 어려운 점이 많다. 그러나 영국에서는 현재 수신허가료 견해를 채택하고 있다.

4) 공용(公用)부담설

공용부담설이란 수신료를 공용부담의 일종으로 수익자 부담의 성격을 갖는 것으로 보는 견해이다. 공용부담이란 말은 '특정 공공사업의 필요를 충족시키기 위하여 법률에 근거하여 강제적으로 인민에 과할 수 있는 경제적 부담… 또, 강제적으로 과할 수 있는 경제부담이라는 점에서 사법(私法)적 계약에 기초한 부담…과는 구별된다'라고 설명돼 있다.[38] 이러한 사고방식과 임방조 답신서가 말하는 '국가기관이 아닌 독특한 법인으로서 세워진 NHK에게 징수권이 인정되는 것, 그 유지운영을 위한 수신료라는 이름의 특수한 부담금'이라는 사고방식 사이에는 성격적으로 상당한 차이가 있다. 공용부담이라는 견해는 공적(公的)색채가 농후한데 비해, 임방조의 사고방식은 독특한 법인에 인정되는 특수한 부담금으로서 공적색채를 주의 깊게 피하고 있다.

이상, 수신료의 성격론으로 거론되고 있는 4개의 사고방식을 살펴 보았는데, 임방조 답신서가 발표된 지 20여 년이 지난 지금, 수신료의 성격에 관해서는 이 답신서가 제시한 바대로 해석하는 것이 일반적으로 정착되고 있다.

방송정책간담회도 '수신료의 법적 성격은 NHK의 조직, 업무를 유지, 운영하기 위한 특수한 부담금으로 해석되고 있다'라고 하고,[39] "NHK가 공·민영방송의 병존체제를 근간으로 그 기본적 사명을 달성하기 위해서는 재원방식으로 결국 앞으로도 폭넓게 국민전체의 부담에 의거하고 NHK가 고도의 자주성, 중립성을 확보하는 것이 필요하다. 또한 공공방송과 민간방송과의 병존적 발전을 도모한다는 관점에서는 공공방송의 재원 조달방식이 경영면에서 민간방송에 주는 영향을 배려할 필요가 있다. 이러한 점에서 수신료제도는 앞으로도 NHK의 재원방식으로서 어울린다고 생각된다"고 지적하고 있다.40)

 NHK가 민간방송과의 병존체제 속에서 불편부당과 공정을 기본으로 프로그램을 편성하고 시청자를 위한 업무운영을 계속해 나아가기 위해서는 그 재원을 수신료제도에 의존하는 것이 바람직하다. 그러나 이 제도를 장래에 유지시켜 나아가는 데 있어, 특히, 전국적인 도시화의 진전에 따른 세대이동, 또는 맞벌이 세대의 증가에 의한 주간(晝間) 부재세대가 증가하는 등 수신료계약 대상세대의 파악이나 수신료 수납에 어려움이 있다고 한다. 또한, 민간방송의 다국화(多局化), 유료방송을 포함해 각종 정보매체의 출현 속에서 시청자의 가치관이 다원화되고 생활양태가 다양화되어 선택적 시청경향이 늘어나고, 더욱이 가정의 TV 수상기가 방송시청 이외의 용도에도 사용되는 상태에 이르고 있다. 이러한 상황 속에서 NHK가 시청자의 이해와 협력을 기본으로 하는 수신료제도를 유지해 나가기 위해서는 사회상황의 변화에 적절히 대응하는 관련시책의 추진 등의 각별한 노력이 필요한데, 이것은 NHK가 자주·자율성을 확보하고, 시청자의 복지에 기여하는 방송기관으로 발전하기 위해 치루어야만 하는 노력이라고 할 수 있다.

(2) 수신료의 용도

 1987년 10월의 민방련이 제출한 의견에는 '수신료는 우리나라의 방송발전을 위한 부담금으로 성격지우는 것이 합리적이다. 수신료의 용도는 법률로 정하는 것이지만 NHK의 유지운영 이외에 독립기관이어야 하는 방송기술 등의 연구기관의 유지운영 등 우리나라 방송 전체의 발전에 도움이 되는 비용에 충당해야 한다'라고 돼 있다.41) 이 주장은 수신료를 NHK의 유지운영을 위한 부담금에서 일본방송 전체의 발전을 위한 부담금으로 성격을 변경하고 나아가 독립기관이어야 하는 방송기술 연구기관들의 비용 등 우리나라 방송전체의 발전에 이바지하는 비용에도 지출해야 한다는 것이다.

이 의견은 민방련이 몇 년동안 주장해 온 것과 공통되는 것으로, 수신료를 일본의 방송전체, 즉 NHK, 민방, 방송대학 발전에 이바지하는 비용에 충당한다는 것인데, 광고수입을 주 재원으로 경영되는 민간방송과 국비와 수업료에 의하여 운영되는 방송대학을 위하여 전국 시청자가 낸 수신료를 어떠한 이유로 지출할 필요가 있는가, 또한 그것이 시청자의 이해를 얻을 수 있는 것일까 등 많은 검토가 필요하다.

더구나, NHK가 자신의 업무를 수행하면서 방송계 전반의 향상에 도움이 되도록 노력하는 것은 바람직한 일이지만, 이것과 민방련 의견은 충분히 구별하여 생각할 필요가 있다.

(3) 수신료 지불 의무제(義務制)

현재의 수신료제도는 방송법 제32조의 규정에 입각한 수신계약체결 의무제인데 이것을 소위 지불 의무제로 바꾸어야 한다는 주장이 과거부터 있어 왔다. 예를 들면, 1980년 수신료의 지불 의무제에 대한 방송법개정안이 국회에 제출되었다가 폐기되었다. 이 개정안은 현행 방송법 32조 1항의 '협회의 방송을 수신할 수 있는 수신설비를 설치하는 자는 협회와 그 방송의 수신에 관하여 계약을 하지 않으면 안된다'를 '협회의 방송을 수신할 수 있는 수신설비를 설치하는 자는 그 설치 시기로부터 협회에 수신료를 지불하지 않으면 안된다'로 개정하려는 것이었다.

이 지불 의무제에 관하여 이미 1964년의 임방조 답신서에서도 언급된 바 있으며, 1966년의 방송법 개정안에도 포함되었으나 폐기되었다. 임방조 답신서는 '현행 방송법은 수신료 징수와 지불의 법률관계를 수신계약의 강제라고 표현하고 있으나, 계약이란 말을 사용하고 있는 것은 실제의 법률관계가 오해

될 우려가 있다. 이러한 의제(擬制)를 행하지 않고 직접적으로 지불의무를 규정하고 법률관계를 간명하게 하는 것이 바람직하다'라고 하였다.42) 이 답신서의 설명에 의해 밝혀진 바와 같이, 소위 지불 의무제는 수신료를 NHK의 유지운영을 위한 부담금이라는 성격을 한층 명확하게 하기위한 것이나, 1980년 개정안의 국회제출 당시에는 NHK의 성격을 강권적(强勸的)으로 만든다는 등의 주장이 있어 결국 이 안은 폐기돼 버리고 말았다.

방송정책간담회는 "수신료 수납체제의 강화와 관련하여 부담을 공평하게 하고 NHK 경영의 안정화라는 관점에서 지불 의무제의 도입에 관해 고려할 여지가 있으나, 지불 의무제의 도입이 곧 수신료 수납 효율의 향상에 연결될 것인가 등의 관점에서 신중한 검토가 필요하다"라고 하면서43) 이 문제에 관해 신중한 태도를 취하고 있다.

(4) 수신료액 결정방식과의 관련

수신료액의 결정방식에 대해서는 다음 5장에서 다루기로 하겠으며 다만 여기에서는 수신료액의 결정은 현재 법으로 정하지 않고, 방송법 제37조 4항의 규정에 따라 매년도 NHK의 수지예산을 국회가 승인하여 정한다는 것만을 기술해 두겠다.

(5) 수신료제도에 관한 여론조사44)

다음, 국민의 '수신료에 대한 태도'를 NHK가 1989년 9월에 실시한 여론조사를 통해 살펴보기로 하겠다. 수신료 지불의 이유에 관하여 경비의 분담, 시청요금으로 생각하는 사람이 많고, 국비지불이나 광고수입에 의하는 것에 대해서는 반대하는 사람이 많다는 것이 조사에 나타나 있다(<표 10> 참조).

<표 10> 수신료에 대한 태도

	그렇게 생각한다	그렇게 생각하지 않는다
· 국민을 위한 공공방송이므로 모든 이가 경비를 분담할 필요가 있다고 생각한다.	53%	35%
· NHK의 프로그램을 시청하는 요금으로 지불할 필요가 있다고 생각한다.	52%	35%
· 법률로 정해지는 것이므로 지불할 필요가 있다고 생각한다.	42%	39%
· 공공방송이므로 경비는 전부 국가의 예산으로 충당하는 것이 좋다고 생각한다.	37%	47%
· NHK도 광고방송을 하여 수입을 늘리면 좋다고 생각한다.	38%	47%

더욱이 앞에서 소개한 민방련연구소의 '2000년의 방송 비전 연구' 중간보고의 전문가 설문조사에는 NHK의 재원에 관하여 '금후에도 수신료를 주요 재원으로 엄격히 유지해야 한다(41.8%)는 응답과 환경변화에 따라 광고방식 이외의 다른 재원방식을 일정 범위에서 인정해야 한다(41%)는 회답이 거의 비슷하게 나타났다'라고 돼 있는데, 다만 지상방송에 관해서는 현행 수신료방식을 지지하는 응답이 압도적이며 위성방송에 유료방식을 병용(倂用) 내지 도입하자는 의견이 눈에 두드러진다.

(6) 외국의 상황

다음, 외국 공영방송의 경영이 어떠한 재원으로 운영되고 있는지 알아보자. 동유럽 등의 국영방송은 주로 국비로 운영하고 미국을 중심으로 발달한 상업방송이 광고수입을 주 재원으로 하는 것은 당연한데, 여기에서는 소위 공공방송의 재원에 관하여 설명하기로 하겠다.

서유럽 거의 대부분의 국가에서는 수신료제도가 있어 이것이 공공방송의 주요 재원이 되고 있는데 수신료의 성격에 있어서는 상당한 차이가 있다. 영국의 수신료는 수신 허가료이며 서독의 경우는 공익기관 이용요금이고 프랑스는 수신기 사용권료이다. 또한 요금의 징수확보를 위하여 벌칙, 강제징수, 통보의무 등의 제도가 있다.

캐나다, 호주에서는 수신료제도가 1953년 및 1974년에 폐지되어 전자는 정부 교부금과 광고방송 수입, 후자는 정부 교부금을 주로하여 운영되고 있다. 또한 상업방송 중심인 미국에서도 사회적 요청에 따라 1968년에 공공방송법에 기초한 공공방송협회(CPB)가 설립되어 연방, 주 정부, 민간 등의 자금에 의하여 프로그램을 조달하고 지방국에 보조를 하고 있다. 또한 전국의 공공텔레비전국의 조직인 PBS, 전국 공공 라디오국 조직인 NPR을 통하여 각지의 공공방송국에 프로그램이 배급된다.

한편, 독일, 프랑스, 이탈리아, 스위스 등 서유럽의 공공방송기관 중에는 스파트 광고에 의한 수입의 길이 열려 있는 곳이 많다. 이는 이들 나라가 공·민영 병존체제가 아니었다는 것이 주요한 이유로 보인다.

여기에서 일본과 비교적 유사한 영국의 제도에 관하여 설명하기로 하겠다. 영국은 라디오, 텔레비전 모두 공공·상업방송의 2원으로 운영되고 있다. 방송기관으로선 공공방송이 BBC, 상업방송은 인디펜던트방송협회(Independent Broadcasting Authority), 그리고 IBA의 규제 감독하에 있는 라디오, 텔레비전 프로그램 제작회사 및 채널4 TV이다. 이 중 BBC와 IBA는 모두 공공기업체이다(IBA는 1992년부터 'Independent Television Commission'으로 이름을 바꾸고 규제기관으로 성격이 바뀌었다 - 역주).

BBC 국내방송의 재원은 수신료 수입이 대부분이다. 영국의 수신료는 수신허가료(licence fee)인데, 수신료액은 정부가 결정하며(내무장관이 재무성의 동의를 얻어 결정) 정부가 징수한다. 통상적으로 시청자가 우편국에 1년간 유효한 수신허가증을 사는 형식을 취하고 있다. 정부는 징수한 수신료 수입에서 징수경비, 혼신제거 조사비 등 필요경비를 제하고(1988/89 6.2%), 나머지를 BBC에 교부한다. 1년 수신료액(90. 4월 현재)은 칼라TV가 71파운드, 흑백 TV는 24파운드(라디오는 무료)이며, 무허가 수신에 대하여는 벌금을 물리거나 몰수할 수 있고, 수신기 판매, 임대업자는 통보의무가 있다(위반시에는 벌칙).

영국의 수신료제도에 관하여 아난위원회는 BBC의 재정을 충당하는 여러 방법으로써 직접세에 의한 방법, 부가가치세에 의한 방식(수신기의 판매, 임대, 수리에 부과한다), 수신기에 대한 과세, 광고방송 등을 검토하면서 "BBC의 재정을 충당하는 최선의 방법으로 수신료제도를 계속할 것을 권고한다"라고 언급하고 있다. 그리고 동 위원회는 다음과 같이 설명을 하고 있다.[45]

경제학자는 방송을 공공재(公共財)로 간주한다. 그 고전적인 예는 등대이다. 등대빛이 일부의 선박만을 위해 비춘다고 할 때 다른 배가 그 빛을 사용하지 못하게 할 수는 없다. 더욱이 다른 배가 그 빛을 이용했다고 하여 요금을 걷는 것은 실제로 불가능하다. 방송도 마찬가지다. 개개의 사람이 몇 번이고 방송 서비스를 이용했는가를 감시하여 거기에 대한 요금을 걷는 것은 불가능하다.

이같은 발상에 대하여 전혀 새로운 사고를 제기한 것이 이미 언급한 피코크위원회이다. 동 위원회는 수년동안 되풀이해 온 BBC의 요금개정에 관련하여 1985년 내무장관의 자문기관으로 BBC의 재원문제를 검토하기 위해 설치된 기관이다.

피코크위원회는 1986년 보고서를 제출하였는데, 보고서에서 앞으로의 재원조달과정을 3단계로 예측하였다. 제1단계에서는 BBC 수신료를 물가 연동제로 이행시키고 유료방식으로 준비하기 위해 영국에서 판매 또는 임대되는 모

제3장 NHK에 관한 문제 89

든 새로운 수신기에 사정이 허락하는 한 빠른 시기부터, 그리고 어떠한 경우라도 1987년 12월 31일 이전에 스크램블 신호 해독기(decoder)를 접속하기 위한 부품의 장착을 의무화한다. 그리고 1990년대 후반에는 현재 텔레비전 수신기의 평균수명과 관련하여 유료방식이 주류가 될 것으로 예측하고 있다. 이 단계에서는 BBC의 주 재원은 유료방식으로 충당하게 된다. 20~30년 후가 될 제3단계에서는 유선, 무선 채널, 패키지계 미디어가 다수 출현하여 소비자가 직접 선택하게 됨으로써 방송이라는 이전의 신비성은 사라지고 방송도 극히 평범한 존재가 되는 시대를 맞게 될 것이라고 내다보고 있다.

피코크위원회의 발상은 금후 관련기술의 발달과 함께 매스미디어의 다원화, 융합화가 진행되나 그 때에는 수신료 방식이 'pay per view' 유료방식으로 전환되어야 하고 모든 것을 소비자 선택에 맡겨야만 한다는 것이다.[46]

1986년 피코크위원회가 이같은 보고서를 작성하는 사이에 BBC는 동 위원회에 의견서를 제출하고 수신료제도는 유연하고 영속성이 있으며 BBC에 충분히 안정된 수입을 가져다 주었다. 이 덕분에 BBC는 국제적으로 높이 평가받는 방송 서비스를 개발 및 유지할 수 있었고 수신료제도는 BBC에 있어서 프로그램 편집권의 독립을 지탱시켜 주었다. 수신료가 아직은 BBC의 각종 서비스를 충당하고 있으며 전과 같이 가장 유효한 재원이라며 수신료제도를 지지하는 주장을 전개하였다.

또, 유료방식에 대해서 새로이 추가될 텔레비전 서비스를 위한 유료방식은 유망하지만 100퍼센트 전국 지향의 방송 서비스를 유료 서비스로 변경하는 데는 난색을 표하고 있다.[47]

영국정부는 이 피코크위원회 보고서를 받아들여 전술한 정부백서를 공표하고 상업방송 개혁을 주 내용으로 하는 방송법안을 국회에 제출하고 있는 중이다(이 방송법안은 90년 11월에 통과되었다-역주). 수신료에 관해서는 1988년 4월부터 우선 3년간 매년 소비자 물가지수에 연동시키고 있다.[48]

일본에서는 앞에서 언급한 바와 같이, 방송정책간담회가 "수신료제도는 앞으로도 NHK의 재원방식으로 적당하다"라고 말하고 있고, 앞으로도 NHK의 기본적인 경영재원으로 수신료제도가 자리잡을 것이라고 생각되지만, 민간방송이 다국화하고 위성민방에 의한 유료방송의 개시를 시작으로 고도의 정보사회가 진행됨에 따라, 미디어의 다원화와 융합화가 가속되어 수신료제도를 둘러싼 환경은 더욱 복잡해질 것이다. 따라서 NHK 경영재원의 바람직한 장래는 수신료제도의 유지를 중심으로 하면서 다각적인 검토를 심도 있게 진행해 가야 한다.

(7) 재원의 다양화

1989년도에 NHK에서 개최되었던 'NHK의 장기전망에 관한 심의회'는 "NHK가 관련단체 등을 통하여, 오랜 기간에 걸쳐 축적해온 노하우, 보유자산 등을 다각적이고 유효하게 활용하여 관련사업 수입 등 부차수입의 증가를 도모하는 것은 당연하다"라고 말하고 있다. 이같은 의견을 근거로 작성된 NHK의 '평성 2~6년도 경영계획'에는 '관련단체 관련사업의 효과적인 추진을 통하여, 관련업무 수입의 확보를 도모한다'라고 하고 부차수입의 증가에 적극적인 의욕을 보이고 있다. 또 전술한 소위 행혁심(行革審)은 관련기업으로부터 수익의 환원방책을 검토하고, 부차수입의 증대 등에 의하여 수신료 인상을 장기간 억제할 것을 요구하고 있다.[49]

이에 대하여, 민방련은 부차수입의 증가를 꾀하는 것은 반대하며 민방련 방송계획위원회는 '운영재원으로 부차수입의 증가를 꾀하는 것은 NHK의 본래 취지에 비추어 적당하지 않다' 'NHK는 수신료 수입의 범위 안에서의 업무수행을 기본으로 해야 하며 그것이 방송법의 정신이라고 생각한다'라는 의견을 표명하고 있다.[50]

이 점에 관하여 우정성에 설치되었던 '방송정책간담회'는 '경영재원의 다각화는 NHK 재정기반의 안정 및 국민의 수신료 부담경감과 연계해서 기본적으로 진행시킬 필요가 있다. 그러나 경영재원을 달리하는 방송형태의 병존이라는 공·민방 병존체제의 의의에 십분 근거하여 NHK가 공공방송으로서 축적해온 노하우의 사회환원 등 그 기본적 사명인 방송과 관련된 분야를 중심으로 행하는 것이 적당하다'51)라며 NHK 노하우의 사회환원을 중심으로 추진해 갈 것을 의견으로 제시하고 있다.

일본 방송체제의 기본이념하에서 NHK의 업무운영은 비영리 공공사업이나 수신료 수입을 중심으로 이루어져야 한다. 이를 전제로 하면서도 시청자 부담의 증가를 가능한 한 피하기 위하여 NHK가 재원을 다양화하고 증대하기 위한 시책이 필요하다.

5. NHK에 대한 공공규제

(1) 공공규제의 방법

NHK는 헌법 제21조에 규정된 표현의 자유에 깊이 관련되는 방송사업체로서 방송 프로그램의 불편부당, 자율을 기본으로 해서 운영되어야만 한다. 따라서 NHK에 대한 공공규제에 관하여는 방송 프로그램 편집의 자유와 이를 지탱하는 경영의 자주성(自主性)에 관하여 충분히 배려하지 않으면 안된다. 이를 위하여 국회와 행정부에 의한 규제도 NHK에 대해서는 이전의 3개 공사(公社)와 공고(公庫), 공단(公團)에 비해 강력한 자주성을 인정하고 있다. 이러한 자주성은 NHK의 업무가 방송 프로그램의 편집을 중심으로 하는 방송업무라는 것 위에, NHK의 설립이 사단법인 일본방송협회의 재산을 승계하여 이루어져 국가의 출자에 의한 것은 아니라는 면에서 당연히 배려되어야 할 것이다.

현행의 방송법은 국회에서 매년 예산의 승인과 이에 의한 수신료 월액(月

額)의 결정, 연도결산의 국회심의, NHK의 최고의사결정기관인 경영위원회 위원의 임명 동의 등 NHK에 대한 규제에 관해서는 국회 중심의 규제방식을 취하고 있으며 행정부에 의한 규제는 최소한으로 한정하고 있다. 특히, 이전의 3공사(公社)와 공고(公庫), 공단(公團)의 법제에서 보이는 주무대신의 일반 감독권 규정이 없는 것은 특징이다.

(2) 예산 등의 국회심의

NHK에 대한 공공규제의 핵심은 국회가 해마다 예산, 결산을 심의하는 것이다. NHK의 매년도 수지예산 사업계획 및 자금계획은 통상적으로 수년간의 경영계획을 기초로 편성된다. 우정대신은 이것을 검토하고 의견을 첨부하여 내각을 거쳐 국회에 제출하고 그 심의와 승인을 받게 된다. 또, 이 수지예산을 국회가 승인함으로써 해당연도의 수신료 월액도 정해진다(방송법 37조).

이것을 앞서 언급한 국유철도나 전전공사와 비교해 보면, 국철 등에서는 예산이 주무대신에 제출되면 주무대신은 대장성(大藏省) 장관과 협의하고 필요한 조정을 하게 되며, 이 예산은 국가예산과 함께 국회에 제출된다. 국철 등의 요금은 기본적으로는 법으로 정하도록 돼 있으나(국유철도운임법, 공중전기통신법), 물가 등 변동률을 기준으로 하여 소위 연동제가 운수대신의 인가를 받아 행해지고 있다.

우정대신에게 NHK 예산조정권은 없고 의견을 첨부할 권한만 있다. 또한 국회의 승인은 일괄 승인 아니면 불승인으로만 의결하기 때문에 수정을 포함시키지 않는 것이 통설로 되어 있어 때때로 논의가 되는 부분이다.[52]

한편, NHK의 예산제도에 관해서, '방송의 공공성에 관한 조사연구회' 중간보고는 장기적으로 경영에 도움이 되는 재정제도를 검토하면서 "현행 제도는 예산에 관해서는 단년도(單年度)주의의 폐해가 지적되는 등 변화에 충분히 대응하지는 못하고 있다. …수년에 걸친 '장기계획'을 책정하고 각 연도마다 수지예산, 사업계획, 자금계획의 책정을 지침으로 삼는 동시에 그 위치를 명확히 하며, 보다 장기적 관점에서 계획적인 경영이 가능하도록 하는 제도적 검토가 필요하다"라는 견해를 밝히고 있다.

(3) 수신요금의 결정방식

수신요금은 지금같이 매 연도 예산을 국회가 승인함으로써 정해지는데 이에 대해 법정제(法定制)로 바꾸어야 한다는 의견도 있다. 예를 들어, 1964년에 우정성이 당시의 임방조에 제출하였던 '방송관계법제에 관한 검토상의 문제점과 그 분석'은 현행 방식에 대하여 "요금액이 협회의 예산규모 내지 사업계획 여하에 따라 좌우되어 극히 부동성(浮動性)이 강하다는 인상을 줄 우려가 있다는 것은 부인할 수 없다. 수신료와 같은 국민의 권리의무와 관계가 깊은 사항은 법률로 정해야만 하며…"53)라고 말하고 있다.

당시 민방련이 낸 의견도 '수신료 금액은 공공요금의 예에 따라 단독법으로 정하는 것이 적당하다'54)라고 하였다. 그러나 현재 민방련 방송계획위원회는 '수신요금의 결정방식은 국회의 승인 방식을 유지해야 하지만 물가연동제 도입의 시비 등을 포함하여 개선방책을 강구할 필요가 있다'55)라고 말하고 있다.

수신료제도가 방송법 제32조의 규정에 기초해 계약체결 의무제를 택하고 있는 이상, 국민의 권리의무에 깊이 관련되는 수신료액의 결정방식을 법정제로 바꾸어야 한다는 주장이 전혀 일리가 없는 것은 아니다. 그러나 NHK가 방송 프로그램 편집의 자유를 근간으로 경영의 자주성을 확보해 나가기 위해서는 스스로 작성한 사업계획을 기초로 요금액을 산정하고 이를 바탕으로 연도예산을 국회에 제출하여 그 승인을 얻음으로써 수신료액을 정하는 현행방식이 바람직하다. 요금 법정제하에서는 법률 제안권은 당연히 NHK에는 없고 정부의 제안에 기대하지 않으면 안된다.

(4) 요금 연동제

물가 등에 의한 요금액 연동제는 이미 소개한 영국 피코크위원회의 보고서와 민방련 방송계획위원회의 의견에서도 나타나고 있다. 이 제도는 국유철도시대에 물가 등의 변동률을 바탕으로 운수대신의 인가에 따라 운임인상이 이루어졌던 것으로 기억된다.

NHK 수신요금에 연동제를 도입하는 문제는 검토해야 할 논점의 하나라고 생각한다. 그러나 연동제의 경우, 소비자물가, 도매물가, 임금 변동률이 그 지수로 사용되는 예가 많고 앞으로 다매체·다채널시대에서 신규업무에 대응이 곤란하게 되는 점, 매년 요금액이 변동하게 되고 현행과 같이 수년간의 경영계획 위에서, 장기적 전망에 의한 사업수행이 곤란하게 되는 점, 그리고 요금액을 일정 지수의 범위 안에서 개정한다 해도 그 결정권자를 어떻게 정할 것인가 등에 대해서는 특히 논의할 문제가 있다.

국철의 경우는 물가 변동률의 범위내에서의 개정은 법률개정에 의하지 않고 운수대신의 인가를 받아 행하는데, 이 예를 따른다면, NHK의 경우 일정 범위 안에서의 개정은 우정대신의 인가 방식을 생각할 수 있으나, 이 방법은 행정부 규제의 최대한 억제를 기본으로 삼는 방송법제의 이념에서 볼 때 신중을 요한다. 또한, 일정 범위내에서의 개정이라 할지라도 경영위원회의 의결로써만 요금액을 정한다는 것은 전국의 시청자로부터 계약체결의무제의 수신계약하에 징수하는 수신료라는 점에서 검토를 요한다. 더욱이 수신료액을 국회에서 연도예산 등의 승인과 분리하여 정하였다 하더라도 연도 수지예산 등의 국회승인 방식을 어떻게 다룰 것인가도 문제로 남는다. 이와 같이 NHK 수신료의 연동제 문제는 아직 검토해야 할 점이 많다.

국회의 폐회나 기타 부득이한 이유로 NHK 매 사업연도의 수지예산, 사업계획 등이 당해 연도의 개시일까지 국회의 승인을 받을 수 없게 되는 경우에는 3개월에 한하여 일정의 범위 안에서 수지예산 사업계획 등을 편성하고 우정대신의 인가를 받아 실시할 수 있다. 이 경우, 수신료액은 전년도의 요금이 된다(방송법 제37조의 2).

(5) 업무보고서·재무제표(財務諸表)

NHK는 당해 연도 경과 후 2개월 이내, 즉 5월 말까지 매 연도의 업무보고서, 재무제표와 이에 관한 설명서에 각각 감사의 의견서를 붙여 우정대신에게 제출해야 한다. 업무보고서에는 우정대신의 의견이 첨부되며 내각을 거쳐 국회에 보고된다(방송법 38조). 재무제표 등은 우정대신이 이를 수리하여 내각에 제출하고 내각은 회계검사원(會計檢査院)의 검사를 거쳐 국회에 제출하게 돼 있으며(방송법 제40조) 국회에서 심의를 받는다.

한편, 매 사업년도의 업무보고서 및 재무제표 등에 감사의 의견서를 첨부하는 것은 전술한 바와 같이 감사(監事)의 감사기능을 강화하는 방책의 일환으로 88년 방송법 개정에서 규정되었으며, 동시에 업무보고서 및 재무제표를 NHK의 각 사무소에 비치하도록 추가로 규정하였다.

한편, NHK의 회계는 회계검사원이 검사한다(방송법 41조). 또한, 수지예산, 사업계획 등에서 정하는 구체적인 출자, 방송수신규약, 방송수신료 면제기준등에 대해서는 우정대신의 인가를 필요로 하며 우정대신은 국제방송 등에 관하여 실시 명령을 행할 수 있다(국제방송에 관하여는 제4장에서 후술한다).

더욱이 NHK는 방송법 제47조 규정에 의거하여 우정대신의 허가 없이는 방송설비의 전부 또는 일부를 양도하거나 임대하고 담보로 잡는다든지, 운용을 위탁하거나 그 밖의 어떠한 방법으로도 타인의 지배하에 둘 수 없다. 또 우정대신은 이 인가에 대해서는 다중방송을 행하고자 하는 자에게 임대하는 경우 등을 제외하고 양의원의 동의를 구해야 한다.

이상, NHK에 대한 공공규제의 요점을 살펴보았는데, 전체적으로 봐서 언론·표현의 자유와 관련된 공공방송사업체의 자주성을 확보하기 위한 배려가 돼 있다고 볼 수 있다. 그러나 앞으로 고도의 정보사회가 진전되는 가운데 NHK가 시청자의 요청에 적확히 대응하고, 그 사명을 원활하게 수행해가기 위해서는 전반적으로 규제완화의 방향을 기본으로 한 규제방식을 검토할 필요가 있을 것이다.

■ 주

1. 今泉至明,「放送法等改正の槪要」,≪ジュリスト≫ 1988년 增刊,『ネットワ-ク社會と法』, 171쪽 참조; 浜田純一,「放送法及び電波法の一部改正について」,≪ジュリスト≫ 1988년 9월 1일호, 53쪽; 池田佳史,「放送の發展多樣化に對應した新しい放送制度」당시의 법령 1988년 10월 30일호, 29쪽.
2. 『방송정책간담회보고서』, 73-74쪽.
3. 『NHK長期ビジョン審議會調査報告書』, 9쪽.
4. 『NHK長期展望に關する提言』자료편 33쪽.
5. 『臨放調答申書』, 73쪽; 鈴木實,『通信法體系』, 734-735쪽.
6. NHK長期ビジョン審議會調査報告書, 45쪽.
7. 第91回國會衆議院內閣委員會議錄(昭和55년 4월 24일), 25쪽; 第91回國會參衆議院內閣委員會議錄(昭和55년 5월 8일), 32-33쪽.
8. 莊宏·松田英一·村井修一,『電波法放送法電波監理委員會設置法詳解』, 16쪽, 22쪽; 자료·점령하의 방송입법「증언편 吉國一郞氏にきく」, 431쪽, 447쪽.
9. ≪민간방송≫ 제1095편(昭和63년 3월 23일).
10. 情報通信六法(平成2年版), 1649쪽 이하.
11. 放送六法(平成元年版), 89쪽 이하.
12. ≪民間放送≫ 제1082호(昭和62년 11월 3일); ≪民間放送≫ 제1055호(昭和62년 1월 23일).
13. ≪民間放送≫ 제1163호(平成2년 3월 23일); ≪民間放送≫ 제1180호(平成2년 9월 23일).
14. 『방송정책간담회보고서』, 74쪽.
15. 『NHK長期ビジョン審議會調査報告書』, 79-80쪽.
16. ≪민간방송≫ 제1055호(昭和62년 1월 23일).
17. 『방송정책간담회보고서』, 108-109쪽.
18. ≪민간방송≫ 제1163호(平成2년 3월 23일).

제3장 NHK에 관한 문제 97

19. 今泉至明,「放送法等改正の槪要」,≪ジュリスト≫ 1988년 增刊「ネットワーク社會と法」, 171-172쪽.
20. ≪민간방송≫ 제1163호(平成2년 3월 23일).
21. 상공회의소법 제4조는 '상공회의소 등은 영리를 목적으로 해서는 안된다'라고 규정하고 있다. 또 소비생활협동조합법 제9조, 농업협동조합법 제8조.
22. ≪민간방송≫ 제1163호(平成2년 3월 23일); ≪민간방송≫ 제1180호(平成2년 9월 23일).
23. 임시행정개혁추진위원회,『今後における行財政改革の基本方向』(昭和61년 6월 10일), 51쪽.
24. ≪민간방송≫ 제1082호(昭和62년 11월 3일).
25. 楊井貴晴,「衛星時代の新しい放送制度」당시 법령 1989년 12월 30일호, 10쪽 참조.
26. 경영위원회에 대해서는 昭和34년의 방송법개정에 의해 위원 8인이 12인으로 되었으며 증원된 4인은 지역을 초월한다. 또 그때까지 회장은 경영위원회의 구성원이었으나 구성원에서 제외됨과 동시에 회장은 경영위원회의에 출석하여 의견을 말할 수 있는 취지의 규정이 추가되었다. 위원은 보수를 받지 않는다는 규정도 그 근무일수에 상당하여 받을 수 있도록 개정되었다.
27.『臨放調答申書』, 76쪽.
28.『방송정책간담회보고서』, 80쪽.
29. 蔣宏,『放送制度論のために』, 230쪽, 233-235쪽.
30.『世界のラジオとテレビジョン 1988』, 134쪽; ≪世界の放送≫ 1990, 93-94쪽.
31.『放送の將來に關する위원회보고서』(이하『アナン委員會報告書』라고 함), 제9장 9.66(Report of the Committee on the Future of Broadcasting, Cmnd. 6753).
32. 앞의 책, 제4장 4.18.
33.『臨放調答申書』자료편, 372쪽.
34.『방송정책간담위원회보고서』, 80-81쪽.
35.『臨放調答申書』81-82쪽;『第75回國會衆議院通信委員會議錄』(昭和50년 3월 13일), 4쪽.
36.『新版 ニューメディア用語辭典』, 73쪽. 스크램블(scramble): 음성신호나 영상신호를 엔코더라고 불리는 특수한 장치로 변조하는 것. 이것을 원래로 다시 수신하기 위해서는 디코더라고 불리는 특정한 복조장치를 접속한 수신기를 사용해야 한다. 디코더를 접속하지 않으면 화면이 일그러지기 때문에 스크램블이라 불리게 되었다.
37.『방송정책간담회보고서』, 77쪽.
38. 有斐閣,『法律學小辭典』증보판, 296쪽.
39.『방송정책간담위원회보고서』, 75쪽; 鹽野宏,「受信料をめぐる法的問題點」,『放送法制の課題』, 265-269쪽.
40.『방송정책간담회보고서』, 76쪽.

41. ≪민간방송≫ 1082호(昭和62년 11월 3일).
42. 『臨放調答申書』82쪽.
43. 『방송정책간담회보고서』, 78쪽.
44. 『NHKの長期展望に關する提言』, 자료편, 37쪽; 民放硏報告書『2000年の放送ビジョン』연구중간보고 7쪽.
45. 『アナン委員會報告書』, 제10장 10.6-10.22; 加藤寬 編, 『公企業の經濟學』, 60-63쪽.
46. 西谷茂, 「イギリスにおける放送制度改革の提言」, ≪NHK放送硏究≫ 1986년 10월호, 2쪽 이하.
47. 西谷茂, 「公共放送のあり方とその財源(ピーコック委員會に對するBBCの基本的立場」, ≪NHK放送硏究≫ 1986년 6월호, 28쪽 이하.
48. ≪NHK放送硏究≫ 1987년 3월호, 66쪽.
49. 임시행정개혁추진심의회, 『今後における行財政の基本方向』(昭和61년 6월 10일), 50쪽.
50. ≪민간방송≫ 제1055호(昭和62년 1월 23일).
51. 『방송정책간담회보고서』, 79쪽.
52. 『第71回國會衆議院通信委員會議錄』(昭和48년 3월 26일), 26쪽; 『第77回國會衆議院通信委員會議錄』(昭和51년 4월 22일), 10쪽; 『第77回國會參議院通信委員會議錄』(昭和51년 5월 20일), 15쪽; 『第91回國會衆議院通信委員會議錄』(昭和55년 3월 27일), 13쪽.
53. 『臨放調答申書』자료편, 369쪽.
54. 앞의 책, 301쪽.
55. ≪민간방송≫ 제1055호(昭和62년 1월 23일).

제4장 국제방송의 현상과 과제

1. 방송분야에서의 국제활동

　국제사회의 동향이 직접적으로 일본사회와 경제에 강한 영향을 끼치고 또한 일본이 국제사회에서 수행하는 역할도 더할 수 없이 중요한 시대가 되었다.
　이같은 국제화시대의 진행 중에서 일본은 현재까지 외국문화의 흡수, 소화에 열심인 반면에, 일본의 문화를 세계에 이해시키기 위한 문화 전달의 노력에는 부족한 점이 있었다.
　매스미디어 시대라고 불리는 현대에서 일본의 실상을 세계에 정확히 알려 이해와 협력을 구하기 위해선 음성 및 영상에 호소하는 라디오, 텔레비전 등 방송수단에 의존하는 일이 매우 효과적이다.
　방송분야의 국제활동에서는 단파에 의한 국제방송 이외에, 라디오, 텔레비전 프로그램의 국제적인 교류, 배포, 공동제작, 프로그램 제작협력, 통신위성에 의한 영상 서비스, 또는 방송 전문가의 파견이나 연수원 초빙, 방송 사업자 간의 협력과 방송 연합활동에 기초한 교류 등 다양한 형태가 지역적 혹은 세계적으로 그리고 정부 차원에서 전개되고 있다.

이후에는 점점 ODA 자금 등에 따라 적극적인 국제활동이 기대되면서 하드(hard)면의 원조 외에 최근 소프트(soft)면의 배려와 이를 위한 체제정비의 필요성이 관계자 사이에서 대두되고 있다.

1986년 8월 보고서를 발표한 방송 프로그램 국제교류 연구회에서도 이 점을 강조하고 있으며,1) 1990년판 통신백서도 국제적인 정보유통의 불균형이 매스미디어에 있어서 현저하다고 지적하고 있고, 일본의 현상을 보다 많은 세계인에게서 인식 받으려면 매스미디어를 통한 해외정보 발신량을 보다 증대할 필요성이 있다.2) 또한 1990년 2월에는 외무성과 우정성에서 개최한 '방송 프로그램의 해외제공 촉진에 관한 조사연구회'에서는 다음과 같이 제언하고 있다:

> 일본 매스미디어의 정보 유통이 특별히 구미제국과의 관계에서 대폭적인 수입 초과를 이루고 있어 외국의 일본에 대한 정확한 이해와 인식이 중요해졌으며, 이를 위해 일본의 정보 발신 능력을 높이는 방안을 강구하고 방송 프로그램의 해외 제공을 촉진해야 한다.3)

이를 구체화하기 위해 현재 관계자간에 검토가 진행되고 있다. 장래에 매스미디어에 의한 국제적 정보전달의 수단으로서 가장 강력한 것은 국제 직접 위성방송으로 생각할 수 있으며, 이에 대해선 제10장 「방송위성을 둘러싼 동향」에 서술되어 있듯이 국제적 합의를 얻기 위해서는 아직도 많은 과제가 남아있어 그 활용이 쉽지는 않다.

이같은 상황 속에서 최근 주목받고 있는 것이 미국의 USIA(United States Information Agency)에 의한 월드네트(Worldnet)계획이다. 현재 국제 통신 위성을 이용하여 유럽 지역을 대상으로 하루 2시간(월~금) 시행하는 것 외에, 남미 대상, 중동 대상, 아프리카 대상의 서비스가 시행되고 있고 재외 미국 대사관 이외에 각국의 방송 기관도 자유롭게 수신·이용이 가능하다.4) BBC도 유사한 서비스를 검토중에 있고 영상을 동반한 국제적 정보 서비스가 활발하게 될 것으로 예상되고 있다.

일본에서는 NHK가 1989년 6월부터 <Today's Japan>(위성 제1텔레비전으로 월요일부터 금요일까지의 뉴스를 하나로 모아 영어로 방송하는 25분짜리 프로그램)을 국제 통신위성을 경유하여 미국까지 전송하여 미국 각지로 방송하고 있다(1990년 1월 20일 현재 수입국 22개국). 이는 캐나다와 태국에서도 이용되고 있다.5)

NHK의 '1990~1995년도 경영계획'에 의하면, 이 기간중에 새롭게 유럽 대상, 오세아니아 대상을 신설하여 프로그램도 현행 25분을 영어 30분, 일본어 30분, 총 1시간 기획으로 예정하고 있다.

이같은 국제 통신위성을 이용한 서비스 외에 비디오 패키지(video package)를 이용하여 방송 프로그램을 제공하는 방식도 있는데 전송비용 등을 고려하여 뉴스, 스포츠 중계 등 이외에는 패키지에 의한 제공이 주류를 이루고 있다.

이런 측면에서 주목할 만한 활동은 서독의 트랜스텔(TRANSTEL)이다. 이는 서독연방정부 등의 출자에 의한 회사조직으로 연간 운영비의 9할을 정부 교부금으로 조달 받고 있다. 그리하여 저렴한 가격으로 발전도상국에 서독의 프로그램을 연간 약 2만5천 편을 제공하고 있다.6)

일본의 수출 프로그램 대다수는 애니메이션과 일본 방송국용 방송 프로그램이다.7)

최근 일본의 경제활동 분야에서 수출입의 불균형은 경제마찰을 불러 일으키고 국가간에 커다란 문제가 되고 있다. 이에 덧붙여 문화활동면에서의 수입 초과와 수출 부족은 상호 이해부족을 발생시켜 점점 일본의 국제적 입장을 어렵게 하고 있다.

이같은 가운데 방송 분야의 국제활동 중요성은 높아지고 있지만 본 책에서는 제도론을 중심으로 방송을 논하는 것을 목적으로 하고 있어 여기서는 방송제도에 국한된 국제방송을 고찰하고 있다.

2. 국제방송의 현상

(1) 현황

세계의 많은 나라는 많은 경비를 투자하여 비교적 원거리에 전파하는 단파를 사용하여 국제방송을 실시하고 있다. 국제방송은 거리를 극복하고 국경 등을 초월하여 직접 외국의 가정에 방송 프로그램을 보내는 일이 가능하다. 이 같은 매체는 현재에 있어서는 다른 비교대상을 찾을 수 없다.

일본의 국제방송은 1935년 이래 전후에 일시 중단한 일이 있었을 뿐 NHK에 의해 일관되게 실시되었다.

1990년 4월 현재 방송구역(지역대상 방송 17구역, 일반대상 방송 전 구역), 방송시간 44시간 30분(지역대상 방송 21시간 30분, 일반대상 방송 23시간), 사용어 21개어, 주간의 프로그램 편성비율은 보도 65.4%, 정보 28.2%, 오락 6.4%로 되어 있다.

이 방송 시간의 규모는 미국, 소련, 영국, 프랑스, 독일 등과 비교하면 적은 편이어서 세계 20위에 머물고 있다(BBC Annual Report & Accounts 1988~89: 91).

NHK의 '1990~1995년도 경영계획'에 의하면 최종년도인 1995년에는 1일 방송시간을 65시간으로 설정하고 있다.

방송법에 규정된 국제방송을 보면, 먼저 제7조 NHK의 목적규정 중에 1985년 방송법 개정에 의하여 국내방송과 함께 국제방송을 규정하고 있고, 그 목적규정에 따라 제9조 제1항의 본래 업무규정 중에 국제방송을 명기하고 있다. 또 제2항 임의업무의 규정 중에 본래업무로서 국제방송 프로그램의 외국송신을 규정하고 있으며, 수신상황의 개선을 위해 외국방송 사업자에게 위탁이 필요할 때는 외국방송 사업자와의 협정에 따라 그 사업자에 관계되는 중계 국제방송을 행할 수 있도록 규정하였다(제9조 제2항 제1호). '중계 국제방송'이라는 것은 외국방송 사업자에게 위탁하여 방송 프로그램을 외국에서 수신할 수 있는 것을 목적으로 송신하는 방송을 말한다(제2조 제2호의 2). 이때 외국방송 사업자와의 협정체결이나 변경은 우정대신의 인가를 필요로 한다(제9조 제7항). 이 업무규정은 1988년의 개정 이전에는 제9조의 2에 해당되는데 제9조 제1항, 제2항과는 별도로 규정되어 있다.

또한 제33조 제1항에 의하여 '우정대신은 방송구역, 방송사항, 그 외에 필요한 사항을 지정하고 협회에 국제방송을 명할 수 있다'라고 되어 있는 것처럼 동조 제2항에 의거하여 우정대신 명령에 따른 국제방송에 있어서도 NHK는 자주적으로 국제방송 및 중계 국제방송을 할 수 있으나, 외국방송 사업자와의 계약에 있어서 체결, 변경, 폐지에서는 우정대신의 인가를 필요로 하고 있다(제33조 제3항). 그리고 필요한 비용은 제35조 제1항의 규정에 따라 국가가 부담하도록 하고 있다.

국제방송 프로그램의 편집에 대해선 제44조 제4항의 규정에 '일본의 문화, 산업, 그 외의 사정을 소개하여 일본에 대하여 올바른 인식을 배양하고 보급함으로써 국제친선의 증진 및 외국과의 경제교류 발전을 돕고, 해외 동포에 위안을 줄 수 있도록 해야 한다'라고 적혀 있다.

게다가 제44조 2의 규정에 의하면 국제방송 프로그램 심의회가 설립되어 국제 프로그램 기준과 국제방송 편집의 기본계획을 자문하고 있으며, 그러한 결정을 얻은 후에는 경영위원회의 의결을 통과하도록 하고 있다.

NHK의 국제방송 프로그램 내용에 대해선 일본의 국제적 지위, 국제적 영향력을 고려하여 객관적 사실에 입각한 보도자세를 관철하도록 노력하고 있다.

1983년 3월 보고서를 발표한 국제방송에 관한 조사연구회는 NHK의 국제방송에 대하여 정보가 정확하고 신속할 뿐 아니라 내용이 공정하여 개발도상국이 본받고 정보 선진국의 청취자로부터도 높은 평가를 받고 있다. 일본의 관점에서 바라본 각국의 실정을 솔직하게 방송하여 일본의 각국에 대한 생각을 알리고, 상호관계의 긴밀화와 이해의 촉진에 도움이 되며, 긴급사태시에는 외국 거주인에게 생명과 재산의 안전에 도움을 주는 등의 평가를 명백히 받고 있다.[8]

(2) 청취 상황

NHK의 국제방송에 대한 청취 상황을 구체적인 투서(投書)로써 살펴보면, 1985년도에 약 8만통이 접수되었는데 근년에는 더욱 증가하고 있다. 1985년도 투서의 지역적 분포와 내역을 살펴보면 <표 11>과 같다.[9]

<표 11> 수신되는 서신

지역	투서수
아시아	44,322
중동	1,053
구주	10,008
아프리카	10,592
북미	4,957
중남미	3,837
대양주	1,469
선박	125
국내	4,956
합계	81,399

이러한 원인에는 다음과 같은 배경이 있다. 1987년말 KDD 팔오(八俣)송신소의 새로운 설비가 전면적으로 운영되는 등 미국, 가봉, 캐나다, 프랑스령 기

아나까지 중계방송을 실시하여 수신상황이 개선되고 청취자도 증가하였다. 따라서 일본의 경제, 과학, 그 배경으로서의 문화, 언어 등에의 관심이 높아지고, 개발도상국에서도 단파 수신기가 보급되어 젊은 세대를 중심으로 단파 청취자가 증가되었다.

다음으로 NHK가 1989년 11월부터 1개월 동안 영어, 일본어의 국제방송 청취자의 의향을 파악하기 위한 조사를 실시하였는데 그 개요를 보면 다음과 같다.10)

이 조사는 NHK의 일반대상 방송(채널 서비스) 청취자를 대상으로 시행되었다(영어 청취자 879명, 일본어 청취자 606명). 그 결과에 따르면, ① 청취빈도에서는 영어 청취자가 '주 2-3회' 42%로 가장 많았고 일본어 청취자는 '대부분 매일'이라는 응답이 68%였다. ② '관심 있는 프로그램'에 관해선 영어 청취자는 청취자의 편리소개와 질문에의 답변, 계절의 화제나 음악을 함께 담은 <DX 코너>, <청취자(Listener)와 함께> 이외에 <비즈니스와 과학> 등의 프로그램이 높았다. 또 '알고 싶은 정보'로서 일본의 문화, 풍속, 습관과 일본의 과학기술, 경제, 산업, 비즈니스의 관심이 눈에 띄었다. 일본어 청취자는 '고향 소식', '씨름대회', '향토 화제' 등을 애청하고 있었다. '알고 싶은 정보'에서는 일본과 각국과의 정치, 경제를 결부시켜 금융, 외환시세의 움직임에 관심이 높았고, 특히 정변, 거주 국가와 주변국가의 긴급시의 안전에 관한 정보에 강한 기대를 하고 있었다.

해외 거주 일본인의 수는 근래에 증가하여 생명, 재산의 보장문제는 큰 문제로 부상하였고 이 조사 결과에서도 NHK의 국제방송에서 이러한 정보를 획득하는 일이 사실로 드러났다.

더욱이 최근의 사례로 NHK에서는 1989년 6월의 천안문 사건 후에, 중국으로부터의 귀환한 상사 등의 주재원을 대상으로 사건 당시 어떻게 정보를 얻었는지에 관해 앙케트 조사를 행한 결과, 회답을 보낸 195명 가운데 63%가 라디오 채널의 단파방송이라고 답하였다. 이라크의 쿠웨이트 침공에 관련되어

서도 이라크 거주 일본인은 NHK의 국제방송을 중요한 정보원으로 삼고 있었다.[11]

<표 12> 외국의 국제방송 실시 상황

국명	실시기관 (경영형태)	방송시간 (시간:분)	사용언어	송신시설	운영경비
일본	일본방송협회 (공공)	301:00	21	단파 8대 300x4 100x4 해외중계국 3(3)	70억엔(89년도) (수신료/정부교부금 14.8억엔)
미국	VOA (국영)	1,151:00	44	단파 103대 500x11 250-300x57 중파 10대(50-1,000kw) 해외중계국 17(2)	18,153만불(약261억엔) 88년도 정부예산
	Radio Free Europe/Radio Liberty(민간)	1,070:00	23	단파 48대 250x28 100x19 20x1 해외중계국 5	11,500만불(약165억엔) 85년도 정부교부금
소련	텔레비전 라디오방송 국가위원회 (국영)	2,572:00	80 이상	단파 200대 이상(500kW 32대) 그외의 중파 해외중계국 4(4)	불분명 (정부예산)
영국	영국방송협회 (공공)	768:00	37	단파 82대 500x8 250-300x48 100x26 중파 3대(5-750kW) 해외중계국 14(5)	12,020만파운드 (약273억엔) 86년도 정부교부금
프랑스	Radio France International (공공)	400:00	12	단파 24대 500x12 100x12 중파 3대 300x3 해외중계국 5(4)	89년도 약42,250만프랑 (약101억엔) (정부가 징수·배분하는 수신료-RFI 수입의 94%-및 광고료 수입)*

국명	실시기관 (경영형태)	방송 시간 (시간:분)	사용 언어	송신시설	운영경비
서독	도이치베레 방송협회 (공공)	586:00	34	단파 30대 500x9 250x12 100x9 중파 2대 400-600kWx2 해외중계국 7(2)	31,600만도이치마르크 (약 256억엔) 89년도 정부교부금
	도이치란트 후구(공공)	253:00	14	장/중파 8대(100-800kW) VHF 6대	불분명(정부교부금 및 일 부 수신료-국내 9개 지 역방송협회연합체로부터 재정조정 자금)
캐나다	캐나다 방송협회 (공공)	185:00	12	단파 8대 250x5 100x3 해외중계국 6(6)	1,310캐나다달러 (약16억엔) 85년도 CBC 예산
네덜 란드	네덜란드 국제방송협회	316:00	9	단파 8대 500x4 300x4 해외중계국 2	7,000만길다(약50억엔) 86년도 수신료
스위스	스위스 방송협회 (공공)	289:00	9	단파 12대 500x1 250x9 100x2 해외중계국 3(3)	1,737스위스프랑(약16억엔) 87년도 정부교부금
호주	호주방송협회 (공공)	345:00	9	단파 300kWx1 250x6 100x7	약1,000만호주달러 (약11억엔) 87년도 정부교부금
중국	國際廣播電台 (국영)	1,513:00	43	단파 70대 이상 (500kWx5대) 그외에 중파 해외중계국 4(4)	불분명 (정부예산)
한국	한국방송공사	435:45	12	단파 8대 250x2 100x4 10-50x2 그외에 중파	불분명 (수신료, 광고료 수입)

주: 1) 해외중계국의 괄호 안은 시간 차용하는 송신소 및 교환중계에 의한 중계국을 다시 언급한 것임. 그러나 송신기 대수에는 시간차용이나 교환 중계의 송신기 대수는 포함되지 않았음.
2) 일본 엔화로의 환산은 1990년 1월의 통산성 수출입 관계 서류 등에 기재된 미달러화의 환산률에 기초함.
3) *는 송신 체제를 확충할 경우는 정부교부금 지원.
자료: 1990년 2월「NHK의 장기 전망에 관한 제언」자료편 60-63항.

3. 각국의 국제방송

각국의 국제방송 상황을 보면, 국제적 이해의 촉진, 국익의 신장, 해외 거주 동포에게 정보전달 등의 수단으로써 단파에 의한 국제방송의 효용을 재인식하여 미국, 영국, 프랑스, 독일 등에서 정비가 진행되어 개발도상국에 이르기까지 그 실시에 관심을 보이고 있다.

세계적인 국제방송의 방송 시간도 증가되었고 사용 주파수도 증가되었으며 필연적으로 전파의 과밀화 현상이 발생하여, 더욱 강력한 출력으로 상대를 압도하기 위해 100kW부터 300kW, 그리고 500kW로의 대출력 송신기 시대를 맞이하고 있다.

일본은 이번에 팔오송신소를 정비하여 300kW시대를 맞이하였지만, 미국, 소련, 영국, 프랑스, 독일 등은 이미 500kW 송신기를 사용하고 있다.

게다가 단파는 원거리 대상으로 출력 300kW로는 5,000km, 출력 500kW로는 8,000km를 넘어서게 되면 중계국에 의존하지 않을 수 없다. 예를 들면, 미국의 VOA 17개소, 영국의 BBC 14개소, 독일의 도이치채널 7개소가 해외 중계국을 활용하고 있다. 금후에는 해외 중계국의 건설, 차용 이외에 교환 중계방식의 활용도 증가될 것으로 본다. 외국의 국제방송 실시 상황은 <표 12>와 같다.12)

4. 국제방송의 과제

(1) 실시 주체

현재까지 일본의 국제방송은 NHK만이 일관되게 실시하였다. 이 점에 관해서 방송정책간담회도 국제방송의 실시 주체에 대하여는 '계속해서 NHK가

실시하는 것이 적당하다'라고 하고 있다.13)

1964년 당시에는 민방에 의한 해외방송 필요성을 주장한 일도 있다. 즉 민방련은 방송법 개정에 관한 의견에서 '국가가 명령하는 해외방송을 일본방송협회가 실시하는 것은 전적으로 지장이 없다. 그러나 일본방송협회의 해외방송이 외국으로부터 관제방송으로 보여지는 경향이 있는 데 대해서는 차라리 일반방송 사업자에 의한 해외방송을 진흥시켜 일본의 해외방송을 확장하여 일층 국제친선을 조성하고, 덧붙여 방송권익의 증강을 도모하여 산업무역의 발전을 기해야 한다'라고 하였다.14) 이에 대하여 당시 임방조 답신서는 '민방에 의한 국제방송의 실시에 관해서는 이에 필요한 주파수의 국제적인 확보가 매우 곤란하고 기타 여러 사정을 감안하면 현 상태에서는 인정할 수 없다'라고 하였다.15)

민방련 방송계획위원회는 1987년 1월에 NHK 위상에 대해 제언하는 가운데 '국제방송은 국책과 밀접한 관계가 있어 국가의 부담으로 시행되는 것이 적당하다'라고 명확히 기술하여,16) 실시 주체에 대하여 1964년 당시와 같은 의견은 볼 수 없다.

이같은 점에 관련하여서는 1983년 3월 8일의 ≪신문협회보≫ 제2580호에 실린 기사를 소개한다.

> 일본 단파방송은 단파방송의 특성을 살려 해외방송의 역할을 담당하는 것을 목적으로 프로그램을 충실히 하여, 영업지역을 해외로 확대하기로 결정하였다. 이는 환태평양에서도 방송을 들을 수 있도록 하고 일본에 대한 이해를 촉진시키는 데도 일조하고 있으며, 장래에는 일부 프로그램을 영어로 제작할 계획도 있다.

이상으로 현재 NHK의 국제방송은 해외에서 공평하고 객관적인 것으로 평가받고 있으며, 운영 면에서도 국내방송 부문과 연대하여 효율적인 업무가 전개되고 있고 실시 주체에 대해서도 변경할 필요는 없다. 그러나 방송분야의 국제활동 전반에 걸쳐서 말한다면, 그 확충과 강화가 중요한 과제로 남아 있어 이를 뒷받침할 재원조달과 미래의 국제방송 실시 주체에 대한 위상을 포함한 종합적 논의를 할 필요는 있을 것으로 본다.

(2) 비용 부담

일본의 국제방송은 전술하였듯이 방송법 제9조 제1항 제3호의 규정에 의거하여 NHK가 자주적으로 행하고 있으며 동시에 제33조의 규정에 의하여 우정대신의 명령에 따라 실시되고 있다. 비용을 논하면 전자의 측면에서는 수신료 수입으로부터 경비가 지출되고 후자의 측면에서는 정부의 국제방송 교부금으로 국가가 부담하고 있다.

국내 시청자의 수신료를 국제방송 경비에 지출하는 것에 대해서는 그 한도와 연관되어 논의된 일이 있다.

임방조 답신서는 "NHK가 수신료로 국제방송을 시행하면서 NHK의 업무범위와 관련하여 약간의 문제가 있지만, NHK 수신자가 대부분 전국민으로서 이미 오랫동안의 관행이 된 실적을 생각해 볼 때, 이를 NHK 본래업무의 일부로 인정받을 수 있는 위치에 있다"라고 하였다.[17] 이처럼 국제방송은 NHK 본래업무의 일부로 용인되어 수신료는 NHK의 유지와 운영을 위한 특수한 부담금으로 해석되고 있기에 이론적으로는 국제방송의 비용을 수신료로부터 지불하여도 아무런 문제가 없다. 게다가 이 점에 관해서는 1985년의 방송법 개정에 따라 제7조의 NHK 목적 중에 국제방송의 언급이 있고, 제9조 제1항의 본래업무 중에 위치하고 있어 더욱 명확하게 되었다. 그러나 수신료를 지불하는 국내 시청자의 입장에서 본다면, 외국에서 수신되는 것을 목적으로 하는 국제방송의 비용을 부담하는 일에 대하여 스스로 한도가 있어야 한다는 생각도 어느 정도 타당하기는 하다. 이런 관점에서 국제방송에 관한 정부 교부금의 증액이 진작부터 관계자간에 강하게 요구되고 있다.

구미 제국간의 무역 마찰은 무역문제에 머물지 않고 국가간의 전반적인 마찰로 확대되고 있다. 또한 일본의 경제발전과 함께 해외 거주 일본인이 증가됨에 따라 해외에서의 생명, 재산의 안전한 확보가 중요한 문제가 되고 있다. 이러한 상황에서 국제방송의 정확한 보도와 일본의 견해, 그리고 실상을 정확하게 전달하는 프로그램의 존재는 마땅히 중요한 일이다. 따라서 국제방송에 관한 정부 교부금의 증액은 중요한 과제가 되고, 지금까지도 국회, 정부관계의 이해를 중심으로 점차 증액이 도모되고 있지만 획기적인 증액이 시행되고 있지는 않다.

수신상황의 개선을 위한 송신시설의 정비 등과 함께 운영비도 증액됨에 따라 NHK의 부담비율이 증가되고 있어 정부 교부금의 증액이 특별히 기대되고 있다. 더욱이 방송정책간담회는 NHK와 정부 이외의 재원을 검토할 필요성이 있다고 하여,[18] 다각적인 방면의 이해와 협력을 얻도록 노력할 필요가 있다.

(3) 국제방송 실시 명령

정부의 국제방송 실시 명령은 매년 초에 방송사항, 방송 프로그램의 편집 및 방송, 방송구역 및 방송구역별 송신 공중선 전력(空中線 電力), 국가의 비용부담 등을 내용으로 하여 발표하고 있다.

1990년도의 방송사항을 살펴보면 ① 시사, ② 국가의 중요한 정책, ③ 국제문제에 관한 정부의 견해에 대한 보도와 해설을 하도록 하고 있다. 방송 프로그램의 편집 및 방송에 관하여서는 ① 방송 프로그램의 편집에 대해선 방송법 제44조 제4항의 규정에 기초하는 일, ② 동 법 제9조 제1항 제3호의 규정에 의해 국제방송과 일체되어 방송함으로써 방송 효과를 향상하는 일, ③ 각 방송 구역의 특성에 맞게 편성하는 일 등으로 되어 있다.

국제방송의 프로그램 편집 및 방송에 관한 명령 내용은 중요한 부분이 되고 있어, 국제방송의 프로그램 편집에 신중한 배려를 하고 있음을 알 수 있다. 방송법 제33조는 우정대신이 방송사항과 그 외에 필요한 사항을 지정하여 NHK에 국제방송을 시행을 명할 수 있도록 규정하였다. 그리고 방송법 제3조의 '방송 프로그램은 법률에 정해진 권한에 기초한 경우가 아니면 누구로부터 간섭받거나 규율되는 일이 없다'라는 규정과 관련지어 본다면 제33조의 규정은 법률에 정한 권한의 일부로 규정되어 있다고 말할 수 있다. 따라서 우정대신이 방송사항과 그 외에 필요한 사항에 대하여 어떻게 지정할 것인지에 대해 주목받고 있으며, 현재는 NHK의 자주방송과 일체가 될 것을 명령하고 있다. 이 점에 대하여 1964년에 임방조에 제출한 우정성의「방송 관계 법제에 관한 검토상의 문제점과 분석」은 '정부 명령에 의한 국제방송은 국가적 입장에 관한 의도적인 방송내용을 포함한 것으로 생각되어 국제방송과 협회와의 관계를 법에서도 명확하게 하는 이외에 정부명령의 내용, 명령을 보내는 형식 등에 대해서도 중요성을 감안하여 명확한 법적 뒷받침을 해 줄 필요성이 있다'라고 하였다.[19]

또한 방송정책간담회는 '일본의 국제방송은 자주방송과 명령방송으로부터 이루어져 각각의 재원은 상이하지만 현실적으로 양자는 일체가 되어 실시하고 있으며, 외견상 구별이 되지 않는 상황으로 방송되고 있다. 장래의 문제로서는 이같은 2본위 체제의 의의와 필요성에 대하여 재원의 구속 등도 고려하여 검토할 여지가 있다'라고 말한다.[20]

이 점에 대해서는 NHK의 자주성이 존중되어 양자를 일체로 하여 시행되고 있는 상황이며, 총체적으로는 해외에서 높이 평가를 받고 있는 사실에 대해서도 십분 고려할 필요성이 있다. NHK장기비전심의회조사보고서는 "이같은 형태로 NHK의 프로그램 편집의 자주성이 실제로 존중될 수 있는 관행이 국제방송의 의의와 실적에 비추어 바람직하고 장래에도 유지되어야 할 것이다"라고 하였다.[21]

(4) 수신상황의 개선

현재의 국제방송에서 중요한 문제는 수신상황을 개선하는 것이다. 아무리 프로그램이 훌륭해도 해외에서 명확하게 수신할 수 없으면 그 효용을 발휘할 수 없다. 쉽게 그리고 명확하게 수신할 수 있도록 개선을 도모하지 않으면 안된다.

일본의 국제방송은 이바라기현의 국제전신전화주식회사(KDD) 팔오송신소의 시설을 NHK가 전용하여 송출하고 있는데 이 송신기는 1942년제를 포함하여 대부분 20년도 더 된 것으로 NHK는 1984년도부터 수신료를 개정하는 것을 포함한 경영계획의 일환으로 전면적인 정비가 진행중이다. 공사 완성에는 4년의 기간과 약 136억 엔의 건설비가 필요한데, 점차 신설설비가 운영되어 300kW 4대, 100kW 4대의 신체제가 자리잡고 있다.

현재 팔오송신소로부터의 송신 전파는 아시아 대륙, 동남아시아, 대양주 등의 인근지역과 북미 서부에서 안정된 수신이 가능하고, 유럽, 북미 동부, 중동, 아프리카의 원격 지역에서는 수신상황이 불안정하다. 중남미 지역에서는 대체로 안정된 수신이 가능하다. 이번 팔오송신소의 정비에도 불구하고 원격지의 수신상황을 대폭적으로 개선하는 일은 불가능하여 이 지역에 대해서는 해외 중계국에 의한 중계를 하는 것이 효과적이다.

언급한 적이 있는 국제방송에 관한 조사연구위원회 보고서에서는 "일본의 당면 과제는 ① 북미 및 중남미 지역을 대상으로 중미의 중계국으로부터 방송을 하는 일, ② 아프리카 및 그 주변지역(유럽과 중동 등)을 대상으로 아프리카 중계국으로부터 방송하는 일, ③ 서남아시아 지역을 대상으로 서남아시아 중계국으로부터 방송하는 일이 긴급하고, 또 실현 가능성이 있기에 몰두할 필요가 있다"라고 밝혔다.[22]

해외 중계국을 활용하는 시책에 대해선 교환 중계방식도 포함하여 차례로 진행되고 있으며 1990년 4월 현재 ① 해외 중계국 차용방식으로 가봉 공화국에 있는 아프리카 제일의 모아비 송신소로부터 유럽, 중동, 남미, 아프리카 남부를 대상으로 1일 12시간(500kW)(1991년 1월부터 스리랑카로부터 서남아시아, 중동, 북아프리카를 대상으로 10시간 300kW 예정), ② 교환 중계방식으로 캐나다방송협회 색빌송신소로부터 북미대상 4시간(250kW). 그리고 "Radio France International(RFI)"의 불령 기아나의 몽시네리송신소로부터 중남미 대상으로 7시간 30분(500kW)의 방송이 각각 시행되고 있다. 또 캐나다방송협회, RFI의 위탁에 의해 중계 국제방송도 실시중에 있다.23)

교환중계를 가능하도록 한 방송법 개정은 1987년에 시행되어 1988년 1월부터 시행되고 있다.

■ 주

1. 放送番組國際交流硏究會,『放送番組の國際的普及及び交流の促進方策』, 43-47쪽.
2. 平成2年版『通信白書』, 123쪽.
3. 『放送番組の海外提供促進に關する調査硏究會報告書』, 1쪽, 13-21쪽.
4. 『NHKの長期展望に關する提言』자료편, 67쪽.
5. 앞의 책 자료편, 66-67쪽.
6. 앞의 책 자료편, 66쪽;『放送番組の海外提供促進に關する調査硏究會報告書』, 41쪽.
7. 『放送番組等の映像メディアによる國際理解促進に關する懇談會報告書』, 9쪽.
8. 『國際放送に關する調査硏究委員會報告書』, 41쪽.
9. 『NHK年鑑 '89』, 369쪽.
10. ≪電波タイムズ≫ 제2958호(平成2年 5월 18일).
11. ≪NHK放送硏究≫ 1989년 12월호, 54쪽; ≪朝日新聞≫(平成2年 9월 3일); ≪新聞協會報≫ 제2951호(平成2年 9월 18일).
12. 『NHKの長期展望に關する提言資料編』, 60-63쪽; 山本忠伸,「國際放送の現狀と課題」, ≪ITU硏究≫ no.140, 18-46쪽.
13. 『방송정책간담회보고서』, 109쪽.
14. 『臨放調答申書資料編』, 299쪽.
15. 『臨放調答申書』, 88쪽.
16. ≪민간방송≫ 제1055호(昭和62年 1월 23일).

17. 『臨放調答申書』, 87쪽.
18. 『방송정책간담회보고서』, 110쪽.
19. 『臨放調答申書資料編』, 367쪽.
20. 『방송정책간담회보고서』, 109쪽.
21. 『NHK長期ビジョン審議會調査報告書』, 62쪽.
22. 『國際放送に關する調査研究委員會報告書』, 50쪽.
23. 『NHKの長期展望に關する提言資料編』, 59쪽; 平成2年版『通信白書』, 371쪽; 『日本放送協會平成元年度業務報告書』, 27-28쪽.

제5장 민간방송에 관한 문제

1. 현황

일본에서는 방송법상 일반방송 사업자를 통상 '민간방송'이라 부른다. 일본 방송의 기본 체제는 전술했듯이 NHK와 민간방송으로서 기업성격과 경영재원을 달리하는 방송사업이 병존한다.

민간방송은 사기업으로서 경영자유를 원칙으로 하여 민방 각사가 각자의 존립 기반지역과의 밀착성을 확보하여 방송사업을 운영하고, NHK의 방송과 조화를 이루어 국민에게 풍부한 방송의 효용성을 제공하도록 하고 있다.

민간방송 사업자는 전파법 규정에 기초하여 방송사업의 경영을 희망할 경우 방송국의 면허를 받아서 시행할 수 있으므로 제도상으로는 개방적이라고 볼 수 있다.

민간방송은 전술했듯이 1989년 말에 라디오와 텔레비전 겸 영업사 36사, 텔레비전 단독 영업사 70사, 중파 라디오 단독 영업사 11사, FM 단독 영업사 32사, 단파 단독 영업사 1사로 모두 150사가 된다(여기에 문자 방송 단독 영업사 10사를 더하면 총 160사).

제5장 민간방송에 관한 문제 117

영업수입은 1조 9,371억엔(1989년도 결산 개요)으로 종업원 27,864명(1989년 7월 말), 주요 재원인 광고비는 라디오가 2,084억 엔, 텔레비전이 1조 4,627억 엔(1989년도)으로 지난 해보다 라디오는 10.9%, 텔레비전은 11.1% 신장하였다.[1]

민간방송의 최근 경영 상태는 일본의 내수확대의 호황에 힘입어 2년 연속 두 자리의 성장을 이루고 있지만, 민방 각사가 금후의 경영과제와 뉴미디어 영향에 대하여 어떻게 대처할 것인지 알기 위하여 1989년 1월 민방연연구소가 실시한 조사를 살펴도록 하겠다(1월 당시 144사의 민방회사 전체를 대상으로 하여 117개사가 회답).[2]

먼저 '경영종합 앙케트 조사' 중에 '민방의 경영전략과 중요한 과제'에 관한 조사 결과(복수 회답)를 보면, 90년대 전반까지 자사 영업의 과제와 대응전략에 대해서 가장 많은 회사가 거론하고 있는 것은 '뉴미디어 대책'(55건)으로, 내용으로는 뉴미디어 전반이 47, 위성방송이 4, CATV가 3건이었다. 다음으로 많은 것은 '영업전략'(50)으로 내역은 지역 마케팅(area marketing)전략 26, (지역)광고주 개발 16, 그 다음은 '사업전개'(46)로 경영 다각화 31, 종합정보 기업화 10, 관련 회사 육성이 5건을 기록하였다. 그리고 '인사정책'(39), '신기술 대응'(27), '다국화(多局化)대책'(26), '프로그램 소프트 개발'(23), '설비투자'(20)의 순서로 나타났다. 민방 전반의 경영적 관심과 대응을 포괄적으로 파악하고 있는 조사라고 할 수 있다.

다음으로 뉴미디어가 자사 경영에 끼칠 영향을 어떻게 보고 있는지를 상기의 민방련 앙케트 조사로부터 상당부분 알 수 있다.[3]

자사 경영에 대하여 '플러스(+)', '약간 플러스', '별로 영향 없다', '약간 마이너스', '마이너스'의 반응을 주었으며 각각에 +2, +1, 0, -1, -2의 가중치를 주었다. 그 결과 플러스의 평가는 없고, 전부 마이너스에 작용하고 있는 것을 알 수 있다. 가장 많은 마이너스 영향은 '직접 위성방송'(-1.58), 'CATV'(-1.29), '하이비전 방송'(-1.21), '클리어비전'(-0.74), '위성PCM 음악방송'(-0.73)이었다. 각종의 뉴미디어가 민방경영에 주는 영향을 민방 각사가 어떻게 보고 있는지를 시사해 주는 중요한 자료이다.

여기에 덧붙여 1990년 6월 중간 보고된 민방련의 「'2000년의 방송비전' 연구」에서도 약간의 결과를 볼 수 있다. 여기에 의하면 전문가 앙케트 등을 기초로 3개의 미래상을 보여 주고 있는데, 그 중에서 가장 비관적 견해는 민간방송 전체로서의 지상방송 수입 공유(share)가 2000년에 이르면 50% 저하되고, 시청시간 공유도 40% 저하된다고 보았다. 이는 가장 심각하게 본 견해이긴 하지만 다매체·다채널 시대에서의 가혹함을 드러내고 있다.

2. 민방의 지역성과 수신 격차의 시정

현행 방송법, 전파법, 혹은 이에 기초한 방송보급 기본계획, 방송용 주파수 사용계획, 방송국 개설의 근본적 기준 등을 종합하면 지상계의 민방 위상은 다음과 같은 사항이 요구되고 있음을 알 수 있다.[4]

① 민방은 NHK 같이 단일 기업체에 의하여 전국 규모로 방송하는 일은 없다.
② 민방은 존립 기반을 지역에 밀착시킨다.
③ 민방의 존립기반은 원칙적으로 현(縣)단위로 한다.
④ 매스미디어의 집중 소유(지배)를 배제하기 위해
　· 원칙적으로 (중앙)방송국을 2국 이상 소유(지배)할 수 없다.
　· 원칙적으로 라디오, 텔레비전, 신문의 3사업을 겸업할 수 없다.
⑤ 텔레비전 방송에서는 전국 각지 수신자의 수신 기회평등을 실현하기 위해 주파수 사정, 방송사업의 존립기반이 되는 경제력, 방송수요 등을 고려하여 방송국을 배치한다.

이상과 같이 5개의 민방 위상을 세우고 있는데, ④에 대해선 제4절 민방과 방송국 면허에서 후술하겠으며 여기서는 ①, ②, ③, ⑤에 대해 차례로 설명하겠다.

(1) 민방의 독자성과 지역성

먼저 ①, ②를 살펴보자. 1985년 방송법, 전파법 개정에 따라 방송 보급 기본계획, 방송용 주파수 사용계획이 책정되었고, 방송국 개설의 근본적 기준도 개정되어, 개정 전에는 우정성의 '일반방송 사업자에 대한 근본 기준 제9조의 적용 방침'5)이 있었다. 이는 일본에서 NHK 이외에 민방을 인정하는 취지를 명확하게 서술하고 있다.

동 방침의 2 항목에는 '일반 방송 사업자의 방송에는 방송에 관한 지역사회 특유의 요망을 충족시켜야 한다'라고 규정되어 있는데 이를 설명하면 '일반방송 사업자의 방송은 국민 전체에 공통된 방송의 일반적 요망에 답하는 이외에 특히 해당 지역사회 특유의 요망을 만족시키고, 각 방송국은 독자적 의사에 따라 운영될 필요가 있다. 즉 방송의 지역성 및 독자성을 발휘하는 일, 또 이를 가능하도록 사업자의 구성 및 운영에 해당 지역사회를 기반으로 하여 당 사업자 이외의 방송 사업자 의사로부터 독립하는 일이 보장되지 않으면 방송의 공정한 보급을 기대하기 어렵다. 방송의 전국 보급을 의무로 하고 있는 일본방송협회 외에 일반방송 사업이 허용된 본래 취지는 공과 사를 불문하고 전국을 통하여 특정인의 단일 발의나 통제하에 방송국이 개설 및 운영되는 일을 막고, 조건이 다른 지역이나 신청자의 목적과 발의에 부응하기 위해서다.'

방송국의 면허신청은 그 심사에 해당되는 전파법 7조의 규정에 기초한 '방송국 개설의 근본적 기준'에 합치해야 한다. 이 점은 지금까지 똑같지만, 1985년 개정 이전의 근본적 기준 제9조에는 '개설하려는 방송국은 기준의 소정 조건을 만족하는 이외에, 방송의 공정과 능률적 보급에 유용하지 않으면 안된다'고 규정하고 있다. 현재는 방송보급 기본계획, 방송용 주파수 사용계획, 개정

후의 방송국 개설의 근본적 기준 안에 이러한 방침이 내재되어 있기는 하지만 위와 같이 일본 방송제도의 기본에 관한 이념적 설명은 없다.

그러면 여기서 현행 방송보급 기본계획을 살펴 보자.6) '제1방송국의 설치에 관한 지침 및 기본적 사항'에서는 '일본방송은 전국적 보급을 의무로 한 일본방송협회, 대학 교육을 위한 방송대학학원 및 원칙적으로 지역사회를 기반으로 하는 일반방송 사업자에 의한 방송」이라고 규정되어 있다.

민방은 이처럼 지역사회를 기반으로 하는 것을 명확하게 밝히고 있다. 또 전술한 제1조의 지침 및 기본적 사항 중 3번째 '그 외 방송의 계획적인 보급 및 건전한 발달을 위한 기본적 사항'에서는 '지상계에 의한 일반방송 사업자는 지역사회를 기반으로 한 구성 및 운영 그리고 방송에 관한 지역사회의 요망을 충족시킨다'라고 되어 있다. 개정 후의 방송국 개설의 근본적 기준 제9조 제5항에는 '개설하려는 방송국의 주된 출자, 종업원 및 심의기관의 위원은 될 수 있으면 해당 방송 대상지역에 주소를 지니고 있는 사람이어야 된다.」라고 더욱 구체적으로 밝히고 있다.7)

이상의 각 규정으로부터 지상계의 통상적인 민방은 ① 단일 기업체에 의한 전국적 규모의 방송을 금하고, ② 존립기반을 지역에 밀착시켜야 함을 명확하게 알 수 있다.

(2) 현(縣)단위 원칙

민방의 위상 ③에 서술된 민방의 존립기반은 원칙적으로 현 단위다. 먼저 방송보급 기본계획의 '방송구분에 따른 방송 대상지역 및 방송 대상지역에 따른 방송계 수의 목표'에는 국내방송(지상계)의 부분으로 중파방송, FM 방송, 텔레비전 방송의 순으로 명시하고 있다. 또한 방송용 주파수 사용계획에서도 똑같은 방침을 보이고 있다.8)

방송보급 기본계획에서 텔레비전 방송(일반 방송 사업자)의 부분을 보면,

관동(關東), 중경(中京), 근기광역권(近畿廣域圈), 강산(岡山) 및 향천(香川), 조취(鳥取) 및 도근(島根) 이외의 지역에서 방송 대상지역은 도, 현의 구분으로 되어 있다.

민방에 지역 밀착성을 요구하는 이상, 지역상황으로 볼 때는 현 단위를 원칙으로 하는 것이 가장 실상에 부합된다고 보았다. 다만 수신 격차의 조기시정의 관점에서 변화가 있을 수 있다. 즉 방송정책간담회 보고서에서는 이후에는 한 현을 복수 대상지역으로 분할하거나, 혹은 복수의 현을 하나의 방송 대상지역으로 하는 일을 검토하는 등 탄력적인 대응을 하고 있고, 게다가 각양각색의 지역수준의 방송 필요에 대응하기 위해서도 종래의 방송 대상지역에 대한 생각을 다시 할 필요가 있다고 요청하고 있다.9)

따라서 이후 탄력적인 방침이 시사되기도 하였지만, 어쨌든 새로 출현하는 위성방송 등과는 구별되게 민방에 지역 밀착성을 강하게 요구하고 있는 것은 달라지지 않고 있다. 이 일은 NHK와 민방의 방송 기본체제하에 있는 이상, 그러한 민방의 위상을 당연한 일로 보고 있다.

(3) 수신 격차의 시정

다음으로 민방의 위상 ⑤에 논의한 수신 기회의 평등, 수신 격차의 시정에 대해 언급하겠다. 우정성은 1986년 1월, 텔레비전 방송용 주파수 할당 계획에 있어서 "일반방송 사업자의 방송에 대해서는 전국 각지에서의 평등한 수신 기회 실현(일반방송 사업자에 의한 최저 4방송 수신이 가능)을 목표로 주파수 사정, 방송사업 존립의 기반이 될 경제력, 방송수요 등을 감안하여 주파수를 할당한다"라고 수정하였다. 또 민방 FM에 대해서도 전국에서 청취할 수 있게 주파수를 할당하고, 대도시 지역에 있어서는 복수화도 추진하고 있다. 이같은 시책에 대하여 방송정책간담회는 될 수 있으면 조기에 실현할 필요가 있다고 시사하고, 중요(key) 방송국과 해당지역에 설치되어 있는 기존 방송국의 경영

지배 기준을 초월한 출자나 이에 의한 새로운 방송국의 겸영(兼營), 또는 주요 방송국 등의 방송중계만을 하고 프로그램 자체 제작을 하지 않는 중계국 방식의 도입, 방송 대상지역의 변경, 동기(同期)방송 등의 신기술 도입 등을 적극 제안하고 있다.10)

그러나 이러한 제안은 종래의 방송질서가 커다란 변혁을 거치고 있는 만큼 신중하게 검토해야 한다. 더욱이 수신 격차의 시정이 급한 나머지, 민간방송의 존립 의의, 즉 지역사회를 기반으로 하고 그 방송을 통하여 지역주민의 요망에 응하는 사명이 경시되는 일은 없어야 할 것이다. 특히 자유로운 발의 하에 설립되어야 할 민방의 전국적인 수신 격차 시정은 자유로운 영업활동이 집약되어 성취될 일이라는 점도 간과되어서는 안될 것이다.

더욱이 1988년 이전엔 '텔레비전 방송용 주파수 할당 계획'에 기재되어 있던 민방 텔레비전 전국 4파화(波化)의 방침은 '방송을 국민에게 최대한으로 보급하기 위한 지침'의 하나로 방송보급 기본계획에 함께 들어 있다.

(4) 네트워크

이상 민방의 위상으로서 전술한 ①, ②, ③, ⑤에 대하여 살펴보았고, 여기서는 관련 문제로서의 민방 네트워크에 대해 고찰하도록 하겠다.11)

민간방송에는 지금까지 서술했듯이 지역사회에 밀착된 역할이 기대되고 있으나 실제로 네트워크가 정착되어 있어 현재, 텔레비전 5계열, 중파 2계열, FM 1계열의 네트워크가 존재한다.

텔레비전의 경우 NTV, TBS, 후지, 텔레비 아사히의 4계열과 텔레비 도쿄가 있고, 동경에 있는 방송국이 프로그램의 제작, 영업, 네트워크 운영 등에서 중요(key) 방송국의 역할을 하고 있다. 네트워크 형성의 큰 이유 중의 하나는 뉴스 소재의 교환으로 NNN(NTV 계열), JNN(TBS 계열), FNN(후지텔레비 계열), ANN(텔레비 아사히 계열) 등이 뉴스 네트워크의 골격을 이루고 있다.

동경의 5개 방송국에 대해서 지방국은 2국이라는 설치 격차로 인하여 지방국에서는 크로스 네트(cross-net)를 시행하고 있는 경우도 볼 수 있지만, 이후 지방 4국화 구상이 진행되면, 결과적으로 크로스 네트는 해소되어 계열화가 더욱 진행될 것이라고 본다.

라디오 네트워크로는 JRN(TBS), NRS(문화 방송, 일본 방송)이 있고, FM은 JFN이 있으며, 수년 내에 제2의 FM 네트워크가 출현할 가능성도 있다.

이같은 네트워크는 전술했듯이 전국적인 뉴스 취재를 위해 각지의 민방국이 연대할 필요성이 있었기 때문이다. 이러한 이유 외에도 복수의 민방국이 동일 프로그램을 방송하면 한 회사당 경비 부담을 줄일 수 있고, 전국 광고주의 요청에 부응할 수 있다는 점 때문에 네트워크가 탄생된 것이다. 네트워크가 형성되면 지역 방송국의 주체성이 감소되어 자주적인 프로그램 제작이 적어지는 문제점을 일반적으로 생각할 수 있으나 업무운영과 경영상 필연적으로 생겨난 것이므로 현 단계에서는 특별히 규제를 가하지 않고 이 추이를 고수하는 것이 현명하다고 말하고 있다.[12]

여기서 민방의 자체 제작 프로그램의 상황을 살펴 보겠다. 1985년 우정성에 방송국의 재면허를 위해 제출된 자료에 의하면 텔레비전에서는 전 회사 평균 17.5%, 동경 소재 5사를 제외한 각사의 평균은 15.3%(3년 전에 비교하여 전 회사 평균, 동경 소재 5사를 제외한 각사 평균도 0.2 포인트 감소), 중파는 50.7%(전년에 비교하여 1.1 포인트 감소), FM은 38.6%였다. 지역 프로그램 비율은 텔레비전 전 회사 평균 13.5%(전년과 동일), 중파 51.0%(전년보다 0.2 포인트 증가), FM 33.2%였다.[13] 이 자료에 의하면 자사 제작 비율, 지역 프로그램 비율도 3년 전과 비해 큰 차이는 없다.

이후 추진될 다국화 시책이 경영상황에 어떤 영향을 끼칠 것인지 그리고 그 결과가 자사 제작 비율, 지역 프로그램 비율의 저하를 부르는 요인이 되지 않을지에 사태를 주목할 필요가 있다.

더욱이 현행 방송법은 제52조 3의 규정에서 '일반방송 사업자는 특정인으로부터만 방송 프로그램 공급을 받는 조항을 포함하여 방송 프로그램 공급에 관한 협정을 체결해서는 안된다'라고 하여, 해당 조항을 저촉하는 협정을 현실적으로 체결하는 일은 생각할 수 없다.

3. 민방의 경영재원

(1) 광고료와 유료방식

민간 방송의 경영재원은 광고료 수입에 주로 의존하고 있다. 일본의 광고비는 전체 약 5조엔으로 GNP의 약 1.3%를 차지하고 있다. 그 중 라디오와 텔레비전의 광고비가 약 1조 6,700억 엔에 이르고 있다(<표 6>참조).

일본의 광고비는 경제의 고도성장과 함께 신장하였다. 요즈음에는 경제가 안정 성장에 접어들어 신장이 둔화되고 있지만, 1987년 이래 활황을 나타내고 있으며 특별히 1988년과 1989년은 두 자리 성장을 하였다. 이러한 광고비에 기초한 민방경영도 마찬가지로 2년 연속 두 자리 성장을 하였다.

이상과 같이 최근의 광고비 및 민방경영의 현황은 매우 호조이지만 방송정책간담회는 1987년 4월에 보고서를 제출하면서 안정 성장기의 일본 경제 추이에서 광고비가 침체에 빠질 것으로 전망하였다. 그리하여 민방의 수입 신장이 둔화될 것을 전제로 민방의 경영재원으로써 종래의 광고료 수입에 덧붙여 새로운 재원을 도입할 필요성이 있다고 시사하고 있다. 특히 기부금 방식과 유료 방식을 거론하였는데, 먼저 기부금 방식에서는 미국의 예에서도 볼 수 있듯이 결국 광고료 방식과 유사한 성격을 지녀 광고료 방식에 덧붙여 유효한 재원이 될 수 있는가라는 의문이 있다.

다음으로 유료방식의 도입에 대해선 텔레비전, 라디오 등의 지상 민방에 도입할 경우, 오랜 세월 동안 직접비용의 부담이 없었던 라디오로서는 이것이 정착되려면 시청자의 이해를 얻어야 하는 등의 문제가 있다. 한편, 민간 위성 방송에 이 제도를 도입하는 데 대해선 전국적 규모의 상당수 계약자가 기대하므로 유효한 경영재원으로 될 수 있고 지상 민방과 경합하지 않고 안정적인 재원을 확보할 수 있다는 등의 이유로 인해 조금은 낙관적 자세를 보이고 있다.14)

방송정책간담회의 보고를 기초로 한 방송법 개정안은 1988년에 국회에 제출하여 성립되었고, 유료 방송에 관한 규정은 정비되어 있었다. 그 결과 1990년 8월에 쏘아 올리는 BS-3를 이용한 민간 위성 방송을 필두로 민간 통신위성에 의한 방송 서비스, 또는 팩시밀리 다중방송에 유료 방식이 채용되었다.

그러나 유료방식을 도입하게 되면, 실제 이를 위한 특수설비를 수신 가정에 설치하는 일 이외에 시청자 개개인에게 직접 부담을 요구하고, 게다가 가입, 변경, 해약, 설비보수에 많은 인원과 시간을 필요로 하기 때문에 사업 운영상 곤란한 점이 많다.

또한 재차 이야기하듯이 일본방송 체제는 시청자에 직접 부담을 요구하는 수신료로 운영되는 NHK와 간접적인 부담이 되는 광고료 수입을 재원으로 하는 민간방송의 2체제에 기초하고 있어 유료방식에 의한 민간방송 출현은 NHK에 실질적으로 영향을 미칠 염려가 있다.

(2) 전파 사용료와 과징금

민간방송의 경영재원과는 관계 없고, 오히려 민방에 부담을 강하게 주는 전파 사용료와 과징금 등에 관해서 언급하도록 하겠다.

민간방송이 일본의 고도성장과 함께 급속히 성장했을 시기에 민간방송은 국민 전체의 재산이라 할 수 있는 전파를 사용하기 때문에 전파 사용료를 부담해야 된다든지, 배당을 제한해야 된다든지, 혹은 겸영과 투자를 제한할 필요가 있다든지 등의 의견이 있었다. 현 상태에서는 이같은 목소리는 들을 수 없다. 앞으로 세제(稅制)를 다시 생각하여 전반적인 검토를 하는 가운데 민간 방송에 관련된 사항에 대해서 논의할 일이 있을지도 모르겠다.

다음으로 과징금에 대해선 영국의 사례를 보도록 하자.15) 영국 민간방송의 시스템은 규제 감독기관인 공공 사업체 IBA가 방송면허를 지니고 송신시설을 소유·운영하고 있다. 그리고 그 밑에 민간 라디오와 텔레비전의 프로그램 제작사가 있다. 이 프로그램 제작사는 IBA에 송신기 사용료를 지불하고 IBA는 이에 따른 지원을 받고 있다. 이외에 프로그램 제작사는 수입 및 이익을 기준으로 결정된 과징금을 IBA를 통해 국고에 지불하고 있다.

이 과징금에 대해서 아난위원회는 "회사는 부족한 공공재산인 방송 주파수를 사용하는 권리의 대가를 지불해야 한다. 주파수는 국민의 자산으로서 어느 누구라도 여기에서 과대한 이익을 얻을 권리는 없다"라고 하였다.16) 더욱 과징금을 지불하고 남은 이익금에는 통상 법인세도 과세되고 있다.

4. 민방과 방송국 면허

NHK가 방송법에 기초하여 설립된 공공방송 사업체인데 반하여 민간방송은 전파법에 의해 방송 사업자가 되고 싶은 희망자가 방송국 면허를 받아 이루어진다.

현재 민간방송에 관한 방송법상의 규정은 비교적 적기 때문에 실질적으로는 전파법령에 따라 규율되고 있는 부분이 상당하다. 이 전파법령에 따른 법률에 대해선 제12장 「전파에 관한 법률과 방송 행정조직」에 서술되어 있지만 여기서는 민간방송의 사업운영에 직접적으로 관련 있는 항목에 대해서 논술하기로 한다.

(1) 매스미디어의 집중 배제

먼저 민간방송의 위상에 대한 5개 항목을 게재하고 있는데, 4개에 대해서는 이미 설명하였고 이제 ④ 매스미디어의 집중 배제에 관한 부분을 다뤄 보겠다.

이 규정은 1985년의 방송법, 전파법의 개정에 동반하여 방송보급 기본계획, 방송국 개설의 근본적 계획에 있어서의 정비를 도모하고 있는 것인데, 이를 소개하기 이전에 1987년 4월에 발표된 방송정책간담회의 매스미디어 집중 배제에 대한 의견을 알아보자.

이 의견에 따르면, 앞으로도 매스미디어의 집중 배제 이념과 유지는 필요한 것이지만, 미디어 특성을 고려한 새로운 원칙을 책정하는 것이 합당하다고 보고 있다. 또한 지상계 텔레비전 방송의 다국화를 비롯한 과제를 해결하기 위해 사업주체의 경영안정도 고려해야 하므로 집중 배제 원칙은 다시 생각할 필요가 있다. 그리고 방침을 새로 정하려면 총체적으로 규제 완화의 방향을 취하고, 특별히 다중 방송에 있어서는 신규 참여와 보급의 견지에서 완화해야 한다고 보고 있다.17)

1985년의 방송법 개정에서는 우정대신이 방송보급 기본계획을 책정하는 일을 규정하였고, 동 계획안에는 "방송을 할 수 있도록 기회를 될 수 있는 대로 많은 사람에게 확보하여, 방송에 의한 표현의 자유가 가능한 많은 사람에게 향유될 수 있도록 한다"라고 명시되어 있다(제2조의 2 제1항 제2항). 이에 기초한 방송보급기본계획의 지침은 다음과 같다.

① 일반 방송 사업자에 의한 방송에서는 원칙적으로 한 사람에 의한 소유 또는 지배되는 방송계의 수를 제한하여, 될 수 있으면 많은 사람에게 방송을 할 수 있는 기회를 개방한다.
② 각 지역사회에서 각종 대중 정보수단의 소유 및 지배는 원칙적으로 방송국 설

치로 인해 특정인에게 집중되는 것을 피한다.[18]

또한 전파법 제7조 제2항의 규정에 기초하여 방송국의 면허 신청이 심사되고, 그 때 방송국 개설의 근본적 기준에 합치되는 일이 요구된다. 이번의 개정에서는 이 근본 기준도 정비되어 종래에는 '일반방송 사업자에 대한 근본 기준 제9조의 적용방침'과 '동 심사 요령'에 기재되어 있는 사항이 근본 기준 제9조 자체에 상세하게 규정되어 있다.[19]

그 내용은 상기 ①에 기초한 복수 방송국 지배 등의 금지와 ②에 기초한 세 가지 사업 지배의 금지로 정리할 수 있다. 이외에 ①에 기초하여 같은 기준이 인공위성에 의한 방송 서비스 위탁 방송업무의 인정에서도 제정되어 있는데(방송법 시행규칙 제17조의 8) 그 기본 방침은 다음과 같다.

한 사람이 하나의 방송국을 소유하는 일, 하나의 위탁 방송업무 인정을 받는 일, 또는 하나의 방송사업을 경영지배하는 일, 이 중에 어느 하나만 행할 수 있다. 다만 위의 사항과 관련된 방송국을 개설할 경우에는 대체로 다음의 예외가 있기는 하다.

㉠ 동일 방송 대상지역에서 중파 방송 및 텔레비전 방송의 방송국을 소유하거나 경영지배(참고 1 참조)하는 경우
㉡ 동일 방송 대상지역에서 중계국을 설치하는 경우
㉢ 오로지 수탁 국내방송 또는 다중방송(참고 2 참조) 혹은 임시 목적방송(위탁의 경우 포함)을 병행하는 경우
㉣ 일반방송 사업자가 해당 방송에 관한 방송국의 재면허를 받은 경우
㉤ 방송의 보급 등을 위해 특별히 필요하다고 인정되는 경우

다음으로 ②의 세 가지 사업 지배 금지[20]에 대해서 개요를 서술하면 다음과 같다. 한 사람이 방송사업을 수행하면서 중파방송, 텔레비전 방송 및 신문 사업을 겸영하고, 또는 경영지배를 할 수 없다. 다만 해당 방송 대상지역에서

타인에게 일반방송 사업자, 신문사, 통신사 등의 정보배포를 업으로 하는 사업자가 있어 그 방송국이 개설됨에 따라 그 한 사람이 정보를 독점적으로 배포하게 될 우려가 있을 때에는 예외로 인정한다.

위에서 언급된 참고를 설명하면 다음과 같다.

참고 1) 경영지배는 다음과 같은 경우를 말한다.
① 한 사람의 의결권이 법인 또는 단체 의결권의 10분의 1을 넘을 때
② 다른 법인이나 단체의 임원(감사 기관을 제외)을 겸하는 법인 또는 단체의 임원 수가 해당 다른 법인 또는 단체 임원의 5분의 1을 초과할 때
③ 한 법인 또는 단체의 대표권을 가진 임원 또는 상근임원이 다른 법인 또는 단체의 대표권을 지닌 임원 또는 상근임원(감독기관을 제외)을 겸할 때
참고 2) 위성계의 텔레비전 음성다중방송에서는 동시에 방송되는 텔레비전의 방송 프로그램에 관련된 사항, 또는 재해에 관한 사항만으로 한정함.
(위탁 방송업무의 인정 기준에 대해선 「제10장 방송위성의 동향」에 서술되어 있음)

다음으로 이같은 집중배체원칙이 이후에 다매체·다채널 시대에 어떻게 취급될 것인지에 관하여는 1990년 7월 우정성의 '방송의 공공성에 관한 조사 연구회'의 의견을 살피도록 하겠다. 동 조사연구회는 '지상계 텔레비전 및 FM방송은 이후에도 기간적 미디어로서 기능할 것이 예상되고, 여기에의 참여는 전파의 유한성으로 인하여 제한되어 있으므로 기본적으로 매스미디어 집중 배제 원칙은 유지해야 한다' '현재로선 종래와 같이 매스미디어 집중 배제 원칙을 유지하여 각각 지역의 경제력, 주파수 사정 등을 감안하여 순차적으로 새로운 주파수를 할당한다'라고 하였다. 방송정책간담회에 제안한 여러 가지 요건 완화 방식에서는 신중한 태도를 지니고 있어 이 점이 주목된다.
이후 다매체 시대에서는 위성방송, 다중방송, CATV 등에 있어 각각의 매

스미디어 집중 배제 원칙과의 관계에 대한 의견을 정리하지 않으면 안된다. 본래 매스미디어 집중 배제 원칙의 이념은 독립적인 방송 기관이 될 수 있으면 많이 참여하여 자유로운 언론 보도 시장을 형성, 신장하는 일을 제도적으로 확보하고자 한 것이었다. 따라서 전국적인 텔레비전 방송의 수신 격차 시정 시책 또는 방송 뉴미디어의 보급 등의 추진에서도 급한 나머지 원칙을 완화하여 폐해가 발생하지 않도록 특별히 고려한 것이었다.

또한 1973년 10월, 우정성은 방송국의 재면허에 즈음하여 '텔레비전 방송용 주파수 할당 계획'의 일부를 수정하여 京浜광역권에 교육 전문국용으로 할당한 주파수 2파(10, 12ch)를 종합 프로그램 국용으로 할당을 개정하였다. 이후에 이것이 하나의 계기가 되어 아사히(朝日), 마이니찌(每日), 요미우리(讀賣), 산케이(産經), 니케이(日經)의 5대 신문과 동경 소재 민방 5국과의 관계가 현재와 같이 명확한 체제가 되었다는 것을 관련 설명의 하나로 덧붙인다.[21]

(2) 외국인 지주(持株)

전파법 제5조 제1항에 무선국의 면허를 주지 않는 자가 규정되어 있는데, 방송국의 경우는 일반 무선국보다 엄격한 규정이 적용되고 있다(수신 장해대책 중계방송 및 수탁 국내방송의 방송국은 일반 무선국으로 취급). 동 법 제5조 제4항의 규정을 보자.

· 일본 국적을 갖지 아니한 자
· 외국정부 또는 그를 대표하는 자
· 외국 법인 또는 단체
· 전파법 또는 방송법에 규정된 죄를 범하여 벌금 이상의 형을 받거나, 그 집행을 마쳤거나, 또는 그 집행을 받은 일이 없는 날로부터 2년을 경과하지 아니한 자
· 무선국 면허의 취소를 받아, 취소일로부터 2년이 경과되지 않은 자
· 법인 또는 단체로 일본 국적을 갖지 않은 자, 외국정부 또는 그의 대표자, 외국

법인 또는 단체의 업무를 집행하는 임원으로 있거나, 이러한 자가 그 의결권의
5분의 1 이상을 점하는 것
법인 또는 단체로 그 임원이 전파법 또는 방송법에 규정된 죄를 범하고 벌금 이
상의 형을 받았거나, 집행을 마쳤거나, 혹은 집행을 받은 일이 없는 날로부터 2
년이 경과되지 않은 자, 또는 무선국의 면허 취소를 받아 그 취소일로부터 2년
이 경과되지 않은 자가 해당자로 있는 일

이상의 어느 하나에 해당 사항이 있으면 방송국의 면허를 교부 받을 수 없
다. 또한 전파법 제75조의 규정에 따라 면허 기간 중에 면허를 받을 수 없는
사항이 발생했을 경우에는 면허가 취소된다.

이상의 규정과 관련지어 외국인 등의 의결권이 5분의 1을 점하는 일은 중
대한 문제. 이를 위해 1982년의 방송법 개정에선 증권거래소에 상장된 주식
등을 발행한 일반방송 사업자는 외국인 등으로부터 소위 주식 명의서 교환을
청구할 경우, 그러한 청구로 인해 외국인이 의결권의 5분의 1 이상(수탁 방송
사업자에 있어서는 3분의 1)을 점하게 될 때는 명의서 교환을 거부할 수 있게
했다(제52조의 8).

따라서 명의서 교환을 거부하는 사태에 이르기 전에 십분 주의해야 하며,
외국인 등이 그 의결권에 점하는 비율이 우정성령에 정해져 있는 비율(15%)
에 달할 때에는 우정성령에 따라 공고해야 한다.

종래는 외국자본에 관한 법률에 따라 제약되었지만, 이것이 폐지됨에 따라
독자적인 제도를 만들 필요가 생겨 법 개정을 하게 된 것이다.[22]

(3) 사업 면허의 의견

현행 방송국의 면허는 전파법 규정에 기초하여 시행되고 있고, 5년마다 재
면허가 시행되고 있다. 이 점에 대해서는 「제12장 전파에 관한 법률과 방송

행정조직」에 언급되었으므로 여기서는 민간방송에 대한 사업 면허제 도입의 가부에 대하여 논하겠다.

사업 면허는 전기사업과 가스사업에서 볼 수 있듯이, 사업 자체에 대한 면허로서 공익사업 분야다. 사업 면허제에 의하여 일정한 노선, 사업구역 등이 확정되지만, 한편으로는 서비스의 공급의무, 요금규제 등도 있고 사업활동에 대한 각종의 감독이 존재한다.23)

이같은 사업 면허제에 대하여 민방련은 1963년 3월「방송 관계법규 개정에 관한 요망」에서 '현행의 시설 면허를 사업 면허로의 전환,' '면허의 유효기간 제도 폐지'를 주장했지만,24) 그 후에 언론과 표현 미디어의 장애가 될 우려가 강하여 도입할 수 없다는 방침이 세워졌다.25)

임방조답신서에는 "일본실정에서는 소위 사업 면허제를 채용하여 방송국과 별도로 민간방송 사업자의 지위를 고려하는 것은 절대적으로 필요하다고는 보지 않는다"라고 되어 있다.26)

또한 방송정책간담회 보고서는 미국, 네덜란드의 사업 면허제를 검토한 후에 이 제도의 도입에 대해서는 소극적 자세가 되었다.27)

방송 사업에의 사업 면허제 도입과 관련하여 사업의 안정성과 사업감독의 위상과의 관계에 대하여 논하였지만, 표현의 자유에 걸쳐 있는 방송사업의 특수성으로부터 본다면 현 단계에서는 특히 도입할 이유가 없다고 생각한다.28)

■ 주

1. <표 5>, <표 6>. 종업원수에 대해서는 ≪민간방송≫ 제1156호(平成2年 1월 3일).
2. ≪민간방송≫ 제1142호(平成元年 8월 3일).
3. ≪민간방송≫ 제1134호(平成元年 5월 13일); 제1171호(平成2年 6월 13일).
4. 『新放送總鑑』, 10-11쪽 참조.
5. 『臨放調答申書資料編』, 55-56쪽.
6. 『情報通信六法』(平成2年版), 1649-1651쪽.

제5장 민간방송에 관한 문제 133

7. 앞의 책, 610쪽.
8. 『放送六法』, 92-133쪽.
9. 『방송정책간담회보고서』, 59쪽.
10. 앞의 책, 93쪽.
11. 野崎茂·東山禎之·篠原俊行, 『放送業界』, 54-76쪽; 美ノ谷和成, 『放送論』, 89-94쪽; 志賀信夫, 『放送』(改訂版), 75-100쪽; 『日本民間放送年鑑89』, 443- 451쪽; 『世界の放送』, 1990, 172-173쪽.
12. 『방송정책간담회보고서』, 65-67쪽 참조.
13. ≪民間放送≫ 제1115호(昭和63年 10月 23일).
14. 『방송정책간담회보고서』, 85-90쪽.
15. 『世界のラジオとテレビジョン1988』, 134쪽; 『世界の放送』, 1990, 99쪽.
16. 『アナン委員會報告書』, 제12장 12.37.
17. 『방송정책간담회보고서』, 62-65쪽.
18. 『情報通信六法』(平成2年版), 1651쪽.
19. 앞의 책, 609-610쪽.
20. 大森幸男, 「放送と新聞 その歷史的かかわり(1)」, 伊藤正己 編, 『放送制度-その現狀と展望』, 162-163쪽.
21. 앞의 책, 188-191쪽; 野崎茂·東山禎之·篠原俊行, 『放送業界』, 67-71쪽; 『放送50年史』, 일본방송협회 편, 803-807쪽.
22. 野崎茂·東山禎之·篠原俊行, 『放送業界』, 94-97쪽 참조.
23. 莊宏, 『放送制度論のために』, 119-122쪽.
24. 『臨放調答申書資料編』, 278쪽.
25. ≪민간방송≫ 제1082호(昭和62年 11月 3일).
26. 『臨放調答申書』, 65-66쪽.
27. 『방송정책간담회보고서』, 70-71쪽.
28. 昭和41年. 방송법의 일부를 개정한 법률안(폐안)에서는 NHK 이외의 방송사업을 운영하는 자는 전파법에 기초한 방송국의 면허와는 별도로 방송의 종류 등에 있어서 우정대신의 면허를 받아야 한다(제51조)라고 규정되어 있다.

제6장 교육방송에 관한 사항

1. 교육방송에 관련된 진행

(1) 주요 경과

일본에서는 1925년의 라디오 방송 개시부터 방송이 지닌 교육적 기능을 중시하고 교육, 교양 프로그램의 편성에 역점을 두고 있으며 현재 일본의 교육, 교양 프로그램은 국제적으로도 높이 평가받고 있다.

본 책은 교육방송 내지 방송교육 일반에 대하여 논술하는 것을 목적으로 하지 않고 방송 위주의 제도론 입장에서 고찰하고 있다. 이같은 측면에서 먼저 방송과 교육에 관련된 행보를 개괄적으로 보도록 하겠다.[1]

NHK의 학교방송은 1935년에 이미 전국 중계를 개시하였고, 1947년에는 교육 기본법 및 학교 교육법이 제정되어 대폭적인 교육개혁이 시행되었으며 새로운 교육방법으로서 시청각 교육이 받아들여짐에 따라 그 역할이 커지게 되었다. 그리고 1953년에는 라디오 방송망의 전국적 정비와 함께 학교방송은 전면적으로 제2방송이 되었다.

특히 텔레비전 방송이 1953년 이래 NHK 및 민간방송에 의해 전국적으로 차례로 개시되었고, 종래의 라디오에 비해 사회적 영향력이 크기 때문에 방송 프로그램의 질적 향상과 방송의 교육적 기능 활용에 대하여 많은 논의가 있었다. 프로그램의 질에 관한 논의는 1959년에 방송법 개정이 시행되는 계기의 하나가 되었고, 개정에 따라 방송 프로그램 편집 준칙의 정비와 프로그램 심의회의 설치, 프로그램 기준의 제정의 근거 규정 등이 명확해졌다.

방송의 교육적 기능에 관해서는 1957년 중의원과 참의원 문교위원회에서 「교육 텔레비전 방송에 관한 요망」이 시행되었고, 또한 같은 해 우정성에서 NHK와 민방의 텔레비전 방송국의 전국적인 설치를 추진하는 것과 함께, 교육 전문국 내지는 준교육 전문국의 설치를 위해 약간의 주파수를 대비하는 방침을 분명하게 하였다.

이 방침 하에 1959년 1월 일본 최초의 교육 전문국으로서의 NHK 도쿄 교육 텔레비전국이 탄생되었고 계속해서 NHK 오오사카 교육 텔레비전국도 개국되었다. 그 후에 NHK 교육 텔레비전국에 대한 전국적인 주파수 할당이 진행되어 NHK 라디오 제2 방송과 함께 체계적이고 조직적인 교육 프로그램의 편성이 시행되어 전국방송을 할 수 있게 되었다.

다음으로 교육 프로그램의 일환으로 고등학교 통신교육을 위한 방송에 대해서 이야기하겠다. 전후 조속한 단계에서부터 고등학교 통신교육제도가 개설되어 있어, 이 제도 하에서 공부하는 학생에게 방송은 더없이 유효한 수단이었다. 이같은 상황에서 1961년에 학교 교육법이 개정되어, 통신제 과정의 고등학교 설치와 광역 통신교육의 실시가 가능하게 되었다. NHK는 방송법 규정에 기초하여 우정대신의 인가를 받아, 학교 법인 일본방송협회학원을 설립하여 1963년 4월 학원의 통신제 고교를 개교하였다(현재 FM 동경의 프로그램을 사용하고 있는 망성(望星)고등학교도 같은 해에 독립교로서 개교).

(2) 관련 규정

여기에서 방송법의 교육 프로그램에 관한 규정을 살피도록 하겠다. 먼저 제2조의 정의 규정에 있어서 '교육 프로그램은 학교교육 또는 사회교육을 위한 방송 프로그램을 의미한다'라고 되어 있으며, 또한 '교양 프로그램은 교육 프로그램 이외의 방송 프로그램으로 국민의 일반적 교양향상을 직접적인 목적으로 하고 있다'라고 되어 있다.

게다가 제3조의 2 제3항의 규정에서 "방송 사업자는 교육 프로그램의 편집 및 방송에 있어서 그 방송 대상자가 명확하여 내용이 유익 적절하고, 조직적이며 계속적이어야 한다. …그 방송의 계획 및 내용을 미리 공중이 알 수 있도록 해야 한다. 이 경우, 해당 프로그램이 학교 대상일 때는 그 내용이 학교교육에 관한 법령이 정한 교육과정의 기준에 맞도록 해야 한다"라고 되어 있다. 방송법은 특히 교육 프로그램의 편집 및 방송에 대해서 대상이 명확해야 한다는 점, 조직적이고 계속적이어야 하며, 방송의 계획 및 내용을 사전에 공중이 알 수 있도록 하라는 점 등을 엄격한 요건으로 정하여, 교육 프로그램의 수준이 지켜질 수 있도록 배려하고 있다. 그야말로 방송의 교육적 기능을 중시한 표현이라고 할 수 있다. 또 제52조의 2에는 "일반 방송 사업자는 학교 대상의 교육 프로그램의 방송을 시행하는 경우에는 그 방송 프로그램에 학교교육을 저해한다고 인정되는 광고를 포함해서는 안된다"라는 규정도 있다.

이같은 방송법 관련 규정에 따라 편집 및 방송되는 교육 프로그램을 텔레비전국의 면허 시각에서 살피면 다음과 같다.

먼저 NHK의 교육 텔레비전국은 교육적 효과만을 목적으로 하여 방송하는 방송국, 즉 교육 전문국에 해당된다. 방송국 개설의 근본적 기준 제3조 제1항 제4호(6)의 규정에 기초하여 1주간의 방송시간에서 교육 프로그램의 방송이 그 50% 이상을 점하고, 교육 프로그램의 방송이 100%를 채우지 못할 때는 나머지 방송시간의 대부분이 교양 프로그램에 의해 점하도록 할 것 등을 요구하고 있다. 그리고 동국(同局)의 면허에는 전파법의 규정에 기초하여 현재 '교육 프로그램 75% 이상, 교양 프로그램 15% 이상 확보'의 조건이 첨부되어 있다. 또 NHK의 종합 텔레비전국 및 민간방송 텔레비전국은 소위 종합 프로그램국으로 방송법 제3조의 2 제2항의 규정에 기초하여 프로그램의 조화 의무를 요구받고 있으며, 방송국의 면허 조건으로서 '교육 프로그램 10% 이상, 교양 프로그램 20% 이상 확보'를 요구한다. 이 조치는 소위 종합 프로그램에서도 텔레비전의 교육, 교양적 기능의 발휘를 명확히 하는 것으로 볼 수 있다.

특히 민간방송이 교육 전문국을 시도할 경우에 대해서는 사업 운영상 곤란하다는 결론이 내려지기는 하였지만, 장기간 관계자의 노력이 있기는 했었다. 1973년 10월, 우정성이 시행한 '텔레비전 방송용 주파수 할당 계획의 수정'에서의 수정 이유에는 그간의 경위를 다음과 같이 밝히고 있다.

현행 텔레비전 방송용 주파수 할당 계획에서 경빈(京浜: 동경과 요꼬하마에 걸친 지역)지구에 2의 주파수를 일반방송 사업자의 교육 전문국에 할당하였지만, 교육 전문국의 면허를 받은 일반방송 사업자가 지금까지 실시한 방송사업 운영의 실태를 볼 때, 일반방송 사업자에 대한 교육 전문국으로서의 역할을 완수하는 일은 사업 운영상 지극히 어렵다는 것이 경험적으로 밝혀졌다. 또한 교육을 위한 텔레비전 방송의 이용에 대해서 보면, 지금 일본방송협회의 교육 전문국의 방송이 대부분 전국적으로 보급되어, 교육 프로그램의 실시 상황 등을 살필 때, 교육을 위한 방송 이용이 성과를 거두고 있다고 볼 수 있다. 이상의 사정을 감안하여 현재의 경빈지구에서의 일반방송 사업자의 교육 전문국에 할당된 주파수는 교육 전문국으로서의 할당을 폐지하고 새로운 일반방송 사업자의 종합 프로그램용으로 할당하려고 한다.

이러한 할당 계획의 수정에 따라 구체적으로는 교육 전문국용에 할당되어 있던 경빈지구의 제10채널과 과학 기술교육 중심의 교육 전문국용에 할당된 제12채널은 종합 프로그램국용으로 되었고, 각각 전국의 테레비아사히와 테레비도쿄가 떠맡게 되었다.

이 수정은 사회적으로 볼 때도 더없이 중요하여, 전에도 언급했듯이 이를 계기로 동경 소재의 신문 5사와 동경 소재의 중앙방송국(key station)은 일층 밀접한 관계를 맺었고, 민간방송의 전국적인 네트워크가 현재같이 이루어지게 되었다.

또한 텔레비전 방송 개시 이후 빠른 시일 내에 시도되었던 민간방송을 대상으로 한 교육 전문국 운영의 구상은 여기에서 종지부를 찍게 되었다.[2]

2. 방송과 대학교육

(1) 방송대학의 탄생까지

일본에서는 일찍부터 방송의 교육적 기능에 착안하여 이를 각종 교육, 특히 고등교육에 사용하는 생각을 가졌다. NHK는 1959년의 교육 텔레비전 방송 개시와 동시에 'NHK 일요대학'을 설치하였고, 게다가 통신제 대학생을 대상으로 포함한 라디오 대학강좌를 1961년부터, 또한 텔레비전 대학강좌를 1965년부터 개시하였다.[3]

다음으로 이런 의견을 일보 전진시켜 방송을 교육의 주된 수단으로 삼는 정규 대학을 설치하려는 구상도 관계자 사이에서 언급되었다. 그러나 이는 교육제도, 방송제도의 쌍방에 걸쳐서 문제가 있다. 즉 고등교육의 본질과도 연관이 있는 기본적인 문제로, 그 실현까지는 많은 우여곡절이 있으며, 지금도 아직 과제를 남겨 놓고 있다.

여기에서는 먼저 방송 대학 탄생까지의 진행을 살피도록 하겠다. 이 구상의 초기 발언으로서는 1962년 당시의 NHK 마에다(前田義德) 전무이사(후에 회장)가 런던의 길드홀에서 '교육을 위한 텔레비전'란 제목으로 강연을 하였는데 이것이 계기가 되어 그 다음 해 영국 노동당의 윌슨 당수가 "University of the Air"의 구상을 발표한 이야기가 전해오고 있다.4)

일본에서 이 문제를 밀도있게 논의하게 된 것은 1965년대 경이다. 행정 측에서는 1969년 3월에 문부성 사회교육 심의회가 낸 「영상방송 및 FM 방송에 의한 교육 전문방송의 위상에 관하여」라는 답신이 주목 받았다. 이 답신에서는 대학, 교육위원회에 비영리의 교육 전문국을 설치하는 일과 대학 통신교육을 확대하기 위해 조직적인 방송이용을 실현하는 일 등을 내용으로 하고 있어, 필히 전국 단위의 방송대학을 설립하는 구상과 직결되어 있는 것은 아니지만 대학에서의 방송이용에 대한 적극적인 검토를 시작하고 있는 단서의 하나가 되고 있다.5)

이 제언을 시행하던 1969년에는 대학분쟁이 전국적으로 퍼졌던 시기로, 같은 해 8월에는 자민당의 신구상(新構想)대학 간담회가 「신구상 대학 대망(大綱)」을 결정하였다.6)

자민당에서는 또한 같은 해 11월 당정 조회안의 '문교 제도 조사회 교육방송 소위원회'와 '통신부회 방송대학 소위원회'가 각각 「방송대학의 설립에 대하여」와 「방송대학에 관한 통신부회(通信部會) 시안」을 내놓았다.7)

더욱이 통신부회 방송대학 소위원회에는 하시모토(橋本登美三郞)가 「방송대학에 관한 사견」을 제출하였고, 1969년 7월에는 주재하고 있던 일본방송대학 문제연구회의 검토 결과로서의 「일본 방송대학 시안」을 명확히 하기에 이르렀다. 동 시안에서도 방송대학 구상의 문제점의 하나인 대학과 방송국의 관계에 대하여 대학 측은 방송 커리큘럼의 편성, 방송 프로그램의 편성을 주장하였고, 방송국 측은 프로그램의 기술적 제작과 방송과의 구분, 그리고 방송에 필요한 전파는 방송국 측으로부터 면허받을 것을 주장하였다. 이 의견은 당시에는 주목을 받았지만 전파법령상에서 볼 때는 검토의 여지가 있다.8)

또한 1969년 11월, 문부와 우정대신의 자문기관인 '방송대학 문제 간담회'가 방송대학 설립의 추진을 준비하고, 문부성은 방송대학 준비조사회를 발족시켰다.

이상으로 1969년을 중심으로 자민당측, 행정측의 움직임을 보았는데 이제 NHK의 움직임을 살펴보자.

NHK는 그 후 1965년 3월 중의원 체신위원회에 NHK 학원고등학교의 졸업생이 계속해서 대학교육을 받을 수 있도록 검토하고 있다고 답변하였다. 1968년도에는 '제3차 경영구상'을 출발로 하고 있는데 같은 해에 발행된 NHK 경영기획실 편의 『NHK와 경영』에 의하면 '새로운 UHF 전파의 할당을 얻어 텔레비 시민대학 등 고도의 교육, 교양 프로그램을 중심으로 텔레비 제3 방송의 구상을 도모하고 있다'라고 하였다.9)

NHK는 1969년 당시 'NHK 방송 시민대학' 구상을 명확히 하고 있었다.10) 그 개요는 필요한 주파수를 새로 할당받아 일류 교수를 동원하여 대학 과정의 교육 프로그램을 편성하는 NHK 방송 시민대학을 실시하고 싶다고 밝히고 있으며, 이 NHK 방송 시민대학에서는 ① 대학 수준의 학력에 부응하는 교육 강좌, ② 기술 혁신에 대응하는 성인의 재교육, 재훈련의 필요성에 부응하는 '과학기술 강좌', '기능 강좌'를 편성하는 것으로 되어 있다. 그리고 이 대학 수준의 학력을 얻기 위한 교육 강좌를 소정의 기준에 기초하여 이수할 경우, 제휴 대학에 의해 대학 졸업 자격이 주어지는 법률과 제도가 확립되면 획기적인 교육제도가 될 것이라고 보았다.

이 NHK 구상에 나타나 있는 대학과 방송국의 관계를 살피면, NHK는 새로운 주파수의 할당을 받아 고도의 교육, 교양 프로그램을 편성하는 일을 희망하고 있고, 대학 자체의 설립까지는 계획하고 있지 않다. 다만 별도의 제휴 대학에 의해 대학 졸업 자격을 제공하는 일을 예정으로 하고 있다.

이러한 구상은 같은 시기에 설립된 영국의 공개대학(Open University: 1969년 설립되어 1971년 수업 개시)과 BBC와의 관계에서 그 유사성을 찾을 수 있다. 여기서 영국의 공개대학에 대해 약간 서술하면, 이 대학은 특허장에 의해 설립된 독립 방송이용의 대학으로서 세계 최초의 시도였다. 학생으로부터는 수업료를 징수하지만 그 외의 경비는 정부가 교부금으로 지불하고 있다.
 수업은 통신교육, 프로그램 시청, 지도교관에 의한 개인지도와 단기간의 스크린을 조합한 것으로 학위도 수여한다. 과정은 상급수준으로 진급하게 되면 방송 비율이 적어지게 되어 있다.
 대학과 방송국간에는 파트너쉽 협정이 체결되어 프로그램의 학술적 내용에 대해선 대학 측이 최종적인 발언권을 지니고 있지만 실제적으로는 쌍방의 관계자로 구성된 '과정팀(Course team)'의 공동작업에 의해 제작되고 있다. 방송은 BBC의 제1, 제2 텔레비전, 제3 및 제4 라디오에 의해 시행되고 있다.11)
 여기서 다시 1970년 이후의 일본 상황을 설명하겠다. 1970년 6월 자민당의 문교 관계 및 통신 관계에 관한 1969년 가을에 총정리된 두 보고서를 근간으로 하여 '자민당정조(自民党政調) 방송대학 문제 협의회'는「방송대학의 설립에 대하여(시안)」를 밝히고 있다. 그러나 여기에서도 방송대학의 방송위상에 대하여 'NHK의 협력을 기초로 하여 실시하는데 그 구체적 방책에 대해선 이후 다시 검토한다'라고 기술되어 있어 아직 구체화 된 사항은 없다.12)
 이 보고가 이루어진 직후, 1969년부터 검토를 계속해 왔던 문부성 방송대학 준비 조사회도 보고서를 발표했다. 동 보고서에서는 논의의 중심 가운데 하나인 대학과 방송국간의 관계에 대하여 "방송 실시 방법에 대하여는 방송국의 면허를 대학에 주는 방식과 방송 사업체에 주는 방식으로 나눌 수 있으며, 방송설비의 건설과 보수, 방송 프로그램의 편집과 제작, 방송국의 운영 등에 대해서 여러 형태를 생각할 수 있다. 방송의 실시에 대해선 방식을 택한 이후에 논의할 문제이지만, 어쨌든 방송대학이 의도하는 교육을 충분히 실현시킬 수 있도록 새로운 구상과 함께 검토를 진행시켜야 한다"라고 하였다.13)
 이 보고서도 방송의 실시 방법에 대해선 이후의 문제라고 하였지만 방송대학이 의도하는 교육이 충분히 실현되도록 한다는 하나의 방향을 제시하고 있다. 이같이 1970년을 중심으로 한 관계기관의 논의에서도 방송대학의 방송국 면허를 대학에 줄 것인지, 방송 사업자에 줄 것인지 결론을 내리고 있지 못한 상황이다. 이같은 상황에서 1972년 NHK 텔레비전과 단파방송에서는 라디오의 방송대학 실험방송이 시행되었다.

NHK는 이 경우 방송법 제9조 제2항 제9호(현행 제5호)의 규정에 기초하여 위탁에 의한 조사연구로서 문부성의 위탁을 받았고 NHK의 도쿄, 오오사카 UHF 방송 시험국에서 1971년부터 4회의 실험방송을 몇개월씩 시행했다.14)

이 4회의 실험 프로그램 가운데 3회가 종료된 직후인 1974년 3월, 문부성의 방송대학(가칭) 설치에 관한 조사연구회의는 「방송대학의 기본구상(안)」을 공표하였다. 이 중에는 다음과 같은 구상이 포함되어 있다.15)

· 방송대학은 전국적인 범위를 지니고 있는 하나의 대학으로 구상한다.
· 설치형태는 방송대학의 설치를 주사업으로 하는 특수법인으로 한다.
· 방송대학은 방송국의 면허를 받아 스스로 방송 프로그램을 제작하고 방송에 필요한 시설 및 인적 조직을 지닌다.
· 설립 당초에 필요한 시설과 설립 및 설립 후의 운영비에 대해서는 국가가 충분한 재정 조치를 강구한다.

여기에서 오랜 논의 끝에 처음으로 방송대학의 방송을 시행하는 방송국의 면허를 대학에 주고, 대학 측이 스스로 방송 프로그램을 제작 및 방송하는 기본 방향이 수렴되었다. 여기에 이르기까지 방송대학과 방송 사업자의 관계에 대해서 방송국의 면허는 NHK에 주고 프로그램 편집은 방송 대학이 시행하며 각각의 프로그램 제작은 NHK가 담당하는 안(案), 방송국의 면허와 프로그램의 편집을 방송 대학이 하지만 프로그램 제작은 NHK에 위탁하는 안 등이 고려되었지만 현실적으로 실현되지는 못하였다.16)

더욱 방송대학의 설치를 위해 방송대학 학원법이 1981년 6월에 성립될 때까지는 많은 곡절이 있었지만 논의 초점의 하나였던 방송대학과 방송 사업자의 관계에 대하여는 방송대학 측이 스스로 방송국의 면허를 받아 방송 프로그램도 제작하는 형태로 정리되었다.

현재 방송법에 있어선 제2장의 2와 방송대학 학원의 장이 신설되어 NHK, 방송대학 학원, 일반방송 사업자(민방)의 위치가 확립되었다. 이 방송대학 학원은 제1기 계획으로서 관동(關東)지구를 대상으로 1985년 4월부터 텔레비전 및 FM 방송의 2계통으로 1일 18시간의 방송을 개시하였다.

방송대학 학원의 설치에 의한 방송대학의 학생수 추이는 1985년도 제1 학기에 전과 이수생(全科 履修生) 8,157명, 1987년도 제1 학기 전과 이수생 10,455명, 1987년도 제1 학기 전과 이수생 13,229명, 1988년도 제1 학기 전과 이수생 15,467명, 1989년 제1 학기 전과 이수생 17,719명으로 되어 있다. 1989년 4월에는 최초의 졸업생 544명이 탄생되었다.[17]

전과 이수생이라는 것은 6개의 전공 중에서 어느 하나에 속하여 4년 이상 재학하고 필요한 124단위 이상을 이수한 경우에 졸업이 인정되어 '교양학사' 칭호를 받는 학생을 말한다.

이외에 선과 이수생(選科 履修生, 기간 1년), 과목 이수생(기간 1학기)으로서 자기의 희망에 따라 일정 과목을 선택 이수하는 코스, 전과 이수생으로서 입학 자격을 얻기 위한 특수생 코스, 다른 대학이나 단과대학 학생이 듣는 특별강좌 학생제도(이 경우에는 해당 대학이나 단과대학과 방송 대학간에 협의가 있어야 한다)가 있다.

1983년 3월의 임시행정조사회, 소위 제2 임방조의 답신에서는 방송대학 학원에 관하여 현행의 정비계획을 다시 생각하여 경비 절감에 노력하고 더욱 학생의 상황, 교육 효과 등의 추이를 지켜보고 7년 후에 그 위상을 다시 고려하도록 제시하고 있다.[18]

(2) 방송대학의 검토사항

일본에서는 이후 고도의 정보사회와 고령화사회로의 진행 등이 예측되고 있는데 그 중에서 대학교육의 개방, 평생교육의 기회증대를 도모하는 관점에서 보면, 방송대학의 사회적·교육적 의의는 크다. 그러나 그 효과를 거두기 위해서는 더욱 극복해야 될 과제가 많이 있다. 여기서는 방송대학 제도의 검토 당초부터 논의되어 온 문제로서 이후에도 고찰해야 될 여러 사항을 지적하고자 한다.

먼저 교육 측면에서는 정규 대학교육이 방송을 주된 교육수단으로 성립될 수 있는지,[19] 방송 대학에 입학을 희망하는 학생은 수없이 많은데 이들에게 어떤 과목을 제공하고, 그 양성 목적은 어디에 있는지,[20] 연구활동은 어떻게 확립할 것인지[21] 등의 문제가 지금까지 제기되어 왔다.

이 가운데 특히 정규 대학교육이 방송을 주된 교육수단으로 하여 성립될 수 있는지에 대해선 방송대학의 존립에 걸친 기본적인 문제이다. 영국 공개대학의 경우도, 당초에는 "University of the Air"로서 구상은 하였지만, 결국 방송은 교육방법의 일부라고 하는 입장을 견지하여, 학습센터(study center)의 교육과 통신교재에도 충실을 기하였다.

일본의 방송대학에서도 방송수업의 시청 이외에 인쇄교재나 면접 등의 교육수단을 취하고 있는데 이들 각 수단이 유기적으로 연결되어 소기의 성과를 달성하면 문제가 해결될 것으로 본다. 그렇지만 학습 센터에서의 면접수업과 단위 인정 시험을 전국적 규모로 시행하는 경우, 우수한 교원의 확보, 방송수업과의 일관성 유지, 건설비와 운영비의 염출 등 몇 가지 문제가 남아 있다.

다음으로 방송 측면의 문제로는 학문의 자유와 방송의 관계가 중심이 되고 있다.[22] 헌법 제23조에 보장된 학문의 자유는 대학의 연구, 교육활동의 기본이 되고 있다. 이에 따라 방송대학의 교수는 자기의 학문적 견해를 자유롭게 방송 수업에서 진술할 수 있다. 이에 반하여 방송법의 측면에서는 제3조의 2 제1항의 규정을 보면 방송 프로그램의 편집에서는 '정치적으로 공평해야 하고', '의견이 대립되는 문제에서는 될 수 있으면 많은 각도에서 논점을 밝히도록' 방송 사업자에게 요구하고 있다.

방송대학의 방송수업에 있어서는 학문의 자유(헌법 제23조, 교육 기본법)와 학교 교육법 체계와 방송의 자유(헌법 제21조·방송법 제3조, 제3조의 2 제1항)의 두 가지 요청에 응하는 일이 중요한 과제다.

예를 들면, 헌법 제9조 전쟁의 방기(放棄), 전력 및 교전권(交戰權)의 부인 조항에 있는 사항과 같이 많은 논의가 필요한 부분에 대하여 방송 수업을 할 때는 어떻게 취급할 것인지에 대하여 문제가 있을 수 있다.

이 문제에 대하여 지금까지 국회에서 답변한 정부측의 견해는 대체로 다음과 같다.[23] 먼저 교육 기본법 제8조 제2항에서 '특정 정당을 지지하거나 또는 이에 반대하기 위하여 정치교육 그 외의 정치적 활동을 해서는 안된다'라고 되어 있어 대학에서는 당연히 그 범주에서 수업을 한다. 이를 전제로 방송법 제3조의 2 제1항에 따르면 방송 수업에선 의견이 대립되는 문제가 있으면 당연히 될 수 있는 대로 많은 각도에서 논점을 다뤄야 하며, 그 위에 자기의 견해를 소개하는 일까지는 제4호(논점의 다각적인 해명)가 금지하고 있다고는 해석하지 않는다. 따라서 이 점에 대해선 특별히 문제가 없다고 본다.

또한 제2호(정치적 공평의 확보)에 대하여는 전술한 교육 기본법 제8조 제2항의 주된 취지도 제2호의 취지와 기본적으로 같기 때문에, 교육 기본법에 따른 방송수업은 방송법 제3조의 2 제1항 제2호와의 관계에서 문제가 없다.

이상과 같이 학문의 자유와 방송의 관계에 대한 문제는 현재는 개학 초기의 일이 되고 있지만, 여기에서 논술된 의견을 기본으로 하면 별 문제는 없을 것으로 본다.

그러면 방송대학 학원의 법적 성격과 일본방송의 기본체제와의 관계를 언급하도록 하겠다.[24]

방송대학은 수업료를 재원의 일부로 하고는 있지만, 그 운영에는 다액의 경비를 필요로 하고 있어 대부분은 국비에 의존한다. 따라서 이의 국립화는 당연한 생각일 수 있다. 이 경우 학원과 방송국을 분리하는 방식을 제외하고 현재같이 학원 자체가 방송국의 면허를 얻는 방식의 경우에는 국영 방송국이 탄생하는 결과가 된다. 이는 일본방송 체계의 기본에 연결되는 중요한 문제이므로 신중한 검토가 필요하다. 또한 사립대학이 된다는 의견은 당초부터 많은 액수의 국가 보조를 예상하고 운영하는 대학이 되므로 어울리지 않는다. 이렇게 해서 특별 법률에 따른 특별 설립 수속에 의해 설립된 소위 특수법인의 형태가 선택되었다. 그러나 종래 학교 교육법 제2조 제1항의 규정에서는 학교는 지방 국공단체, 학교법인만이 설립될 수 있다고 되어 있어 특수법인이 설립되는 일은 예정되지 않았다. 이를 위해 제2조 제3항이 추가되어 '제1항의 규정에도 불구하고 방송 대학학원은 대학을 설치할 수 있다'라고 되어 있다. 이에 따라 일본 유일의 특수법인에 의한 대학이 설치되어 그 방송국도 특수법인의 방송국으로 되어 있고, NHK, 방송대학 학원, 일반방송 사업자(민방)의 방송제도를 형성하게 되었다.

■ 주

1. 『敎育と放送』(文部省), 11-27쪽, 75-77쪽.
2. 大森幸男, 「放送と新聞 その歷史的かかわり」, 伊藤正己 編, 『放送制度-その現狀と展望(2)』, 189-191쪽; 일본방송협회 편, 『放送50年史』, 803-807쪽.
3. 『放送50年史』, 560-561쪽 참조.
4. 『放送大學構想をめぐって(좌담회)』, ≪ジュリスト≫ 제468호(1970년 12월 15일), 33쪽.
5. 塩野宏, 「放送大學をめぐる諸問題」, 『放送法制の課題』, 384-385쪽 참조.
6. 앞의 책, 382쪽 참조.
7. 앞의 책, 383쪽 참조.
8. 앞의 책, 384쪽 참조.
9. 일본방송협회 경영기획실 편, 『NHKとその經營』, 180쪽.
10. 일본방송협회 NHK방송시민대학.
11. 宮崎哲, 「世界の放送による放送と敎育」, ≪NHK放送硏究≫ 1986년 3월호, 30-31쪽; 『世界のラジオとテレビジョン1988』, 137쪽, 138쪽, 141쪽; 『世界の放送』, 1990, 104쪽, 108쪽, 109쪽.

12. 伊藤正己,「'放送大學'の問題點」, 伊正藤己 編, 『放送制度-その現狀と展望(3)』, 27쪽 참조.
13. 앞의 책, 27쪽 참조.
14. 『放送50年史』, 831-832쪽 참조.
15. 앞의 책, 832쪽; 伊藤正己,「'放送大學'の問題點」, 前揭, 29쪽 참조.
16. 塩野宏,「放送大學をめぐる諸問題」, 前揭, 405-406쪽 참조..
17. 昭和61年版『通信白書』, 409쪽; 昭和62 版『通信白書』, 457쪽; 昭和63年版『通信白書』, 389쪽; 平成元年版『通信白書』, 284쪽; 平成2年版『通信白書』, 370쪽; 平成元年 4월 27일 ≪朝日新聞≫(석간).
18. 『行政改革に關する第5次答申-最終答申-임시행정조사회』(昭和58年 3월 14일).
19. 塩野宏,「放送大學をめぐる諸問題」, 前揭, 392-393쪽; 伊藤正己,「'放送大學'の問題點」, 前揭, 38-41쪽 참조.
20. 前揭 塩野宏, 392-393쪽; 伊藤正己, 41-43쪽 참조.
21. 前揭 塩野宏, 393-394쪽; 伊藤正己, 43-46쪽; 藤田健治,「放送大學構想」, ≪ITU硏究≫ no.124, 34-39쪽.
22. 前揭 塩野宏, 395-398쪽; 伊藤正己, 56-60쪽 참조.
23. 第87回國會參議員通信委員會會議錄(昭和54年 3월 29일) 2쪽; 第87回國會衆議員通信委員會聯合審査會會議錄(昭和54年 5월 25일) 5-6쪽, 14-15쪽, 23쪽.
24. 前揭 伊藤正己, 47-52쪽 참조.

제7장 방송 프로그램 편집의 자유와 책임

1. 표현의 자유와 알 권리

(1) 보도의 자유와 취재의 자유

일본의 헌법 제21조는 '집회 및 언론, 출판 기타 일체 표현의 자유는 보장한다'라고 규정하고 있다. 언론, 출판 기타 일절의 표현의 자유가 보장되는 것은 민주주의 사회의 근간이다.

언론과 표현의 자유 속에서 국민이 일체의 구속을 받지 않고 스스로 선택을 하고 다수의견 하에서 시책을 강구해 나가는 것이 민주정치의 기초이다.

헌법 제21조의 언론, 출판 기타 일체의 표현의 자유는 사람의 마음에 있는 정신작용을 방법을 불문하고 외부로 나타낼 수 있는 자유이며 그 예로서 구두(口頭)에 의한 언론과 매스미디어로서의 출판이 거론된다.

이 표현의 자유와 보도의 자유와의 관계를 외국의 헌법에는 별개로 규정하는 예도 보이지만 일본 헌법에서는 제21조에서 표현의 자유에 보도의 자유가 포함돼 있는 것으로 생각되고 있다.

보도는 사실을 전달하는 데 기본적인 의미가 있으나 수용자를 위하여 단순히 소재를 제공하는 것만은 아니고, 보도에는 보도해야 할 사실을 인식하고 선택하는 과정이 내재되어 있으며 송신자 측의 의사가 작용하고 있어서, 보도의 자유는 표현의 자유의 내용을 달성하는 것으로 이해된다.

최고재판소는 1969년 11월, 소위 박다역(博多驛) 텔레비전 필름 제출명령 사건에서 "보도기관의 보도는 민주주의 사회에서 국민이 국정에 관여하는 데 중요한 판단의 자료를 제공하고, 국민의 알 권리에 봉사하는 것이다. 따라서, 사상(思想) 표명의 자유와 함께, 사실(事實)보도의 자유는 표현의 자유를 규정한 헌법 21조의 보장을 근거로 하고 있음을 말할 필요도 없다"라고 하면서 사실 보도의 자유가 표현의 자유를 규정한 헌법 21조의 보장 하에 있음을 분명히 밝히고 있다.[1]

다음 알 권리에 대해 살펴보자. 사람이 자기의 의사나 의견을 형성하기 위해서는 정보를 자유로이 획득할 수 없으면 안된다. 전술한 최고재판소의 결정에서도 보도기관의 보도는 국민이 국정에 관여하는 데 중요한 판단자료를 제공하고 국민의 알 권리에 봉사하는 것이라고 하고 있다. 이러한 알 권리 개념은 대중매체의 발달과 함께 태어난 것이다. 모든 사람이 정보의 제공자가 되고 동시에 수령자도 되는 시대에서는 제공자의 권리와 수령자의 권리를 의식하여 논할 필요는 없었다. 그러나 인쇄매체에 더하여 방송매체가 발달한 사회에서는 어떠한 정보의 유출을 결정할 수 있는 송신자와 수신자의 입장이 괴리되며, 표현의 자유를 실질적으로 보장하기 위해서는 정보 수신자의 알 권리를 명확하게 위치 지울 필요가 있다.

알 권리는 정보를 자유로이 획득할 수 있게 하기 위하여 공권력이 방해해서는 안된다라는 사고에 기초하기도 하며, 더욱이 지금은 많은 정보의 수집과 관리를 정부나 매스미디어가 장악하고 있기 때문에 개인이 정보를 수집하는 등의 권리를 적극적으로 알 권리의 내용에 포함해야 한다는 사고도 등장하게 되어 억세스(access)권이라는 개념이 나타나게 되었다.

한편, 취재의 자유에 관하여는 앞에서 언급하였던 최고재판소 결정에서 앞 인용 구절에 뒤이어 '또, 이와 같은 보도기관의 보도가 올바른 내용을 갖기 위해서는 보도의 자유와 함께, 보도를 위한 취재의 자유도 헌법 21조의 정신에 비추어 십분 존중할 만한 가치가 있다'라는 기술이 있다.

보도의 자유를 확보하기 위해서는 당연한 일이지만, 자료의 수집에서 발표에 이르는 과정에서 자유가 없으면 안된다. 특히 정보수집 단계에서의 자유는 취재의 자유로서 중요하다. 그러나 최고재판소가 취재의 자유와 관련해 내린 판결의 표현에는 보도자유의 보장에 관한 표현과 다른 점이 있다. 즉 "취재의 자유는 헌법 21조의 정신에 비추어 십분 존중할 가치가 있는 것"이라는 표현으로서, 표현의 자유 보장하에 있는 보도의 자유는 그 위치에 차이가 있다. 더욱이 최고재판소의 결정은 후반에서 취재의 자유는 어떠한 제약도 받지 않는 것이 아니라는 것을 명확하게 밝히고 있으며, 이 사건에서는 공정한 재판의 실현이라는 헌법상의 요청에 따라 취재의 자유가 미래에 방해를 받을 우려가 있다는 정도의 불이익은 감수해야 한다고 말하고 있다. 그리고 취재 필름의 제출명령은 정말로 부득이 한 것이다라고 인정하고 있다.

이 결정은 그후 많은 논란의 대상이 되었는데, 국민의 알 권리, 보도의 자유와 표현의 자유, 취재의 자유에 관하여 아주 명확한 사고방식을 표명하고 있어 주목할 필요가 있다고 생각한다.

앞으로 취재의 자유는 민주제도를 위하여 중요한 기능을 한다는 것이 십분 인식되고, 공정한 재판의 실현과 비교 형량(比較衡量)하는 경우에도 특히 중요하게 취급돼야 할 것이다.

한편, 최근에 '리쿠르트 의혹'과 관련된 뇌물 증여 현장을 몰래 찍은 비디오 테이프를 지방 검찰청이 압수하고[2] 폭력단에 의한 채권징수 현장 취재 테이프를 경찰당국이 압수[3]한 것에 대하여 각 방송국들이 불복하고 압수처분 취소를 요구하였으나 최종적으로 박다역(博多驛) 사건의 결정을 원용하여 최고재판소는 특별항고를 기각하는 결정(1989년 1월 30일 및 1990년 7월 9일)을 내렸다.

(2) 취재원의 보호와 녹화(錄畵) 증거 사용

취재의 자유와 관련하여 기자의 취재원 보호 권리와 텔레비전 녹화를 증거로 사용하는 문제에 관하여 살펴 보기로 하겠다.

1952년, 취재원에 관한 기자의 증언거부사건에 관하여 최고재판소는 법정에서 기자의 취재원에 관한 증언거부는 형사소송법 제161조의 '정당한 이유'에 해당하지 않음을 밝혔다. 이 사건은 대표적인 예로 소개돼 있다.4)

그후, 민사재판에서는 사죄 광고등 청구 사건에서 기자가 취재원에 관한 증언거부가 민사소송법 제281조 제1항 제3호 직업의 비밀에 해당하느냐 아니냐를 놓고 논쟁이 벌어졌는데 원심, 항고심 모두 직업비밀에 해당된다는 판결을 내렸다(더욱이 최고재판소는 1980년 실질심리를 하지 않고 특별항고를 기각하였다).5)

최근에는 1987년 도요타상사 회장 자살사건의 공소심에서 재판소 측이 보도 자유의 중요성을 고려하더라도 공정한 재판을 실현해야 한다는 헌법상의 요청에 의해 증인채용은 어쩔 수 없다는 견해를 보이면서 목격상황에 한정한 기자의 증언을 요구하였다. 이에 대하여 기자 측은 보도의 자유를 침해하지 않는 정도로 부득이하게 증언을 했다고 보도되었다.6)

오랜 관행이자 취재기자의 직업상 윤리로서 확립돼 있는 취재원 보호는 취재자유의 관점에서 십분 존중되어야 할 것이다.

다음, 재판에서 텔레비전 녹화를 증거로 사용하는 문제를 다루겠다. 1972년 일본신문협회가 발행한 ≪법과신문≫은 "이미 방영된 텔레비전 녹화를 증거로 사용하는 문제가 있다. 박다역(博多驛)사건 이후 조사기관 측에서는 증거제출이란 수고를 덜기 위해선지 이 방법을 즐겨 이용하고 있는 듯하다. 예를 들어, 1970년 11월에는 동북(東北)대학 경찰관 감금사건(센다이 재판), 같은 해 12월에는 북대(北大)본부 봉쇄해제사건(삿포로 지역)의 예를 들 수 있다. 이 어느 사건의 경우에도 검찰 측이 텔레비전 뉴스 프로그램을 녹화하여 재판소에 증거로 채용하고 있다"라고 지적하였다.7)

TV 녹화장치는 현재 비교적 싼 값에 시판되고 있으며, TV 녹화는 시민의 생활에서 일상화되어 최근에 새로이 대두되는 문제이다.8) 1980년 3월 나리타공항 관제탑 피습사건에서 치바(千葉)지방재판소의 공판에서는 NHK와 민방 5개사가 방영한 텔레비전 뉴스를 경시청 공안부가 녹화·편집하여 이것을 검찰 측이 증거로 신청하였다. 재판소 측은 필름은 이미 널리 방송된 것이며 본건의 범죄증명에 불가결하다고 하여 법정 안에서 비디오테이프가 재생되었다고 전해진다.9)

이 사건에 대해서, 아사히신문은 「'증거 비디오'와 취재의 자유」라는 제목의 사설을 게재하고 "취재결과가 사법목적으로 사용되는 것을 허가하는 것은 그밖의 증거도 없고 그것이 사건 해결에 문자 그대로 불가결한 것이라든지, 무죄를 증명하는 둘도 없는 경우에 한해야 하는 것이 아닌가 생각한다. 사법당국의 양식 있는 판단을 기대한다"라고 썼다.10)

이 사설의 관점에서 볼 때, 1971년 11월의 오오사카 지방재판소의 제트기 소음에 대한 국가배상청구소송 결정이 참고가 된다.11) 이 판결에서는 원고 변호인단이 NHK의 다큐멘터리 프로그램 '하늘로부터의 충격' 필름을 증거로 채용하려고 신청하였는데 재판소가 신청을 기각하였다.

그 당시 재판소는 "현재 항공기가 아침저녁으로 발착하고 있고 그 실정을 촬영 녹음하는 것이 가능하며, 또한 현장의 증거와 증인 또는 본인의 방문 감정 기타 조사보고 자료 등 적확한 직접증거로써 입증하는 것이 가능하다"라고 하고, 더욱이 "필름이 이미 방영된 것이라고 하더라도 재판의 증거로 사용하면, 장래 취재활동에 유형 무형의 불이익이 생길 것이라는 것은 부정할 수 없다"라고 말하고 있다. 취재자유를 배려한 결정이라고 할 수 있다. 이 사건과 같은 경우는 재판소의 설명에도 있는 바와 같이 비교적 취재의 자유에 대하여 이해하는 입장을 취하기 쉬운데, 형사사건을 포함하여 보도기관 측의 기본적 입장을 십분 배려하는 대응이 정착되기를 기대한다.

(3) 비교형량(比較衡量)에 대한 발상

표현의 자유, 보도의 자유를 규제하는 근거가 되온 개념이, 헌법 제12조와 13조에 규정되어 있는 '공공의 복지'이다. 신헌법이 제정된 뒤, 초기 최고재판소의 판결은 공공의 복지를 이유로 기본적인 인권을 제한하려는 경향이 현저하였다. 이른바 챠탈레사건에 대하여 1957년 3월의 최고재판소 판결은 "헌법이 보장하는 각종의 기본적인 인권에 관하여 각 조문에 제한 가능성을 명시하고, 있다 아니다에 구애되지 않으며 헌법 제12조, 13조의 규정에 기초하여 그 남용이 금지되며, 공공복지의 제한 하에 존재하는 것으로, 절대 무제한의 것이 아니라는 것은 당 재판소가 여러 번 판시한 바이다"라고 말하고 있다.12)

이와 같이 공공의 복지라는 일반적 추상개념을 써서, 기본적 인권에 제한을 가하려는 것에 대하여는 많은 논의가 있었으나, 1965년에 들어서 일반적으로 공공의 복지에 의하여 기본적인 인권을 제한할 수 있다는 발상은 유지되고 있으나 각각의 권리에 관하여 상당히 엄밀하게 비교형량하면서 한계를 찾아가려는 생각이 강하다.

이른바 전체동경중우(全遞東京中郵)사건에 관한 최고재판소의 1966년 10월 판결은 '노동기본권의 제한은 노동기본권을 존중·확보해야 할 필요와 국민생활 전체의 이익을 증진해야 할 필요를 비교 형량하여 양자가 적정한 균형을 이루는 것을 목표로 하여 결정해야 한다'라는 사고를 제시하고 있다.13)

또한, 앞에서 말한 박다역(博多驛)사건 텔레비전 영상 제출사건에서 최고재판소는 취재의 자유를 제약할 수밖에 없는 경우도 있을 수 있다면서 "이러한 경우에도 심판의 대상이 되는 범죄의 성질, 모양, 경중(輕重) 및 취재한 것의 증거로서의 가치, 나아가서는 공정한 형사재판을 실현하기 위한 필요성을 고려함과 동시에, 취재한 것을 증거로 제출하게 함으로써 보도기관의 취재 자유가 방해받는 정도와 이것이 보도의 자유에 미치는 영향을 총체적으로 비교형량하여 결정하여야 하며 …"라고 말하고 있다.

미국에서는 표현의 자유에 관한 재판에서 당면한 상황의 위험도를 살피고 명백성의 원칙 등이 심사의 기준으로 적용되는데, 앞으로 일본에서도 표현의 자유보장이 민주주의 사회에서 갖는 중요성을 전제로 하면서 구체적인 사례에 따라 그 모양이나 성격의 신중한 검토로써 판례가 형성돼 가야 할 것이다.

2. 방송 프로그램 편집의 자유와 프로그램 편집준칙

(1) 방송 편집의 자유

앞에서 말한 바와 같이, 방송법은 제1조에서 ① 방송이 국민에게 최대한 보급되어 그 효용을 가져오는 것을 보장할 것, ② 방송의 불편부당과 진실 및 자율을 보장함으로써 방송에 의한 표현의 자유를 확보할 것, ③ 방송에 종사하는 자의 직책을 명확하게 함으로써 방송이 건전한 민주주의 발달에 이바지하도록 하는 것의 3가지 원칙에 따라 방송을 공공의 복지에 적합하도록 규제하고, 그 건전한 발달을 도모함을 목적으로 한다라고 규정하고 있다. 또 제3조에서 "방송 프로그램은 법률에 정해진 권한에 기초한 경우가 아니면 어떠한 사람으로부터 간섭받거나 규율되는 경우가 없다"라고 규정하고 있다.

민주주의 사회에서는 모든 정치적 의견이 자유로이 표명되고 국민이 그것을 자유로이 선택하는 이른바 '사상의 자유 시장'이 불가결하며 이와 같은 자유 시장이 존재함으로써 다수결의 원리가 적절히 지켜진다. 매스미디어에서 표현의 자유는 국민의 알 권리에 봉사하는 것으로 민주주의 사회의 근간이 되며 매우 강대한 사회적 영향력을 가진 방송에서는 방송 프로그램 편집의 자유가 기본이 된다.

현재 일본에서는 방송 이외의 매스미디어 그 자체를 규제하는 법률은 없다. 방송에만 유일한 언론 입법인 방송법이 존재하는 이유는 이미 여러 차례 지적한 바와 같이 방송이 유한 희소한 전파를 사용하고 그 사회적 영향력이 막대한 사실에 있다.

방송법 제3조 방송 프로그램 편집 자유에 관한 규정은 헌법 21조의 언론·표현의 자유란 기본이념을 근본으로 정해져 있는 것이나 '법률에 정해진 권한에 입각한 경우가 아니면' 간섭당하거나 규율되는 경우가 없다라고 명시되어 헌법 21조 규정의 방식과 다른 점이 있다.

이것은 유한 희소한 전파를 사용함으로써 성립하는 방송의 특수성으로부터 이해하여야만 한다. 또한 현행 헌법 하에서는 위헌입법심사권이 헌법 81조에 의해 재판소에 부여되어 있고, 제98조의 규정에 의해 헌법의 각 항에 반하는 법률 등은 그 효력을 갖지 못한다는 것이 명확히 정해져 있다. 따라서, 방송법이 '법률에 정해진 권한에 입각한 경우가 아니라면'이라고 규정돼 있다는 이유로 헌법상 표현의 자유 이념에 반하는 법률의 출현을 상정하여 현 단계에서 논의할 필요는 없을 것이다.

현재 방송법에서 법률로 정하는 권한에 해당되는 것으로는 예를 들어 제4조(정정 방송 등), 제33조 제1항 (국제방송 실시명령), 제46조(광고방송 금지) 등이 있으며, 다른 법률에는 공직 선거법 제150조, 제151조 및 151조 5의 선거 운동에서 방송에 관한 규정, 약사법 제8장의 의약품 등의 과대광고 금지 규정, 기상업무법 제15조와 재해대책 기본법 제57조의 재해 발생 시 방송에 관한 규정 등이 있다.

여기에서 방송 프로그램에 대한 정부의 권한을 영국 BBC의 예를 들어 설명해 보겠다.[14]

BBC가 무선전신법에 기초한 방송사업 시행을 허용하는 면허 협정서(Licence and Agreement)에는 각료로부터의 임무에 관한 고지(告知)사항을 알리고 긴급사태에 따른 방송을 요구하거나 특정 방송 프로그램을 금하는 것을 정부의 권한으로 규정하고 있다. 그리고 이러한 방송의 요구는 각료의 이름을 밝혀 각료의 요청에 의한다는 것을 방송하거나 혹은 방송을 보류할 수도 있다. 방송 프로그램의 금지도 그러한 통지가 있었다는 것을 공지하거나 공지를 보류할 수 있게 되어 있다.

1977년 아난위원회 보고서에 따르면 이 점에 있어서 방송의 요구는 정식 요구라기보다는 일상의 일로서 고지 등으로 처리되며, 지금까지 정부는 특정 프로그램을 금지하는 권한을 갖고 있으나 역대 정권은 개개의 프로그램을 포함하여 BBC의 일상업무의 독립성을 인정하는 방침으로 일관해 와서 이 권한은 유보권한(a reserve power)라고 불려져 왔었다.

그러나 1988년 10월 북아일랜드의 테러 활동을 지지하는 성명을 방송하지 못하게 하기 위하여 이 조항(BBC 면허 협정서 제13조(4), IBA에 대해서는 방송법 제29조(3))이 처음으로 적용되었다. 이에 관하여『BBC 연차보고서 1988~89(1989~90도 같다)』는 다음과 같이 게재하고 있다.

이 조항은 정부에 대하여 무엇을 BBC가 방송할 수 있는가, 혹은 무엇을 방송할 수 없는가를 결정하는 형식상의 절대권한을 부여한 것이기 때문에 BBC의 책임에 관해 정부견해와 BBC의 견해가 대립되는 경우, 정부견해가 우선할 수 있게 한다. 이 조항은 수에즈 위기, 포클랜드 분쟁, 북아일랜드 분쟁시 등, 이들 문제를 둘러싼 BBC의 편집 판단이 최고로 엄중한 비판을 받았을 때도 어느 특정 프로그램의 방송 금지를 위해서 발동될 수는 없었다 그러나 1988년 10월, 북아일랜드 테러 활동에 관한 지지 성명 방송을 금지하기 위하여 이 조항은 사용되었다. 특정의 문제 혹은 특정 단체에 대하여 정부가 BBC 면허 협정서 제13조(4)조항에 입각한 권한을 사용한 것은 이것이 처음이다.

그리고 다음과 같이 부연 설명하고 있다. 'BBC는 특허장이 정한 책무와 국민에 대한 의무에 근거한 프로그램의 독립 편집권을 행사하는 자유를 항상 정력적으로 방어하여 왔다. 이 자유는 최초의 특허장 이전의 시기(BBC가 1927년 설립되기 전)까지 소급한다. 체신 장관으로 BBC 설립에 관계하였던 윌리엄 미첼 톰슨(후에 셀스던 경)은 국내정책에 관한 문제는 BBC의 자유 판단에 맡겨야 한다는 견해를 분명히 하였다. 이 견해는 당시 영국 하원에서 승인되었고 1933년 하원 결의에 의하여 재확인되어 그 이후에도 대대로 각료에 의해 여러 번 지지·확인된 바 있다.'

BBC가 말한바 와 같이 영국의 역사와 전통 위에 의회나 정부에 의하여 장기간에 걸쳐 인정되어 온 기본적 사고가 앞으로도 유지되고 옹호되어야 한다고 생각한다.15)

(2) 방송 프로그램 편집준칙

1) 방송 프로그램 편집준칙의 사고

다음, 국내방송 프로그램 편집에 관한 규정에 관하여 고찰해 보겠는데, 우선 방송법 제3조의 2 규정을 보기로 한다. 이 조항은 제1항부터 4항까지 어느 것이나 방송 사업자를 대상으로 하고 있다. 방송 사업자라는 것은 동 법 제2조의 정의를 보면, 전파법 규정에 의하여 방송국(수신 장해대책 중계방송은 제외)의 면허를 받은 자와 위탁방송 사업자를 말하고 있기 때문에 NHK, 방송대학학원, 민방은 당연히 대상이 되지만, 제50조의 2항 규정에 의하여 방송대학학원에 제3조의 2 가운데 제2항과 제4항은 적용되지 않는다. 또 52조의 12에 의하여 수탁방송 사업자는 모두 적용되지 않는다.

제3조의 2 제1항은 국내방송 프로그램의 편집에 대하여 4개의 준칙을 규정하고 있다. 즉 ① 공안 및 선량한 풍속을 해치지 말 것, ② 정치적으로 공평할 것, ③ 보도는 사실을 왜곡하지 말 것, ④ 의견이 대립하는 문제에 대해서는 가능한 한 많은 각도에서 논점을 밝힐 것 등이다.

이 항은 극히 중요한 방송 프로그램 편집준칙이다. 이미 서술한 바와 같이 방송이 유한 희소한 전파를 사용하고 또 사회적 영향이 강력하다는 이유로 이러한 준칙이 법률상 규정된 것은 지금까지 당연한 것으로 이해되어 왔다. 그러나 최근에 이르러 앞으로의 다매체·다채널 시대로의 발전과 관련해서 4개의 준칙 각각에 대한 논의가 일고 있다.

1984년 1월 「방송제도에 관한 법정책연구 보고서」를 발표한 방송통신제도연구회는 이 보고서에서 '방송 사업자의 자율에 맡겨야 하고 제1호의 공안·양속(良俗)의 원칙, 제3호의 보도의 진실성 원칙은 삭제되어도 좋다고 생각한다. 다른 한편, 표현의 자유의 의의를 국민의 알 권리를 충족시키는 데서 찾으려 한다면 제한된 전파를 통하여 가능한 한 많은 논점과 이와 관련한 공평한 정보가 국민에게 전달되는 기회가 보장되지 않으면 안되며, 제2호의 정치적 공평의 원칙과 제4호의 대립 의견의 다각적 취급 원칙은 존치할 필요가 있다'라고 밝히고 있다.16)

또한, 방송정책간담회는 "특히, 정치적 공평의 확보(제2호) 및 논점의 다각적인 해명(제4호)의 준칙에 대해서, 방송 미디어가 점차 다양해지고·증대해 가며 다수의 사업주체가 참여하고 있는 오늘날, 모든 미디어에 관해서 법으로 정해 둘 필요가 있는지에 대한 논의는 중요한 문제이다. 따라서 프로그램 편집준칙의 바람직한 자세에 대해서는 계속 검토를 해 나가야 하지만 그 방향으로, 텔레비전, 라디오는 현행의 프로그램 편집준칙을 유지하고 또, 문자방송 등의 다중방송에 대해서는 매체 특성에 따라 탄력적으로 생각해 가는 것이 바람직하다"라고 말하고 있다.17)

4개의 준칙에 대한 사고가 이 두 가지 관점에서 차이가 나는데, 전자는 방송 사업자의 자주성과 국민의 알 권리에 대한 고찰이며, 후자는 매체 특성에 시점을 둔 결과라고 보여진다.

우정성이 주최하였던 '방송의 공공성에 관한 조사 연구회'의 조사 보고서도 당분간 기본적으로 변경할 필요는 없고, 방송 정책 간담회의 제언과 같이 제2호 및 4호를 모든 매체에 일률적으로 적용시켜 나갈 것인가에 대한 검토가 필요하다. 특히 적용이 제외돼야 하는 문자방송 등 기간적이라고 말할 수 없는 매체에 관해서도 검토해야 한다고 말하고 있다.

또, 전술한 바와 같이 미국의 FCC는 1987년 8월 공적인 쟁점에 관하여 적당한 방송시간을 할애함과 동시에 상반된 의견을 공평하게 전할 의무를 부과하는 공평의 원칙(Fairness Doctrine)을, 오히려 방송에서 언론의 자유를 제약하는 결과를 초래하고 방송국 수가 증가되면서 이 원칙의 필요성이 희박해졌다는 이유를 들어 위헌이라고 결정하였다. 연방 의회에서는 이에 반대하는 의견도 강해 앞으로 동향을 주목할 필요가 있는데, FCC는 특히 미국에서 방송국의 증가 상황에 착안하여 이미 의견의 다양성을 실현하고 있으므로 공평의 원칙은 필요하지 않다고 주장하고 있다. 이러한 FCC의 발상에서 보면, 방송 정책 간담회 등이 제기한 정치적 공평의 확보(제2호) 및 논점의 다각적 해석(제4호)에 관하여 모든 매체를 법으로 정할 필요가 있을 것인가라는 문제는 검토할 가치가 있다고 본다. 또, 이 방송 정책 간담회의 문제제기는 방송매체의 종류마다 검토를 필요로 하나, 이와 함께, NHK, 민간방송 각각의 역할, 혹은 방송대학학원의 성격을 감안한 검토도 의의 있는 일이라고 생각한다.

다음, 제2항은 이른바 프로그램 조화(調和)의무라고 일컬어지는 규정이다. 원래 이 규정은 NHK 및 민방이 방송 프로그램 편집에서 특별한 사업계획에 의한 것을 제외하고는 교양 프로그램 혹은 교육 프로그램, 보도 프로그램 및 오락 프로그램을 만들어 방송 프로그램 상호간에 조화를 이루기 위한 것이었다.

그것은 후술하는 바와 같은 특별 사업계획에 의한 것 외에는 유한 희소한 전파를 사용하는 방송이 조화를 이루어 시청자에게 제공되어 방송이 갖는 사회적 문화적 기능이 최대한으로 발휘되도록 하는 취지로 만들어졌었다. 그러나 이 점에 관하여 방송 정책 간담회는, 매체의 다양화 속에서 기간적 매체에 더해 다른 모든 매체까지 이것을 요청할 필요는 없다. 또한 전문화된 정보를 제공하는 매체에 대한 국민의 욕구도 커지고 있으며 텔레비전 방송 및 중파 방송을 제외하고, 프로그램 조화 의무를 요구할 필요는 없다는 의견을 제시하였다.[18]

1988년의 방송법 개정에서는 이러한 의견을 참고하여 해당 규정은 텔레비전 방송만을 대상으로 하는 규정으로 바꾸고 제44조 3항에 의하여 NHK 중파방송과 FM방송에도 준용되게 되었다. 따라서 이 규정은 NHK의 텔레비전 방송, 중파방송, FM 방송 및 민방의 텔레비전 방송 이외의 방송에는 적용되지 않는다(<표 13> 참조). 앞으로 다미디어 시대가 진행되는 가운데 시청자 욕구의 전문화, 취미·기호의 다양화가 이루어지는 것을 감안한다면 충분히 이해 가능한 개정이다.

이번 개정으로 NHK에게는 TV 방송, 중파방송 및 FM 방송의 조화 있는 프로그램 편성이 계속해서 요구되고 있는데 이는 수신 계약 체결 의무제 하에 있는 수신료를 기본 재원으로 하여 풍부하고 질 높은 방송을 전국에 보급하는 것을 법적으로 책임지고 있는 NHK의 종합 방송에게는 당연한 요구이다.

또한 이 점에서 보더라도 민방과 프로그램 편성의 기능 분담론은19) 채택하고 있지 않으며 채택해서도 안된다.

이번 법 개정에서 민방 텔레비전 방송 이외의 방송은 프로그램 조화 의무틀 밖에 두었으나 앞으로는 민방에 대해서도 이를 추진해도 좋다고 생각한다.

여기에서 '특별한 사업계획'에 의한 것을 살펴 보자. 특별한 사업계획에 의한 것에는 교육 전문국이라든지, 보도 전문국, 음악 전문국 등이 생각되나 현재 '방송국 개설의 근본적 기준'에는 오로지 교육적 효과를 목적으로 하는 방송국에 관한 규정만 있어서 NHK 교육 텔레비전국이 이에 해당되는 방송국이다.

이 기준의 규정은 이미 설명한 바와 같이 이른바 교육 전문국에는 1주간의 방송시간 가운데 교육 프로그램 방송이 50% 이상을 점할 것 등을 요구하고 있다. 더욱이 방송대학학원 방송국에는 그 성격상 당연히 제3조의 2 제2항의 프로그램 조화 의무 조항은 적용되지 않는다(제50조의 2 제1항).

또한, 방송국 개설의 근본적 기준에서 방송대학학원 방송국에 대하여 '1 주간의 방송시간에서 그 모두가 학원이 설치하는 대학(이하, 방송 대학이라 함)의 교육과정에 정해진 수업과목으로 행해지는 방송(이하, 수업방송이라 함),

방송대학에 관한 고지방송 및 방송대학학원법(1981년 법률 제80호) 제20조 제3항의 업무로써 행하는 방송'이라고 규정되어 있다는 것을 부가해 둔다. 여기에서 말하는 제20조 3항의 업무로는 학원이 주무대신의 인가를 받아 행하는 업무를 가리킨다. 이 근본 기준의 규정은 방송대학학원의 방송국의 성격을 명확히 나타내는 것으로 주목된다.

'방송의 공공성에 관한 조사 연구회'의 조사 보고서는 프로그램 조화 의무에 관련하여 두 개의 문제를 제기하고 있다. 하나는 위성방송의 독자성 발휘를 위하여 위성방송을 조화 의무의 테두리 밖에 놓는 것이 적합한가 하는 문제이다. 두번째는 민방 라디오를 조화 의무에서 제외 시켰기 때문에 신설 FM국 가운데는 자체 보도를 거의 하지 않는 곳도 있어 방송법 제6조의 2의 규정에 의하여 방송 사업자에 기대되는 재해(災害) 발생 시의 방송기능에 위험이 따르는 것이다.

제3항에 관해서는 이미 제6장 방송대학 등 대학방송에 관한 사항에서 논한 바와 같이 일본에서는 방송의 교육적 기능에 일찍부터 착안하여 학교교육, 사회교육을 위한 방송 프로그램이 충실히 도모되어 왔다. 그 교육 프로그램 편집준칙이 되는 것이 이 제3항이다. 교육 프로그램의 요건이 여기에 명확히 규정되어 있다.

제4항은 텔레비전 방송과 텔레비전 음성다중방송 혹은 텔레비전 문자다중방송을 하는 방송 사업자는 음성다중방송과 문자다중방송의 프로그램 편성에서 동시에 방송되는 텔레비전 프로그램의 내용에 관련하여 그 내용을 풍부하게 하고 효과를 높이는 프로그램을 가능한 한 많이 만들자는 규정이다. 1990년의 법 개정에 의해 이와 같이 음성다중방송, 문자다중방송에 한정되어, 결과적으로 팩시밀리 다중방송은 그 성격상 범위 밖에 놓이게 되었다.

이번에는 NHK에만 적용되는 제44조의 규정에 관하여 살펴 보기로 하자. 일본방송의 기본체제에 관해서는 이미 살펴본 바와 같이 풍부하고 질 높은 방송이 전국적으로 향유되도록 법률의 규정에 기초한 공공방송 사업체로 NHK

를 세우고, 이와 함께 방송국의 면허를 받아 자유롭게 방송사업을 운영하는 민간방송제도를 만들어 이를 통해 다채로운 방송활동이 전개되는 것을 목적으로 하고 있다. 따라서 민간방송의 활동은 본래 자유로워야 한다. 그러나 방송 사업의 특수성 때문에 민방도 일정 한도의 규율 하에서 활동할 수밖에 없다. 이러한 의미에서 방송 프로그램 편집준칙도 민간방송에도 적용되고 있다.

이에 대하여, NHK는 공공의 복지를 위하여 법률의 규정에 입각해 특별히 설립된 사업체이며 방송 프로그램의 편집 및 방송에 있어서 적극적 역할이 법률상 기대된다. 이것이 바로 제44조이다. 이 점에 대한 설명은 「제3장 NHK에 관한 문제」에서 다루었으나 여기에서 다시 상세히 논하기로 하겠다.

제1항은 ① 풍부하고 질 높은 방송 프로그램을 방송함으로써 공중의 요망을 만족시킴과 동시에 문화수준의 향상에 기여하도록 최대의 노력을 기한다. ② 전국 지향의 방송 프로그램 이외 지방 지향 방송도 한다. ③ 일본의 과거 뛰어난 문화를 보전함과 더불어 새로운 문화의 육성 및 보급에 도움이 되도록 한다고 규정하고 있다.

제1항 제1호에서 공중의 요망을 만족시킴과 동시에 문화수준의 향상에 기여한다는 명제는 NHK에 부과된 방송 프로그램 편집의 기본이다. 계약체결 의무제 하에서 수신료 수입을 경영재원으로 하는 NHK는 시청률 경쟁에 의한 프로그램의 획일화와 질적 저하에 빠지는 것을 피하고 진정으로 공중이 바라는 것을 만족시키고 문화수준을 향상시키는 데 도움이 되는 방송 프로그램 편성이 요청되며, 광고료 수입을 경영재원으로 하는 민간방송과 비교하면 그러한 요청은 대응하기 쉬운 것이다.

또한, 이러한 요청에 응답함으로써 NHK가 민간방송 프로그램에도 좋은 영향을 준다고 생각되며 시청률 관계로 일반적으로 편성하기 어려운 소수 시청자 지향 프로그램이나 광고주와의 관계 때문에 제작하기 곤란하다고 보여지는 광고주나 상품에 관한 보도 프로그램 등의 방송에 관해서도 그 역할이 기대된다. 제1항 제3호에서 과거에 뛰어난 문화의 보전과 새로운 문화를 육성하고 보급한다는 것도 민간방송과 경영재원, 기업성격을 달리하고 시청률 경쟁의 영향을 받기 어려운 NHK에 당연히 기대되는 바이다.

제1항 제2호에서 말하는 NHK가 전국지향 이외에 지방지향의 방송 프로그램을 갖도록 한다는 것에 대해서는 전에도 다루었으나 민방이 전국 각지에서 발전한 오늘날, NHK는 경영의 합리화라는 관점에서도 지방지향 방송을 축소해야 한다는 주장이 있다.20) 이 점에 대한 필자의 생각은 이미 논한 바 있기 때문에 중복을 피하겠으나, NHK는 지방의 시청자를 위하여 세심한 지방 지향적 프로그램을 충실히 해야 한다고 생각한다. 물론, 그러한 경우 지방 지향 프로그램의 내용과 규모는 지역사회의 요청과 필요 경비, 전국 지향 방송과의 균형 등을 감안하여 가능한 한 효율적으로 배려해야 한다.

제44조 2항은 NHK에 정기적이고 과학적인 여론조사를 실시하고 그 결과를 공표하도록 의무화시키고 있다. 제44조 1항 1호에 의하여 공중의 요망을 만족시키도록 최대한의 노력이 요청되고 있으며, 이를 위하여 공중의 요망을 정확히 파악할 필요가 있다. 현재, 정기적이며 과학적인 여론조사로 실시되고 있는 텔레비전, 라디오 프로그램 시청률 조사(연 2회) 등이 공표되고 있다.

제44조 3항은 이미 설명한 제3조의 2 제2항의 프로그램의 조화 의무 규정을 NHK 중파 방송, FM방송에 준용하는 규정이며, 제4항은 국제방송의 프로그램 편집준칙으로 이미 「제4장 국제방송의 현상과 과제」에서 설명한 바 있다.

2) 프로그램 기준, 프로그램 심의회

프로그램 기준 및 방송 프로그램 심의기관의 규정도 이미 설명한 방송 프로그램 편집준칙의 규정과 마찬가지로 방송 사업자 전부(전파법 규정에 의한 방송국-수신 장해대책 중계방송은 제외-의 면허를 받은 자 및 위탁 방송 사업자)를 대상으로 제3조의 3 및 제3조의 4에 규정돼 있다. 그러나 이 조항은 방송대학학원 및 수탁방송 사업에 대해서는 각각 제50조 2 및 제52조 12의 규정에 따라서 적용되지 않을 뿐만 아니라, 제3조의 5 규정에 의하여 경제상황,

자연현상, 스포츠에 관한 사항만을 방송하는 방송 사업자나 임시 목적방송을 행하는 방송 사업자에도 적용되지 않는다.

이상을 전제로 하여 우선 프로그램 기준에 관한 기준부터 살펴보도록 하자.

방송 사업자는 방송 프로그램의 장르 및 방송의 대상이 되는 자에 상응하는 방송 프로그램의 편집기준을 정하여 편집해야 한다. 또한, 국내 프로그램 기준에 대해서는 이것을 제정 혹은 변경한 경우 우정성령(令)이 정하는 바에 의하여 공표해야 한다.

다음, 방송 사업자는 프로그램의 적정(適正)을 도모하기 위하여 방송 프로그램 심의기관을 두도록 돼 있다. 이 심의기관은 방송 사업자의 자문에 응하여 필요한 사항을 심의하는 외에 이와 관련한 의견을 개진할 수 있다. 또한, 프로그램 기준이나 편집의 기본계획을 정하고 변경할 때에도 반드시 자문을 구해야 하고, 방송 사업자는 심의기관이 자문에 응하여 제출한 답신이나 의견은 이를 존중하여 조치하고, 우정성령(令)에 의하여 그 개요를 공표하지 않으면 안된다. 국내 프로그램 기준과 심의기관에 관한 공표는 방송법 시행규칙에 방송, 일간지 등에 기재하도록 규정돼 있다.

더욱이 NHK는 제3조 4에 규정된 심의기관으로 제44조 2 규정에 근거하여, 중앙방송프로그램심의회, 정령(政令)으로 정하는 지역 등에 설치하는 지방방송 프로그램심의회, 국제방송 프로그램심의회를 설치하게 돼 있다.

중앙심의회는 위원 15인 이상, 지방심의회는 7인 이상, 국제심의회는 10인 이상으로 조직되며, 위원은 중앙 및 국제심의회의 경우, 학식과 경험 있는 사람 가운데에서 경영위원회의 동의를 얻어 회장이 위촉한다. 지방심의회는 학식과 경험을 갖춘 사람으로, 해당 지방심의회가 설치되는 지역에 주소를 둔 사람 가운데 회장이 위촉한다.

중앙 및 국제심의회의 자문 사항은 프로그램 기준 및 방송 프로그램에 관한 편집의 기본계획의 제정 및 변경과, 전국 지향 프로그램 혹은 국제방송 프로그램과 관련된 것이다. 지방심의회의 심의사항은 해당지역 지향의 프로그램 편집 및 방송에 관한 계획의 제정 및 변경과 지역 지향의 프로그램에 관한 것이다.

또한, 중앙·지방심의회는 국내방송 프로그램에 관해서, 국제심의회는 국제방송 프로그램에 관해서 의견을 개진할 수 있다.

<표 13> 방송 프로그램에 관한 규정 정리

	TV	라디오 (중파,FM)	다중 방송	전문·임시 목적방송	수탁방송 사업자
방송프로그램 편집준칙	0	0	0	0	X
방송프로그램 조화원칙	0*	X (NHK,0)***	X	—	X
방송프로그램 편집기준의 작성	0**	0**	0	X	X
방송프로그램 심의기관의 설치	0**	0**	0****	X	X

주: 1) * 특별 사업 계획에 의한 NHK 교육TV 및 방송대학학원은 제외.
　　** 방송대학학원 제외.
　　*** 특별사업계획에 의한 NHK 라디오 제2방송은 제외.
　　**** 다중 방송만 하는 일반 방송 사업자의 심의기관 의원 수의 하한 완화.
　2) 위탁 방송 사업자에 대한 규정은 라디오, TV 규정과 같음.

한편 지방심의회의 설치지역은 방송법 시행령 제4조의 규정에 근거하여 법 별표 각호에 게재된 지역을 기준으로 전국을 8개의 지역으로 나누고 있다.

일반방송 사업자(즉 NHK, 방송대학학원 이외의 방송 사업자)는 제51조의 규정에 의하여 심의기관 위원은 7인(다중 방송만을 행하는 일반 방송 사업자의 경우는 우정성령으로 정하는 5인) 이상이며 학식과 경험을 갖춘 사람 가운데서 위촉한다. 방송구역이 중복되는 경우, 일정조건에 해당되는 때에는 일반 방송 사업자가 공동으로 심의기관을 설치할 수 있다.

방송이 갖는 강대한 사회적·문화적 영향력에서 볼 때, 방송 프로그램의 질적인 문제는 지극히 중요한데, 프로그램의 질적 향상은 방송 사업자의 자주적 노력에 의하여 이루어져야 한다. 따라서, 방송 프로그램심의회는 그 다양한 역할의 수행을 위해서 한층 활성화돼야 한다. 또한, 앞으로 방송 법제를 검토할 때에도 이와 같은 관점에서 고려돼야 한다.

3. 광고 방송에 관한 규정

간간이 논한 바와 같이, 일본의 방송은 경영재원 및 기업성격을 달리하는 NHK와 민간방송이 그 특색을 발휘하게 하여 풍부한 방송의 효용을 달성하도록 배려하고 있다. 그리고 NHK의 경영 재원은 수신료 수입으로 하여, 방송법 제46조의 규정에 의하여 광고방송은 금지돼 있다(이 조항은 방송대학학원의 방송도 준용, 제50조의 2 제2항).

이에 대하여, 민간방송은 광고료 수입을 주요 재원으로 운영되며 스포츠 광고, 프로그램 광고 등의 형태로 광고가 방송되고 있다. 방송법상의 관련 규정으로는 제51조의 2 및 제52조의 2가 있다.

51조 2에는 일반방송 사업자가 대가를 받고 광고방송을 할 때는 그 방송 수신자가 광고방송이라는 것을 분명하게 식별할 수 있도록 해야 한다고 규정하여 시청자가 혼란을 일으키지 않도록 배려하고 있다. 또, 52조의 2의 규정에는 학교를 대상으로 한 교육 프로그램에 학교교육에 방해되는 것으로 인정되는 광고는 포함시키지 못하도록 하고 있다.

4. 재해(災害)방송에 관한 규정

제6조의 2 규정은 방송 사업자(방송대학학원은 제외)는 폭풍, 호우, 지진,

기타 재해가 발생하거나 발생할 우려가 있는 경우, 그 발생을 예방하고 피해를 경감시키는 데 도움이 되는 방송을 해야 한다고 명시하고 있다.

무선 혹은 방송이 재해 시에 할 수 있는 역할은 매우 큰데, 전파법 제74조에는 비상시 무선통신을 무선국(無線局)으로 취급할 수 있는 우정대신의 권한이 명시돼 있고(이때에는 실비 보상을 해야 한다), 재해대책 기본법 제57조에도 지사(知事)나 시장, 동장, 면장의 방송 요구가 가능한 경우에 대한 규정이 있다. 방송법 제6조의 2 규정은 이와 같은 규정과는 별도로 방송 사업자의 자주적 판단을 전제로 사회적 책무를 규정한 것이다.

5. 편집권과 내부적 자유에 관한 문제

이제 편집권과 경영권간의 관계와 이와 관련해 최근에 논의되고 있는 내부적 자유의 문제에 관해 살펴 보고자 한다.

편집권은 2차 대전 후 일찍부터 신문에서 검토되어 왔기 때문에 우선 신문의 경우를 살펴 보기로 하겠다. 1948년 신문협회의 편집권 성명에는 "편집권이란 신문의 편집방침을 결정·시행하고 보도의 진실, 논평의 공정 및 공표 방법의 적정(適正)을 유지하는 등 신문편집에 필요한 일체의 관리를 행하는 권리이다"라고 정의하고, 그 행사자에 관해서는 "편집내용에 대한 최종적인 책임은 경영, 편집 관리자에 귀속되므로 편집권을 행사하는 자는 경영 관리자 및 그 위탁을 받은 편집 관리자에 한한다"라고 돼 있다.[21]

되풀이하지만, 언론·표현의 자유는 헌법에 보장된 권리이며, 신문, 방송 기관의 보도는 국민의 알 권리에 봉사하는 것이므로 그 보도의 자유는 언론·표현의 자유를 보장한 헌법 제21조의 보장 하에 있다. 보도의 자유를 포함한 언론·표현의 자유는 민주주의 사회의 발전을 위한 기초가 되는 것이며 이 자유를 확보해 가는 것은 신문·방송이 감당해야 할 사회적 책임이다.

편집권은 신문, 방송이 보도의 자유를 확보하고, 보도내용을 자유로이 결정하는 권한이라고 말한다. 편집권은 외부와의 관계에서 편집의 자유인 동시에 조직체 내부에서 편집의 권한이기도 하다.

이 권한은 본래는 자신의 자금과 의사에 의해 사업을 행하는 자가 행사해야 하는 것일 것이다. 그러나 조직의 확대와 업무내용의 전문화와 함께, 일반 기업에서와 마찬가지로 이른바 소유로부터 경영의 분리가 진행되고 신문협회의 편집권 성명에 보이는 바와 같이 경영 관리자 및 그 위탁을 받은 편집 관리자가 행사하는 것이 된다.

방송의 경우도, 헌법에 보장된 언론·표현의 자유란 기본이념 하에서, 그 편집권이 행사되는 것은 당연하지만 이미 말한 바와 같이, 전파의 유한 희소성에서 유래하는 방송 특유의 규율이 존재한다. 따라서, 방송법 제3조의 '방송 프로그램은 법률에 정하는 권한에 기초한 경우가 아니면 누구로부터도 간섭받지 않으며, 규율되는 경우가 없다'라는 원칙에 근거하여 제3조의 2에 정해진 방송 프로그램 편집준칙 등에서 자주(自主), 자율을 기본으로 행사된다.

NHK의 소유자는 사기업 같은 형태가 아니며 이념적으로 말하면 시청자인 국민이다(방송법 제50조 제2항의 규정에 의하여 NHK가 해산한 경우, 그 잔여 재산은 나라에 귀속한다). 방송법 규정을 근거로 설립된 공공방송 사업체로서, 동 법의 규정에 의해 회장이 NHK를 대표하고 경영위원회가 정하는 바에 따라 그 업무를 총괄하며(제26조 제1항), 방송 프로그램의 편집권은 업무집행기관인 회장에 귀속한다.

한편, 방송 프로그램 편집의 기준 및 프로그램 편집에 관한 기본계획에 관해서는 프로그램심의회에 자문하고 답신을 얻은 후에 경영위원회의 의결을 거치도록 돼 있다는 것은 이미 설명한 바 있다.

다음, 외국의 신문 및 방송의 편집권과 관련하여 특히 주목되는 것은 서독, 오스트리아에서 제기된 내부적 자유에 대한 발상으로 여기에서 개괄적으로 설명한다.

서독에서는 편집권에 대한 저널리스트의 권한을 여러 형태로 보장하자는 움직임이 있어서 각 조직마다 일종의 협약인 편집 강령으로 구체화돼 있다.22) 이 같은 상황 속에서 1985년 서부 독일 방송법이 대폭 개정되어 새로운 모양을 갖추었다. 이 법은 우선, 기자 및 프로그램 제작자(일괄하여 프로그램 협동자라고 부름) 대표기관의 설치와 조정위원회에 관한 규정을 만들어 프로그램 협동자는 자신들의 대표기관을 선출, 설립하고 그 기관은 편집강령에 근거하여 프로그램 협동자와 상사 사이에 발생한 프로그램 제작상의 분쟁을 화해하는 일을 맡는다. 이로써 분쟁이 해결되지 않을 때에는 조정위원회가 소집되어 조정이 이루어진다. 또, 편집강령은 협회 회장과 대표기관의 합의로 정하고 방송위원회의 동의를 얻는다. 이 법은 프로그램 협동자 대표기관의 활동에 관하여 처음으로 실정법상의 근거를 부여한 것이라고 일컬어진다.23)

오스트리아의 경우는 1974년 방송법에 특색이 있다.24) 이 법은 강력한 권한을 갖는 경영위원회의 신설, 시청자심의회의 설치, 국민의회에 대표를 보내는 정당 등에게 방송시간을 제공하고 반론권을 신설하는 등 많은 새로운 사고가 보이는데 이와 함께 내부적 자유에 관한 규정이 설치돼 있다. 예를 들면, 동 법 제17조에는 "오스트리아 방송협회는 모든 프로그램 제작 협동자의 독립성과 자기 책임을 가지고 모든 저널리스트 협동자가 자기에게 부과된 임무를 달성할 때 저널리스트의 직업 수행의 자유를 본 연방법의 규정 범위 내에서 고려한다"라고 규정하고 있으며, 더욱이 편집자 강령에 관한 규정도 정비돼 있다.

일본에서도 이같은 새로운 흐름에 주목하여 논의가 대두되고 있는데 이러한 사고가 서독과 오스트리아의 역사와 전통, 풍토 속에서 이루어졌다는 점을 십분 고려하여 검토를 해야만 할 것이다.

6. 방송 프로그램과 방송 행정

　방송은 유한 희소한 전파를 사용하는 등의 이유에 의해 특유의 법률 하에 있다는 것을 언급한 바 있는데, 이 법률은 프로그램의 송신자인 방송 사업자를 대상으로 하는 방송법에 의해서, 그리고 전파를 발사하는 무선국의 일종으로서의 방송국을 대상으로 하는 전파법에 의해 행해지고 있다.
　전파법에 의한 규제에 대해서는, 주로 「제12장 전파에 관한 법률과 방송 행정조직」에서 논하기로 하고 여기서는 방송 프로그램과 관계되는 면에서 방송국의 면허와 운용 등을 살펴보기로 한다.

(1) 방송국 개설의 근본적 기준

　방송 사업자는 전파법, 방송법 2개의 법률의 규제를 받는다고 말했으나, 위탁방송 사업자와는 달리, 보통 방송 사업자는 우선 전파법의 규정에 입각하여 방송국의 면허를 신청하고 면허를 받은 자는 무선국으로서의 방송국 면허인이 되어, 전파법 규제를 받는 동시에 방송국 면허를 받음으로써 방송법상의 방송 사업자가 되는 것이다(위탁방송 사업에 대해서는 후에 설명하겠으나, 방송법상의 인정이 필요하다).
　현행 법제에서는 방송 사업을 행하기 위하여 새삼 방송법상의 면허를 필요로 하지는 않는다. 전파법에 의거하는 방송국의 면허만으로 족하다.
　방송국의 면허수속은 전파법령에 따라서, 면허신청→신청심사→예비면허→공사낙성 후 검사→면허의 순으로 진행된다. 이 면허수속 가운데 중요한 것은 어떠한 신청에 대하여 면허를 부여할 것인가를 결정하는 신청 심사이다. 우선, 방송국 면허의 심사에서는 전파법 제7조 2항에 의하여 ① 공사설계가 제3장에서 정하는 기술수준에 적합한가, ② 방송용 주파수 사용계획에 의거하여 주파수의 할당이 가능한가, ③ 해당 업무를 유지하는 데 만족할 만한 재정적 기초가 있는가, ④ 우정성령(令)으로 정하는 방송국 개설의 근본적 기준에 합치하는가를 심의하게 된다.

이 ④의 근본적 기준의 합치 여부가 특히 주목해야 할 점인데, 방송국의 경우는 일반 무선국과는 따로 '방송국 개설의 근본적 기준'이 제정돼 있어 동 기준에서 방송법이 요청하는 조건을 심사 대상으로 집어넣어 전파법과 방송법의 실체적인 결합을 다지고 있다.

동 기준 제3조 1항 제4호는 "해당 국(局)의 방송 프로그램의 편집 및 방송은 다음에 적은 사항에 적합한 것이 되야 한다"라고 하였으며, 이 조항에는 방송법 제3조의 2 제1항의 프로그램 편집준칙의 취지와 동 조 제2항의 프로그램 조화 의무 규정의 취지 혹은 국내 프로그램 기준의 제정과 방송 프로그램 심의기관의 설치 등에 관한 규정이 들어 있다.

또한, 교육 전문국과 방송대학학원 방송국의 프로그램 편집에 관하여도 별도의 규정이 만들어져 있다.

(2) 면허신청·면허·운용

방송국의 면허신청, 면허, 그리고 운용에 관한 내용을 방송 프로그램과의 관련사항에 국한해 말하고자 한다.

방송국의 면허신청은 전파법 제6조 제2항의 규정에 의하여 목적과 개설을 필요로 하는 이유, 무선설비의 설치장소, 사업계획 및 사업수지 견적, 방송사항, 방송구역 등을 기재한 서류를 신청서에 첨부해야 하는데, 이 사업계획 속에 NHK나 일반 민간방송은 프로그램 기준, 방송 프로그램 편집에 관한 기본계획, 주간방송 프로그램의 편집에 관한 사항, 프로그램 심의기관에 관한 사항, 편집기구 및 고사(考査)에 관한 사항 등을 기재해야 한다. 특히, 주간방송 프로그램의 편집에 관한 사항에 관해서는 방송 프로그램 표에 대표적인 예를 기재하고 개개의 방송 프로그램의 목적별 종류(보도, 교육, 교양, 오락, 광고,

기타)를 표시하며 방송의 목적별 종류에 의한 1주간의 방송시간, 비율을 표시하게 돼 있다(무선국 면허 수속 규칙).

면허신청에 있어서, 이와 같은 자료의 제출이 요구되는 것은 그후의 면허, 운용, 재면허와 관련되는 것인데, 우선 면허에서 TV 방송국은 앞에서 말한 바와 같이 교육, 교양적 기능을 확보하고, NHK의 총합 텔레비전국 및 민간 TV국에서는 전파법 제104조의 2 규정에 의하여 방송 프로그램의 편집 및 방송에 있어서 교육 프로그램 10% 이상, 교양 프로그램 20% 이상을 확보하는 조건이 붙혀져 있다(NHK 교육 텔레비전국은 교육 75%이상, 교양 15% 이상).

또한, 방송국의 면허신청 시, 방송사항(방송의 목적별 종류)이 기재되는데, 이 방송사항의 범위를 넘어 방송국을 운용하는 것은 지진, 태풍 등의 경우의 비상(非常)통신 등을 제외하고는 금지돼 있다(전파법 제52조).

NHK의 교육 텔레비전 방송, 라디오 제2 방송의 경우, 방송사항은 교육, 교양, 보도로서 오락은 방송사항이 아니다.

다음으로, 방송국의 운용에 관해 설명하면, 전파법 제60조의 규정에 의하여 방송국을 포함하여 무선국은 무선 업무 일지를 갖추어 그 초록(抄錄)을 우정성에 제출하도록 제도화돼 있고(전파법 시행규칙 제41조), 이 가운데 백분율을 부기한 방송 사항별 방송시간을 기재하도록 하여 방송국 면허 부여 시 첨부된 조건과의 관련에서도 상황파악이 가능하도록 했다.

다음, 전파법 제76조 제1항에는 '우정대신은 면허인이 방송법 혹은 이들 법률에 의거한 명령권 또는 처분을 위반한 때에는 3개월 이내의 기간을 정하여 운용 정지를 명하고 또는 운용 허용시간, 주파수 혹은 공중선(空中線) 전력을 제한할 수 있다'라고 규정하고 있으며, 제2항을 보면 전항의 규정에 의한 명령 또는 제한에 따르지 않는 경우에 면허의 취소가 가능하다(제99조의 11 제1항 제3호 및 제99조의 12 제1항의 규정에 의하여 면허 취소 처분을 하고자 할 때에는 전파감리심의회의 자문, 동 심의회에 의한 청문을 필요로 한다). 또한,

제1항의 규정에 의하여 운용이 정지된 무선국을 운용한 자는 전파법 제110조의 규정에 의해 1년 이하의 징역 또는 20만 엔 이하의 벌금에 처하도록 한다.

그런데 전파법 제76조에 방송법이 포함돼 있기 때문에 현재까지 많은 논의의 대상이 되어 왔다. 예를 들어, 방송법 제3조의 2 제1항에 있는 방송 프로그램 편집준칙에 위반했다 해서 방송국의 운용 정지나 면허를 취소할 수 있는가 하는 문제이다.

1964년 우정성의「방송 관계법제에 관한 검토상의 문제점과 그 분석」은 "법에 규정되어야 하는 방송 프로그램 편집상의 준수 사항, 즉 법이 사업자에 기대해야 하는 방송 프로그램 편집상의 준칙은 현실적으로는 하나의 목표로서, 법의 실제적 효과는 다분히 정신적 규정의 영역을 넘지 않는다고 생각된다. 다시 말하면 사업자의 자율에 기대할 수밖에 없다"라고 하고 있다.[25]

이같이 방송법 제3조의 2 제1항과 같은 프로그램 편집준칙은 정신적 규정, 방송 사업자가 스스로 지켜야 하는 준칙으로 일반적으로 생각되고 있으나 전파법 제76조와의 관계에서 논의가 일어나게 된다. 이 점에 대해서 현재는 소극설(消極說)이 통설이며,[26] 방송 사업자의 자율을 전제로 한 해석이 내려져 왔다. 전파법 위반으로 인한 처분은 어쩔 수 없다 해도, 표현의 자유 확보를 원칙으로 내세운 언론 입법인 방송법에서 그 위반을 이유로 전파법에 의거한 방송국의 운용 정지와 면허 취소가 이루어진다면 방송 프로그램 편집의 자유는 실질적으로 커다란 영향을 받게 된다. 소극설, 신중론이 통설로 돼 있는 것은 타당하다고 본다.

한편, 유선 텔레비전 방송법 제25조 제2항의 규정과의 관련에서도 같은 문제가 제기되고 있으나 이 점은「제11장 CATV에 관한 문제」에서 다루기로 하겠다.

(3) 재면허와 방송 프로그램

재면허제도 자체에 관해서는 「제12장 전파에 관한 규율과 방송 행정조직」에서 다루기로 하고 여기에서는 방송 프로그램과의 관련된 사항만을 설명하고자 한다.

방송은 언론, 표현과 관련된 매스미디어의 하나이며 방송국은 그 자주성이 기본적으로 존중되어 면허 기간 5년동안 운용된다. 따라서 5년마다 재면허의 기회가 있어 과거의 실적을 근거로 해당 방송 사업자의 적합 여부를 판단받게 되지만, 현행의 재면허제도에서는 새로운 면허와 마찬가지로 간주돼서 과거의 실적은 장래 계획의 확실성을 위한 방증으로 제출되는 셈이다. 또한 신규 참여 희망자도 포함해 신청을 심사하는 경쟁적 처리를 원칙으로 하고 있다. 앞으로 면허 갱신제의 사고가 검토될 때도 있겠으나 이 점은 후에 논하기로 하겠다.

재면허를 받으려면 면허 기간중의 실적을 제출해야 하며 그 가운데 프로그램에 대해서는 따로 정하는 1주간 방송의 실시상황(방송 프로그램 표, 방송의 목적별 종류에 의한 방송시간 등) 등이 제출된다(무선국 면허 수속규칙).

현재, 재면허를 받아야 할 때가 되면, 우정대신이 민간방송사장, 민간방송 프로그램 심의회 위원장 및 방송 프로그램향상위원장 앞으로 재신청을 요청한다.

1988년 11월 민간방송 사장(라디오 텔레비전 겸영사(兼營社), 텔레비전 단영사(單營社), 라디오 단영사) 앞으로 보내진 요구는 다음과 같은 내용을 담고 있다.

① 언론 보도기관으로서 사회적 책무를 깊이 인식하며, 방송 프로그램의 편집 및 방송에 대한 방송법의 규정 및 스스로 정한 방송 프로그램 편집기준을 성실히 준수하고 방송 프로그램에 대한 신뢰의 향상에 노력한다.

② 방송 프로그램의 충실과 향상을 위하여 방송 프로그램 심의회의 역할을 존중하고 그 기능의 발휘를 도모한다.
③ 방송에 대한 지역사회 특유의 요망을 만족시키기 위해 노력한다.
④ 중계국의 건설을 적극적으로 추진하고 난시청 해소에 노력하는 외에, 다중 방송 등 뉴미디어 방송의 조기실시를 도모하고 지역주민의 다양한 요망에 부응한다.
⑤ 비상재해 시 방송이 수행해야 할 중요한 역할을 확보할 수 있도록 만전의 조치를 취한다.

유한 희소한 전파를 이용하여 방송을 행하는 방송 사업자의 책무는 지극히 중요하며, 방송 프로그램의 질적 향상 문제는 국민의 일상생활, 청소년의 육성, 일본의 사회·문화 발전과 깊은 관련이 있다. 따라서, 재면허 시에는 이상과 같은 요청이 따르게 된다.

방송 프로그램의 질적 향상에 대해 논할 때, 그것은 어디까지나 타율에 의한 것을 피하고 시청자의 자유로운 방송비판을 기본으로 방송 사업자의 자율에 의해 그 향상을 도모해야 할 것이다. 이는 비단 방송국 재면허 문제에만 국한 시킬 것이 아니라 일반적인 방송법의 정비를 검토하는 경우에도 충분히 고려돼야 할 사항이다.

'방송정책간담회' 보고서는 방송 프로그램의 질적 향상을 위한 스스로의 노력과 프로그램 심의회의 활성화, 회사 내 고사(考査)기능의 강화, 방송 프로그램 향상협의회의 활용 등을 요청하며, 특별히 새로운 법적 조치를 요구하고 있지는 않지만, 앞으로 법적 정비에 대한 검토를 하게 되는 경우에도, 방송 사업자의 자율을 기본으로 함은 당연하다.

한편, 우징성이 작성한 「방송의 공공싱에 관한 조사 연구회 보고서」는 1966년 방송법 개정안(폐기됨)에 들어 있던 방송여론조사위원회나 영국에 설치돼 있는 프로그램 불만처리위원회에 관한 연구가 의의가 있다고 판단하고 프로그램의 질, 시청자의 반응 등을 밝히는 척도로써 '시청의 질(質)'의 도입에 관해서 연구가치가 있음을 지적했다.

■ 주

1. 『最高裁判所刑事判例集』 23권 11호, 1490쪽; 별책 ≪ジュリスト≫ no.85(1985년 6월) 「マスコミ判例百選」(제2판), 18-19쪽; 별책 ≪ジュリスト≫ no.95(1988년 1월) 『憲法判例百選(1)』(제2판), 122-123쪽.
2. ≪민간방송≫ 제1124호(平成元年 2월 3일); 清水英夫, 「ビデオテープ押收事件最高裁決定の問題點」, ≪ジュリスト≫ 1989년 3월 15일 42-45쪽.
3. ≪민간방송≫ 제1174호(平成2年 7월 13일); 服部孝章, 「TBS未編集 テープ押收事件の問題點」, ≪新聞研究≫ 1990년 7월호, 86-99쪽; 「TBS事件についての決定(資料)」, ≪法律時報≫ 1990년 9월호, 22-25호.
4. 『最高裁判所刑事判例集』 6권 8호, 974쪽; 별책 ≪ジュリスト≫ no.85, 10-11쪽; 별책 ≪ジュリスト≫ no.95, 116-117쪽; 『新 法と新聞』, 69-72쪽.
5. ≪朝日新聞≫, ≪每日新聞≫, ≪讀賣新聞≫(昭和55년 3월 9일); 별책 ≪ジュリスト≫ no.68, 77쪽; 『新 法と新聞』, 66-67쪽.
6. ≪朝日新聞≫(昭和62년 10월 31일); 『新 法と新聞』, 69-72쪽 참조.
7. 『新 法と新聞』, 306쪽.
8. 伊藤正己, 『現代社會と言論の自由』, 178-179쪽.
9. ≪朝日新聞≫, ≪每日新聞≫, ≪讀賣新聞≫(昭和55년 3월 4일); 『新 法と新聞』, 76-77쪽 참조.
10. ≪朝日新聞≫ 社說(昭和55년 3월 7일).
11. 『新 法と新聞』, 306-307쪽 참조.
12. 『最高裁判所刑事判例集』, 11권 32호, 997쪽; 별책 ≪ジュリスト≫ no.85, 30-31쪽.
13. 『最高裁判所刑事判例集』, 20권 8호, 901쪽; 伊藤正己, 『憲法』(新版), 222-227쪽; 芦部信喜, 『憲法判決を讀む』, 93-97쪽; 별책 ≪ジュリスト≫ no.96(1988년 2월) 「憲法判例百選(2)」(제2판), 298-299쪽; 山川洋一郎, 「利益衡量論」, 『講座憲法訴訟』, 2권, 305-306쪽.
14. 『世界のラジオとテレビジョン 1988』, 132쪽; 『世界の 放送』, 1990, 93쪽.
15. 『アナン委員會報告書』, 제5장 5.9, 5.11; BBC Annual Report & Accounts 1988-89, Constitution: the Powers of the Home Secretary (1989-90同文); ≪NHK放送研究≫ 1988년 12월호, 50-51쪽.
16. 방송통신제도연구회, 『放送制度에 關한 法政策研究報告書』, 33-34쪽.
17. 『방송정책간담회보고서』, 83쪽.
18. 앞의 책, 82-83쪽.
19. ≪민간방송≫ 제1055호(昭和62년 1월 23일); 제1082호(昭和62년 11월 3일).
20. ≪민간방송≫ 제1082호; 제1163호(平成2年 3월 23일).

21. 일본신문협회, 『新聞の編集權』, 4쪽; 浜田純一, 「編集の自由とプレスの內部秩序」, 『メディアの法理』, 77-85쪽.
22. 『新聞の編集權』, 80-91쪽; 병田純一, 85-112쪽.
23. 石川明, 「文獻紹介 M. シュトック著 メディアの統合, モデルと公共放送」, ≪NHK放送硏究≫ 1987년 11월호, 64-65쪽.
24. ≪NHK文硏月報≫ 1975년 5월호(資料)「オーストリアの新放送法」, 53-60쪽.
25. 『臨放調答申書資料編』, 362쪽.
26. 佐藤幸治, 「外面的精神活動の自由」, 芦部信喜 編, 『憲法 2 人權(1)』, 547쪽; 內川芳美, 「放送における言論の自由」, 『講座現代の社會とコミュニケーション(3)』, 言論の自由, 99쪽.

제8장 시청자에 관한 문제

1. 방송과 시청자

 지금까지 논술된 것은 방송 송신자, 즉 방송 사업자의 측면에서 본 것이지만, 여기에서는 수신자인 시청자 측면에 있어서의 방송에 관한 문제를 일괄적으로 살펴 보겠다.
 방송법 제1조 제1호에는 "방송이 국민에 최대한으로 보급되어 그 효용이 보장되도록 한다"라는 규정이 있다. 또한 제2조 제1호에는 "방송이라는 것은 공중에 직접 수신되는 일을 목적으로 한 무선통신의 송신을 말한다"라고 되어 있다. 이를 근거로 방송은 항상 수신자, 국민, 공중 대상을 전제로 하여 시행되고 있으나 수신자의 권리 및 의무관계를 명확히 하는 법률상의 규정과 수신자 및 시청자의 법적 지위에 관한 조문은 사실상 적다.[1]
 NHK의 경우를 생각하면, 국가권력의 최고기관인 국회에서 예산과 결산 심의를 하고 있으며, 지역과 분야를 고려한 경영위원으로 구성된 경영위원회에서는 중요사항을 의결하고 방송 프로그램 심의회가 심의를 한다. 이처럼 광범위한 의미로서의 시청자와 NHK의 연결을 시사해 주고 있기는 하지만 여기서는 보다 직접적인 시청자와의 관계에 대하여 논하도록 하겠다.
 중요한 조문은 먼저 방송법 제32조 NHK 수신체결의 규정에 있다고 생각한다.2)
 동 조항에는 NHK방송 수신을 목적으로 수신 설비를 설치한 자는 NHK와 그 방송 수신에 대한 계약을 체결해야만 한다고 수신계약체결 의무 기본을 정해 놓고 있다. 이 수신료의 성격은 국민의 공공 방송기관인 NHK의 유지·운영을 위한 특수한 부담금으로 이해된다는 것은 전술한 바와 같다. NHK는 수신료에 있어서 시청자의 협력 아래, 맡겨진 의무를 다하기 위해 대화나 시청자의 의견을 귀담아 듣는 일(광청활동: 廣聽活動) 등에 역점을 두어 업무를 진행하고 있다.
 1966년의 방송법 개정안(후에 폐기) 제9조 제5항에 "일본방송협회는 그 업무에서 공중의 의견을 구하여 상담에 응하는 등 공중과의 접촉을 긴밀히 하여 그 요망을 반영하도록 노력해야 한다"라는 규정이 보이고, 또한 제42조의 2에는 "협회는 그 방송 수신자가 협회의 경영상황을 알 수 있도록 우정성령에 따라 업무, 회계 및 그 외의 사항에 관한 협회의 경영현황을 공표해야 한다"라고 되어 있다.
 이후에도 NHK가 이같은 규정에 상관 없이 그 성격상 시청자와의 기본 관계를 강화하기 위한 관련 시책에 충실하는 것은 당연한 일이다.
 게다가 방송법의 조문 제44조 2항을 보면 'NHK는 공중의 요망을 알기 위해 정기적으로 과학적인 여론조사를 실시하고, 동시에 그 결과를 공표해야 한다'라는 규정이 있다. 또한 NHK의 조사연구 업무에 관해선 제9조 제6항에 "방송에 관계가 있는 사람, 그 외 다른 학식을 지닌 경험자가 해당 업무에 관하여 의견을 제시하는 경우에는 그 내용이 방송 및 수신의 발달에 기여하고 NHK 본래 및 임의 업무수행에 지장을 주지 않을 때 이를 존중하며, 조사 연구의 성과는 될 수 있으면 일반이 이용할 수 있게 공급한다"라고 명시하였다. 더욱이 1988년의 방송법 개정에 의해 업무 보고서나 재무관련표들을 NHK의 각 사무소에 비치하게 되어 있다.

　다음으로 민간방송과 시청자의 관계를 보면, 민간방송도 방송 사업자로서 공중의 직접 수신을 목적으로 방송을 시행하고 있지만, 방송법상 민간방송과 시청자와의 관계를 직접 규정한 조문은 프로그램 심의기관에 관련된 조항 이외에는 볼 수 없다. 또한 방송위성 BS-3에 의한 유료방송의 경우를 별도로 하고는 일반적으로 시청자와 민간방송간의 계약 관계는 없다. 민간방송은 광고 방송의 계약 당사자로서 광고주와 계약을 체결하고 있는데 시청자와의 사이에는 약간의 법률관계도 없는 상태다. 시청자는 민간방송이 방송국의 면허인으로서의 권한에 기초하여 시행하는 방송을 수신하는 데 불과하다.3) 물론 민간방송에서도 업무 운영상 시청자 활동으로서의 각종 방안이 진행되고 있기는 있다.

　시청자와의 관계라는 관점에서 볼 수 있는 조항은 1985년에 개정된 방송법으로서, 방송 사업자 공통의 규정인 국내 프로그램 기준 공표 이외에 프로그램 심의기관의 자문에 응하여 방송 프로그램의 적정화를 도모하기 위해 필요한 사항을 심의하고 이에 관련된 의견을 진술할 때는 우정성령에 정해진 대로 그 개요를 공표해야 한다는 규정이 있다.

2. 현행 법제와 방송에의 접근(access)

　매스미디어에 대한 접근(access) 또는 접근권이 논의된 것은 1965년대부터이다. 매스미디어의 위상, 표현 자유와의 관련 등을 비롯하여 이후에는 각종 검토에 있어서의 중요성이 더해지고 있는데 여기서는 수신자인 시청자가 방송에 접근할 수 있는 경우에 대하여 고찰하겠다.

(1) 정정(訂正)·취소 방송

　방송법 제4조 제1항은 "방송 사업자가 진실이 아닌 사항을 방송한 이유로 권리의 침해를 받은 본인 또는 그 직접 관계인으로부터 방송한 후 2주 이내에 청구가 있었을 때, 방송 사업자는 지체 없이 방송을 한 사실 여부를 조사하고 만약 진실이 아니라고 판명되었을 때는 판명이 있은 날로부터 2일 이내에 그 방송을 한 방송설비와 동등한 방송설비에 의해 합당한 방법으로 정정 또는 취소 방송을 하지 않으면 안된다"라고 규정되어 있다.
　또한 제2항은 방송 사업자 스스로 그 방송에서 사실이 아닌 사항을 발견했을 때도 전(前)항과 마찬가지로 규정하고 있고 제3항은 2항의 규정과 민법 규정에 의한 손해배상 청구를 방해하는 일이 없도록 하고 있다.
　먼저 제1항을 보면, 정정·취소방송의 청구를 할 수 있는 사람은 해당 방송에 의해 권리침해를 받은 본인 또는 그에 직접 관련인으로서, 이외의 일반 시청자는 방송내용에 잘못이 있다고 해서 제4조 제1항에 기초한 정정·취소방송을 요구할 수 없다. 이 경우는 방송 사업자에게 의견을 표명하여 방송 사업자의 자주적 해결을 기다려야 한다.
　제2항은 방송 사업자가 스스로 방송에 대한 진실이 없는 사항을 발견했을 때의 조항으로 이같은 사례는 방송 사업자 측의 제작상 각종 과정 중에 발생할 수 있을 것이다. 그러나 제1항에서 2주 이내에 청구하는 등의 수속을 포함하여 엄밀하게 이에 해당되는 사례는 지금까지 적었다.4)
　제3항은 주의해야 될 규정으로 동 규정에 의해 손해배상청구권이 창설된 것은 아니다. 또한 손해배상 이외의 구제방법이 배제된 것으로 해석해서도 안 된다. 민법 제723조에 의한 구제의 여지가 남아 있기 때문이다.5) 왜냐하면 민법 제723조는 '타인의 명예를 훼손한 자에 대하여 재판소는 피해자의 청구에 따라 손해배상에 대신하는 또는 손해배상과 함께 명예 회복에 알맞은 처분을 명령할 수 있다'라고 규정되어 있다. 이 명예회복에 알맞은 처분으로서는 신

문이나 잡지에 사죄 광고를 게재하는 것이 일반적이다.

그러나 이 민법 제723조에서 언급한 적당한 처분에 '반론권'이라는 새로운 견해가 포함되기 시작했는데 아직은 많은 검토가 필요한 상황이며, 특히 방송에는 소극적으로 반영되고 있다.6)

방송법 관계 규정에 의해 동 법 제4조 제1항의 규정에 위반한 자에 대해서는 벌칙이 있는데, 사사롭다고 판단될 때는 고소로써 대처한다(제56조 제1항, 제2항, 제57조). 또 정령(政令)에 따라, 해당 방송 프로그램을 방송 후 3주 이내에 해당 방송 관계자와 프로그램 심의기관이 내용을 확인 가능하도록 하고 있다(제5조).

(2) 후보자 방송

방송법 제45조는 "일본방송협회가 공선(公選)에 의한 공직 후보자에 정견 방송과 선거운동에 관한 방송을 할 경우에, 그 선거에 있는 타 후보의 청구가 있을 때는 동등한 조건으로 방송해야 한다"라고 규정짓고, 제52조는 "일반 방송 사업자가 그 설비에 의해 또는 다른 방송 사업자의 설비를 통하여 공선에 의한 공직 후보자에 정견 방송과 그 외에 다른 선거운동에 관한 방송을 할 경우에는 해당 선거의 타 후보의 청구가 있을 때는 요금의 징수 여부에 상관 없이 동등한 조건으로 방송해야 한다"라고 되어 있다. 이 조문에서 말하는 '타 후보' 측에서 본다면 현행법상 소위 접근(access)권을 규정한 몇 안되는 사례 중의 하나라고 볼 수 있다. 그러나 이 방송법 규정과는 별도로 공직 선거법은 중의원, 참의원 또는 지방공무단체 의회의 의원 및 장의 선거를 적용범위로 하여 동 법 제151조 5의 규정에 의해 어느 누구도 이 법률에 규정된 경우를 제외하고는 선거 운동을 위한 방송을 금하고 있다. 따라서 공직선거법의 적용을 받지 않는 공직 후보자만이 방송법 제45조 등의 규정 적용을 받게 되는데 그같은 공직 후보자로서는 농업위원회의 선거에 의한 위원, 해구어업조정위원회(海區漁業調整委員會)의 선거에 의한 위원이 있다. 그러나 이들 선거에 대하여 NHK나 민방이 정견 방송, 그 외의 선거 운동에 관한 방송을 하는 일은 실제로 생각할 수 없기 때문에 사실상 해당 선거의 타 후보로부터의 청구도 고려되지 않고 있다.

또한 공직 선거법 제150조의 규정에 의해 정견 방송을 할 수 있는 것은 중의원 의원, 참의원 의원, 도도부현지사(都道府縣知事)의 선거 후보자(참의원 비례대표 선출 의원의 선거에서는 명부를 신고한 정당 등)인데, 공직 후보자의 정견 방송은 사실상 이 규정에 한정되고 있다고 보아도 좋을 것이다. 이같은 공직선거법의 규정에 의한 방송도 소위 접근의 일종으로 볼 수 있다.

동 법 제150조는 "이상의 후보자 등이 정령에 정해진 대로 선거운동 기간 중에 NHK 및 민간방송의 중파방송 또는 텔레비전 방송의 방송설비에 의해 그 정견-참의원 비례대표 선출 의원의 선거에서는 명부등재자(名簿登載者)의 소개를 포함-을 무료로 방송할 수 있다. 이 경우, NHK와 민간방송은 그 정견을 녹음 또는 녹화하여 이를 그대로 방송하지 않으면 안된다"라고 규정하고 있다. 또한 동 법 제150조의 2는 정견 방송에서 품위를 지킬 것을 정하고, 제151조는 경력 방송에 대한 규정으로 되어 있다.

그런데 '일본방송협회 및 일반 방송 사업자는 그 정견을 녹음 또는 녹화하여 이를 그대로 방송하지 않으면 안된다'라고 한 부분[7]에 대해선 해석상의 논의가 발생할 수 있다.

1983년의 참의원 선거에서 입후보자였던 원고의 정견 방송 일부를 NHK가 삭제한 데 대하여 공직선거법 위반으로 NHK와 국가에 손해배상을 청구한 재판이 있었다. 최고재판소는 1990년 4월 17일 이에 대하여 본 건 삭제 부분은 공직선거법 제150조의 2(정견 방송에서 품위의 유지)의 규정에 맞는 것으로, 그 언동이 그대로 방송되지 않았어도 불법행위법상 법적 이익의 침해가 있다고 말할 수 없다고 판단하고 상고를 기각하였다.[8]

공직선거법에 기초한 정견 방송은 민주정치에 있어서 더없이 중요한 부분이다. 따라서 그 내용의 삭제에 관해서 공직선거법의 규정에 비추어 신중한 대응이 필요하며, 이후에도 다각적인 검토를 하여 논의해야 될 문제라고 생각한다.

3. 사설(社說)방송과 그에 따른 반론

(1) 사설방송

사설이 없는 신문은 생각할 수 없지만 방송의 경우에는 사설이 허용될 것인지의 여부가 오랫동안 논의되어 왔다.

1958년 10월 31일 중의원 체신위원회에서 우정성 관야번(館野繁)방송 사업과장은 "제44조의 제3항이 엄격하게 지켜지면 사설이나 해설방송이 법률상으로 금지되어 있다고 볼 수는 없다. 그런데 현실적인 문제로써 제44조 제3항을 지키면서 사설을 내보낸다고 하는 것은 매우 어렵다…"라고 답변하였다9)(당시의 방송법 제44조 제3항은 현행의 제3조의 2 제1항).

이 답변처럼 현행 방송법이 방송에서 사설을 금지하고 있다고는 해석하지 않는다. 그러나 정치적으로 공평하고 의견이 대립되는 문제에 있어서 될 수 있으면 많은 각도에서 본점을 밝히는 것과 같이 방송법의 규정을 준수하며 사설을 행하는 일에는 많은 어려움이 따른다.

신문에서는 전파의 유한 희소성과 같은 방송 특유의 문제가 존재하지 않기 때문에 사실상 과점 상황에 있어서도 사설을 싣는 일이 당연시되고 있다. 그러나 방송에서는 유한하고 희소한 전파를 사용하고 일정 지역에 방송 미디어의 수는 저절로 한정될 수밖에 없기 때문에 이같은 상황에서 자기의 의견만을 주장하는 일은 수신자의 다양한 정보입수를 방해하므로 민주사회에서 국민의 알 권리에 봉사해야 될 보도기관의 위상으로서 적절하지 못하다고 본다.

따라서 방송에서 사설방송을 실시하기 위해선 해당 사항에 대하여 각종 상이한 의견과 다각적인 논점을 소개한 후에 신중하게 자기의 의견을 진술하는 태도가 필요하다.

1979년 3월 27일자 ≪신문협회보≫(제2386호)는 '논설 방송을 시행하기 위한 가이드 라인이 15일 일본민간방송연맹 이사회에 승인되어 곧 가맹 각사에 송부될 것이다'라고 보도하고 「이미 산형(山形) 방송이 머잖아 시의 적절한 문제를 중심으로 필름 구성과 현장중계를 섞어 가면서 해설을 하게 될 것이고, 비록 회사로서의 주장을 진술하는 일본 최초의 사설방송을 1978년 10월 시작했지만, 동 방송은 하나로 합친 「논설방송의 가이드라인(중간보고)」을 참고하여 과감하게 실시할 것이다'라고 산케이 방송의 사례를 소개하고 있다. 또한 가이드라인의 내용에 대해서도 다음과 같이 전하고 있다.

> 논설방송에 대한 회사의 주체적인 책임에 관하여 언론활동의 공평 공정을 유지하고 상이한 의견을 소개하는 데도 소홀하지 않는다. 사회생활에 밀착된 구체적인 문제에 대하여 판단 재료를 충분히 제공하여 해결책 또는 대응책을 제언하도록 힘쓴다. 방송에 대하여 충분히 조사·분석하여 회사가 책임을 지도록 한다. 또한 특수한 뉴스나 정견방송과 혼동되지 않도록 논설방송이라는 것을 명백히 밝히며, 방송 후에 상이한 의견이 제시될 필요가 있을 경우는 다음 논설방송 때 소개한다. 방송할 때는 상이한 의견이 있으면 3일 이내에 방송국에 의견을 제시할 것을 알린다.

상기 가이드라인 내용은 자세하게 배려를 한 것이라고 보여지며 특히 상이한 의견의 취급에 대하여 신중을 기한 점이 주목된다.

민간방송의 사설방송에 대하여는 이상과 같이 그 길이 열려 있지만 NHK에 있어서는 그 성격상 더욱 검토가 필요하다.[10]

(2) 의견광고

일본에서 의견광고의 문제가 논의된 것은 1965년대에 들어서 였는데, 신문

각사는 차례로 광고 게재 기준의 항목을 정비한 후 이들 게재 기준에 따라 의견광고를 게재하였다.

이 의견광고와 관련되어 최근에 관심을 모은 것이 '산케이(産經) 의견광고 소송'이다. 이 소송은 1973년에 산케이신문에 게재된 자민당의 의견광고를 둘러싸고 일본 공산당이 반론문 게재를 요구한 것인데 1987년 최고재판소는 공산당 측의 상고를 기각하였다.

이 판결 가운데 신문에 기사화된 자가 그 기사가 게재됨으로써 명예훼손의 성립 여부와는 관계 없이 자기가 기사화되었다는 이유만으로, 해당 기사에 대한 자기의 반론문을 수정 없이 게다가 무료로 게재하는 일을 요구한 것이다. 이것이 소위 반론권 제도에 관한 것인데 이 제도에 대하여 동 판결은 명예훼손에 의한 불법행위가 성립된 경우에 있어서 그 자를 보호하는 것은 별도로 하고, 반론권 제도에 대한 구체적인 성문법이 없기 때문에, '반론권을 인정하라는 상고인의 주장같이 반론문 게재 청구권을 쉽게 인정할 수는 없다'라고 말하고 있다. 따라서 이 판결에 국한해서 살핀다면, 명예훼손에 의한 불법행위가 성립되는 경우는 별도로 하고, 현행 법제 하에서는 반론권을 주장하는 일은 더없이 곤란하다고 생각될 만하다.11)

어쨌든 신문의 경우, 의견광고의 실례가 여기저기 보이지만, 이제부터는 방송에 관한 의견광고를 살피도록 하겠다.

전술한 사설방송의 경우, 방송법 제3조의 2 제1항 제2호 및 제4호와 관련지어 볼 때, 합당한 시간에 한하여 해당 사항에 관한 자기 견해를 밝힐 수 있지만, 의견광고의 경우에는 상기 방송법의 관련 조항과의 관계를 어떻게 고려해야 할 것인가? 사실상 하나의 의견광고에 대하여 합당한 시간을 사용하여 상이한 의견을 소개하고 자기 의견을 진술하는 일은 불가능에 가깝다. 하나의 사항에 대하여 많은 사람들이 의견광고를 일괄적으로 방송하게 되면 공평성, 다양성을 확보하는 방법도 생각할 문제이지만, 다액의 경비를 지불하여 한 사항에 대하여 상이한 의견을 진술하는 광고주를 단시간 안에 모으는 일도 힘들다. 상이한 의견의 광고주가 나타나는 경우, 의견광고가 가능하므로 방송법상 의견광고가 가능하다고 생각할 수는 있겠지만 일정기간 안에 상이한 의견광고주의 등장을 예상할 수 없는 상황에서 실시하기란 어렵다.

게다가 하나의 의견광고를 할 경우, 반론권에 어떻게 대응할 것인지 확실하지 않다. 전술한 '산케이 의견광고 소송'의 최고재판소 판결에 의해 하나의 방법이 밝혀지기는 하였으나 방송 법제를 전제로 한 방송의 의견광고와 방송법 제4조의 정정·취소 방송 규정과의 관련 등 아직 검토해야 될 문제가 많다.12)

4. 송신자와 수신자의 상호관계

이 장은 시청자에 관한 문제로서 수신자인 시청자의 위치에서 현행 방송법제에 있는 방송에의 접근, 사설방송, 그리고 반론권 등에 대하여 고찰하고 있지만 더욱 틀을 확대하여 방송의 송신자와 수신자의 상호관계에 대하여 살펴도록 하겠다.

전술한 대로 일본에서는 NHK와 민방 모두가, 특히 최근에 각자의 성격에 부응하여 업무운영상 시청자 관계 업무를 충실히 도모하고 있다.

이 시청자와의 관계를 중시하는 생각은 세계적으로 볼 수 있는데 1977년 영국의 아난위원회가 그 점을 역설하고 있다.

동 위원회의 보고서는 "영국이 세계에서 가장 우수한 방송을 이후에도 계속 유지하려면 방송 사업자, 정부, 시청자의 상호관계에 조정이 이뤄져야만 한다"라고 하였으며,13) 특히 방송 사업자와 시청자와의 관계를 지적하고 새로이 '방송과 시청자'의 장(章)을 설치하여 관련 시책이 충실해질 수 있도록 제언하고 있다.14) 15년 전에 밝혀진 필킹톤위원회의 보고서에서는 시청자 관계의 독립된 장이 없었던 것과 비교하면 이 보고서는 방송사업을 둘러싼 환경의 변화를 강하게 의식하고 있음을 알 수 있다.

여기에서는 방송사업과 시청자와의 상관관계로써 불만 처리, 정보 공개, 접근 프로그램 등 세 가지에 대하여 진술하겠다.

(1) 불만 처리

방송 사업자의 광범위한 사업활동에 대하여 외부로부터 불만은 당연히 발생할 수 있다. 어떤 부분은 일반기업에 대한 불만과 같이 취급하여 처리 가능한 것도 있을 것이다. 그러나 또 다른 부분은 방송 사업자의 독특한 불만으로서 방송 프로그램에 대한 문제 등이 있을 수 있다. 여기서는 바로 이 점에 대하여 생각해 보고자 한다.

영국 BBC에서는 1972년 이래 '프로그램 불만처리위원회'가 설치되어 활동하고 있다. 이 위원회는 BBC가 방송한 프로그램에 대하여 부당한 취급을 당했다고 주장하는 개인 또는 단체의 불만을 심사하는 것이 주된 임무이다. 불만은 방송 30일 이내에 주장해야 되고 이에 대하여는 소송을 제기하지 않는다는 약속이 필요하다.

동 위원회의 위원은 3인으로서 BBC 경영위원회에 의해 임명되는데 1972년 1월부터 1980년 3월까지 8년 3개월 동안 35건의 판정을 내렸다.

상업방송을 담당하는 IBA도 시청자로부터의 불만을 상대하고 있는데, 위원회의 구성은 IBA의 경영위원회 부위원장, 일반 자문위원회의 위원 3인, IBA의 총무 담당 부회장 등으로 구성되어 있다.15)

아난위원회는 "방송의 내용이 사실이 아니라고 생각하거나 부당한 취급을 당했다고 여기는 개인 또는 단체의 불만과, 개개의 프로그램 또는 프로그램 일반의 기호와 내용 및 기준에 관한 시청자로부터의 불만을 단일 기관에서 병행 처리한다는 방침에 본 위원회는 반대한다. 두 가지 종류의 불만은 성질이 다르다"라고 밝혔다. 후자에 대하여는 방송 사업자 자체가 이후에 좀더 가슴을 열고 대응할 것을 바라고 전자에 대해선 불만처리위원회가 취급할 것을 요구하고 있다. 또한 방송 사업자 자신이 위원을 임명하는 일에 대하여 어느 누구도 납득할 수 없다고 보고 있으며, 그 위에 'BBC의 프로그램 불만처리위원회에 부합되는 기관을 설립하여 방송 프로그램에 관한 진실 여부와 부당하거나 불공정한 취급에 대한 방송공공사업체에 대한 모든 불만을 처리하는 일을 맡길 것을 권고하고 있다. 그 경비는 모두 방송공공사업체가 공동으로 하여 지불하도록 한다'라고 제언하였다.16) 현재의 방송불만처리위원회는 그 권고를 기초로 1981년 발족되어 대략 BBC의 프로그램 불만처리위원회의 위상을 그대로 반영하고 있으며 구성원인 위원장을 포함한 3인 이상의 위원 임명은 정부가 한다.17)

방송 프로그램의 구성은 공정성과 정확성을 주로하여 섬세하고 빈틈 없이 시행돼야 함은 말할 필요도 없지만 사회 환경의 복잡화, 가치관의 다원화가 진행되면서 시청자로부터의 의견이나 요망과 함께 불만도 점차 많아지는 것은 피할 수 없는 현실이다. 이에 대한 취급을 방송 사업자로서 어떻게 할 것인지 계속된 검토가 필요하고 무엇보다도 먼저 방송 사업자로서의 책임과 성의를 가지고 정확하게 대응하는 일이 요구된다.

(2) 정보 공개

일본은 고도 성장기에 접어들면서 공해, 약해(藥害), 노동 안전, 원자력발전 등 신체의 건강과 안전에 직접적으로 영향을 끼치는 시책들이 적절히 시행되는지에 대한 정보 공개의 움직임이 활발해지고 있다. 이는 대체로 국가와 지방 공공단체를 대상으로 한 것이지만, 이외에 각종 공공기업에 대하여 기업의 해당 서비스의 직접적인 수익자로서, 또한 최종적인 비용의 부담자로서 개인이나 단체로부터 경영 공개를 요구하는 목소리도 발생하게 되었다.

NHK 장기비전심의회 조사 보고서는 "정보 공개를 검토할 경우 NHK는 수신료로 경영되는 이상, 공개를 기본으로 해야 된다는 방침이지만, 정보 내에 경영체로서 공개할 수 없는 사항이 있으며 또한 보도기관으로서 공개하는 일이 부적절한 것도 있으므로, 이에 대하여 충분히 배려를 하고, 적절한 기준을 설정해야 한다. 이 기준의 설정은 일반 공개 기준의 내용과 다른 보도기관에 있는 상황도 감안하여 시청자가 납득할 수 있도록 해야 된다"라고 되어 있다.18)

방송 사업에서의 정보 공개, 특히 공공적인 성격을 지닌 NHK에 대한 대응은 상기 심의회 보고서에도 있는 것처럼, 공개를 기본으로 하여 검토돼야 한다. 다만 그때에는 정부, 지방공공단체, 또는 공공 기업 등에 있어서의 상황을 참고하고, 또한 보도기관에서는 취재 자료의 특수성 등 특유한 문제도 지니고 있어 보도기관 일반의 동향도 감안하여 검토할 필요가 있다.

(3) 접근 프로그램(access program)

1970년 영국에서는 '채널 44'라는 접근 프로그램이 탄생하였고 1973년에는 영국 BBC가 "open door"를 개시하였다. 1975년도에 NHK는 새로운 시청자 참가형으로 NHK의 테마를 선정하고 프로그램 제작에 시청자가 참여하는 '당신의 스튜디오'를 월 1회 방송하고 있다.

접근 프로그램에서 논의의 중심은 방송 사업자 측의 편집권과 이에 동반한 책임과의 관계라고 할 수 있다. 참가하는 시청자 측이 자주성을 강하게 주장할 경우, 현행 법제상 이런 종류의 프로그램 편성은 불가능하게 되어 있다. 그러므로 방송 사업자 측의 편집 책임 하에 방송할 수 있는 범위 내에 한하여 시청자가 참가하는 형태가 되고 있다. 방송법 제4조의 정정·취소 방송의 요구에 대한 대응과 동 법 제3조의 2 제1항의 규정에 적합하도록 한 책무 등은 당연히 방송 사업자가 부담하는 것이다.19)

아난위원회는 "접근 프로그램의 가능성은 지역 방송에서 가장 잘 발휘될 것이므로 접근 프로그램의 증설은 지역 방송을 중심으로 고려할 것을 권고한다"20)고 하였다. 또한 NHK 장기비전심의회는 "접근 프로그램은 편집의 자주성 등에 대하여 검토할 문제가 많이 있는데, 특히 지역 프로그램과 라디오 방송에 시행되는 경우에 대해 더욱 연구할 것이 요청된다"21)라고 진술하였다.

접근 프로그램에 대한 방송 사업자 측의 편집권, 프로그램 내용의 질적 수준 등 아직 검토할 문제점이 많은 것이 사실이지만 지역사회의 매스미디어로서 발전할 가능성이 있는 CATV에 유사한 프로그램의 적용은 이후 주목할 만한 사항이다.

5. 방송수신의 개선

우정성의 1990년도 시책을 중심으로 방송수신 개선에 관한 여러 방안이 강구되고 있는데, 그 중 시청자와의 관계를 설명하면 다음과 같다.

먼저, 통신·방송위성기구법이 개정되어 동 기구에 위성방송수신대책기금이 설치되어 있다. 이 기금의 운용과 이익으로 산간지역 등 난시청 지역에 NHK 위성방송 수신설비를 설치하는 자에게 지원금을 교부하고 있다. 그리고 이를 위한 재원으로서 동 기구에 1989년도 정부보정예산에서 30억 엔이 출자되었다. 지방 공공단체가 한 세대당 조성금과 동 액 이상의 보조를 할 경우에 한하여 설치경비의 일부(¼, 2만5천 엔 한도)를 조성할 수 있게 되었다.22)

다음으로 새로운 '과소(過疏)지역 활성화 특별조치법'이 제정되어 전기통신 시설 등의 경비에 충당하기 위해 해당 지역의 시정촌(市町村)은 지방채로 그 재원을 마련할 수 있도록 하고 있다. 이 전기통신 시설의 안에는 텔레비전, 라디오의 중계국과 공동 수신시설이 들어가 있다.23) 이 지방채의 상환 연도는 12년 이내로 되어 있고, 지방교부세에 의하여 원리 상환금의 70%가 보상된다.

또한 이미 이야기했듯이 방송법 및 전파법의 개정에서 수신 장해대책 중계 방송이라는 개념이 새로 도입되었다. 이는 일정 범위에 전해져야 될 수신에

장애가 발생한 텔레비전 방송 등을 수신하여 그 일체의 방송 프로그램을 변경하지 않고 해당 수신 장해가 발생한 지역에 수신하는 것을 목적으로 하고 동시에 이를 재송신하는 것으로서 해당 방송 사업자가 스스로 행하는 것은 제외한다(전파법 제5조 제5항).

동 방송을 행하는 것은 전파법의 규정에 의해 방송국 면허를 받은 자이지만, 방송 사업자의 범위로부터 제외되어 있다(방송법 제2조 제3호의 2). 정정방송과 수신계약에 대해서는 중계되고 있는 방송 사업자의 방송으로 간주된다(동 제53조의 9의 2). 도시지역에서는 건축주, 구릉지대 등에서는 지방자치단체가 중계국을 개설할 수 있다.[24]

게다가 중파의 혼신 대책으로 일부에 한정적으로 FM중계국의 이용이 인정되어, 방송 이용 주파수 사용 계획의 변경과 '외국파 혼신대책용 중계 방송국의 면허 방침'의 책정이 시행되었다. 이는 한국의 동해 등에서 특히 야간에 외국 전파의 혼신에 의해 중파 청취가 불가능하게 되는 지역도 있기 때문에 혼신의 정도가 현저하고 또한 다른 방법에 의한 대책을 강구하는 일이 어려울 경우에 한하여 새로운 보완적 이용을 인정하고 있다.[25]

이상으로 방송수신의 개선에 관한 정부의 시책에 대해서 기술했는데, 이외에 특정 통신, 방송개발사업실시원활화(放送開發事業實施円滑化)법이 제정되어 팩시밀리 방송, 도시형 CATV, 광역대 ISDN 등에 금융과 정보 측면에서 지원하는 계획도 시작되고 있다.[26]

또한 1991년도 이래 공공투자와 관련하여 도시의 수신 장해대책과 산간지역, 낙도의 난시청 해소, 또는 생활환경과 사회 기반 정비의 일환으로서 각종 시책이 진행되고 있다.[27]

이후 추진되는 각종 시책에 대해선 방송사업이 언론·표현에 관련된 사업을 먼저 전제로 함과 동시에 일본방송 체제가 기본적으로 NHK와 민간방송에 의해 형성되었다는 것을 염두에 두기를 바란다.

6. 방송 프로그램 센터

1989년 방송법 개정으로 방송 프로그램 센터에 관한 규정이 설치되었다. 동 센터에서는 과거의 방송 프로그램을 공중에 시청하도록 하는 일을 하나의 목적으로 하고 있다.

사실 근래에 방송 프로그램에 대하여 각 시대의 사회경제적 동향과 문화, 풍속 등을 반영한 귀중한 문화재가 된다는 인식이 깊어져 그 수집과 보존을 도모하는 움직임이 활발해지고 있다. 구미에서는 이미 미국 뉴욕의 방송 박물관, 영국 영상도서관, 프랑스 국립영상연구소 등과 같이 수집, 보존, 공개를 위한 기관이 있다.

일본에서는 1988년에 우정성이 방송도서관에 관한 조사연구회를 설치하여 검토를 진행하고 있는데 1989년의 방송법 개정에서 동 법에 방송 프로그램 센터의 장을 신설하게 되었다.

이 개정에서는 방송 프로그램 센터가 방송 프로그램을 수집·보관하고 공중에게 시청하며 방송 프로그램에 관한 정보를 수집·정리하여 보관하고 정기적으로나 또는 의뢰에 응하여 시의 적절하게 제공한다(제53조의 2). 그리고 이 방송 프로그램 센터는 방송의 건전한 발달을 도모하는 일을 목적으로 설립된 공익 법인이어야 하는데 업무신청을 하게 되면 우정대신이 전국에 한 번에 한하여 지정할 수 있게 되어 있다(제53조 제1항).[28] 현재 대체로 이같은 업무를 행하고 있는 법인은 재단법인 방송 프로그램 센터가 있다. 금후의 신청에 대해서 구체적인 지정이 이루어 질 것이다. 더욱 방송의 공공성에 관한 조사연구회의 보고서는 동 센터의 효용으로 시청자가 과거의 우수한 방송 프로그램에 접하여 방송 프로그램에 대한 비평의 안목을 기르고, 평생학습의 시설로서도 중요한 역할을 할 뿐만 아니라 방송 종사자에게도 제작 수법을 배우는 계기가 됨과 동시에 자기가 종사한 방송 프로그램이 후세에 보존되므로 우수한 방송 프로그램을 제작하기 위한 노력을 할 것으로 기대한다.

■ 주

1. 塩野宏,「放送における受信者の法的地位」,『放送法制の課題』, 215-216쪽 참조.
2. 앞의 책, 225쪽 참조.
3. 앞의 책, 219-220쪽 참조.
4. 堀部政男,「アクセス權とは何か」, 185쪽; 淸水英夫,『言論法硏究』, 110-120쪽 참조.
5. 伊藤正己,「放送へのアクセスと現行法制」, 伊藤正己 編,『放送制度-その現狀と展望』, 88쪽.
6. 앞의 책, 90-91쪽; 堀部政男,『アクセス權とは何か』, 181-182쪽.
7. 伊藤正己,「放送へのアクセスと現行法制」, 前揭, 102-103쪽.
8. ≪ジュリスト≫ 臨時增刊 1987년 6월 10일호,「昭和61年度重要判例解說」, 21쪽; ≪朝日新聞≫ ≪每日新聞≫ ≪讀賣新聞≫(昭和61年 3월 25일 석간)(平成2年 4월 18일 석간); ≪新聞協會報≫ 제2931호(平成2年 4월 24일); 靑柳幸一,「政見放送における表現の自由」, ≪新聞硏究≫, 1990년 7월호, 71-74쪽.
9. 田中正人·平井正俊,『放送行政法槪說』, 75-77쪽.
10. 塩野宏,「放送番組のあり方」,『放送の基本問題-放送基本問題硏究會議報告』, 184쪽.
11. 『高裁判所民事判例集』 41권 3호, 490쪽; 특히 ≪朝日新聞≫(昭和62年 4월 25일);「(資料)サンケイ新聞意見廣告訴訟·最高裁判所判決全文」, ≪新聞硏究≫ 1987년 7월호.
12. 塩野宏,「放送番組のあり方」, 前揭, 184-187쪽; 堀部政男,「アクセス權とは何か」, 162-167쪽; 伊藤正己,「放送へのアクセスと現行法制」, 前揭, 96-101쪽.
13. 『アナン委員會報告書』, 제3장 3.26.
14. 앞의 책, 5장 5.38, 5.39, 제6장.
15. 大谷堅志郞,「イギリスの放送苦情處理機構」, ≪NHK文硏年報≫ 제25집, 25쪽.
16. 『アナン委員會報告書』, 제6장 6.16, 6.17.
17. 『世界のラジオとテレビジョン1988』, 133쪽;『世界の放送1990』, 101쪽.
18. 『NHK長期ビジョン審議會調査報告書』, 122쪽.
19. 伊藤正己,「放送へのアクセスと現行法制」, 前揭, 103-105쪽; 堀部政男,『アクセス權とは何か』, 195-198쪽.
20. 『アナン委員會報告書』, 제18장 18.12.
21. 『NHK長期ビジョン審議會調査報告書』, 60쪽.
22. 大川昭隆,「殘存テレビジョン難視聽の解消促進」, ≪立法と조사≫ 157, 1990년 6월호, 45쪽.
23. 앞의 책, 45-46쪽.
24. 앞의 책, 47쪽; 방송행정국 기획과,「放送法及び電波法の一部を改正する法律につい

て」, ≪情報通信ジャーナル≫ 1990년 9월호.
25. ≪電波タイムズ≫ 제2985호(平成2年 7월 25일).
26. 앞의 책, 제2969호(平成2年 6월 18일); 高田昭義, 「情報流通の円滑化と新規支援施策」, ≪情報通信ジャーナル≫ 1990년 7월호, 10-15쪽.
27. ≪電波タイムズ≫ 제3001호(平成2年 9월 3일).
28. 楊井貴晴, 『衛星時代の新しい放送制度』 당시 법령 平成元年 12월 30일호; 片岡俊夫, 『放送法, 電波法の一部改正』, ≪ジュリスト≫ 1989년 9월 15일호, 58쪽.

제9장 방송사업과 고도 정보사회

1. 사회환경의 변화와 방송사업

(1) 사회환경의 변화

 현재는 공업화사회에서 고도 정보사회로 이행하는 단계로 산업구조도 전환 과정에 있다고 말할 수 있으며, 이같은 상황에서 고령화, 고학력화, 국제화, 고도 정보화 등이 급속하게 진전되고 있다. 이같은 추세는 21세기에는 더욱 현저해 질 것이다.[1]
 먼저 고령화에 대해서 말하면, 65세 이상의 인구의 비율이 1980년의 9.1%에서 2000년에는 15%를 초과하고 2015년에는 20%를 넘어설 것이다. 이같은 경향은 사회보장에 있어서 뿐만 아니라 사회와 경제 전반에도 큰 변화를 가져오는 요인이 된다.
 우선, 고학력의 측면에서는 성인 전체를 점하고 있는 단기 대학 졸업 이상의 비율이 1980년의 16%에서 2000년에 25%에 도달할 것이라고 예상되고 있으며, 특히 여성의 고학력화가 현저하게 될 것이다. 고학력화의 진행은 고령화와 함께 평생교육의 필요성을 높이고 더욱이 여성의 고학력화는 사회참여를 강하게 요청하게 된다.

국제화에 대하여 이야기하면, 국제적인 상호 의존관계가 점점 긴밀해져 상호 이해를 위해 문화와 정보의 교류 중요성이 높아지고 있다. 또한 일본의 국제적 지위가 향상됨에 따라 국제 도시로서의 동경의 역할도 증대되고, 이 일은 국내적으로는 인구와 경제의 극심한 집중을 발생시켜 다극 분산을 위한 시책이 중요한 과제가 되고 있다.

고도 정보화에 대해선 산업과 기업의 영역에서 이미 고도 정보화가 본격적으로 진행되어, 사회와 가정의 정보화에 있어서 기기(器機)의 저렴화와 프라이버시의 보호 등 아직 해결해야 될 문제가 많이 있지만, 금후의 진전이 기대된다.[2] 다시 말하면 우리들은 현재 고도 정보 사회의 입구에 서 있는 것이다.

이상과 같은 내용을 방송과 연관지어 보면, 고령화와 고학력화로 인하여 방송 수신자인 시청자의 가치관이나 의식, 기호 등이 다원화되면서 방송에 바라는 바 또한 다양해졌다. 사회 환경의 국제화는 24시간을 통한 국제정보의 교류 필요성이 증대되면서 프로그램 편성 면에도 새로운 전개를 요구하고 있다. 또한 고도 정보화의 진행은 시청자의 일상생활에 멀지않아 큰 변화를 줄 것이며, 방송 미디어 자체에도 다양한 변용이 이루어져야 한다.

이처럼 방송 사업을 둘러싼 환경의 변화와 함께 방송 영역, 전기통신 영역을 통틀어 관련 기술의 발전은 하드(hard)면에서도 점점 미디어 경합, 미디어 융합 현상을 발생시키고 있다.

(2) 방송사업과 인접영역

고도 정보사회의 원동력은 컴퓨터와 통신 기술에 있다고 말하는데 방송과 인접된 전기통신 영역의 최근 진보에는 주목해야 할 사항이 있다. 그것은 바로 이같은 상황 속에서 기존 방송 미디어, 방송 관련 뉴미디어의 독자적인 발전을 도모하면서 인접영역과의 공존을 어떻게 이룰 것인가 하는 문제인데 이는 방송계가 풀어야 할 중요한 과제 중의 하나다.

특히 고도화된 기존 전기 통신망에 의한 화상 통신과 텔레비전 방송, 비디오 텍스트와 문자다중 방송 분야와 동시보도, 팩시밀리 통신, 팩시밀리 방송 등 양 분야에서의 경합과 융합의 가능성은 더없이 큰 문제로 예측되고 있다. 그러나 이 경우에도 우선 방송 시스템에 비추어서 말하면, 전반적으로 저렴하고 이에 동반한 이용 비용 또한 싸게 하는 일, 단말을 설치하여 수신이 더욱 용이하게 하는 일부터 충분히 경쟁력을 지닐 것이 요구된다.3)

그런데 장래 위성통신의 보급과 도시형 CATV, 위성통신 결합 등의 새로운 상황을 고려하면 사태는 더욱 복잡해진다.

1987년 4월에 보고서를 총괄한 우정성 통신정책국장의 연구회인 '위성통신 고도이용시스템연구회'는 통신위성을 이용하여 CATV 등에 영상 프로그램 등을 공급하는 동시 보도형 공급사업에 대하여 '통신위성이 지닌 광역성, 동시 보도성의 미디어 특성을 효과적으로 살리는 응용의 한 형태로서, 또는 기업 및 국민 정보 필요의 고도화와 다양화의 요구를 만족할 수 있는 새로운 정보 미디어로서 그 발전이 크게 기대된다. 그렇지만 이러한 동시 보도형 정보 공급 사업은 수신 대상자의 범위 설정방식 등에 의해 기존 방송사업과 매우 유사한 사례도 발생한다'라고 하였다.4)

기존 방송사업과 유사한 예를 방송정책간담회 보고서가 동시에 발표하였다. 보고서는 통신위성에 의한 프로그램 전송의 예를 들어 "비록 대상자가 개념상 특정된 소수같이 보여도 실제에서는 막대한 수에 이르러 대부분 공중을 대상으로 하는 것과 같은 상황이 발생할 수도 있다(예를 들면, 전국의 20세대 인구 전체, 전국의 아파트, 맨션의 거주자 전체 등을 대상으로 하는 경우)"라고 설명하고 있다.5)

방송영역과 인접영역 사이의 경합과 융합이 이처럼 하드 측면에서 먼저 시작할 것이라고 보고 있다. 이 양자의 영역은 본래 그 제도의 기본이념이 전혀 다른데 그 구분을 어떻게 정할 것인가? 방송정책간담회는 여러 미디어를 선상에 놓고 배치·분류하였으며 그 특성에 따라 규제를 행할 것을 제안하였는데 어쨌든 현실적 대응은 여기서부터 시작된다. 그리고 그와 같은 움직임의 사례로, 전술했듯이 우정성의 통신과 방송의 경계 영역적 서비스에 관한 연구회에서 발표한 1989년 2월의 중간보고와 같은 해의 방송법 개정을 들 수 있다.

먼저 중간보고에서는 통신위성을 이용한 각종 서비스에 대하여 '통신'으로 구분되어 있는 것은 '통신'으로 하고, '방송'에 구분된 것은 '방송'으로서 각각의 발전을 도모하는 것이 합당하며, 불특정 다수에 의해 동시에 직접 수신될 수 있는 일을 목적으로 하는 일에 대하여는 '방송'으로 그 실현을 도모해야 한다고 보고 있다. 또한 이 새로운 방송 서비스의 실시를 위해서 '설비 관리운용자'와 '프로그램 편집자'를 분리하는 제도의 검토가 바람직하다는 의견을 나타냈다. 하드와 소프트의 일치를 오랫동안 원칙으로 한 방송 법제에 하드와 소프트의 분리를 제기한 것이다.

이 취지에 따른 방송법 개정이 같은 해에 실시되어 민간 통신위성에 의한 새로운 형태의 방송 서비스가 시작되었다.

(3) ISDB의 방침

여기서 장래 방송 미디어의 경합과 융합화 현상을 중장기적으로 보거나 우편, 전기 통신, 방송, 유선방송에까지 시야를 확대하여 거시적으로 고찰하도록 하겠다.

먼저 1986년판 통신백서(우정성 편)는 "통신 네트워크는 지금까지 우편, 전기 통신 및 방송이 각각의 틀 안에서 고유의 서비스를 제공하면서 발전해 왔다. 그러면서도 통신기술의 진전은 각각의 통신 네트워크 기능을 확충함과 동시에 구성요소의 공용, 상호접속 등 통신 네트워크의 결합을 가능하게 하였다.

또한 한편에서는 통신 네트워크의 기능이 융합화되는 것도 볼 수 있게 되었다. 개개의 발전된 부분들을 조합하여 더욱 고도화, 다양화의 필요에 부응할 수 있게 되었다"라고 하고,6) 다음같이 통신 네트워크의 하드적 결합 형태를 개념도로 표시하고 가까운 미래를 예측하고 있다(<그림 1> 참조).

<그림 1> 통신 네트워크의 하드적 결합의 형태

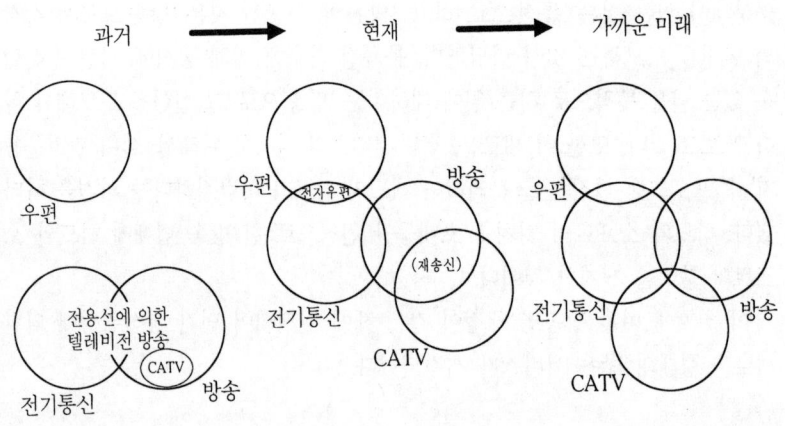

- 우편, 전기 통신, 방송은 각각 독립된 네트워크 형성.
- CATV는 텔레비전 방송의 재송신용으로 존재.
- 통신 네트워크의 결합 사례는 전용선에 의한 텔레비전 전송이 있다.

- 전자 우편 등의 통신 네트워크 결합 등장.
- 자주적 방송을 하는 CATV가 출현하여 CATV망이 독립된 네트워크로서 파악된다.

- CATV를 이용한 전기 통신의 제공 등, 새로운 네트워크의 결합이 발생함과 동시에 전기통신 상호, CATV 상호 등의 결합도 활발해진다.

자료: 1986년판 『체신백서』 197항.

제9장 방송사업과 고도 정보사회 201

또한 동 백서는 「체신 네트워크의 미래」에서 '금후의 통신 네트워크의 발전은 전기 통신 분야에서 ISDN[7])의 구축이 진행되고, 또한 방송 분야에서는 ISDB[8])를 목표로 디지탈화가 시도되고 있다. ISDN에서는 영상통신 등의 광대역 통신 서비스의 제공이 가능하도록 전기 통신과 방송을 융합한 새로운 서비스를 목표로 ISDN과 ISDB의 결합이 시행되고, 게다가 그 기능은 지적 처리 기술을 도입하여 더욱 고도화될 것이다"라고 설명하고 있으며,[9]) 다음의 통신 네트워크 발전의 개념도를 보여주고 있다(<그림 2>참조).

<그림 2> 통신 네트워크의 발전 개념도

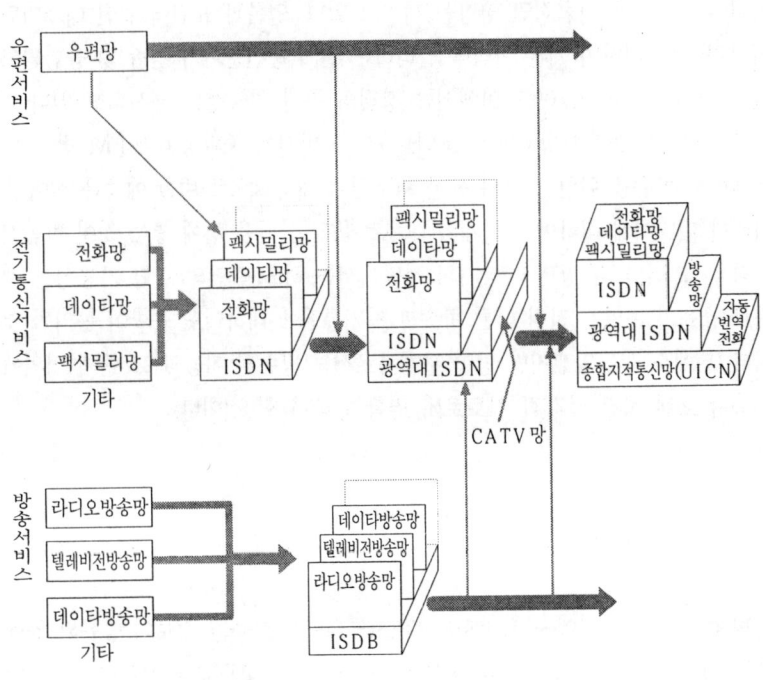

자료: 1987년판 『통신백서』 205항.

우정성 전파기술심의회는 1983년 6월에 우정대신의 답신서인 「전파 이용의 장기 계획」에서 "방송 시스템의 디지탈화를 진행시킨 궁극적인 형태로서 다양한 정보가 하나의 전달로에 의해 방송되는 종합디지탈방송(ISDB)을 생각하고 위성 방송에 의한 ISDB가 유망하다"라고 언급하여 중장기 목표를 보여 주고 있다.10)

(4) 방송 미디어의 독자성

이상과 같이 방송분야와 전기통신분야의 기술은 급속히 진보를 하여 방송 미디어의 위상에 직접적인 영향을 끼치고 있다. 언론과 표현에 걸친 매스미디어인 방송에 대하여 기본 이념을 달리하는 전기 통신분야가 경합 및 융합되고 있는 것이다. 게다가 하드 면에서는 장래의 통합 가능성도 제시되고 있다.

방송정책간담회의 방침에서 보면, 가까운 미래에 중파방송과 FM 방송 및 텔레비전 방송을 위한 전파의 유한 희소성이 대폭적으로 변할 예측은 적어서, 이러한 미디어에 대하여는 현재와 대체로 똑같은 규율 하에 놓는 것이 바람직하다.11) 그러나 각 방면의 장기적 전망에서는 하드 측면의 결합 가능성을 계기로 규율의 논리가 전혀 다른 방송과 전기통신에 대하여도 융합이 논의될 것이다. 뒤에도 설명되겠지만 방송 관계자로서는 방송의 기능과 그 존재 의의에 대하여 오랜 시간 다각적 검토로써 명확히 해야 할 것이다.

2. 방송 관련 뉴미디어

방송 관련 뉴미디어는 시청자의 다양한 요망에 부응한 정보의 종류와 양에 대한 서비스 확대를 도모함과 동시에 정보의 질적 고도화를 가져다 준다. 여기에서 이들 뉴미디어에 대하여 일본에서 실시 중인 것은 물론 아직 실시하지

않은 것도 포함해서 간단히 설명하겠다.12)

(1) 텔레비전 음성다중방송

1978년 9월 우정성에 의해「텔레비전 음성다중방송의 면허 방침」이 결정되어 동 년 10월부터 텔레비전 방송의 보완 이용(스테레오 방송, 두 개 언어 방송)으로써 실용화 시험국의 형태로 실시되었다. 독립적 이용도 기술적으로 가능해졌는데, 이렇게 되면 독립음성방송국과 실질적으로 같기 때문에 음성방송 전체의 위상과 관련지어 검토할 필요가 생겨 보완 이용부터 시작된 것이다. 이후에 보완 이용의 틀이 확장되었고, 또한 재해 관련 정보에 활용하는 길도 열리게 되었다.

1982년에는 방송법 개정에 의해 음성다중방송이 NHK 본래 업무의 하나로서 위치를 차지하였고 동 년 12월 이후에는 점차 실용국에 이행되어 1989년 10월말 현재는 NHK가 전국적으로 실시하고 있으며, 민간방송은 77개사가 실시중에 있다.

상기 면허 방침은 지상계를 대상으로 한 것이었는데 1990년 1월 위성계를 대상으로 하는 별도의 면허 방침을 결정하여 제3자 법인에 의한 텔레비전 음성다중방송의 독립적 이용이 인정되었다.

(2) 텔레비전 문자다중방송

1982년 방송법 개정에 의해 텔레비전 문자다중방송도 NHK 본래 업무로 규정되어, 텔레비전 다중 방송업자(소위 제3자 법인)에 대하여 방송설비를 대여하는 길이 열리게 되었다.

이 법의 개정을 받아들여 우정성은 동 방송의 면허 방침을 책정하여 NHK는 1983년 10월부터 텔레비전 문자다중방송을 시작하였는데 당초에는 버튼

방식에 의한 실용화 시험국이었다가 1985년 11월부터 혼합(hybrid)방식에 의한 본격적인 문자다중방송이 실시되고 동년 12월부터는 제3자 법인의 방송도 시작되었다.

1989년 말 전국적으로 볼 때 민간 텔레비전 방송 사업자는 13사가 하고 있으며, 소위 제3자 법인의 문자방송 단독 영업사는 10사에서 실시하고 있다.

(3) 초단파 다중방송

이것은 소위 FM 다중방송으로 문자 등의 신호와 음성신호를 송신하는 일이다. 1987년 방송법 개정으로 NHK에서 초단파 문자다중방송이 본래 업무(제9조 제1항)로 추가 규정되어 다음 해인 1988년부터 시행되었다.

이 개정에서는 NHK의 업무로 초단파 문자다중 방송만을 규정하고 민방의 일부에서 실시하고자 하였던 초단파 음성다중방송은 규정하지 않았다. 다만 NHK가 수행하는 일을 할 수 있는 소위 제3자 법인에게 방송설비를 대여하는 일에 있어서는 다중방송을 행하는 자를 대상으로 한다는 제한은 없었다.

FM 음성다중방송은 1985년 8월부터 FM도쿄에 의해 실시되어 저녁 무렵부터 망성(望星) 통신교육강좌와 음악 프로그램이 편성되었다.

(4) 긴급경보 방송

시청자가 긴급경보 수신기를 준비하여 놓으면, 라디오 방송과 텔레비전 방송에 의한 재해 방송 전에 방송국이 긴급경보 신호(개시 신호)를 보냄에 따라 시청자 측의 수신기 스위치가 작동하여 방송을 수신할 수 있다. 또한 재해 방송이 끝난 후에는 긴급경보 신호(종료 신호)를 보내어 수신기를 원래의 상태(대기 수신 상태)로 복귀시킬 수 있다.

1985년 9월 1일부터 시작되어 NHK 위성방송을 포함한 방송 미디어와 일부 민간방송에서 운용중에 있다. 1989년도 말에 운용중인 민방은 38개사였다.

(5) 교통정보 방송

 교통정보의 개시 직전에 코드 신호를 부가함에 따라 긴급경보 방송과 마찬가지로 자동적으로 수신기의 스위치를 켜서 최신 교통정보를 알리는 것을 말한다. 또한 그 신호에 따라 녹음기를 작동시켜 교통정보를 녹음하여 놓고, 시청자가 편리한 시간에 마음대로 녹음을 재생하여 가장 새로운 교통정보를 청취하는 일도 가능하다.

(6) 팩시밀리 방송

 문자, 도형, 사진기 등을 전송하여 수신자 측에서 기록지에 재현하는 것으로 방송의 특성인 즉시성(卽時性), 광파성(廣播性)에 프린트 미디어로서의 기록성과 보존성이 첨가되었다.
 1990년 3월 우정성의 '팩시밀리 다중방송에 관한 조사연구회'에서는 보고서를 제출하였는데, 동 방송에는 매스미디어 집중 배제원칙을 적용하고 있지 않다. 그러나 최소한 NHK가 독립적으로 이용할 수 없도록 하고 있다. 또한 유료방송의 도입을 도모하는 등의 의견을 진술하였다. 이 보고서에 관련된 방송법 개정은 같은 해에 시행되어, 텔레비전 다중방송에 보완 이용의 노력 업무를 음성다중과 문자다중에 한정하였다. 이에 따라 팩시밀리 다중에 대한 업무는 적용 외로 하였다. 현재는 실시를 위해 여러 준비가 진행중에 있다.

(7) 정지화 방송

 종래의 텔레비전 방송 1채널에 해당하는 전파를 이용하여 동시에 50 프로그램 정도의 음성에 의한 설명과 음악 등에 딸린 정지화 프로그램을 방송할 수 있다. 시청자는 텔레비전 수신기에 어댑터를 붙여 자유롭게 프로그램을 선택하여 시청할 수 있다.

(8) PCM 음성방송

방송음질의 규격을 향상시킨 PCM(Pulse Code Modulation)방식에 의해 잡음, 뒤틀림이 적은 고충실도의 음성을 방송하는 것이다. BS-2에 의한 위성방송(텔레비전 방송)에 의해 음악 프로그램이 편성되고 있다.

BS-3에 있어선 일본 위성 이외에 그 전파에 다중되는 위성 디지털 음악방송에 의해서도 서비스가 개시된다. 또한 통신위성에 의한 방송 서비스도 준비 중에 있다.

(9) AM 스테레오 방송

현행 중파 라디오방송을 '스테레오화'시키는 것으로 이미 보급된 FM 스테레오에 비교하여 서비스 범위가 넓고, 이동할 때 전파의 경계(電界) 변동이 적은 것이 특징으로, 자동차 라디오를 대상으로 하는 경우에 적합하다. 그러나 중파방송은 외국 전파의 혼신을 받기 쉬워 효과를 얻지 못하는 경우도 있다. 1989년 가을에는 NHK와 민방에 의한 야외실험도 시행되었는데, 미국에서는 실용화되고 있다.

(10) 4채널 스테레오 방송

현행 FM 스테레오 방송의 좌신호와 우신호를 각각의 신호로 분리하여 전송한 다음에 재생하는 것으로 한층 현장감이 풍부해지는 방송이다.

(11) 하이비전 텔레비전

현재의 텔레비전 기술방식은 약 40년 전에 확립된 것으로 영화와 인쇄의 화질에는 미치지 못한다. 이 40년간의 기술이 잠을 깨어 텔레비전 화질의 향상에 대해 각국에서 연구개발이 진행되고 있다. 먼저 일본에서는 주사선의 수를 종래의 2배 이상으로 하고, 화면을 옆으로 늘려, 정밀도와 세밀도가 높고 박력이 있는 하이비전의 연구를 진행시키고 있다(종래의 주사선 525본→1125, 화면 횡비 4:3→5.33:3).

또한 하이비전은 정보량이 많기 때문에 이를 전파에 실어 방송하려면, 넓은 주파수 대역을 필요로 하고 있어 현재의 지상방송으로선 곤란하다. 이를 위해 방송위성을 이용하는 일이 적절한데, 방송위성 1채널에서 방송하려면 대역 압축이 필요하고, 이 방식이 MUSE(Multiple Sub-nyquist-sampling Encoding)로서 NHK에 의해 개발되었다.

하이비전의 기술은 교육, 영화 작성, 인쇄 등의 영상정보에 관한 많은 분야에서 응용이 가능하여 주목받고 있다. 현재 BS-3와 CATV 등에서 실용화를 목표로 준비중이다.

또한 1991년도에 발사할 예정인 BS-3b의 트랜스포터 1대를 하이비전 전용 채널로 하여 하이비전 위성방송을 시행하려는 사람에게 이용할 수 있는 계획을 하고 있다. 아울러 이에 관련된 통신과 방송위성기구법의 개정 등도 시행되고 있다.

많은 논의가 거듭되어 온 하이비전의 국제규격에 대하여는 1990년 5월 국제무선통신자문위원회(CCIR) 총회에서 프로그램 제작규격에 관한 권고가 채택되어 27항목 중 23항목은 숫자가 통일되었고 나머지 4항목은 숫자의 통일이 이루어지지 않았는데, 문장표현의 차이에 그치고 있다. 이 결과 국제적으로는 현재 텔레비전 방식같이 몇 개의 방식이 병립한 채 실용화 진행이 이뤄지고 있다.

각국에서는 이외에 종래의 텔레비전 방식과 같은 주사선의 범위 내에서 화질의 향상을 목표로 "Enhance TV"의 연구개발도 진행시키고 있다. 이 "Enhance TV"로서는 EDTV(Extended Definition Television), MAC, extended PAL, Imagination, Enahnced NTSC 등 많은 방식이 제안되고 있다. 더욱이 EDTV에 있어선 일본에서 개발을 제1세대, 제2세대의 단계로 나누어 진행시키고, 제1세대에서는 비용 감소와 화질 개선을 목표로, 제2세대에서는 화질의 와이드(wide)화, 음성의 고음질화, 한층 고화질화 등을 목표로 진행하고 있다. 제1세대는 1989년 8월부터 차례로 NHK와 민방에 의해 실용화되고 있다.

(12) 위성방송

BS-2에 의한 세계 최초의 직접 위성방송이 1984년부터 시험방송으로서 시작되어, 1989년부터는 본격적으로 시작되었다. 위성방송에 대해선 「제10장 방송위성을 둘러싼 동향」에 자세하게 진술되어 있다. 전술한 PCM 음성방송과 하이비전 등과 함께 뉴미디어 방송을 위한 중요한 전송수단이 되고 있다.

(13) 관련 뉴미디어

CATV의 재래형은 난시청 해소를 위한 공동 수신시설로서 발달한 것이지만, 최근에는 광역대 전송기술의 개발 등으로 수십 채널을 전송할 수 있게 되었고 통신위성에 의해 방송 프로그램 분배에 있어 시청자의 다양한 요망에 부응할 수 있는 매력을 지닌 시스템으로 관심을 모으고 있다. 특히 미국 CATV의 동향과 일본 민간 통신 위성 계획의 진보와 함께 도시형 채널 CATV의 장래에 대하여 기대가 되어진다. 이 CATV에 대하여는 「제11장 CATV에 관한 문제들」에 진술되어 있다.

또한 패키지계 미디어에 대해서는 VTR의 착실한 보급도 거론할 수 있으며, 대여 및 판매에 의한 비디오테이프의 매상이 증가되고 있다. 비디오 디스크, 오디오 디스크도 일상생활에 침투하여 패키지계 미디어의 동향은 점차 관심도가 높아지고 있다.

이상 방송 관련 뉴미디어를 개별적으로 살폈는데, 이후 방송 시스템(무선계의 예)에 대해서는 고도화를 품질향상과 서비스의 다양화라는 측면에서 정리하여 주파수 대에 따른 구분으로 그림을 제시하였으니13) 이를 참고하기 바란다(<그림 3>참조).

3. 기존 제도에의 영향과 이후의 전개

중파방송, 단파방송, FM 방송, 텔레비전 방송의 기존 미디어에 덧붙여 전술한 다중방송, 팩시밀리 방송, 위성방송, 다채널 CATV 등의 방송 및 관련 미디어가 계속 등장하고 있다. 또한 인접한 전기통신영역에서도 민간위성 통신 계획, ISDN 구상이 지속적으로 진전되어 장래 많은 면에서 양 분야는 경합과 융합의 예측에 도달하게 된다.

여기서는 각종 뉴미디어가 기존 방송제도에 끼치는 영향과 금후의 전개를 생각해 보겠는데 이 점에 대하여는 제1장과 제3장에도 언급되어 있으므로 개략적으로 살피겠다.

이미 설명했듯이 방송이 매스미디어의 하나로서 헌법 제21조 표현의 자유 보장 밑에 있으면서도 유일한 예외로서 전파법과 방송법에 의해 법적 규제를 받고 있는 이유는 유한하고 희소적인 전파를 방송이 사용하고 있고 방송의 사회적 영향력이 강대하다는 데 그 이유가 있을 것이다.

이 위에 전파의 유한 희소성은 전파 이용기술의 진전에 동반하여 많은 방송 미디어가 탄생하고 금후 더욱 다중기술과 위성기술의 개척과 함께 총체적

<그림 3> 방송 시스템에서의 고도화(무선계의 예)

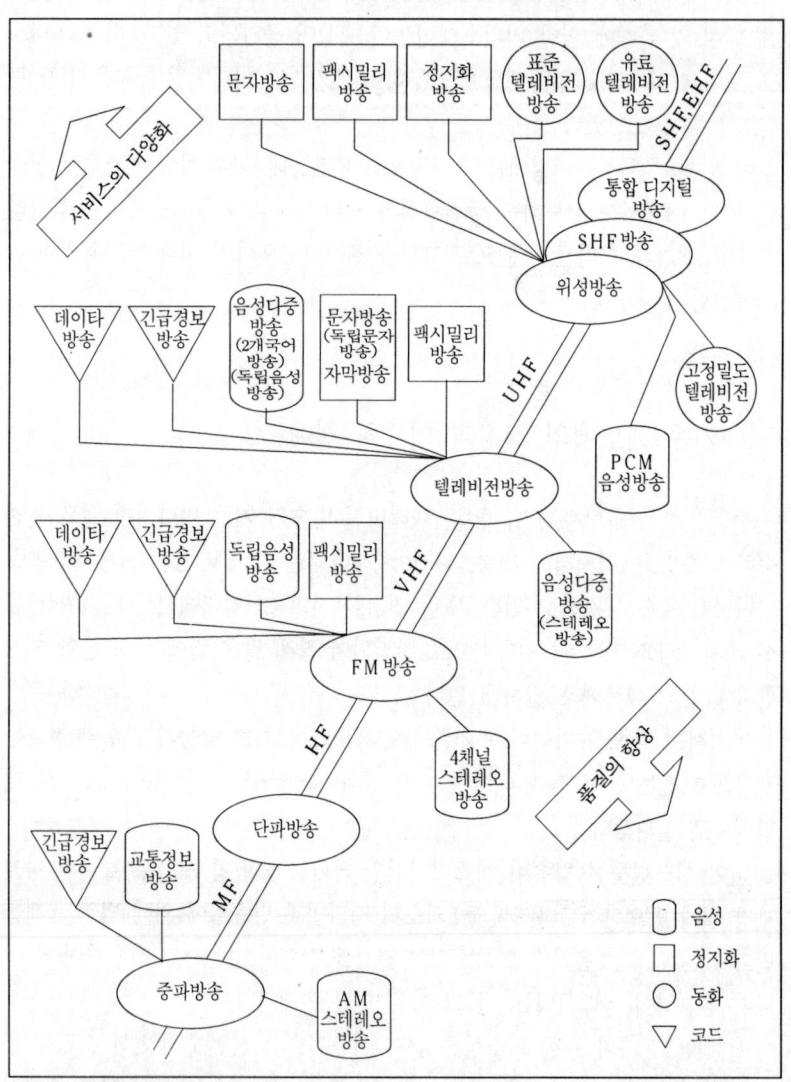

자료: 『전파이용의 장기전망』 168쪽.

으로 완화될 경향이 있으며, 동시에 유한 희소성에 대해선 미디어간의 격차가 발생할 것이다. 또한 사회적 영향력 측면에서도 다중방송과 정지화 방송 등은 기존의 방송 미디어에 비교하여 영향력이 약해져 여기에서도 격차가 있다고 말할 수 있다.

그러므로 방송정책간담회가 지적한 바와 마찬가지로 각 방송 미디어의 특성에 부응하여 고도의 법률을 부과해야 될 미디어와 완화된 법률을 부과해야 될 분야를 정리할 필요성이 생긴다.14) 이러한 간담회의 의견을 근거로 1988년에 방송법이 개정된 것이다.

또한 기존 방송 미디어에의 장기적 영향에 대해선 방송정책간담회에서도 위성 방송 및 CATV 장래 보급의 정도, 이들과 지상계 무선방송과의 경합과 조화의 양태, BS-4이후의 위성방송 이용형태, 방송과 ISDN과의 장래관계, 방송과 활자 미디어와의 관계 등이 항목으로서 제시되고 있다.15) 그러나 방송정책간담회는 가까운 미래 문제에 역점을 두고 장기적인 문제에 대해선 환경이 유동적이므로 구체적인 시책을 밝히고 있지 않다. 비록 항목의 제시에 그치기는 하였으나 방송계의 기본을 뒤흔들 요인이 잠재하고 있음을 알 수 있다. 그 의미에 대하여는 이미 인용한 영국 피코크위원회의 제언으로 짐작할 수 있을 것이다. 이 보고서에 의하면 20년 혹은 30년 전에는 많은 유선과 무선의 채널, 패키지계 미디어가 출현하여 소비자는 필요한 프로그램을 선택하여 구입하는 소비자 주권의 단계에 있었는데 '당 조사회가 최종적으로 희구하는 것은 방송의 신비성이 철거되어 방송이 인쇄 출판물과 같이 특별한 것이 아닌 지극히 보통이 되는 시대를 맞이하는 것이다'라고 하고 있다.16)

일본에서는 전쟁 후 현행 방송법제 하에 헌법 제21조 표현의 자유를 전제로 하면서 방송에 대해선 전파의 유한희소성과 그 사회적 영향력을 기초로 하여 미디어의 특수성과 공공성을 고려한 법적 규제를 필요로 하였다. 또한 이같은 방침을 기초로 방송이 국민에 최대한으로 보급되어 그 효용을 극대화할 수 있는 기본체제로 법률 규정에 기초하여 공공 사업자로서의 NHK를 설립하였고 민간방송 실현의 길도 열리게 된 것이다.

이에 대하여 피코크위원회는 방송이 인쇄 출판물과 똑같이 지극히 평범한 것이 될 시대를 희망한다고 진술하고 있다. 동 위원회의 논지는 일본에서 지금까지 논의되어 온 대부분의 의견과는 입장을 달리하고 있는데 방송의 장래를 시사한 보고서의 하나로서 영국에서의 금후 동향을 주목할 필요가 있을 것이다.

이 점에 대하여는 일본의 1988년 2월에 발표된 방송문제종합연구회의 보고서를 고찰할 필요가 있다. 동 보고서는 방송정책간담회 보고서는 물론, 영국 피코크위원회의 보고서와 미국의 화울러(Fowler) 전(前) FCC 위원장을 중심으로 한 자유시장 원리 도입의 주장을 근거로 의견을 전개하고 있는 점에 의의가 있다.

동 보고서는 전체적으로 조화를 이룬 프로그램의 종합적이고 계속적인 제공을 행할 텔레비전과 라디오 방송과 같이 기본적 정보(이 보고서에서는 사회의 구성원이 풍요롭고 다양한 문화와 사회생활을 보내는 데 필요한 정보로 정의)[17]를 다원적이면서도 공평하게 전달하는 미디어는 다른 정보원의 다양화가 어떻게 진전된다 하여도, 혹은 진전될수록 그 중요성은 증가한다고 본다[18]라고 밝히고 있다. 그리고 NHK와 민방의 병존 체제를 중장기적으로 일본 방송 체제의 기본으로 견지해야 한다고 주장하고[19] 동시에 정보원의 다양성과 정보내용의 다양화가 비약적으로 진전할 장래에 민방을 기본적인 정보전달 서비스의 임무로부터 해방시켜 프로그램 내용에 특수한 규제를 하지 않는다는 입장도 검토해야 될 것이라고 진술하고 있다.[20]

고도 정보사회를 향한 방송행정을 의욕적으로 펼치고 있는 우정성은 1988년 여름 이후부터 방송의 공공성에 관한 조사 연구회, 통신과 방송의 경계 영역적 서비스에 관한 연구회, 위성방송의 장래 전망에 관한 연구회, 팩시밀리 다중 방송에 관한 조사연구회 등을 개최하여 보고서와 중간 보고서를 총괄하여 통신위성을 이용한 방송 서비스와 팩시밀리 다중방송의 실시에 준비한 방송법 개정 등을 시행하고 다각적인 시책의 전개를 도모하고 있다(<표 3> 참조). 게다가 우정성은 1990년 가을에는 BS-3 후의 방송위성 위상을 검토하기 위한 차기방송위성문제연구회와 방송의 장래 비전에 관해 검토하기 위한 방송의 장래 전망에 관한 간담회를 발족시켰다.

다가올 본격적인 고도 정보사회에서 방송의 위상, 공공방송 사업체의 존재의의, 인접영역과의 상호관계 등은 이후 민주사회 발전을 위해 더없이 중요한 일이 되고 있으며, 국민의 주체적 입장에서 언론과 표현에 관계된 방송 미디어의 사회적 효용을 장래에도 최대한 높이도록 노력해야 한다.

전술한 다중방송에 관한 조사연구회의 제언 내용 가운데 NHK 업무에 관련된 부분에 대해 첨가하면, 동 연구회는 적어도 NHK의 독립 이용이 NHK의 재정사정과 과도한 미디어 집중의 관점에서 볼 때 부적당하다고 보았다. 보완 이용에 대해서도 NHK가 보유하고 있는 미디어 전체의 위상을 재검토하면서 신중히 판단해야 한다고 밝혔다. 이 때문에 1990년 팩시밀리 방송을 시행하는 길을 열어 놓은 업무규정은 아직 시행되지 않고 있다(NHK 방송설비의 제3자 이용은 가능함).

이 점에 대하여는 이미 논의했듯이 일본 방송제도의 원점으로 돌아가 뉴미디어 방송의 풍부한 효용이 계획적으로 전국에 걸쳐 향유될 수 있도록 하기 위한 법 정비가 이루어질 것을 기대하고 있다.

■ 주

1. 電氣通信システムの將來像硏究會編, 『21世紀の電氣通信』, 14쪽, 20-26쪽.
2. 『방송정책간담회보고서』, 37-38쪽 참조.
3. 前揭『21世紀の電氣通信』, 119쪽.
4. 衛星通信高度利用システム硏究會編, 『サテライト・ビジネス新時代 その展望と課題』, 31쪽.
5. 『방송정책간담회보고서』, 48쪽.

6. 昭和61年版『通信白書』, 196-197쪽.
7. ISDN(Integrated Services Digital Network: サービス統合デジタル網)(昭和61年版『通信白書』190쪽 참조).
8. ISDB(Integrated Services Digital Broadcasting: 統合デジタル放送)(昭和61年版『通信白書』196쪽 참조).
9. 昭和61年版『通信白書』, 204쪽; 사단법인 일본민간방송연맹방송연구소, 『방송산업』, 43-68쪽.
10. 전파기술심의회 편, 『電波利用の長期展望』, 185-187쪽, 239-240쪽.
11. 『방송정책간담회보고서』, 50쪽, 64쪽.
12. 『電波利用の長期展望』, 168-188쪽; 新版『ニューメディア用語辭典』.
13. 『電波利用の長期展望』, 168쪽 참조.
14. 『방송정책간담회보고서』, 50쪽.
15. 앞의 책, 116쪽.
16. Report of the Committee on Financing the BBC(Chairman; Professor Alan Peacock) Cmnd.9824, para.711. 참조; 西谷茂, 「イギリスにおける放送制度改革の提言」, ≪NHK放送研究≫ 1986년 10월호, 5쪽.
17. 『방송문제통합연구회보고서』, 9쪽, 31쪽.
18. 앞의 책, 34쪽.
19. 앞의 책, 37쪽.
20. 앞의 책, 46-47쪽.

제10장 위성방송의 동향

1. 방송위성의 개발과 실용화

(1) 초기 동향[1)

1957년, 소련이 인공위성 스프트닉 1호를 발사함으로써 위성시대의 막이 열렸다. 1963년 국제전기통신연합(ITU) 우주통신에 관한 임시 무선통신주관청회의는 무선통신규칙에 '방송위성 업무'의 정의(定意)를 신설하였다(그 후 정의 개정). 같은 해, 통신위성에 의하여 처음으로 미일(美日)간의 TV 중계실험이 성공, 이 실험에 의해 케네디 대통령 암살의 제1보가 전해졌다. 1964년에는 동경 올림픽 경기가 미국에 생중계 되어 TV를 통해 심도 있는 올림픽 관전을 가능하게 해 주었다.

1967년에는 우주활동의 기본조약이라 할 수 있는 '달과 그 밖의 천체(天體)를 포함한 우주공간의 탐사 및 이용에 관한 국제활동을 규율하는 원칙에 관한 조약(이른바 우주조약)'이 발효되고, 일본에서는 1968, 1969년에 각각 우주개발위원회설치법, 우주개발사업법이 제정되었다.

이와 같이 국내외에서 우주개발에 관한 초기 움직임이 진행되는 가운데, 1966년 당시의 NHK 회장이었던 마에다(山田)씨는 중의원 체신위원회에서 TV의 국내 커버레지를 조속히 100%에 가깝게 하려면 방송위성을 사용해야 한다는 취지를 밝혔으며, 그 후 NHK는 수많은 곡절을 겪으면서 그 실현을 향한 길을 걸어왔다.

또한, 1968년에 발족한 우주개발위원회는, 1969년부터 '우주개발계획'을 책정했다. 이 위원회는 이 후 매년 NHK 등 이용자의 희망을 토대로 관계 부처의 개정 요망을 초여름에 요청하고, 여름에는 우주개발 관계 경비를 견적해보고, 연말에 우주개발계획을 수정하는 방식을 택해 왔다.

현재까지 지속된 이러한 일련의 스케줄은 매우 중요한 것이었다. 하지만 1990년 4월 미국과 일본 사이에 다음과 같은 합의, 즉 첫째, 국가가 개발하는 인공위성은 앞으로 상업적인 목적이나 계속적인 서비스를 제공하는 데 이용하지 않는다. 또한 연구개발 위성 이외에 정부 및 정부 관계 기관에 인공위성을 조달할 때에는 개방적이고 국내외 사업자를 차별하지 않는 수속에 따라 행한다. 둘째, 통신위성 4호(CS-4)는 통신·방송분야의 기술개발 및 그 실험·실증을 목적으로 하는 연구개발 위성으로 개발한다라는 기본적인 합의가 이루어져 있어 이것이 위성사업의 기초가 되고 있다. 따라서 1990년 5월에 발표된 우주개발계획에는 통신위성 4호(CS-4)에 대한 언급은 없고, CS-4의 기술개발 과제를 계승하여 실험 등을 하는 연구개발 위성에 대해서 기술되어 있는 상황이다.

(2) 실험용 중형(中型) 방송위성(BS)

여기에서 우주개발계획이 현재까지 매년 검토되어 온 상황을 중심으로 방송위성계획의 진행을 살펴 보기로 한다. 방송위성이 최초로 우주개발계획에 포함된 것은 1970년이며, '앞으로 있을 발사에 대비하여 이에 필요한 연구를 진행시킨다'는 기본적인 방침이 세워졌다. 이 방송위성계획이 돌연 실천에 옮겨지기 시작한 것은 1972년이다. 당시의 움직임을 서술해 보겠다.

우선 1972년 여름, NHK, KDD(電電公社)가 우정성에 방송·통신위성에 관한 종래의 계획을 앞당길 것을 요청하면서, 실험용 방송위성계획은 1977년도 이후의 TV 난시청을 해소함과 동시에 그후의 근본적인 정책을 확립하기 위한 것으로서, 1976년을 목표로 발사해야 된다고 주장하였다.

그때까지 방송과 통신위성은 모두 1978년 이후의 계획으로 검토되어 왔는데, 당시 신문 보도에 의하면 정부 부서 내에서 상당한 비판이 있었다고 전해진다.2) 결국 8월 30일, 자민당 통신부회(通信部會)를 거쳐, 9월 6일에 우정성은 우주개발위원회에 대해 개발계획을 앞당길 것을 요청하였다.

그 동안의 사정을 방송 평론가 오오모리(大森幸男)씨는 「문제를 제기한 방송위성계획」이란 제목의 평론(≪민간방송≫ 제567호, 1972. 9. 13)에서 다음과 같이 말하고 있다.

> 알려지게 되자 각 신문의 비판적 논조가 두드러졌고, 미이케(三池) 우정성 장관도 국책으로서의 우주개발계획과 사업체 개개의 장래 계획과의 균형을 역시 비슷한 태도를 숨기지 않았는데 자민당 통신부회가 NHK, KDD의 입장을 지지하는 방침을 8월 30일에 굳힌 점에서 어쨌든 정세는 전개되고 있다. …자민당 측은 양측의 계획을 승낙하고 ① 1976년 내로 발사하는 것을 목표로 할 것, ② 우주개발사업단에 의해서 이미 정해진 테두리 내에서 발사가 불가능해지면, 미국에 의뢰하는 것을 포함하여 별도로 연구할 것, ③ 개발 연구비는 국가에서 부담할 것의 세 가지 요망사항을 정하고 우정성은 이를 토대로 신년도 예산 요구에도 소요 예산액을 추가시키고, 과학기술청과 개발계획의 수정 등 앞으로의 절차를 합의해 나가기로 했다.

그리고 같은 해인 1972년 9월 6일, 우정성은 "지난 7월 4일 우주개발위원회(과학기술청)에 대해 우주개발계획의 1972년도 개정에 관한 요망사항으로 정지 궤도 통신위성 등의 개발계획을 1978년 이후의 계획에 넣을 것을 요청했지만, 최근 세계 우주개발의 급속한 진전 등을 감안하여 일본으로서도 조속한 시기에 통신, 방송위성 등의 개발하여, 필요한 통신, 방송 수요를 만족시킬 만한 기술을 확립한다"라는 등의 필요가 있다며 통신위성 및 방송위성에 대해서는 1976년에, 응용기술위성은 1978년도 발사를 목표로 할 것을 요망하고 있다.

그후 우정성과 우주개발계획위원회간에 합의가 이루어져 결국 1974년 3월의 '우주개발계획(1973년 결정)'에서 "실험용 중형 방송위성은 1976년도에 정지 궤도(geostationary orbit)에 발사를 목표로, 계속해 개발해 나간다. 또한 실험용 중형 방송위성의 발사는 미국에 의뢰하여 실시하기로 한다"고 개발 계획이 구체적으로 기재되기에 이르렀다.

이에 따라 실험용 중형 인공위성(BS)계획은 실시 단계에 들어가, 이 위성의 수주는 도시바(東芝)가 맡고, 발사시기는 미국과 교섭한 결과, 1976년에서 1977년으로 연기되고, 결국 최종적으로는 1978년 4월 8일 발사되었다(이 위성에 의한 실험은 1978년 7월부터 1982년 1월까지 실시, TV신호 전송용 트랜스폰더는 1980년 6월 기능 정지됨).[3]

(3) 방송위성 2호(BS-2)

실험용 중형 방송위성(BS)계획이 구체화를 향해 제일보를 내디딘 이래, 이 계획을 수행함과 동시에 이 위성의 뒤를 이을 방송위성 2호(BS-2) 계획을, BS 개발의 성과와 실험결과를 근거로 어떻게 책정해 갈 것인가가 중요한 문제로 부상하였다.

이 BS-2에 대해서 우정성은 1974년 7월, 우주개발계획 수정에 관한 요망 사항 중에 '소화 50년대(1975~85)에 발사하는 것으로 하고 이를 위한 연구를 진행시키고 싶다'는 계획을 표명하였다. 또한 NHK는 「1976~1978년도 경영계획에 대하여」에서 '1980년 말 잔존 난시청은 약 42만 세대가 될 전망이다. 이 42만의 잔존 난시청 세대는 산재해 있어 주로 방송위성에 의해 난시청 해소에 힘쓰기로 한다'는 구상을 구체적으로 밝히고 있다.

NHK의 당시 구상은 1980년 말에 잔존하는 난시청 세대를 위한 대책으로 방송위성을 활용하는 것이었으며 발사시기에 대해서는 조금 이른 감이 있지만 소화 50년대(1975~85)를 희망하였다.

이 같은 NHK의 희망을 근거로 우정성의 '우주개발계획 수정에 관한 요청'을 받아 1980년 3월 우주개발위원회는 '우주개발계획(1979년 결정)'에 있어서 "방송위성 2호(BS-2a및 BS-2b)는 방송위성에 관한 기술 개발을 추진시킴과 동시에 TV 방송의 난시청 해소 등을 목적으로 한 위성으로, 1978년 4월에 발사한 실험용 중형 방송위성(BS)과 거의 비슷한 성능을 갖는 위성이며, N-II 로케트에 의해 방송위성 2호-a(BS-2a)를 1983년에, 방송위성 2호-b(BS-2b)를 1985년에, 정지 궤도상 동경 110도 부근에 발사할 것을 목표로 개발한다"고 구체적으로 기재하였다.

NHK는 앞서 말한 1976~1978년도 경영계획에 이은 1980~1982년도 경영계획에서 '난시청 해소는 근본적으로는 방송위성에 의해서 하고, 1983년도 발사를 목표로 개발 실용화시킨다'라고 그 계획을 밝혔다(BS-2a는 1984년 1월 23일, BS-2b는 1986년 2월 12일 발사되었다).[4]

이같이 하여 방송위성 2호(BS-2) 계획은 실시되었는데, 그 사이 1977년에는 '12㎓대 방송위성 업무계획에 관한 세계무선통신주관청회의'가 개최되어 일본에서는 이 회의에서 궤도 위치 동경 110도, 채널 제1, 3, 5, 7, 9, 11, 13, 15의 8개를 할당 받았다.[5]

또한 1979년에는 실용적인 통신위성 및 방송위성을 효율적으로 관리할 법인인 '통신방송위성기구'를 설립하기 위한 근거법으로 통신방송위성기구법이 제정되었다.[6]

또한 BS-2에 대한 경비 분담 비율은 일본의 위성방송 기술 개발을 돕는 동시에 방송 사업자인 NHK의 실용화에 기여한다는 취지에서 정부 4할, NHK 6할로 정해졌다.[7]

여기에서, 현재까지의 통신위성 및 방송위성의 개발 및 이용의 구조를 소개하기로 한다. 앞으로는 앞서 말한 미일간의 기본 합의에 의해, 이 구조는 변경될 것이다(<그림 4> 참조).8)

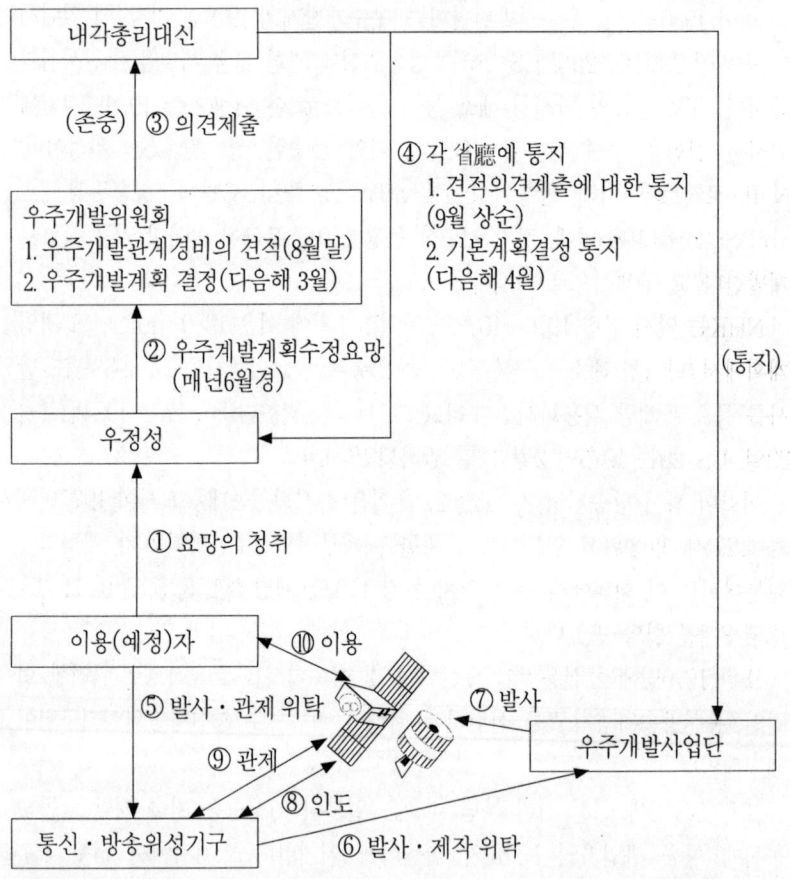

<그림 4> 현재까지의 통신위성 및 방송위성의 개발·이용의 구조

자료: 「우주통신의 새로운 전개」, 『昭和 59년도 우주통신간담회 보고서』, 150쪽.

2. 방송위성의 장점

방송위성의 장점에 대해서 먼저 고찰해 보겠다.[9]

방송위성의 첫번째 장점은, NHK가 1966년이란 이른 시기에 도입할 의사를 분명히 했을 때에 말했던 것처럼 전국의 TV 난시청을 일시에 해결할 수 있다는 점이다. TV 난시청 세대는 NHK의 1976~1978년도 경영계획의 단계에서, 1980년 말 약 42만 세대로 추정되었는데 그 후 매년 도시 주변 택지조성 지구의 지형에 의한 난시 세대가 증가하고 있어 재래방식에 의한 매 연도의 해소 시책에 따른 감소를 공제해도 1985년 말에는 마찬가지로 잔존 세대가 약 42만이 되었다(민간 방송은 약 104만 세대). 이 밖에 도시의 고층 건축물에 의한 수신 장해 세대가 약 66만세대로 추산되었다.[10]

난시청 지역의 잔존 추정 세대는 그후 새로운 조사 결과, 해소 시책의 진보나 수신설비의 성능향상에 따라서 약 10만 세대(민간방송은 약 40만)로 감소했다고 추정된다(1986년 말). 그러나, 어쨌든, 위성방송은 이 난시청 세대의 해소에 도움이 되며, 도시 수신 장해(1986년 말 약 67만 세대, 1989년 말 68만 세대)의 해소를 위해서도 상당히 효과적이라는 것은 분명하다.[11]

두번째 장점으로는 비상 재해에 강한 점을 들 수 있다. 위성방송은 사용 주파수 때문에 호우(豪雨) 시 수신에 지장을 초래하는 약점이 있지만 다수의 중계국으로 연결된 지상 방송망과 달리, 지진, 태풍 등의 재해의 영향을 받을 확률이 적고 재해에 강한 성질을 살려 비상재해 시 방송망을 확보할 수 있다.

셋째, 방송의 기동성을 한층 더 발휘하는 데 도움이 된다는 것이다. 산간지역에서 일어난 항공기 사고와 같은 현장 중계에는 다단계의 마이크로 회선을 설정하고 많은 시간과 경비를 필요로 하지만 방송위성의 기능을 활용하면, 서비스 지역내 임의의 지점에서 업 링크(uplink)에 의해 방송이 가능해진다. 또 이동 지구국(地球局)을 사용해 다원 중계도 쉽게 이루어지게 된다. 또, 방송위성을 선박 등 이동체 지향의 방송에도 적합하다.

<그림 5> BS-2의 시스템 구성 개념도

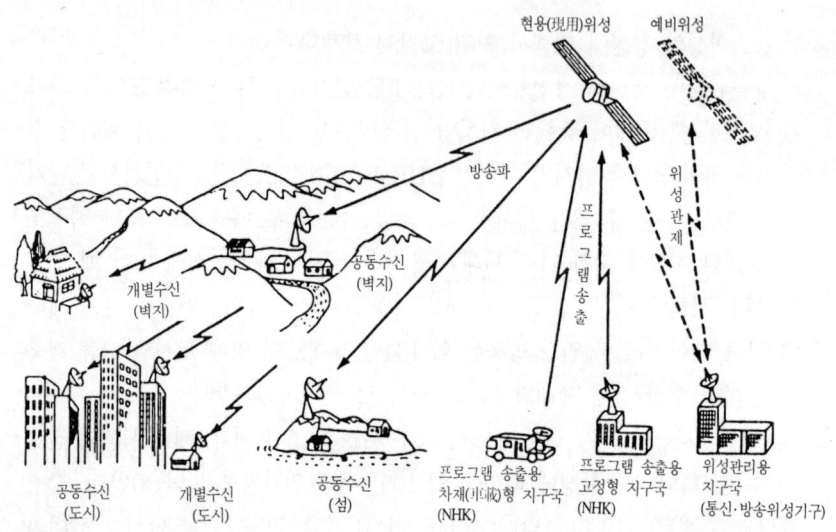

자료: 『신시대의 위성방송』, 10쪽.

넷째, 새로운 방송 서비스를 이용할 수 있다. 방송위성은 현재, 12㎓대를 이용하여 27㎒라고 하는 광대역(廣帶域)에서 방송을 실시하고 있어서 구형 TV 방송 외에, 하이비전 방송, PCM 음성다중방송, 문자다중방송, 팩시밀리 방송, 데이터 방송을 할 수 있다. 앞으로 22㎓대까지 이용하게 되면 더욱 폭넓은 주파수 대의 이용이 가능해지고, 더욱 새로운 방송 서비스의 활용이 쉬워진다. 미래의 통합 디지탈 방송(ISDB)구상도 나와 있다.

다섯째, 새로운 방송 채널의 탄생이다. 위성방송에 의해, 지상방송과는 별도의 방송 채널이 생기게 되어 전국 규모의 방송 채널이 증가하게 된다. 현 상태로는 지역 중심의 방송보다는 전국적인 동시 방송에 적합하며 대상이 되는 시청자가 전국으로 분산되어 있는 경우에도, 이에 쉽게 대응할 수 있다. 이 때문에 하이비전이나 PCM 음성방송 서비스에 적합하고, 방송프로그램면에서 보면, 스포츠, 음악, 영화, 특정 대상 지향의 전문방송에도 이용하기 쉽다.

이상과 같은 방송위성의 장점에 비해, 단점으로는 수신하기 위해 파라볼라 안테너, 튜너 등의 설비가 필요하며, 현 단계에서는 상당히 비싸다는 점, 비에 의한 전파 감쇠(減衰)나 일식의 영향, 발사 때의 위험, 수리의 어려움 등이나

<표 14> 일본의 방송위성 계획 개요

항목	BS	BS-2	BS-3
발사 시기	1978년 4월	1984. 1, 1986. 2	1990, 1991 여름
궤도	동경 110도	동경 110도	동경 110도
발사기	델타 2914형(미국)	N-II(일본)	H-1(일본)
수명	약 3년	약 5년	약 7년
자세 안정방식	3축(軸)안정방식	3축(軸)안정방식	3축(軸)안정방식
중계기	Ku밴드 2개+1개(예비) 100W	Ku밴드 2개+1개(예비) 100W	Ku밴드 3개+3개(예비) 120W 이상
용량	컬러 TV 방송 2채널	컬러 TV 방송 2채널	컬러 TV 방송 3채널
중량	350kg	약 350kg	약 550kg
비용	약 290억엔(1개)	약 600억 엔(2개)	약 790억엔(2개)
이용 목적	실험	실용	실용
이용 방침	기본 실험 및 응용 실험	난시청 해소 등	BS-2 계속 이용 및 신규 이용의 도입
이용자	우정성, 우주개발단, NHK	NHK	NHK 및 일반 방송 사업자

주: 1) Ku밴드는 12㎓대.
2) BS-2 및 BS-3로 이용하는 채널은 WARC-BS에서 일본에 할당된 8개 채널로 이용.
3) 비용에는 발사기 및 발사 관련의 경비를 포함한다.
4) 비용의 ( )안은 발사 위성의 갯수.
5) BS-2의 비용 가운데 60%를, BS-3 비용 가운데 65%를 각각 방송 사업자가 분담하며 잔여는 국가가 부담한다.
자료:「위성 방송의 새로운 전개」,『우주통신정책간담회 보고서』, 1985, 137쪽.
한편, 주5의 BS-3의 분담률은 그후 통신방송위성기구가 참가하여 NHK, 민방이 합쳐 59%, 통신방송위성기구 9%, 국가 32%로 되었다(『위성방송의 장래 전망에 관한 연구회 보고서』).

지역 방송으로 이용하는 것이 불가능한 점을 들 수 있다.
여기에서 방송위성 시스템에 대한 이해를 돕기 위하여 BS-2 시스템 구성 개념도를 들어(<그림 5> 참조),12) 일본 방송위성 계획의 개요를 살펴 보기로 한다(<표 14> 참조).13)

3. 소유·관리·이용의 기본 관계

(1) 현행의 기본 관계

일본의 BS-2 및 BS-3의 방송위성 계획은 앞에서도 말했듯이, 자주 기술의 확립을 도모하는 동시에 실제적인 이용에 기여한다고 하는, 기술개발과 실용성이라는 두 가지 목적을 달성하는 방침에 근거하여 실시되고 있다. 이 때문에 경비도 정부와 이용자가 분담하는 식으로 돼 있다.
BS-2에 대해서 NHK는 BS-2의 설계, 제작, 발사에 관한 업무를 통신방송위성기구에 위탁하고, 이 기구는 위탁업무 일부를 우주개발사업단에 다시 위탁하는 기본 관계가 성립돼 있다. 그리고 재위탁을 받은 사업단이 제조업체에 발주한다. NHK는 완성된 방송위성에 대하여 부담액에 따른 소유권 지분을 취득하게 되어 있는데, NHK는 그 지분에 관계 없이 방송을 위해 필요한 BS-2 무선설비의 전 계통을 항시 사용할 수 있게 되어 있다.
또한 NHK는 정상 단계의 위치, 자세 등의 제어에 관한 관리사무도 통신방 · 송위성기구에 위탁한다.14)
이같은 기본 관계는 BS-3에 있어서도, 일본위성방송주식회사가 1개 채널의 위성 방송을 실시하기 위해 참여한 것, BS-2에 관한 경험에 의해 수정이 가해졌다는 점을 빼면 거의 마찬가지다.

(2) 향후 개선 방책의 검토

지금까지는 이상과 같은 기본 관계 하에서 일본 방송위성의 소유, 관리 등이 이루어졌는데, 현재까지의 경위나 앞으로의 신규 위성방송 사업자의 참가 등을 고려하면 더욱 다각적 검토가 필요해진다. 그중 몇몇을 들어 고찰해보자.

1) 기술개발과 실용(實用)과의 관계

현행의 BS-2, BS-3은 앞에서도 언급했듯이, 기술 개발과 실용을 상승(相乘)시키려는 방식으로서 정부가 경비의 일부를 부담하게 되는데 계획의 목표가 정부와 이용자간에 다르고, 책임 면에서도 의견이 갈리는 면이 있다.

이 점에 대해, 우정성 통신정책국장의 간담회인 '우주통신정책간담회'는 1985년 보고서에서 방송위성에 관한 기술개발은 우주개발사업단이 실험용 방송위성 등의 개발계획을 실시하여 이룩하고, 실용 방송위성은 이용자가 메이커로부터 상업 베이스로 직접 조달하는 기술개발과 실용의 분리 정책을 제시하고 있다.15)

그러나 이와 함께 지금 같은 빠듯한 재정 사정 하에서 이용자 측이 자금 면이나 기술 면에 참가하지 않고 정부만으로 충분한 기술개발이 가능할지, 또 국내 메이커가 제한된 위성 수요 하에 국제경쟁을 전제로 실용 위성의 제조를 수주할 수 있게 될 것인지 등의 문제에 대해 대응책을 생각해 볼 필요가 있다는 점과 분리 방식의 문제점도 지적되고 있다.16)

본 문제와 관련된 사항으로 위성 조달이 미국과 일본 두 나라의 중요한 안건이 되었으며 앞서 말한 대로, 정부가 개발하는 위성은 상업 목적 또는 계속적인 서비스 제공을 위해 이용하지 않기로 했다.17) 따라서 BS-3 이후에는 BS-3와 같은 기술개발과 실용의 상승 방식(경비 일부를 정부가 부담)을 채택하지 않게 되었다.

2) 조달법인(調達法人)의 발상

앞에서 언급한 우주통신정책간담회 보고서는 또 독립된 방송위성 조달 법인을 설립한다는 발상도 제시하고 있다.18) 지금과 같이 기술개발과 실용의 상승 방식을 전제로 법인을 생각하는 경우, 같은 법인이 조달, 소유, 관리를 하고, 정책 금융 등 수혜자가 되며, 조달에 따르는 위험을 부담하고, 실질적으로 보험 기능까지 수행한다. 또한 저리 자금을 활용하여 리스(lease) 요금을 경감시킨다.

한편, 기술개발과 실용을 분리하는 경우에는, 동 법인이 정부가 개발한 기술을 이전받아, 실용 위성을 상업 베이스로 제조하는 중심적 존재가 되며, 제조업체에 발주하여 완성된 위성을 국내에 리스해주기도 하고 외국에 판매한다는 구상을 세우고 있다.

방송위성사업은 현 상태에서는 위성 조달에 많은 경비가 필요하며, 위험 회피에 많은 어려움이 따르고 있다. 또 정부가 협력한다 해도 관련 기술을 앞서 개발하는 데 많은 부담이 필요하고, 더구나 수요가 한정돼 있어서 그 투자액의 회수는 쉽사리 기대하기 어렵다.

따라서 이용자 측은 일반적으로 트랜스폰더(transponder: 지구국으로부터의 송신 전파를 수신하여 이를 위성 내부에서 증폭시켜 주파수를 바꾸어 지상에 재송신하는 장치)를 리스 방식으로 희망하게 된다. 방송위성을 구상한 초기 단계에서는 방송 사업자가 갖는 프로그램 편집의 자주성과 방송의 계속성 측면에서 방송 사업자가 소유권을 보유해야 한다는 주장도 있었지만 그후 방송위성의 상황으로 보아 리스 방식이 바람직하다는 의견이 강하다.

이 경우, 트랜스폰더 소유권을 갖지 않는 자가 그 설비를 빌리고, 방송위성국 운영을 허가 받아, 위성방송을 실시하는 방식을 우선 생각할 수 있는데, 현행 법제에 있어서도 소유권의 유무는 특별히 문제가 되지 않는다. 사용자 측의 부담 경감과 위험 회피를 위해 리스 방식이 검토될 필요가 있다.19)

1989년 2월, BS-4 단계에 대해 보고서를 발표한 '위성방송의 장래 전망에 관한 연구회'는 "8개 채널 방송위성의 원활한 도입을 위해, 위성을 조달, 소유하고, 방송을 하는 자에게 위성방송 채널을 제공하는 조달 법인의 도입을 도모하는 것이 적당하다. 조달 법인은 방송 사업자의 부담을 경감시키기 위해 공적 자금을 도입하는 것이 바람직하다"라고 말했다.

앞에서 언급한 'NHK 장기 전망에 관한 심의회'도 "예를 들면, 방송위성 리스 법인을 설립하는 등, 다양한 사업자가 다각적으로 위성을 활용하기에 적합한 조달, 소유, 관리 체계가 확립되는 것이 바람직하다"고 했으며,20) NHK의 「1990~1994년도 경영 계획」은 "포스트 BS-3에 의한 위성 방송을 보다 안정적·경제적으로 실시하기 위한 체제, 조치에 대해 검토하고, 실현 방안을 강구한다"라고 지적하고 있다. 미일간의 새로운 협의 하에서 조달과 관련된 시책을 전개하는 데는 다면적인 배려가 필요한데, 사용과 부담을 경감시키고, 안정된 방송위성의 운영을 위한 기본적 방책의 확립을 기대해 본다.

또한, 앞으로 위성 민간방송의 이용 주체가 한층 다양화되어 채널 시분할 공용(時分割 公用)을 실시하게라도 된다면 한정된 시간을 방송하는 사업자가 하나의 방송설비로 방송국 허가를 받는 현재 방식에 대해, 하드와 소프트의 분리 방식을 방송위성에도 도입한다는 사고가 나타나게 될 것이다.

1985년도 '우주통신정책간담회' 보고서에서도 앞으로 방송위성의 이용 주체가 다양화될 상황에 대비하여, 하드와 소프트의 분리 가능성을 탐색하고 있다.21)

현재, 1991년도 발사 예정인 BS-3b의 트랜스폰더 한대를 통신방송위성기구가 보유하고, 하이비전 전용 채널로서 하이비전 위성방송을 하는 자에게 이용하게 할 계획이 진행중이며, 이 계획이 단서가 되어 방송위성 조달 법인의 구상이나 하드·소프트의 분리가 앞으로 잘 매듭지어질지가 주목된다.22)

또한, 통신위성에 의한 방송 서비스에 대해 그 이용 양태를 감안하고, 방송국의 면허 주체(수탁 방송 사업자: 하드)와 방송 프로그램의 편집 주체(위탁 방송 사업자: 소프트)를 분리한다는 소위 하드·소프트의 분리 방식이 도입된

사실에 대해서는 이미 말한 바 있는데, 나중에 다시 다루기로 하겠다.[23]

3) 위험의 대처 방안

앞에서도 서술한 것처럼 위성의 소유, 관리, 이용 문제에서 경비부담의 저렴화와 위험의 경감이 한 관점이 되었는데, 현 단계에서 이용자에게 위험 회피 방책은 지극히 심각한 문제이다. 여기에선 소위 리스크 매니지먼트(risk management)를 일괄하여 서술하기로 한다.

일반적으로 위성이나 로케트가 우주 공간에 발사된 후에는 지상으로부터의 회수는 거의 불가능하다. 특히 정지위성 궤도상(적도 상공 약 36,000km의 원주위를 지구의 자전과 같은 방향으로 일정한 속도로 돌면, 지상에서 보면 위성이 상공의 한 지점에 멈춰진 것으로 보인다)의 방송위성 등을 현재는 회수할 수 없다. 따라서 회복 보수(수리)가 매우 어렵고, 또 고장 원인을 규명하는 데도 어려움이 많다. 또한 위성과 로케트를 발사, 운용하는 데는 많은 경비가 필요하고, 손해가 발생했을 경우에 그 액수는 막대하다. 따라서 리스크 매니지먼트가 진지하게 논의돼 왔다.

1985년도 '우주·통신 정책 간담회 보고서'는 ① 신뢰성 향상책으로 예비기, 예비 중계기의 탑재, 인센티브 계약(발사 후 기능에 대한 평가에 근거하여 제조업자에게 보너스를 지급하거나 패널티를 주는 계약)을 거론하고, ② 계약적으로 위험을 다른 데로 이전시키는 방책으로 풀 턴 키 베이스(full turn key base)에 의한 조달 계획(소정의 궤도 상에서 초기기능 확인 후 제조업자가 구매자에게 건네주는 계약으로서 인도 이전의 위험은 제조업자가 부담함), 방송위성(또는 탑재 트랜스폰더)을 리스할 것을 지적하였으며, ③ 위험 재정(risk finance)으로서 인공위성 보험 또는 자가(自家) 보험을 설명하고 있다. 그리고 특히 방송위성의 보험에 대해서는 앞에서 언급한 방송위성 조달 법인에 의한 자가 보험(보험료 상당액을 장기 분할하여 리스 요금으로 회수, 법인 내부에서 보험료 상당액을 담보금으로 계상) 등을 대처 방안으로 들고 있다.[24]

일반적으로 인공위성 보험에는 발사 전 보험(발사장 반입 시부터 발사 로켓 점화까지), 발사 보험(로케트 제1 단계 엔진 점화 후 소정 궤도에 투입되고 나서 초기 기능 확인 종료까지), 수명 보험(초기 기능 확인 후 정상 단계의 일정 기간), 제3자 배상 책임 보험(발사 준비, 발사, 궤도상의 위성이 추락해 제3자에게 미치는 손해를 보상) 등의 네 종류가 있다.

이상과 같이 위성의 신뢰성을 향상하고, 계약상의 리스크 이전 방책을 충실히 하고, 보험 제도를 정비하는 등의 위험 대처책에는 특히 다액의 경비가 투입되고, 회수, 보수가 곤란하기 때문에 제도적인 검토를 포함한 관계 각 방면에서 다면적인 검토가 요구된다.

이상의 리스크 매니지먼트와 관련하여 덧붙이면 BS-3a는 1990년 8월 발사되고, BS-3b는 1991년 여름 발사될 예정인데 방송위성은 늘 궤도상의 2기 체제를 확보하는 것이 바람직하기 때문에 BS-3a의 보완 위성으로서, NHK는 1991년 4월 발사가 가능한 미국제 방송위성(BS-3H)을 구입하기로 돼 있다.

4. 향후 이용 주체의 존재방식

지금까지 방송위성에 관한 국내상황을 주로 설명했는데 마지막으로 방송위성 이용 주체의 바람직한 존재방식을 생각하기로 한다.

일본에 할당된 방송위성 채널은 현재 8개이다. 이중 BS-2에서는 제15채널에 의해 NHK의 위성 제1채널이, 제11채널에 의해 위성 제2채널 방송이 실시되고 있다.

BS-3 단계가 되면 이 밖에 일본위성방송(JSB) 및 JSB 전파에 다중하는 위성 디지털 음악방송(SDAB)이 개시되고, 포스트 BS-3에서는 본격적인 8개 채널 위성방송 시대의 도래가 예상되고 그 중에서 방송대학도 이용 주체 중의 하나가 될 가능성이 예상된다.

(1) BS-3의 이용 주체[25]

1983년 11월 우정성은 「방송위성(BS-3)에 관한 당면 추진책에 대하여」를 통하여 다음과 같은 주장을 밝힌 바 있다.

1988년도 발사 예정인 방송위성 3호(BS-3)의 개발을 추진함에 있어서,
① 사용하는 채널 수는 TV 방송용 채널 3채널로 하고, 일본방송협회(NHK)가 2채널, 일반방송 사업자가 1채널을 사용하기로 한다.
② 앞으로 BS-3을 사용할 예정인 일본방송협회 이외의 사업체는 이미 허가 신청을 한 자를 중심으로 하고 다음에 열거하는 내용을 기본으로 새로 설립하기로 한다.
· 위성방송사업에 대해 다면적인 시도, 실시가 가능해지도록 널리 각계의 참가를 얻을 것.
· 인적(人的) 자본의 구성에 있어서는, 특정한 분야에 치중하지 않을 것, 또한 소수인에게 지배받지 않을 것.
· 매스미디어 집중을 야기시키지 말 것
③ 기타
· BS-3에 따른 일반방송 사업자는 기본적으로는 광고료 수입과 유료방식 수입에 의하는 것으로 한다.
· BS-3에 따른 방송위성국의 허가에 필요한 허가 방침에 대해서는 앞으로 다시 검토한 후에 책정하기로 한다.

BS-3에 관해 우정성이 당면한 추진책 중, 1988년 발사 예정되었던 BS-3a가 1990년도, BS-3b가 1991년도에 발사되도록 변경되었는데, 위의 방침에 따라 일본위성방송주식회사(JSB)가 1984년 12월 설립되었다. BS-3의 이용에 대해 당초에는 방송대학의 이용 유무, 민간 방송용 채널을 하나로 할 것인가, 둘로 할 것인가가 논의의 대상이 되었는데, 방송대학의 BS-3의 이용은 보류

되었으며, 민간방송용 채널은 검토한 결과 한 개 채널로 결정되었다. 또한 민간방송위성에 있어서 그 경영재원을 어떻게 조달할 것인가는 지극히 중요한 일인데 우정성의 주장은, 기본적으로는 광고료 수입과 유료방식에 의한 것으로 하라는 것이고, 위성방송이라고 해도, 민간방송에 광고료 수입 이외의 방식을 도입한다는 주장이 제시된 점에서 주목된다.

민간 위성방송에 이 같은 재원방식이 도입되는 경위를 좀더 고찰하면, 다음과 같다. 1982년 3월, 우정성에 설치되어 있던 '방송의 다양화에 관한 조사 연구회의'가 보고서를 구체화시켰는데, 이 중에서 위성방송의 경영재원으로서 '유료방식은 현행 광고료 수입방식과 경영적으로 직접 경합하지 않는 이점이 있고, 기존의 지상 방송사업 경영과 조화가 이루어지는 것으로 예상된다.'는 판단을 제시하였다.[26]

또한 같은 해인 1982년 3월, 우정성 전파 감리국에 설치되어 있던 '전파 이용 개발 조사 연구회 실용위성부회(部會)'가 「제2세대 실용 위성의 이용 상황에 관한 조사 연구 보고서」를 발표했는데, 그 중에서 "구체적인 재원 조달 방법으로서 우선 광고 방송과 유료 TV를 들 수 있는데, 양자 혼합 형태도 가능하다고 보여져 앞으로 이에 대한 검토가 다시 요구된다"고 주장하여 혼합 형태를 시사하였다.[27]

또한 1983년 11월에는, 우정성 전파감리국이 위탁하고 덴쯔(電通)가 실시한 조사가 「방송 이용의 고도화·다양화에 관한 조사 보고서」를 통해 밝혀졌다. 이 보고서에는, ① BS-3시대에는 위성방송의 시장규모가 민간방송 1채널의 경영을 가능하게 할 정도이다. ② 유료방식과 광고료 수입을 병용하면 1995년까지 지상방송의 광고수입에 끼치는 영향은 별로 크지 않을 것으로 예상된다는 전망이 제시되었다.[28]

이상과 같이 1982년, 83년에 발표된 보고서가 유료방식에 적극성을 띠고 있으며 이같은 점을 토대로 1983년 11월 우정성이 '당면한 추진책'을 상정한 것으로 생각된다.

1987년에 보고서를 종합한 「방송정책간담회」도 민간 위성방송의 경영재원을 유료방식과 광고료방식을 병행시킨 재원방식으로 하는 것이 적당하다고 하여 우정성의 주장을 재확인한 셈이 되었다.29)

이상의 움직임과 관련하여 1988년 방송법이 개정되고, 일반방송 사업자에 대해 유료방송에 관한 규정이 정비되었다.30) 동시에 이 개정에 의해 새로 제정된 방송보급기본계획에서 BS-3단계에서는 일반방송 사업자의 방송은 종합방송 1계통(주로 유료방송을 실시하는 것으로 제한된다)으로 하고 1주간 방송시간에서, 원칙적으로 유료방송이 50% 이상을 차지한다는 단서가 붙었다.31) 또, BS-3 방송위성국에 대한 예비 허가는 1990년 4월 교부되었고, NHK 제1은 채널 7, 제2는 채널 11, 일본 위성방송(JSB)은 채널 3로 할당되었으며, 각 채널 모두 120W의 출력을 갖게 되었다.

일본 위성방송의 TV전파에 다중(多重)하여 독자적으로 음성다중방송을 하는 <위성 디지털 음악방송>도 1990년 5월 예비 허가를 얻어, 원칙적으로 유료 방송을 50% 이상 하고 있다.32) 또 위성 방송국이 행하는 TV 음성다중방송을 독립적으로 이용하는 사업자에게는 매스컴 집중 배제 원칙이 적용되어 방송국 개설의 근본적 기준을 적용 받는다(제9조 제1항).33)

(2) 유료방식의 검토

유료방식에 대한 검토를 하면 다음과 같다.
앞에서도 언급했듯이 일본에서는 위성 방송에 유료방식 도입이 추진된 상태이고, 또 미국에서 보더라도 당연히 도시형 다채널 CATV에 이 방식이 보급될 것이다. 그러나 지상의 민간 TV 방송 분야는 직접적으로 시청자가 부담하지 않는 미디어로 국민들 사이에 정착되어 있어서 실시하기에는 많은 어려움이 있다. 방송정책간담회 보고서도 같은 견해를 주장한다.34) 게다가 앞에서 언급했던 '방송 다양화에 관한 조사 연구회의'는 지상의 유료방식이 '경영의 안정성을 위해 잠재 시청 세대가 많은 대도시 부근에 서비스가 편중되어 지역 격차가 생기고, 새로운 유료 방송용의 전국적인 주파수 확보가 어렵다는 난점이 있다'고 문제점을 제시했다.35) 따라서 일본의 유료방식은 CATV는 차치하고라도 위성방송 분야에서 도입하게 된다. 그러나 이 분야의 도입에 대해서도 문제가 없는 것은 아니다. 위성방송의 경우, 동시에 전국에서 영업을 개시하게 되는데, 앞서 얘기했듯이 전국적 규모로 유료 방송의 계약이나 요금의 수납, 이사에 따른 업무를 하게 되고, 또 디코더의 보수, 관리도 필요하게 된다. 이 체제의 정비, 인원확보, 경비부담에 상당한 어려움이 많다.

또 이 방식을 도입할 때, 지상 민간방송의 광고료 수입에 대한 영향은 상당한 논란이 있었지만, NHK 수신료제도에 끼치는 영향에 대해서는 배려가 적었던 것으로 인식되고 있다.

유료방송의 요금과 NHK수신료는 이론적으로는 성격이 아주 다른 것이며, 전자가 자유로운 계약에 근거한 서비스 대가인 것에 반해, 후자는 수신 계약 체결 의무제에 따른 NHK의 유지 운영을 위한 특수 부담금이다. 그렇지만, 시청자에게 직접 지불을 요구하는 점에서는 마찬가지이며, 시청자의 심리에 혼란을 초래할 우려가 높다. 1988년의 방송법 개정에 의해 이미 제도적으로는 도입이 끝난 상태지만, 당시의 경제 전망이 판단의 기준이 되었다. 예를 들면 1987년 4월 보고서를 발표한 방송정책간담회는 '…총 광고비 대 GNP비율 1% 전후라는 구조가 정착된 지금, 일본의 안정 성장화에 따라 총 광고비가 불황을 맞이하게 되었다. 따라서 민간방송의 경영 기반인 광고료 수입 등의 신장이 둔화됨과 동시에 사업자의 수입 신장도 전에 비해 저하되고 있다'라고 분석하고 종래 광고수입 등과 더불어 새로운 경영 지원 방식을 도입할 필요성이 있다는 견해를 밝혔다.

그러나 그 후 1988년과 1989년도에 일본경제는 상당히 호황이었고, 총 광고비, 민간방송의 영업수입 모두 두 자리 수의 성장을 계속하고 있다.

유료방식이 장래의 수신료 제도에 주는 영향을 고려할 때, 일본방송제도의 특색은 NHK, 민간방송이 아주 다른 경영재원, 즉 NHK는 시청자의 직접 부담에 의해, 민간방송은 시청자의 간접 부담에 의한다는 사실을 다시 한 번 상기하여 이 문제를 주시할 필요가 있다. 다음으로, 1988년 방송법 개정에 의해 실현된 유료방송에 관한 규정의 개요를 소개하겠다.

우선 유료방송은 「계약에 의해 그 방송을 수신할 수 있는 설비를 설치하고 그 수신에 관한 요금을 지불하는 자에 의해 수신되는 것을 목적으로 하고, 그 수신설비 없이는 수신이 불가능한 방송을 말한다」(제52조 4항)라고 정의되었다. 그리고 이 유료방송을 실시하는 일반방송 사업자는 계약 약관을 정하여, 우정성 장관의 허가를 받아야만 한다. 또 이 계약을 맺지 않으면, 수신 설비에 의해 유료방송을 수신해서는 안되게 되어 있다.

이 개정은 일반방송 사업자만을 대상으로 제도화한 것인데, 구체적으로는 BS-3에 등장하는 위성 민간방송을 염두에 두고 있다고 설명되어 있다.

그후 통신위성을 이용한 방송 서비스도 TV 음성다중방송만을 하는 위탁방송 사업자가 유료방송을 실시하는 것을 전제로 도입이 추진되고 있고, 팩시밀리 다중방송도 처음으로 지상 유료방송의 길을 여는 준비가 이루지고 있다.

(3) 포스트 BS-3

다음으로는 포스트 BS-3, 주로 민간 위성방송의 전개를 고찰해 보겠다.

우선 방송 서비스의 종별로는, 전용파(波)서비스로서 재래식 TV방송, 하이비전, PCM 음성방송, 정지화(靜止畵) 방송 등이 있으며, 다중방송 서비스로는 음성다중, 문자다중, 팩시밀리 방송, 데이터 방송 등을 생각할 수 있다. 이들 방송 서비스는 다양한 이용 주체가 단독으로, 또는 복합적으로 실시할 수 있다. 또한 이용 주체의 방송 프로그램 편집 형태를 놓고 보면 당연히 전국적인 종합방송 형태도 고려해 볼 수 있으며, 이 외에 대상 시청자가 전국적으로 분산되어 있어 지역 단위 방송으로는 대응하기 어려운 특정 대상의 방송이나,

방송 내용이 특정 전문 방송을 실시하는 형태 등을 생각해 볼 수 있다. 결국, 방송위성의 전국적인 광역성이라는 특성을 활용한 편집 형태가 보급된다고 짐작할 수 있다.

채널 사용 형태로서는 통상적인 형태 외에 다중방송의 제 3자 이용이 이미 구체화되고 있는데, 전에도 말했지만 채널 시분할(時分割) 공용방식도 생길 것이다.

이상과 같은 내용들은 1985년도 「우주통신정책간담회 보고서」에 자세히 기록되어 있다.36) 이 보고서는 일본이 당면해 있는 이용 가능한 채널 8개 중 아직 미사용 중인 5개 채널 취급에 대해 언급하고 있다. 방송의 다양화라는 국민의 여망에 부응하는 견지에서 위성방송 채널을 앞으로 어떠한 계획으로, 어떤 이용 주체에게, 어떻게 이용시킬 것인가에 대한 중기(中期) 전망을 구체화시킬 필요가 있다는 말로 끝맺고 있다.37)

이 점에 대해 BS-3의 후계기(後繼機: 1997년 발사 예정) 단계에서 국제적으로 일본에 할당된 8개 채널 전부를 이용하는 것이 바람직하다고 1989년 2월에 우정성의 '위성 방송 장래 전망에 관한 연구회'에서 밝히고 있다.

동 연구회는 이러한 제안 이외에 지상방송이나 위성방송의 조화를 꾀하며, 양자가 협조와 경쟁을 통해 방송분야 전체의 고도화, 다양화를 기해야 한다고 주장하며 다음과 같은 의견을 피력하고 있다.

위성 방송에서는 하이비전 방송, PCM 음성방송 등, 지상방송과 다른 방송방식을 도입하는 것이 바람직하다. 프로그램 조화 원칙의 완화 등에 관한 검토도 필요하다. 기존 방송 사업자의 업적을 고려하면서 다양한 연구를 해야 한다. 위성을 조달, 소유하고 방송하는 자에게 채널을 제공하는 조달 법인의 도입을 꾀하는 것이 적당하다. 통신·방송의 경계 영역적 서비스에 대해 적절한 규율 등 대응책을 확립하는 것이 바람직하다는 등의 사고를 보여주었다.

특히 처음에 말했던 BS-3의 후계기 단계에서 8개 채널을 전부 이용하는 것이 바람직하다는 견해에 대해 동 보고서는 다음과 같은 주목할 만한 설명을 하고 있다. 즉 단계적 발전이 적당하다는 의견도 있는데 방송 내부의 획일화, 유사화(類似化)를 배제시키고 다양화에 부응하기 위해서는 어느 정도의 채널 수는 공급하는 것이 좋다. 광역대 ISDN이나 통신위성 등에 의한 프로그램 송출 서비스가 출현하여 앞으로 방송환경이 급변할 상황에서 본격적인 위성 방송 시대를 실현시키려면 위성 방송 사업을 조기에 확대·발전시켜야 한다는 조기 확대 발전론이라 할 수 있는 주장이다.

따라서 이 주장이 실현될 경우에는 구미 대륙과 같은 다매체·다채널 시대를 1997년과 2000년 사이에 맞이하게 될 것이다.

(4) NHK 위성 방송

마지막으로 NHK 위성 방송에 대해 설명하기로 한다.

NHK의 목적은 풍부하고 우수한 방송 프로그램을 전국에 골고루 수신할 수 있게 방송하는 것이며, NHK방송위성 구상은 이러한 목적을 수행하기 위해 추진되고 있다.

현재 전국에 산재하는 TV방송 난시청 세대는 해소 시책이 진행되고 수신 설비 능력이 향상됨에 따라 현재는 10만 세대 정도에 불과하다고 한다.

그러나 아직 NHK 위성 방송 실시 이유의 하나로서 난시청 해소 역할이 남아 있다는 점은 부정하지 못한다. 또 이와 더불어 우수한 방송매체의 기능을 갖는 위성방송을 일본에 보급·발전시키는 선도자적인 역할도 NHK에게 요구되고 있다.

1985년도 우주통신정책 간담회 보고서는 앞으로의 이용 주체에 대해 "국민의 방송 욕구에 부응하고, 방송의 다양성을 확보하며 위성방송의 다양한 가능성을 발굴하여 발전시키려면 NHK와 민간 방송의 공존을 전제로 한 방송위성 이용 주체의 다양화가 유효하다고 생각된다"[38]고 했으며 또 "NHK에 기대를 걸고 있는 난시청 해소 역할과 위성방송의 보급 발전을 위한 역할을 조화시키려면, 예를 들어 한 채널은 종래형 TV 방송 서비스에 의한 종합방송 형태로 난시청 해소를 위한 역할을 하면서 또 한 채널은 다양한 시도를 하는 방법도 가능하다"는 견해를 밝혔다.39)

또한 방송정책 간담회 보고서는 "① 위성방송 수신기의 보급이 고도로 발달한 본격적 위성방송시대가 올 때까지 NHK가 선도적 위성방송 실시의 주체가 되어야 한다. ② 그렇게 하려면 위성방송에 의한 난시청 해소와 더불어 지상의 수신기 보급, 위성 미디어의 기술적인 가능성을 개발하는 효과가 있다고 인정되는 방책(위성 방송의 미디어 특성을 살린 프로그램 개발, 공급 그리고 민간방송, 제조업체 관계자와 공동으로 하이비전, PCM 음성방송 등 각종 실험 실시)이 적극적으로 강구되어야 한다. ③ 앞으로 본격적인 위성방송 시대가 열릴 경우, NHK의 적정 규모에 관한 주장에 근거하여 이미 보유하고 있는 매체 전체를 재평가하고, 정비를 검토할 필요가 있다"고 주장했다.40)

이 보고서들을 고찰해 보면, 위성방송에 의한 TV 난시청 해소와 위성방송의 보급 및 촉진과 함께 앞으로 NHK가 보유하는 미디어 전체의 존재방식을 재평가하는 문제가 부상한다.

우선, 난시청 해소와 위성방송의 보급 촉진은 1987년 6월, 우정성이 지금까지의 '방송위성 2호(BS-2)에 의한 방송의 허가 방침(1983년 6월 6일 결정)'을 다음과 같이 수정하여, 수정 이전보다 보급과 촉진에 더 역점을 두는 방침을 세웠다.

이전에는 '일본방송협의회의 종합 프로그램국 및 교육 전문국 방송이 가능하도록 12㎓대 방송위성 업무용 제11채널 및 제15채널 주파수를 할당하기로 한다'고 되었던 것을 '일본방송협회의 종합 프로그램국 및 교육 전문국 프로그램을 혼합 편성하여 실시하는 방송과 일본방송협회의 독자적인 위성 프로그램을 실시하는 방송이 가능하도록…'으로 고쳤다.

NHK는 이 허가 방침의 수정을 계기로 같은 해 7월 4일부터 새로운 편성에 의한 2파의 시험방송을 하여, 위성 제 1TV에서는 독자 방송에 의한 24시간 서비스를, 위성 제2TV에서는 종합 교육 TV의 혼합 편성을 실시하였다. 그리고 1989년 6월 1일부터는 본격적인 방송이 개시되었다. 1990년도의 프로그램 편성을 보면, 위성 제1은 24시간 방송의 특성을 살려 국제 정보를 중심으로 하는 전문 정보 채널로 삼고, 아울러 국내외 빅 스포츠도 방송한다. 또한 위성 제2에서는 연예(오락), 문화 채널 방송과 난시청 해소 서비스를 행하기로 하고, 방송 시간을 1일 22시간 20분, 이 밖에 하이비전의 정시(定時) 실험 방송도 실시하였다.

이 '방송위성 2호(BS-2)에 따른 방송 허가 방침'은 1988년의 방송법 등에 의해, 방송보급기본계획 및 방송용 주파수사용계획이 책정되어 이에 흡수되어 폐지되었다. 현재는 방송보급기본계획에 다음과 같이 기재되어 있다.

> 방송위성 2호(이하 BS-2) 단계에서는, 난시청 해소를 목적으로 하는 협회의 방송 및 위성계에 의한 방송 보급에 이바지하기 위해 그 특성을 살리는 종합 방송 각 1계통의 방송이 전국 각 지역에서 널리 수신되게 하는 것, 또 1990년 발사 예정인 방송위성 3호(이하 BS-3) 단계에서는 BS-2 단계의 방송을 계승함과 동시에 다양화되고 있는 방송 수요에 응하기 위해, 협회 방송에 대해서는 계속해서 난시청 해소를 목적으로 하는 방송 및 종합 방송 각 1계통의 방송, 일반 방송 사업자의 방송은 종합 방송 1계통(주로 유료 방송하는 것에 한한다)의 방송이 전국 각 지역에 골고루 수신되도록 하는 것.[41]

따라서 BS-3 단계도 현 단계에서는 난시청 해소와 보급 촉진의 문제는 BS-2 단계와 같은 형태로 유지되고 있다. '위성 방송의 장래 전망에 관한 연구회'는 NHK 방송 난시청 세대 10만 정도 가운데서 위성방송을 이용하는 세대는 8천 정도라고 하며, 도서 지역의 난시청은 통신위성 이용에 의해 대처할 수 있을 것이며, 현행 난시청 해소 채널의 위상은 본격적인 위성 방송 시대에 NHK가 보유해야 할 채널수에 대한 전체적인 검토 속에서 명확히 하는 것이 타당하다고 지적하였다.

또 1990년에는 전에 중간보고를 발표한 '방송의 공공성에 관한 조사연구회'가 NHK TV는 본격적인 위성방송 시대에는 지상, 위성 합해서 3파로 하는 방안을 조속히 검토해야 한다는 구체적인 제안을 중간보고서에서 하고 "이 중간보고를 받아서 NHK 보유 미디어 체제에 대해 국민과 관계자의 의견을 충분히 고려하여 우정성에서 구체적인 결론을 내리도록 추진하는 것이 필요하다"고 주장했다.

민방련은 같은 해, NHK에 '중장기적 시점에서 사무범위, 사업규모의 경량화 정책을 단계적으로 강구할 필요가 있다. 특히 보유 미디어의 종류와 수는 공공방송의 목적을 달성하는 데 있어서 최소한도로 필요한 것이어야 한다'[42]는 견해를 발표했다.

이상으로 관계 조사회 보고서나 관련된 의견서를 보아도, 당면한 위성방송 보급을 위해, NHK가 선도적인 역할을 완수해야 한다는 것은 쉽게 인식하지만, 장래 본격적인 위성 방송시대에서의 NHK위상에 대해선 검토해야 할 문제가 있음을 지적하고 있다.

'NHK 장기 전망에 관한 심의회'는 다음과 같이 제시하고 있다. "국민의 부담을 적정한 범위 내에 두면서, 공공방송 사업체로서의 적절한 사업규모는 유지하는 것을 전제로, 스스로 그 사업 범위 미디어 존재양식에 대해 검증, 검토해가는 것이 중요하다고 본다." "현 시점에서는 위성 방송을 포함한 미디어 전체 형태에 대한 검토의 조건은 충분하게 갖추어지지 않았다[43]고 본다."

NHK는 다양한 시청자의 요청에 따라, 풍부하고 우수한 방송 서비스를 제공할 것을 사명으로 생각하기 때문에 앞으로도 지상 방송과 함께 위성 방송을 실시하고, 그 모든 효용을 최대화시키도록 노력해야 할 것이다. 또한 이와 더불어 NHK 입장에서는 본격적인 위성 방송 시대에 지상 방송을 포함한 적정 규모를 검토하고 시청자의 이해를 얻도록 하는 것도 당연한 것이다.

5. 통신위성에 따른 방송 서비스[44]

1991년 이후, 민간 통신위성이 차례로 발사되었는데 종래 통신위성(CS-3)에 비해 출력도 크고, 수신기술도 점차 향상되고 있기 때문에 본래의 용도인 통신 서비스 이외에도 널리 일반인을 대상으로 하는 서비스로도 사용될 구상이 세워졌다. 이 점에 대해서는 앞에서 위성 통신 응용(application)의 하나로 소개하고 주목할 필요성이 있다는 것을 말한 바 있다.

이 같은 움직임을 토대로 우정성은 앞서 말한 대로 '통신과 방송의 경계 영역적 서비스에 관한 연구회'를 개최하여, 그 중간 보고를 토대로 1989년 통신위성에 따른 방송 서비스를 가능하게 하는 방송법 개정안을 마련하였는데 이 개정안은 같은 해 6월 완성되었다.

그 개요를 소개하면 다음과 같다. 우선 통신위성의 일반적인 이용 형태가 이것을 소유, 관리하는 사람과 사용하는 사람이 분리되어 있다는 점에 착안하여 수탁 방송 사업자(방송국의 허가 주체: 하드)와 위탁 방송 사업자(방송 프로그램의 편집 주체: 소프트)의 분리라고 하는 주장을 피력했다.

방송국의 허가 주체가 방송 프로그램의 편집을 책임진다고 하는, 장기간에 걸쳐 채택된 하드와 소프트의 일치 원칙에 대해 하나의 예외를 두는 것이다.

이번에 새롭게 등장한 수탁 방송 사업자는 '전자법 규정에 따라 수탁 국내방송을 하는 무선국의 허가를 받은 자(제2조 제3호의 4)'로 되어 있으며, 수탁 국내방송이란, '타인의 위탁에 의해 그 방송 프로그램을 국내에 수신되게 하려는 목적으로 그대로 수신하는 방송이며 인공 위성 무선국에 의해 실시되는 것(제2조 제1호의 3)'으로 되어 있다. 여기에서 '인공위성에 의해 수신된다는 점,' '그대로 수신하는 방송'이라는 점에 유의할 필요가 있다.

또한 이 방송 사업자의 성격상, 방송 프로그램 편집 등에 관한 규칙(제1장의 2) 및, 일반방송 사업자에 관한 장(제3장)의 규정 대부분이 적용되지 않는다(제52조의 12).

다음으로 위탁 방송 사업자에 관해서 설명하겠다. 이는 수탁 방송 사업자에 위탁해서 그 방송 프로그램을 방송하게 하는 사람을 의미하는데, 그 업무를 할 때는, 우정성 장관의 인정(5년마다 갱신)을 받지 않으면 안되게 되어 있다 (제52조의 13).

이 인정의 성격은 일정한 기준에 적합한지의 확인 행위라고 설명되어 있다. 이전부터 하드·소프트를 분리할 때 소프트 사업자를 어떻게 취급하는가는 논의되어 왔으나, 이번에는 이 점에 대해서 인정이라는 방침이 도입되었다. 그리고 이 제도를 설치할 필요성에 대해서는 위탁 방송 업무는 수탁 방송 사업자에게 위탁해서 자기의 방송 프로그램을 그대로 송신하는 업무이며, 수탁 방송 사업자의 유한 희소한 주파수를 지정받아 점용(占用)하는 것 등의 이유가 있다.

인정을 받아야 하는 기준은 방송법 제52조의 13에 ① 수탁 방송업무를 제공 받을 수 있을 것, ② 재정적 기반이 있을 것, ③ 매스미디어의 집중 배제에 관한 우정성의 령(令)이 정하는 기준에 합치할 것, ④ 인정하는 것이 방송의 보급 및 건전한 발달을 위해 적절할 것, ⑤ 외국인, 외국 법인, 또는 단체 등에 해당하지 않을 것의 다섯 가지 항목이 규정되어 있다.

이상의 다섯 항목 가운데, ③의 우정성 령(令)이 정하는 기준과 합치하는 것에 대해서 부연 설명하면 다음과 같다.

한 사람이 한 방송국을 소유할 것, 한 가지 위탁 방송 업무의 인정을 받을 것, 또 한 방송 사업자만을 경영 지배할 수 있다(주1). 단, 다음과 같이 위탁 방송 업무의 인정을 받을 필요가 없는 예외가 있다.

① 수탁 국내방송 또는 다중방송 혹은 임시 목적방송(위탁에 의한 경우 포함)을 겸하게 되는 경우
② 하나의 중계기 범위 내에서 복수의 유료방송의 위탁 방송 업무를 인정받는 경우

③ 위탁 방송 사업자가 해당 위탁 방송 사업의 인정 갱신을 받을 경우
④ 방송의 보급 등을 위해 특히 필요하다고 인정되는 경우

주1) 경영 지배는 다음의 경우를 말한다.
① 한 사람이 법인 또는 단체 의결권의 1/10을 넘는 의결권을 갖고 있을 때
② 하나의 법인 또는 단체의 임원으로, 다른 법인 또는 단체의 임원(감사기관 제외)을 겸하는 자의 총수가 해당 타 법인 또는 단체 임원의 1/5을 넘을 때
③ 하나의 법인 또는 단체의 대표권을 갖는 임원 또는 상근 임원이 타 법인 또는 단체의 대표권을 갖는 임원 또는 상근 임원(감사기관을 제외함)을 겸하는 경우
주2) 위성계의 텔레비전 음성다중방송은 동시에 방송되는 TV 방송의 프로그램에 관계되는 사항 또는 재해에 관한 사항에 한한다.

또 위탁방송사업자에 대하여 계속 고찰해 보면, 위탁방송사업자는 방송법 제2조 제3호의 2의 규정에 의하여 방송사업자가 되기 때문에 방송사업자로서의 규제를 받게 된다. 이 경우 제52조의 27에 독체(讀替) 규정이 있어서 이 조항에 규정돼 있는 바와 같이 제1장의 2 방송 프로그램의 편집준칙에 관한 통칙, 제3장 일반 방송사업자에 관한 조문을 독체하여 적용하게 된다. 예를 들면, 제3조의 2(국내방송의 방송 프로그램의 편집 등) 제1항은 "방송사업자는 수탁 국내방송의 방송프로그램 편집 시, 다음 각호가 정하는 바를 따르지 않으면 안된다. …"가 된다.
한편, 전문방송이나 임시 목적방송은 제3조의 5의 규정이 "시사(時事)에 관한 사항, 그외에 우정성 령으로 정하는 사항만을 위탁 방송사항(위탁해 하는 방송의 방송사항을 말한다)으로 하는 방송 또는 임시의 그리고 일시적 목적(우정성 령으로 정하는 것에 한함)을 위한 방송만을 위탁하여 행하는 방송사업자…"와 같이 바꿔 읽히게 된다. 또 유료방송에 대해서 보면, 제52조의 4 규정이 "유료방송(그 방송을 위탁하여 행하는 자와의 계약에 의해 그 방송을 수신할 수 있는 설비를 설치하고, 해당 수신설비에 의한 수신에 관련된 요금을

지불하는 자에 의하여 수신되는 것을 목적으로 하고…)"라고 바뀌게 된다. 이와 같은 조항은 방송사업자의 한 변형으로서 위탁방송사업자가 다양한 모습으로 등장할 가능성에 대비해 만들게 된 것이다.

이 방송법 개정 후의 작업은 우정성에 의해 진행되어 방송법 시행규칙, 방송보급기본계획이 개정되었다. 이어서 1992년 가을부터 PCM 음악방송 서비스가 유료방송(원칙적으로 유료방송이 50%이상)으로 될 예정이고, 그 후에는 영상 서비스도 등장하게 된다.

이 통신위성의 음성방송(초단파 방송)에 대해서는 방송보급기본계획상 '방송계(系)에 의해 방송할 수 있는 방송프로 수의 목표'가 18개로 결정되었다.

트랜스폰더 1개당 PCM B 모드 스테레오 프로그램이 6개(6 프레임) 방송할 수 있게 돼 있어서 '방송용 주파수사용계획'에 따라 일본 통신위성인 JCSAT 2호의 2개 트랜스폰더, 우주통신의 스퍼버드 A호의 1개 트랜스폰더를 사용하게 되었다. 위탁방송 사업자의 참가사(參加社) 수, 한 회사가 방송할 수 있는 프로그램 수 등은 앞으로 결정된다. (위에 쓴바와 같이 트랜스폰더 1개당 B모드 스테레오 6개 프레임을 방송할 수 있지만, A모드로 바꿀 경우에도 프레임 1개에 방송할 수 있는 프로그램의 수는 1개로 명시한 초단파 방송에 관한 위탁 방송사업 인정지침도 책정돼 있다.)

또, 이 서비스에 사용되는 주파수대(12.5~12.75㎓)는 일본을 포함한 아시아, 오세아니아 지역에서 고정 위성 업무(위성 통신) 외에, 공동 수신용으로서 송신 전력에 일정한 제한을 둔 방송위성 업무(위성 방송)에도 할당되어 있다. 그러나 방송위성이 이미 사용되고 있는 것과는 달리, 위성의 궤도 위치나 주파수 채널은 국제적으로 계획되어 있지 않고, 이후의 국제 조정에 의해서 주파수 등이 변경될 수도 있다.

한편, 당면 과제는 지금까지 서술한 음성 서비스로, 영상 서비스는 지금부터 검토되게 될 것이다. 통신위성 방송을 수신하려면 통신위성의 궤도 위치에 대응하는 수신용 안테나가 필요한데 음성 서비스는 60~70㎝, 영상 서비스는

1.2m 정도로 알려지고 있다.

어쨌든 통신위성에 의한 음성과 영상 방송 서비스의 움직임은 방송위성의 8채널 시대의 도래를 포함해서, 일본도 서양과 같은 다미디어·다채널 시대에 가까워지고 있음을 가리키는 것이며, 그 사회적 영향에 대해서 충분히 배려한 시책을 진척시킬 필요가 있다.

운용중인 3개의 민간 통신위성의 개요는 다음과 같다.

<표 15> 운용 중인 민간 통신위성

위성명	목적	중량(kg)	궤도	발사 로켓	발사 시기
JCSAT-1	제1종 전기통신업 (위성통신서비스)	약 1,340	정지 (동경 150도)	아리안느 4 (ESA)	元. 3. 7.
JCSAT-2	제1종 전기통신업 (위성통신서비스)	약 1,340	정지 (동경 154도)	타이탄 3 (미국)	2. 1. 1.
Super Bird A	제1종 전기통신업 (위성통신서비스)	약 1,500	정지 (동경 158도)	아리안느 4 (ESA)	元. 6. 6.

주: 출력은 JCSAT 20W, Super Bird 35W(CS-3 10W)이다.
자료: 『통신백서』, 1990, 418-419쪽.

통신위성에 의한 방송 서비스에 대한 마지막 설명으로 이에 관한 방송법 개정에서 두 가지 사항을 살피고자 한다.

첫째, 위탁방송 사업자가 위탁 방송 사항을 변경하려고 할 때 우정성 장관의 허가를 필요로 한다(제52조의 17조 1항). 보통 방송국의 경우, 방송 사항의 변경은 전파법 제17조 1항에 의해 우정성 장관의 허가를 얻는데, 이는 방송국의 개설이 면허제인 점으로 봐서 당연하다고 생각된다.

그러나 위탁 방송 사업자의 경우, 확인 행위라고 불리는 인정제(認定制)이고, 그 방송 사항의 변경이 허가인 점에 대해서는 재검토가 필요하다고 생각된다. 또 방송 사항이라는 것은, 일반적으로 보도, 교육, 교양, 오락 등 방송의 목적별 종류를 일반적으로 가리킨다.

둘째, 위탁방송 사업자가 방송법 또는 이 법률에 기초한 명령, 처분을 위반했을 경우에는 3개월 이내의 업무정지, 그리고 업무 정지 명령에 따르지 않았을 때는 인정을 취소할 수 있다고 제52조의 24에 규정돼 있다(명령 위반시에는 벌칙으로 20만 엔 이하의 벌금도 규정돼 있다. 제 56조의 2 제9호). 이 점에 대해서는 방송국에 대해서도 같은 문제점을 지적한 바 있고, CATV에 관해서도 나중에 언급할 것인데 여기서도 지적하겠다. 즉 (이 조항은) 방송법 위반에 대한 업무정지인데, 방송법 3조의 2 제1항의 방송프로그램 편집준칙을 위반했다고 해서 업무정지를 생각할 수 있을까 하는 문제이다.

앞서 말했듯이, 제3조 2 제1항은 자율적 규정이라는 것이 통설이며, 그렇게 취급되는 걸로 생각되지만 이번의 개정에서는 특히 동일한 법률의 규정 상호간의 문제이기도 하므로 신중한 대처가 필요하다(제53조 10 제1항 제4호 및 제53조의 11 제1항의 규정에 의해 인정 취소 처분을 하려고 하는 경우는, 전파감독관리심의회에 자문과 동 심의회에 의한 청문이 의무로 되어 있다).

6. 방송위성의 국제적 상황

(1) 외국의 상황

대형 지구국을 대상으로 하는 저출력 통신위성에 의한 위성통신은 이미 일상화되어 있으나, 고출력에 의한 일반 가정의 개별적 수신을 주된 목적으로 하는 방송위성 계획은 국제적으로 순조롭게 진전되고 있다고는 말할 수 없다.

위성 탑재용 고출력 송신관에 관한 기술문제 등 방송위성의 개발에 따르는 고유의 문제나 CATV와의 경합 등 많은 곤란한 과제가 있어 이들을 계속 해결해가면서 계획을 세워가야 되는 상황에 있다.

외국의 상황을 개별적으로 살펴 보면 다음과 같다.

미국은 연방통신위원회(FCC)가 1982년 6월 방송위성에 관한 자유로운 참가를 인정하는 잠정 규칙을 제정하고, 같은 해 9월 STC(Satellite Television Corp)에 건설 허가를 내주고, 계속해서 11월에는 7개사에 건설을 허가했다. 그런데 다음 해인 83년 11월에 USCI사는 캐나다의 통신위성(아니크 C2)을 이용하는 변칙적인 위성 방송 서비스를 시작했지만 결국 도산했다. 또 계획을 하고 있던 STC도 방송위성 사업에서 철회했다. 또한 건설 허가를 얻고 있던 7개 회사 가운데 4개사가 계획을 포기해 버렸다.

그후 FCC는 1984년 12월에 4개사, 85년 2월에 2개사에 건설을 허가했지만 미국에서는 각지에 발달한 CATV가 통신위성을 이용해서 풍부한 채널에 의해 다채로운 프로그램 서비스를 실시하고 있어 그러한 상황 속에서 위성방송이 장래 경영 전망을 책정하기에는 많은 어려운 점이 있다.

최근 들어서, 1990년 2월 휴즈 커뮤니케이션, NBC, 케이블비전, 뉴스 코포레이션(News Corporation)의 4개 회사가 공동 발표해서, 1993년 말부터 일반 가정을 겨냥한 위성방송을 시작할 합병사업 계획을 세우고 있다. 이외에도 KPP(중출력의 문자방송), 템포(Tempo, 고출력) 계획도 밝혀지고 있다.[45]

영국 정부는 1982년 BBS에 2채널, 83년 IBA에 2채널의 방송위성용 채널을 할당했다. 이에 따라 영국에서는 지상방송과 같이 위성방송에서도 공공방송과 상업방송의 병존 체제가 예정되었다. 그러나 BBC는 당초부터 계획이 난항을 겪어 도중에 합병 사업체인 '21클럽'이 설립되었지만 소요 경비의 삭감이 어려웠다. 또 통신위성에 의한 CATV 프로를 아파트나 호텔에서 수신하는 SMATV가 허용되어 결국 1985년 6월 계획을 단념하게 되었다. 따라서 영국의 방송위성 계획은 IBA에 의해 추진되었다.

IBA는 1986년 2월 정부에서 위성 방송사업의 영업권 모집에 대한 승인을 받아, 같은 해 4월에 신청접수를 발표했다. 정부는 이번에 처음으로 외국제 위성의 조달을 인정했다.

이 신청은 같은 해 8월에 마감되었고, 프로그램에 대하여는 BSB에 영업권이 12월에 부여되었다. BSB는 미국 휴즈사의 통신위성을 출력 110W, 5채널의 방송위성으로 개선해서 1989년 8월 델타 로케트에 의해 발사되어 마르코폴로 1호로 명명되었다. 동 위성에서는 90년 4월부터 5채널의 서비스(스포츠 채널, 갤럭시, 영화 채널, NOW, PowerStation)가 행해지고 있다. 또 1988년 12월에 쏘아 올려진 룩셈부르크의 중출력 위성 Astra 1A(45W)의 트랜스폰더를 임대차 계약하여 89년 2월부터 머독의 스카이 TV 등이 방송을 개시하고 있지만 90년 11월 갑자기 이 스카이 TV와 BSB가 합병하여 새로운 BSB를 설립하는 것에 합의했다고 발표했다.46)

프랑스에서는 서독과 방송위성을 공동개발하여 TDF1이 TV 5채널 분의 트랜스폰더를 탑재하여, 230W~260W의 출력으로 아리안느 로켓에 의해 1988년 10월 발사됐다.

동 위성을 이용하는 방송사업자에 대해서는 '시락' 정권에 의한 재검토가 있었다. 당초에는 TDF 위성의 실용화를 보류할 수밖에 없다는 의견이 강해서, 만약 TDF1이 실험용으로 발사된다 해도, TDF2의 건설은 중지하고 중출력 다목적 위성의 개발로 전환해야만 한다는 주장이 나왔다. 1986년 7월 시락 수상은 이같은 상황 속에서 방송위성 계획을 속행했다. 그리고 1987년 2월에는 같은 해 5월 말까지 TDF 위성 실용화의 목표가 성립되지 않을 경우는 TDF1만을 실험용으로 쏘아 올리고 TDF2의 건설은 단념하며, TDF1의 비용은 정부가 부담하지만, TDF2는 정부가 부담하지 않겠다는 입장을 밝혔다. 따라서 TDF2의 비용 부담문제와 함께, 2개의 위성을 상용(商用) 베이스로 운용하는 회사의 설립이 전제되어야 했다. 1987년 5월 말까지 목표를 세우기로 하였던 상용화 구상은 비용부담 문제로 난항을 거듭했다.

1988년 5월에는, 대통령 선거에서 사회당의 미테랑이 재선에 성공하여 미테랑은 국민의회를 해산하고 총선거를 실시한 바, 여기서도 사회당이 의석수를 늘렸기 때문에 사회당 주도의 '로카르' 내각이 탄생, 86년 봄부터 계속된 보수와 혁신의 공존에 종지부를 찍을 수 있었다. 그리고 같은 해 8월 로카르 수상의 판단으로 사업수입에 의한 독자재원을 가지고 있는 프랑스 텔레콤이 TDF 방송위성 시스템의 실용화 책임을 담당하게 되었다.

TDF 1은 88년 10월 쏘아 올려져 다음 해 89년 4월에는 5개 채널의 이용자가 라 세트(통칭 유럽 문화 채널), 스뽈 2/3, 카날 프러스, 프루미에르, 카날 앙팡과 유로뮤직으로 결정되었다.47)

서독에서는 앞에서 말한 대로 프랑스와 공동개발로 TV-SAT 계획이 진행되어 1987년 11월 20일 남아메리카의 프랑스령 기아나의 우주기지에서 아리안느2형 로케트에 의해 발사에 성공, 운용 개시는 88년 3월로 예정되었으나 태양전지 파넬 2기 중 1기가 열리지 않는 사고가 발생하여 TV-SAT1호는 실패로 끝났다.

이 TV-SAT1호는 초기 중력 1톤급으로 200W급의 트랜스폰더에 의해 4개 채널의 텔레비전 방송과 PCM 디지털 음성방송을 할 예정이었고 3년 후에 발사 예정인 2호기와 함께 텔레비전 5개 채널의 동시운용이 계획되어 있었다.

이 채널의 사용에 대해서는 각 주간(州間)의 장기적인 조정을 요하고, 또 민간방송의 바람직한 모습이 큰 문제가 되고 있었다. 이 문제는 1987년 4월 서독 11주의 수상들에 의해서 '방송제도의 재편성에 관한 주간협정'이 조인되어 결말을 보았다.

이 협정에 의해서 서독에서도 공공방송과 민간방송의 2원 체제가 확립되었다. 이것은 이미 말해 왔던 것처럼 연방 헌법재판소가 니이더 작센주 방송법 소송에서 민간방송 도입을 합헌으로 한 소위 '제4차 방송판결'을 받아들인 것이다.

TV-SAT의 5개 채널 배분에 대해서는 3개 채널을 민간방송에, 1개 채널을 ARD(주 방송협회의 연합조직: 서독방송연맹), 1개 채널을 ZDF(주 전체 공동설립에 의한 제2독일 텔레비전 협회)에 배분하기로 하였다. 또, TV-SAT 1호기는 4개 채널 방송이기 때문에, 우선 민영방송에 2개를, 공공에 2개를 배분하기로 하고, 3번째의 민영방송이 구체화될 경우는 ZDF는 채널을 내주고 2호기의 새로운 1개 채널을 사용하는 것으로 되어 있었다.

TV-SAT2는 1989년 8월 발사에 성공하여 같은 해 11월부터 서비스를 개시하고 있다.

이외에 유럽에서는 룩셈부르크의 Astra 1A, 스웨덴의 Tele-X, ESA(유럽우주기관)의 올림포스가 운용중이고 TDF2 등 보완기의 발사도 시작되고 있다.48)

다음 CATV 시설에 프로그램을 전송하는 데 이용되고 있는 통신위성의 상황에 대해서도 언급하겠다. 미국에서는 1972년 FCC가 "open sky" 정책을 발표하고, 이 정책에 따라 현재 30개의 국내 통신위성이 운용중이고, 그 중에는 휴즈 커뮤니케이션사의 갤럭시 1호처럼 24개의 트랜스폰더 모두를 CATV 시설에 프로그램을 전송하는 데 사용하는 것도 있다. 유럽에서는 현재 6개의 통신위성(Eutelsat, 유럽전기통신위성기구) 위성 2개, 인텔새트 V계(영국과 서독이 임대) 위성 2개, 프랑스의 텔레콤 위성 1개, 서독의 코페르니쿠스 위성 1개가 CATV 시설에 프로그램 전송을 하고 있는데 전송 채널은 38개이다. 이것에 방송위성에 의한 채널 25개를 더하면, 유럽에서 위성을 통해 제공되고 있는 채널 수는 1990년 3월 현재 63개에 달하고 있다.

(2) 국제법과 국제제도

1) 무선통신규칙

계속해서, 방송위성에 관한 국제적 측면의 하나로서 법과 제도 면을 살펴보자.

'방송위성 업무'의 정의는 1963년 국제전기통신연합(ITU) 우주무선통신에 관한 임시무선 통신주관청회의에서 국제 전기통신조약부속 무선통신규칙에 신설돼 있다는 것은 앞에서 말했다. 이 정의는 그후 개정되어 현재는 '일반 공중에 의해 직접 수신되는 것을 목적으로 하여 신호를 우주국에 의해 전송하거나 재전송하는 무선통신 업무: 이 업무에 있어서의 직접 수신은 개별 수신과 공동 수신 모두를 포함한다'로 되어 있다.

여기서 말하는 '우주국(宇宙局)'은 '지구 대기권의 주요 부분 밖에 있는, 또는 그 밖으로 나가는 것을 목적으로 하는, 혹은 밖에 있는 물체상에 있는 국'으로 되어 있다.

이상과 같은 방송위성 업무를 위해서 주파수대는 현재 BS-2로 사용중인 12㎓대 외에, 22㎓대, 42㎓대 등 몇 개의 주파수대가 국제적으로 분배되어 있다. 그러나 22㎓대 이상은 강우에 의한 감쇠도 커서 앞으로의 연구 개발을 기다리는 부분이 많다. 따라서 현재는 12㎓대 중심으로 활용되고 있다.

일본은 앞에서도 얘기한 대로 1977년 '12㎓대에 있어서 방송위성 업무의 계획에 관한 세계무선통신주관청회의'에서 궤도 위치를 동경 110도로 하는 8개 채널의 할당을 받았다.

주파수의 분배 및 할당은 일반적으로는 우선 국제전기통신조약부속 무선통신규칙에서 주파수대를 지역별, 이용형태에 따라서 구분하고 주파수를 분배하며 각국은 그 범위 내에서 필요에 따라 지역내 협의를 하고 국내 사용구분을 정하는 것으로 되어 있다.49) 이에 비해서 방송위성용 주파수는 각국의 요구를 기준으로 나라별로 주파수와 정지 궤도위치를 배분하는 방식이어서 현재까지의 일반적인 분배, 할당방식과는 다른 형태를 취하고 있다.50)

2) 우주조약51)

방송위성을 우주활동의 측면에서 파악하면, 관련 조약으로 우주활동의 기본 조약인 '우주조약'이 있고 또 관련되는 조약이 몇몇 있다.

방송위성을 정지궤도에 발사하여 운용하는 것 자체가 우주활동이고, 우주조약을 필두로 관계조약의 적용을 받고 있는 것이다.

우주조약에서는 특히 제6조에 주목할 필요가 있다.

제6조는 "조약 당사국은 달 이외의 천체를 포함하는 우주공간에서의 자국 활동에 대해서, 그것이 정부기관에 의해 행해지든가 비정부 단체에 의해 행해지는가를 가리지 않고, 국제적 책임을 가지고 자국 활동이 이 조약의 규정에 따라 행하는 것을 확보하는 국제적 책임을 가진다. 달과 그 밖의 천체를 포함하는 우주 공간에서의 비정부 단체의 **활동**은 조약의 관계 당사국의 허가 및 계속적 감독을 필요로 한다"고 규정한다.

방송위성의 활동과 관련해서 이 비정부 단체의 활동은 조약의 관계 당사국의 허가 및 계속적 감독을 필요로 한다고 하는 표현이 의미하는 점에 유의할 필요가 있다.

비정부 단체가 국가의 허가, 감독을 받지 않고 무규제 상태에서 우주 활동을 하고 국가가 이것을 방치하는 경우는 국제적 책임이 따르게 되는데, 우주조약은 국가의 허가와 계속적 감독에 대해서 구체적 내용과 방식은 정하지 않고 국내적인 규율에 맡기고 있다.[52]

또 동 조약에서 규정한 '활동'은 위성 그 외의 우주물체를 로케트에 의해 발사, 우주공간을 이용하는 활동(소위 하드웨어)를 가리키는 것으로, 해당 우주물체를 설비로 하는 위성통신과 위성방송의 업무 자체, 혹은 그 내용을 대상으로 하는 것은 아니라고 해석되고 있다.[53]

일본에서 방송위성에 의해 송출되는 방송 프로그램은 당연히 현행 헌법 및 방송 법제의 아래에서 방송 프로그램 편집의 자유가 보장되어야만 하는데, 우주 조약과의 관계에 있어서 특별한 문제는 생기지 않는 것으로 생각된다.

더구나 일본은 우주조약 외에 '우주 비행사의 구조 및 송환과 우주공간에 발사된 물체의 반환에 관한 협정(구조반환협정),' '우주물체에 의해 야기되는 손해에 대한 국제적 책임에 관한 조약(손해배상조약)' 및 '우주공간에 발사된 물체의 등록에 관한 조약(등록 조약)'에 가입되어 있다.

3) DBS 원칙에 관한 동향

여기에서 UN이 오랫동안 논의해 온 위성방송에서 정보의 자유와 국가 책임의 문제에 대하여 고찰해 보자.

이 문제는 방송위성 구상이 점차 실현되게 된 단계에서 논의가 시작된 것이다. 방송위성에 의한 방송은 통신위성에 의한 TV방송의 전송과는 달라서, 일반 대중에게 직접 수신되는 것을 목적으로 하며, 타국에서 자국내로 방송된 경우, 그 내용의 가부를 인정하는 수단이 없기 때문에 어떻게 대처할 지가 논의의 초점이었다.

1972년 8월, 소련은 제27회 유엔 총회의 의제로서 '직접 TV 방송을 위해 국가에 의한 인공위성의 이용을 규율하는 원칙에 관한 국제조약안'을 제출했다. 그 내용은 조약 당사국은 전쟁, 선전, 군국주의의 유포, 내정간섭 등을 목적으로 한 방송 프로를 송신하지 않을 것을 보증할 것, 타국에 대한 TV 위성방송은 해당국의 명시적 동의에 의거해야 할 것 등이었다.

이 소련의 제안은 각국의 국가 주권과 정보의 자유에 관계된 주요 문제여서 이를 둘러싸고 많은 논의가 벌어졌다.

그후 복잡한 사정을 거쳐서 약 10년 후인 1982년 2월 유엔 총회에서 '각국의 인공 지구위성의 직접 TV 국제방송을 위한 사용을 규율하는 원칙(DBS 원칙)'이 채택되었다.

이 원칙에 대해서는 결국 여론을 수렴하지 못한 상태로 다수결로 채택되어 일본을 포함한 서구국가는 반대하고 있다.

DBS원칙의 개요는 다음과 같다.54)

① 목적 - 국제 DBS는 각국의 주권 및 정보의 자유와 양립하도록 시행하도록 한다.
② 국제법의 적용 - 국제 DBS는 국제법(유엔헌장, 우주 조약, ITU 조약, 무선통신규칙을 포함)에 따라서 시행하는 것으로 한다.

③ 국가의 책임 – 각국은 국가 자체가 시행하거나 그 관할 하에서 행해지는 국제 DBS에 대해 국제적 책임을 진다.
④ 협의의 의무 – 방송국이나 수신국은 한 편의 국가에서 요청이 있을 때, 요청한 나라와 국제 DBS에 관하여 조속히 협의에 들어가야 한다.
⑤ 각국의 협의 및 협정
· 국제 DBS의 설립이나 그 설립의 승인을 의도하는 국가는 예정한 국가에 그 의도를 지체 없이 통고해야 하며, 동시에 예정한 수신국 중 협의를 요청한 어떤 국가와도 조속히 협의에 들어가야 한다.
· 국제 DBS는 앞에서 규정한 조약을 충족시킨 후에, ITU의 관계 문서에 적합하고, 동시에 이 원칙에 의한 협정이나 결정에 기초해서 처음으로 설정돼야 한다.
· 불가피한 스필오버*에 관해서는 ITU의 관계 문서만 적용된다.

* 일반적으로 방송 전파에 근접해 있는 모든 국가에 전파가 새어나가는 것을 말한다.

위와 같은 원칙의 내용에서 국내용 위성 방송이 그 대상이 아니라는 것은 명확하지만 이 원칙에 찬성하고 있는 동유럽의 모든 나라와 발전도상국은 국내용이라도 스필오버55)가 불가피하다고 인정되는 정도를 넘어선 경우에는 대상이 된다고 하는 의견인데, 앞으로 이 점에 대하여 논의가 발생할 수도 있다. 또 현재는 유엔 총회에서 채택된 '원칙'이었기 때문에 이 원칙에 법적 구속력을 갖도록 '조약화'하자는 움직임도 있었다. 그렇지만 최근 동구 정세변화 등의 여파를 타고 앞으로 어떠한 전개가 이루어질지는 미지수이다.

4) 인텔새트 조약

마지막으로 인텔새트 조약에 대해 언급하고 싶다.56)
현재의 인텔새트(Intelsat: 국제전기통신위성기구)는 1964년 미국, 영국, 일본 등 11개국이 참가해서 잠정 협정을 체결하였으며, 그 전문에 단일의 세계

상업 통신위성 조직의 설립을 목적으로 한다는 취지가 규정되었다.

그 다음 항구화 협정을 위한 교섭에서 미국은 체약국과 서명 당사자가 국제 공중 통신업무의 수요를 충족하기 위해 인텔새트 이외의 우주 부분의 설정, 참가, 사용을 금지할 것, 이것을 위반한 경우에는 협정상의 권리를 정지하고, 더욱이 제명될 가능성도 있다는 의견을 발표했다. 또 특수 전기통신 업무 분야에서도 될 수 있으면 인텔새트가 광범위하게 활용되어야 한다는 입장을 밝혔다.[57]

미국의 제안에 대하여 유럽을 중심으로 반대가 강하게 일어 결국, 국내 공중(公衆)통신 사업과 국내 및 국제 방송위성 사업을 포함하는 특수 전기통신 사업을 인텔새트와 별도로 시행할 경우, 그에 필요한 조정 수속은 물론, 국제 공중 전기통신 사업을 별도로 할 때 요구되는 조정 수속 또한 인텔새트 항구 협정에 각각 규정하게 되었다.[58] 이 조정 수속에서 방송위성은 인텔새트 위성과의 관계에서 기술적 양립성만이 검토돼, 국제적으로 주파수와 정지궤도의 위치가 명확히 돼 있는 방송위성은 인텔새트 협정과의 관계에서 문제가 일어나는 경우는 거의 생각할 수 없다.[59]

■ 주

1. 「放送衛星」 年表, ≪放送文化≫ 1974年 3月호 56쪽; 大森幸男, 「動き出した放送衛星」, 同前誌 4-8쪽; 『平成2年版通信白書』, 240쪽, 241쪽.
2. ≪朝日新聞≫, ≪每日新聞≫, ≪讀賣新聞≫(昭和 47年 8月 22日); ≪朝日新聞≫, ≪每日新聞≫, ≪讀賣新聞≫(昭和 47年 8月 22日 夕刊).
3. 郵政省通信政策局宇宙通信企劃課, 宇宙通信開發課 編, 『サテライトコミュニケーションズ』, 61쪽, 62쪽; 『昭和60年度宇宙通信政策懇談會報告書 衛星放送의 새로운 展開』, 47쪽, 48쪽.
4. 『サテライトコミュニケーションズ』, 62쪽, 63쪽; 『昭和60年度宇宙通信政策懇談會報告書』, 48-50쪽.
5. 『サテライトコミュニケーションズ』, 71쪽, 75쪽, 76쪽; 『昭和60年度宇宙通信政策懇

談會報告書』, 7쪽, 8쪽.
6. 植村榮治, 「通信·放送衛星機構法」, ≪ジュリスト≫ 1979年 7月 15日호, 93-96쪽; 三宅忠男, 「通信·放送衛星機構의 發足」, ≪國際電氣通信聯合과 日本≫ 1980年 1月호 1-11쪽; 『サテライトコミュニケーションズ』, 124-129쪽.
7. 『昭和60年度宇宙通信政策懇談會報告書』, 113쪽.
8. 『昭和59年度宇宙通信政策懇談會報告書 宇宙通信의 새로운 展開』, 150쪽.
9. 『昭和60年度宇宙通信政策懇談會報告書』, 45-47쪽, 87-91쪽, 135쪽, 136쪽.
10. 『昭和61年版通信白書』, 403쪽, 404쪽.
11. 『昭和62年版通信白書』, 452쪽, 『平成2年版通信白書』, 366쪽.
12. 우정방전파감리국감수, 『新時代의 衛星通信』, 10쪽.
13. 『昭和60年度宇宙通信政策懇談會報告書』, 137쪽.
14. 『サテライトコミュニケーションズ』, 128쪽.
15. 『昭和60年度宇宙通信政策懇談會報告書』, 116쪽.
16. 앞의 책, 117쪽.
17. ≪電波タイムス≫ 제2940호(平成 2年 3月 30日); ≪朝日新聞≫(平成 2年 4月 7日); 『平成2年版通信白書』, 240쪽, 241쪽.
18. 『昭和60年度宇宙通信政策懇談會報告書』, 119쪽, 120쪽.
19. 같은 책, 105쪽.
20. 『NHK의 長期展望에 관한 提言』, 16쪽.
21. 『昭和60年度宇宙通信政策懇談會報告書』, 106-111쪽.
22. ≪朝日新聞≫(昭和 62年 12月 28日); ≪新聞協會新報≫ 제2818호(昭和 63年 1月 12日); ≪民間放送≫ 제1089호(昭和 63年 1月 23日).
23. 片岡俊夫, 「放送法, 電波法의 一部改正」, ≪ジュリスト≫ 1989年 9月 15日호 56쪽, 57쪽; 楊井貴晴, 「衛星時代의 새로운 放送制度」, ≪時의 法令≫ 平成元年 12月 30日호, 5-9쪽.
24. 『昭和60年度宇宙通信政策懇談會報告書』, 121-124쪽; ≪電波タイムス≫(平成 2年 6月 26日); ≪讀賣新聞≫(平成 2年 8月 18日).
25. 같은 책, 96-99쪽.
26. 『新時代의 衛星放送』, 58쪽.
27. 같은 책, 40-41쪽.
28. 『放送衛星利用의 高度化·多樣化에 관한 調査報告書』, 23쪽.
29. 『放送政策懇談會報告書』, 89-90쪽.
30. 今泉至明, 「放送法等改正의 槪要」, ≪ジュリスト≫ 1989年 增刊, 『ネットワーク社會와 法』, 172쪽; 浜田純一, 「放送法及び電波法의 一部改正에 대하여」, ≪ジュリスト≫ 1988年 9月 1日호 53쪽, 54쪽.
31. ≪情報通信六法≫(平成2年版), 1655쪽.

32. 같은 책, 1656쪽.
33. 같은 책, 609쪽.
34. 『放送政策懇談會報告書』, 88쪽.
35. 『新時代의 衛星通信』, 58쪽.
36. 『昭和60年度宇宙通信政策懇談會報告書』, 100-103쪽.
37. 같은 책, 104쪽.
38. 같은 책, 99쪽.
39. 같은 책, 105쪽.
40. 『放送政策懇談會報告書』, 74-75쪽.
41. ≪情報通信六法≫(平成2年版), 1650쪽.
42. ≪民間放送≫ 제1163호(平成2年 3月 23日).
43. 『NHK의 長期展望에 관한 提言』, 9쪽, 10쪽.
44. 『平成2年版通信白書』, 145쪽; 楊井貴晴, 「衛星時代의 새로운 放送制度」, 당시 법령 平成元年 12月 30日호, 5-9쪽; 片岡俊夫, 「放送法, 電波法의 一部改正」, ≪ジュリスト≫ 1989年 9月 15日호, 56쪽, 57쪽.
45. ≪世界의 라디오와 텔레비전≫ 1986, 9쪽, 10쪽; ≪世界의 라디오와 텔레비전≫ 1988 25쪽(平成 2年 3月 23日); 『昭和60年度宇宙通信政策懇談會報告書』, 51-53쪽; ≪NHK放送硏究≫ 1990년 4월호, 61쪽, 62쪽; ≪民間放送≫ 제1161호(平成 2年 3月 3日); ≪日絲ニュ一メディア≫ 1990年 4月 23日, 11쪽.
46. ≪世界의 라디오와 텔레비전≫ 1986 11쪽; 『昭和60年度宇宙通信政策懇談會報告書』, 53쪽, 54쪽; ≪NHK放送硏究≫ 1986年 4月호 62쪽, 5월호 53쪽, 10월호 59쪽, 1987年 2월호 54쪽, 1990년 4월호 60쪽, 5월호 42쪽, 44쪽; ≪世界의 放送≫ 1990, 15-18쪽, ≪日絲ニュ一メディア≫ 1990年 11月 12日, 13쪽, 14쪽.
47. ≪世界의 라디오와 텔레비전≫ 1986, 11쪽; 『昭和60年度宇宙通信政策懇談會報告書』, 54쪽; ≪NHK放送硏究≫ 1986年 9月호 44쪽, 1987年 1月호 6쪽, 9쪽, 6月호 52쪽, 7월호 59쪽, 1987년 8월호 60쪽, 61쪽, 1988年 10월호 50쪽, 1989年 6월호 56쪽; ≪世界의 放送≫ 1990, 18쪽, 19쪽.
48. ≪世界의 라디오와 텔레비전≫ 1986, 11쪽; 『昭和60年度宇宙通信政策懇談會報告書』, 54쪽, 55쪽; ≪NHK放送硏究≫ 1986年 9月호 45쪽, 1987年 1月호 51쪽, 5월호 64쪽, 65쪽, 6월호 67쪽, 68쪽, 12월호 40쪽, 41쪽, 1988년 1월호 54쪽, 55쪽, 1989年 1월호 42쪽, 2월호 62쪽, 3월호 52쪽, 53쪽, 9월호 57쪽, 10월호 51쪽, 52쪽, 11월호 54쪽, 55쪽, 1990年 3월호 43쪽, 44쪽, 5월호 42-45쪽, 9월호 44쪽, 45쪽, 10월호 38쪽, 39쪽; ≪世界의 放送≫ 1990, 19쪽.
49. 『新 放送總鑑』, 23쪽, 24쪽.
50. 山本草二, 「實用放送衛星運營의 法制度的 問題」, 山本 編 『放送衛星-ユ 法制度的 硏究-』, 11쪽, 12쪽; 栗林忠男, 「靜止軌道의 法的 地位와 周波數帶의 分配問題」, 同

書, 60쪽, 61쪽.
51. 『サテライトコミュニケーションズ』, 231-250쪽.
52. 山本草二, 「實用放送衛星運營의 法制度的 問題」, 前揭, 30쪽.
53. 『サテライトコミュニケーションズ』, 247쪽, 山本草二, 「衛星放送をめぐる國際的 動向과 問題點」, ≪ジュリスト≫ 1976年 10월호, 299쪽.
54. 요약은 『昭和60年度宇宙通信政策懇談會報告書』, 60-62쪽; 『サテライトコミュニケーションズ』, 271-272쪽.
55. 스필오버(Spill-Over): 방송위성의 전파가 본래적 목적이 되는 영역을 넘어서 목적 외의 영역에까지 도달하게 되는 것. 日本放送出版協會 編 『新版ニューメディア用語辭典』, 46쪽.
56. 『サテライトコミュニケーションズ』, 133-138쪽.
57. 山本草二, 『Intelsat 恒久協定의 硏究』, 200쪽, 201쪽.
58. 앞의 책, 206-208쪽; 柏木輝彦, 『Intelsat 恒久協定について INT硏究』, no.10, 34쪽, 35쪽; 『サテライトコミュニケーションズ』, 80-82쪽.
59. 『山本草二 Intelsat 恒久協定의 硏究』, 208쪽.

제11장 CATV에 관한 문제

1. CATV의 역사[1]

 이른바 유선방송에는 유선 텔레비전 방송과 유선 라디오 방송이 있다. 여기에서는 주로 유선 텔레비전 방송(이하, CATV-Community Antenna Television 혹은 Cable Television-라 함)[2]에 관하여 논하기로 한다.
 유선 텔레비전 방송의 역사는 CATV가 태어나기 전에 유선 라디오 방송에서 시작되었기 때문에 이 점에 대해서 잠깐 살펴보기로 하겠다.
 유선 라디오 방송은 당초 라디오 방송을 공동으로 청취하는 방식에서 시작되었는데 그 후, 농촌이나 어촌에서 지역 정보를 전달하거나, 도시에서 음식점 등에 음악을 제공하기 위한 방송이 생기게 되었다. 1988년 말 현재 일본의 유선 라디오 방송 시설 수는 11,949개인데,[3] 이러한 업무에 관한 법률로서는 '유선 라디오 방송 업무 운용의 규정에 관한 법률'이 있다.
 이와 같이 CATV가 태어나기 전에 유선 라디오 방송이 존재하였다. 그리고 일본에서는 1953년 2월에 텔레비전 방송이 개시되고 1955년에는 CATV의 제1호가 군마현(群馬縣) 이카호(伊香保) 마을(町)에서 탄생하였다. 이 시설은 도쿄 텔레비전 방송의 수신을 목적으로 하였던 것이다. 또한, 일본 최초의 자주(自主)방송 시설은 1963년에 기후현(岐阜縣 郡上八幡)에서 탄생되었다.

그후, 텔레비전 방송국이 세워지지 못한 지역에서 텔레비전 방송의 시청을 희망하는 주민의 강한 요구에 의해 점차 CATV가 세워졌다. 그러나 이들 시설은 그 지역에 텔레비전국이 건설되면서 폐지되었다. NHK는 1960년부터 텔레비전 방송의 난시청 해소 시책을 보완하는 조치로 텔레비전 공동 수신 시설을 조성하는 제도를 추진하였으며 1969년부터 1973년까지 그 지역 주민과 시설을 공동으로 설치·운용하는 제도(방송법 제9조 제2항의 장관 인가 업무)를 채택하여 현재 10,584개 시설(가입자 75만 세대)을 운용하고 있다(1989년 말).

이와 같이 텔레비전 방송의 난시청 문제는 당초에는 주로 산간지역 등을 대상으로 시책이 강구돼 왔으나 일본 경제의 성장과 함께 도시에 차차 고층건물이 출현하면서 이제는 도시의 텔레비전 방송 수신 장해대책도 커다란 문제로 제기되고 있다.

1968년 도쿄 신주꾸구(新宿區)의 수신 장해를 주식회사 방식에 의해 해소하려는 구상이 태동되었으며 이를 계기로 1970년에는 재단법인 '도쿄 케이블 비전'이 탄생하였다. 또한, 같은 성격의 공익 법인이 교토, 오사카, 고베, 나고야, 후꾸오카에도 설립되었다. 그 후에도 난시청 대책, 수신 장해대책을 위한 CATV가 증가하고 있으나 이 같은 목적을 중심으로 하는 CATV가 고려되었던 시기는 CATV의 제1단계라고 일컬어진다.

그 다음, 제2단계는 구역외 재송신이 중심이 되는 CATV가 태어난 시기인데, 예를 들어 야마나시현(山梨縣 甲府市)의 '일본네트워크서비스(NNS)'는 도쿄 TV방송국 프로그램의 구역외 재송신에 의하여 가입 세대를 증가시켜 왔다. 이 구역외 재송신은 텔레비전 다채널 수신이 가능한 대도시에 인접해 있는 중소도시에서 수신 격차를 보충하기 위하여 행하는 예가 많다.

제3단계의 CATV는 주로 앞으로의 문제로서 전기 통신 기술의 발달에 의해 탄생하고 있는 도시형 CATV시대를 가리키는 것이다. 도시형 CATV라는 것은 일반적으로 가입 회선 1만 이상, 자주(自主)방송 5개 채널 이상으로 중계 증폭기에 쌍방향 기능이 있는 것을 말한다. 일본 CATV의 현황을 총괄적으로 제시하면 <표 16>, <표 17>과 같다.

<표 16> 규모별 유선 텔레비전 방송 시설 수 및 수신 계약자 수(1988년도)

허가시설 인입단자수 501 이상		신고시설 인입단자수 500-51		소규모시설 인입단자수 50 이하		합계	
시설수	수신 계약자수	시설수	수신 계약자수	시설수	수신 계약자수	시설수	수신 계약자수
826	1,689,629	25,710	3,630,652	18,654	454,587	45,190	5,774,868

주: 인입단자(引入端子) 50 이하의 시설에서 자주 방송을 행하는 자는 소규모 시설로 계산하지 않고 신고 시설로 포함.
자료: 『통신백서』, 1990, 376쪽.

<표 17> 업무 내용별 유선 텔레비전 방송 허가 시설 수 및 구성비(1988년 말)

동시 재송신		동시 재송신과 자주방송		자주방송		합계	
시설수	구성비	시설수	구성비	시설수	구성비	시설수	구성비
651	78.8%	174	21.1%	1	0.1%	826	100%

주: 동시 재송신과 자주 방송을 행하는 시설에는 타 유선 텔레비전 방송 사업자에 시설을 제공하고 자주 방송을 행하는 시설이 포함돼 있다.
자료: 『통신백서』, 1990, 378쪽.

<표 17>에 있는 자주 방송의 일반적인 내용은 지방 공공단체나 농업협동조합의 홍보, 지역 뉴스, 쇼핑 정보, 지방 자치단체 의회 중계, 주민 참가 프로그램 등이다.

텔레비전 방송이 시작된 이후 CATV의 역사는 이상과 같은데, 1972년에 유선 텔레비전 방송법이 제정된 당시는 여러 곳에 유선 도시가 출현할 것이라는 예측도 있었으나, 제1차 오일 쇼크 때문에 케이블 붐도 사라져 버렸다. 그

후 20년이 지난 최근의 상황은 광섬유의 발달 등 관련 기술이 급속하게 발전하고 민간 통신위성이 출현하는 등 본격적인 도시형 CATV시대의 도래가 임박했다고 말하고 있다. 또한 최근 도시에 고층 빌딩이 급증함에 따라 수신 장해의 양태가 복잡해지고 있기 때문에 대책 경비의 부담 방식에 대해 새로운 검토가 필요하다는 의견도 있으며, 수신 장해대책도 겸해 처음부터 도시형 CATV의 부설을 촉진해야 한다는 발상도 나오고 있다.

2. 현재까지의 정책

1972년 유선 텔레비전 방송법이 제정된 이래 우정성을 중심으로 CATV의 보급을 위한 여러 시책이 강구돼 왔는데 이를 개괄적으로 살펴 보겠다.

(1) 쌍방향 통신 서비스의 완화

1983년 5월에는 방재, 방범 시스템 등 이외에는 전전공사(電電公社)인 KDD가 행하는 공중 전기 통신 업무에 지장을 초래한다고 허가되지 않았던 쌍방향 통신 서비스를, 개개의 지역 시스템 안에서 운영되는 중심과 단말기간의 서비스를 원칙으로 이를 허가하는 시책이 나왔다.

1985년 4월 전기 통신 제도가 자유화되기 이전에는 이른바 공중 통신 업무에 관해서 KDD 이외는 원칙적으로 사업을 할 수 없었다. 이 점을 규정한 조항이 개정 전의 유선전기통신법 제10조였는데, 동 조에서도 예외로서 타인의 통신 용도에 쓰이게 되는 경우를 규정하고 있었는데, 그 가운데 하나로 '전 각호(前 各号)에 언급된 경우 이외에, 공공의 이익을 위하여 특히 필요한 경우로 우정성령으로 정하는 사유가 있을 때(제10조 제16호)'라는 규정이 있었다. 이 규정을 근거로 하여 우정성은 쌍방향 통신 서비스라도 개개 지역적인 CATV

시스템 안에서 완결된 것이라면 KDD가 행하는 공중 통신 업무에 지장을 초래하는 것으로 보기 어렵다며, 텔레미터, 텔레쇼핑 등의 서비스를 허가하게 되었다.

1985년 4월 이후에는 전기 통신이 자유화되어 CATV에 의한 제1종 전기 통신사업까지 거론하는 상황이 되었다.

(2) CATV에서의 무선 이용[4]

다음, 1983년 12월에는 CATV의 무선국 이용이 자주 방송으로 허가되게 되었다. 이것은 CATV 시설이 순차적으로 대규모화되면 케이블이 도로, 하천, 궤도 등을 횡단하는 경우나 장거리 회선 때문에 전송의 질이 떨어지는 경우에 대처하기 위해 CATV 시설간의 접속을 목적으로 하는 무선국의 개설을 자주 방송에 허가했다. 이 조치는 1985년 11월에 더욱 확대되어, CATV 사업용이면 무제한 이용할 수 있게 되었다. 1988년 12월에도 이용의 확대가 이루어졌다.

(3) 도로 점용(占用) 허가의 취급[5]

또한, CATV의 건설에서 중요한 문제로서 도로 점용 허가의 문제가 있는데, 건설성은 CATV의 수가 증가하고 대규모화되고 또 설치 목적이 텔레비전 방송의 난시청 해소에서 다목적화 되어 감에 따라 대응을 바꾸어 왔다. 이에 대하여 CATV업계로부터는 건설성과 도로 관리자의 사전협의제의 철폐, 심사의 신속화, 신청 서류의 간소화 등의 요구가 제기되었다. 이와 같은 상황 속에서 건설성과 우정성 두 부처 사이에 절충이 거듭되면서 1985년 11월 수속의 간소화의 방향에서 해결을 보았다. 그 후, 도시형 CATV의 건설은 87년부터 순차적으로 개국을 보고 있다.

(4) 재송신의 동의(同意)와 재정(裁定)6)

CATV의 방송 재송신 동의에 대해서 특히, 민간 방송의 재송신 동의와 관련하여 논의가 일고 있다. 민방련은 종래부터 CATV의 업무 구역이 방송 사업자가 허가 받은 방송 대상 지역 내에서 동시 재송신일 경우에 한해서 동의는 가능하다고 말해 왔다. 단, 구역외 재송신에 대해서는 엄격한 태도를 취하여 이것이 무질서하게 행해지면 민간 방송의 지역 밀착성과 경영 기반의 양면성에서 문제가 생기며, 방송용 주파수 할당 계획도 유명무실화 된다고 주장해 왔다.

그러나 CATV 사업자에게 있어서, 주거지에서 일반 텔레비전 수신기로는 시청할 수 없는 구역외 재송신 서비스는 세일즈 포인트의 하나가 되는 것이다.

이같은 상황을 검토해 온 우정성은 1986년 초, CATV의 보급을 한층 촉진하는 관점에서 재송신 동의 조항의 철폐를 포함하여 재송신 문제의 근본적 해결을 도모하기 위한 개정 법안을 국회에 제출하려는 생각을 굳히게 되었다.

민방련은 이에 대하여 재송신 동의 조항의 철폐에 반대하는 것을 골자로 하는 의견서를 제출하였는데 그 반대 이유로 ① 채널 플랜과의 정합성 확보, ② 방송 프로그램의 지역내 격차의 확대 방지, ③ 민방 네트워크 체제의 혼란 방지, ④ 저작권 상의 분쟁 방지, ⑤ 방송법의 재송신 동의 조항과의 정합성 확보라는 5개 사항을 거론하였다.7)

NHK는 이 동의 조항의 철폐에 대하여, 구역내 재송신의 의무화, NHK의 수신료 업무의 원활한 수행에 도움이 되는 조항의 정비와 관련해 행할 것을 요청하였다.

우정성은 그후 개정안을 정리하여 동 법안은 1986년 5월에 성립하였는데, 논의의 대상이던 재송신 동의 조항은 존속되게 되었다(유선 텔레비전 방송법 13조 2항). 단, 그때까지 우정대신의 알선 조항에 대신해 재정(裁定)제도가 만들어졌다(제13조 3항 이하).

이 새로운 재정 제도에 의하면, CATV 사업자(사업자가 되려는 사람을 포함)가 방송 사업자에게 협의를 구했으나 그 협의가 성립되지 못했거나, 그 협의를 구할 수 없을 때에는 우정대신에 재정을 신청할 수 있다. 이 재정 신청이 있을 경우, 우정 대신은 방송 사업자에 통지하여 의견서를 제출할 기회를 준다. 우정대신은 방송 사업자에 특별한 이유가 있을 경우를 제외하고는 동의를 하도록 재정을 한다. 그리고 재정이 당사자에 통지됐을 때는 당사자간에 협의가 이루어진 것으로 간주한다. 또, 재정을 할 때는 전기통신심의회에 자문을 구해야만 하는데 이 재정 신청의 첫 경우는 산음(山陰) 케이블비전(松江市)이 썬 텔레비전의 구역외 재송신에 대한 동의를 구한 일이었다.8) 케이블비전사는 1984년 1월부터 썬 텔레비전의 동의를 구하고 있었으나, 썬 텔레비전은 주거지 방송국의 허락을 받지 않으면 동의할 수 없다는 의향이었다고 전해진다. 이 신청은 1987년 6월 재정 신청이 이루어져 7월에 썬 텔레비전이 재송신에 동의해야 한다는 재정이 이루어졌다.

이에 대하여 민방련은 재송신 재정에 관한 견해를 정리하여,9) ① 재정의 근거가 되는 사고가 앞으로 제약을 받지 않고 원용되면, 실질적으로 새로운 민방이 개설되는 것과 같은 효과가 생기며, 주파수 할당 계획이 유명무실하게 된다. ② 방송 사업자가 동의를 거부할 수 있는 정당한 이유를 명확히 하고, 재송신 구역내 민방에게도 재정의 당사자에 준하는 지위를 인정해야 한다는 등의 주장을 펴고 있다.

3. 이후의 새로운 전개

(1) 도시형 CATV의 발전

이후의 새로운 전개 중에서 주목해야 될 점은 1987년부터 개국되기 시작한

도시형 다채널 CATV이다. 민간 통신위성을 전송 수단으로 프로그램 공급업자의 프로그램을 받아서 어떻게 시민 생활 속에 정착·성장시킬 것인가하는 점이 관건이 되고 있다.

우정성에서 개최한 '고도화 시대를 맞이한 CATV에 관한 간담회'는 1990년 6월 중간 보고서를 발표하였는데 그 내용은 다음과 같다. '도시형 CATV는 1990년 6월 현재 전국 각지에서 74개 시설이 허가를 받아 그 가운데 50개 시설이 개국하고 있다. 또한 종래의 구역외 재송신을 중심적인 서비스로 삼았던 CATV도 점차 도시형 CATV로 이행되고 있다.' 그리고 1987년 4월 개국한 도시형 제1호인 다마(多摩) 케이블 네트워크, 이전의 오비히로(帶廣) 시티 케이블(1985년 8월), 우에다(上田) 케이블비전(1972년 12월), 레이크시티 케이블비전(1973년 2월), 씨에이 TV 아이치(愛知)(1983년 2월), 가라쓰(唐津) 케이블비전(1964년 10월) 등을 도시형으로 분류하고 있다.10)

여기에서 도시형 CATV의 다채널 서비스 실례로 NHK, 민방, 방송대학의 재송신 14채널과 자주 방송 20채널을 보유하고 있는 도큐(東急) 케이블비전을 살펴 보겠다. 자주 방송의 내역을 보면, 오락(영화, 음악, 스포츠 등) 9개 채널, 정보(뉴스, 일기, 지역 프로그램 등) 7개 채널, 교양 및 교육(학습 프로그램, 어린이 프로그램 등) 3개 채널, 그리고 채널 가이드가 1개 채널로 되어 있다.11)

이러한 도시형 CATV의 자주 프로그램은 자체 제작보다 외부에 의존하는 경향이 강하여 외부로부터 매력 있는 소프트(프로그램)가 도입될 수 있는지가 앞으로의 과제가 되고 있다. 이 때문에 CATV에 프로그램을 공급하는 사업자도 활발하게 움직이고 있다. 전술한 간담회의 중간보고서는 1990년 6월 현재 40개 회사 정도가 CATV에 프로그램을 공급하고 있다고 설명하고 있으며, 이 가운데 스페이스·케이블 네트(통신위성에 의하여 CATV에게 프로그램 공급)에 의한 곳도 14개 회사에 이르고 채널도 다양해져 이후에 스페이스·케이블 네트에 의한 공급을 계획하고 있는 업체도 많다고 한다.12)

현재 프로그램 공급업자로부터 CATV에 프로그램 소프트를 공급할 때는 대부분 배달 등이 이용되고 있는데, 이후에는 비싸더라도 통신위성에 의한 공급이 증가될 것으로 본다.

다음으로 이후에 CATV 사업자가 외부로부터 프로그램을 받는 형태를 살펴보면, 미국 등의 예에서 보듯이, ① "basic cable service," ② "pay cable service," ③ 프로그램 구입 등으로 되어 있다. 이 가운데 "basic service"에 있어서는 가입자로부터의 이용 요금과 광고료 수입으로 메우고, "pay service"는 채널 당 비용을 지불하는 방식으로 되어 있다. 또한 프로그램 구입은 자주 방송에 충실하도록 사업자가 행하는 것인데, 전문 채널의 공급이 충실해지면 감소하게 될 것으로 예상된다.[13]

이상과 같이, 어떻게 하면 매력적인 소프트가 가입자에게 제공될 것인지가 이후 도시형 CATV의 승패를 결정짓는 중요한 요인이 되고 있다.

(2) CATV에 의한 새로운 서비스

다음으로 CATV 시설 기능이 향상됨에 따라, 어떻게 새로운 서비스를 제공할 수 있는지를 살펴 보자.

CATV 기술 연구회가 편집한 『위성 방송 시대의 CATV』에 의하면, 종래의 CATV는 텔레비전 방송의 보완적 위치에 있었지만, 이제는 다채널성, 쌍방향성 등의 특성을 살린 서비스를 하게 되어 고도 정보사회의 중요한 미디어로 성장할 것이 예상되고 있다. 그러한 사례로서 PCM 음악 방송, 데이타 방송, 팩시밀리 방송, 하이비전 방송, 홈 쇼핑, 보안(security)서비스, 음성 통화, CATV에서의 제1종 전기 통신 서비스를 거론하고 있다.[14]

이상의 새로운 서비스 가운데, 일본에서 이미 시작한 실례를 알아보자. 먼저, 데이타 방송으로 1985년 12월부터 1986년 5월까지 나가노현(長野縣 諏訪市)의 '레이크시티 케이블비전'이 그 실험을 하였다. 이 실험에서는 디지탈 정보(문자, 도형, 자연화, 퍼스널 컴퓨터용 소프트 등)를 CATV센터의 주컴퓨터로부터 CATV망에 연결되어 있는 기업과 가정의 퍼스컴에 초고속으로 전송하고 가입자는 대량 정보 중에서 선호하는 정보를 선택하도록 하였다. 이 시스템은 일방향이었지만 쌍방향과 유사한 기능을 지닌 형태였다.

팩시밀리 방송은 1986년 6월부터 가가와현(香川縣 寒川町)에서, 1987년 1월부터는 오이타현(大分縣 大山町)에서 실시되고 있다. 방송 분야의 선구자격으로 실용화가 많이 진전되고 있다. 가가와현(香川縣 寒川町)의 시설은 마치(町: 한국의 洞, 邑에 해당 – 역주)가 운영하는데 방송 센터는 마치의 사무소에 있으며, 팩시밀리 수신장치는 국민학교, 중학교, 농협 등 60개소에 설치되어 있다. 그리고 일반 가입자도 수신 장치를 구입하면 수신할 수 있게 되어 있다.15)

보안 서비스에 대해서는 쯔구바 연구학원도시의 '연구학원도시 커뮤니티 케이블 서비스(ACCS, 재단법인임)'는 화재, 가스 누출, 불법 침입, 긴급 환자 등의 정보를 센터에서 집중 감시하여 정보를 경비 회사에 전송하는 서비스를 하고 있다.

CATV에 의한 제1종 전기 통신사업은 전술한 '레이크시티 케이블비전'이 전용회선 서비스로 1986년 12월에 허가를 받아서 3개의 시(市), 3개의 정(町), 1개 촌(村)에서 개시하고 있다. 오카다니시 수도부(岡谷市 水道部)의 컴퓨터와 각 가정의 검침용 단말을 연결한 수도 자동 검침 시스템과 스와시(諏訪市) 중앙병원과 노인 가정을 연결한 재택 치료 지원 시스템이 그러한 사례에 속한다.

이같은 실례에서 보아도 CATV는 장래에 다방면의 발전 가능성을 지니고 있다고 볼 수 있다. 그러나 이용 면의 측면에서 기대되고 있는 쌍방향 기능을 본격적으로 고도화하기 위해선 CATV 회선 구성이 효율성에서 트리(tree) 형태가 되어 있고, 통신 네트워크의 의한 스타 형태가 아니라서 이 점을 고려한 기술개발이 필요하다.16)

여기에서 공중 전기통신 사업자에 의한 CATV 회선 제공에 대하여 언급하도록 하겠다.

이후에 전기 통신 회선의 광대역화가 진행되면, 기술적으로는 CATV 전송도 많은 지역에서 가능하게 될 것이다. 그러나 전술한 바와 같이, 회선 구성이 스타 형태가 되기 위해서는 이용 요금이 고액이 될 것이고, 혹은 CATV측의 세심한 요망에 부응할 수 있는 것인지, 재래 방식 CATV 케이블의 전주공가(電柱共架)와의 관계를 어떻게 할 것인지 등 검토할 점이 많다.

최근, 미국에서는 지역 전화 회사의 CATV사업 참여가 논의되고 있는데, 상원의 상업·과학·운수 위원회는 지역 전화 회사가 전화 서비스를 실시하는 지역에서 모든 프로그램 공급업자와 동일한 조건에서 채널을 제공하는 "common carrier"의 역할을 인정하는 법안을 가결했다고 전해지고 있다. 미국 정부는 자유경쟁 촉진의 입장에서 전화 회사의 CATV 참여를 지지하고 있지만 하원의 동향을 포함하여 법안의 통과는 아직 불투명한 상태다.17)

(3) 통신위성과의 관계

1985년 4월, 전화 통신 분야에 경쟁 원리가 도입되어 일본전신전화주식회사가 탄생하였다. 그 후 새로운 제1종 통신사업으로서 민간 각사가 영업을 시작하여 1989년에는 미국제 통신위성을 사용하여 전국 대상의 위성 통신사업을 행하는 일본통신위성(주), 우주통신(주)도 참여하게 되었다.18) 국제 전기 통신 분야에서도 국제전전공사(KDD) 이외에 1989년부터 일본국제통신(주), 국제디지탈통신(주)가 업무를 시작하였다.19)

이와 같이 급속한 전기 통신의 자유화 상황에서 민간 위성 통신사업도 탄생하였는데, 이 통신위성을 사용하여 어떻게 사업 활동이 가능한지 살펴 보겠다.

이 점에 관해서는 이전에도 인용한 '위성통신 고도이용시스템 연구회'의 보고서에 의하여 설명하겠다. 이 보고서는 이후에 발전이 기대되는 위성통신 응

용(application)으로서 다음의 내용을 거론하고 있다.[20]

① 주로 광역성, 동시 보도성을 이용한 응용
-기업내, 기업간 통신 시스템
 본점과 지점간 및 다지점간의 텔레비전 회의, 대학 등의 본교와 분교간 원격 강의, 기업 내의 비디오 연수, 텔레비전 방송 사업자간의 프로그램 송신, 금융과 유통 분야에서 기업 내의 데이타 전송과 네트워크, 신문사 등에 의한 지면 전송, 고속 팩시밀리망에 의한 기업 내 정보 통보, 광역 VAN 등.
-동시 보도형 정보 공급 사업
 CATV 등에 영상 프로그램 공급, 숙(塾)과 예비학교 등의 프랜차이즈에 대한 원격 강의, PCM 음악 프로그램 공급, 정보 제공 서비스(주식, 기상, 의료, 뉴스 등), 컴퓨터 프로그램 공급 등.
② 주로 회선 설정의 유연성을 이용한 응용
 텔레비전 방송 사업자에 의한 SNG(Satellite News Gathering), 스포츠, 콘서트 등의 이벤트 생중계, 신상품 발표회, 기업의 기념파티 등 사적(私的) 이벤트 생중계 등.

 이상과 같이 다방면의 활용이 가능한 민간 통신 위성을 이용하기 위해, 많은 기업간에 구체적으로 영상 소프트 공급, PCM 음악 프로그램 공급, 각종 정보 제공 서비스, VSAT(Very Small Aperture Terminal), SNG 등의 사업화를 진행시키고 있고, 특히 이들 사업이 동시 보도형(동일 내용의 정보를 다지점에 동시에 공급하는 것)을 채택한 경우에는 전술했듯이 수신 대상의 설정 상태에 의해서 방송 영역과 융합되는 상황을 발생시킬 수도 있어 주시할 필요가 있다.
 또한 CATV 사업은 미국의 상황에서도 그렇지만, 이후 통신위성과 결합하지 않고 동 사업의 발전을 기대할 수 없어서 풍부한 프로그램을 통신위성을 통해 제공받을 수 있기 위해서는 소프트와 하드의 체제 정비가 CATV 사업의 금후 성공 여부에 직결되는 중요한 과제가 되고 있다.

4. 유선 텔레비전 방송법의 검토

CATV에 관련된 법률로서 유선 텔레비전 방송법, 유선전기통신법 등이 있는데 여기에서는 CATV의 시설 설치, 업무의 운영과 연관되어 유선 텔레비전 방송법을 고찰할 필요가 있다.

(1) 시설의 허가제

유선 텔레비전 방송법은 먼저 유선 텔레비전 방송 시설을 설치하여 유선 텔레비전 방송의 업무를 행하는 자는 해당 시설의 설치에 대하여 우정대신의 허가를 받아야 한다. 단, 그 규정은 '우정성령으로 정해져 있는 기준을 초월하지 않는 유선 텔레비전 방송 시설에 대해서는 그 범위에 들어가지 않는다(제3조 제1항)'라고 규정되어 있다. 그리고 우정성령에 정해진 기준에서 인입단자의 수가 500으로 되어 있어 501개 이상은 허가 대상이 된다. 허가 대상이 되면, 정령으로 정해져 있는 심의회(전기통신심의회)에 자문을 요청하도록 되어 있다(제26조의 2 제1호).

이같이 일정 규모 이상의 시설 설치는 허가제가 채택되고 있는데 이 점을 검토해 보도록 하겠다.

유선 텔레비전 방송이 언론 표현에 해당되는 매스미디어의 하나라는 것은 말할 필요도 없다. 따라서 이에 대한 규제는 신중하지 않으면 안된다. 유선텔레비전 방송의 사회적 영향력만을 논하여 허가제를 채택하는 일이 있으면 이는 적절하다고 말할 수 없다. 동 법에 있어서 허가제를 채택하는 것은 해당 시설의 설치에는 전송 수단인 동축 케이블이 필수적이고, 동축 케이블은 비용도 높고 이를 부설하기 위해서는 전주공가(電柱共架)와 도로 점용이 필요하며, 장기간에 걸친 지역 독점이 될 가능성이 크다. 따라서 지역 독점에 따른 폐해를 막거나 제거하여 가입자의 이익을 보호하기 위해 허가제가 필요한 것이다.[21]

1951년에 제정된 '유선 라디오 방송 업무의 운용 규정에 관한 법률'에 허가제가 채택되지 않은 것과 비교하여 논한다면, 유선 라디오 방송은 시설 설치에 드는 비용이 적고 전주 공가, 도로 점용 등의 물리적 제약이 적다는 점 등 지역적 독점의 정도가 적기 때문에 신고제로 충분하다고 설명되어 있다.22)

이같이 유선 텔레비전 방송 기술의 설치가 동축 케이블 부설을 필요로 하고, 이를 위해 지역 독점의 가능성이 크므로, 이에 따른 폐해를 막거나 제거하도록 허가제를 필요로 하고 있다면 이는 수긍할 만하다.

유선 텔레비전 방송 사업자 희망자와 유선 텔레비전 방송법과 유선전기통신법에 의하여 신고하는 관계에 대하여 부언하겠다.

먼저 유선 텔레비전 방송 사업자가 되려는 자는 인입단자수 50 이하의 규모 시설에 의해 텔레비전 방송이 동시 재송신되는 경우를 제외하고, 해당 유선 텔레비전 방송의 업무 구역 등에 관해 우정대신에게 신고를 해야 한다(제12조, 제31조 제4호). 또한 전술한 허가를 신청중인 시설을 제외하고 유선 텔레비전 방송 시설의 설치는 유선전기통신법에 기초하여 신고를 해야 한다(유선전기통신법 제3조).

(2) 프로그램 규칙과 규제

유선 텔레비전 방송법 제17조 제1항에 대하여는 방송법 제3조의 방송 프로그램 편집 자유의 규정이 유선 텔레비전 방송 프로그램의 편집에 준용되고 있다. 제17조 제2항에 관하여는 방송법 제3조의 2 제1항(국내 방송의 방송 프로그램 편집 등), 제3조의 3(프로그램 기준), 제4조(정정 방송 등), 제52조(후보자 방송)의 규정이 유선 텔레비전 방송 사업자의 프로그램 편집 또는 유선 텔레비전 방송에 준용되는 취지를 규정하고 있다. 그리고 제3항에 대하여는 방송 프로그램 심의기관의 설치를 규정하고 있고, 제4항에서는 방송법의 프로그램 심의회 관련 규정 중에서 필요한 기준을 규정하고 있다. 또한 제5항은 텔레비전 방송이나 텔레비전 다중 방송의 동시 재송신만을 하는 유선 텔레비전 방송에는 이러한 규정을 적용하지 않는다는 것을 밝히고 있다.

다음으로 동 법 제25조 제2항에서는 유선 텔레비전 사업자가 제17조 제2항 등에서 준용하는 방송법 제3조의 2 제1항 등의 규정을 위반했을 때, 3개월 이내의 기간을 정하여 유선 텔레비전 방송 업무 정지를 명할 수 있도록 하고 있다(처분할 때는 전기통신심의회의 자문을 필요로 한다, 제26의 2 제1호). 특히 이 업무 정지의 명령을 위반한 자는 제34조의 규정에 따라 6개월 이하의 징역 또는 20만 엔 이하의 벌금을 처분하게 되어 있다.

이 조항에 대하여 논의가 있었던 중심 부분은 방송법 제3조의 2 제1항(개정 전의 제44조 제3항)의 소위 프로그램 편집 준칙이 유선 텔레비전 방송법에 준용되어 이를 위반한 경우에 법적 제재가 가해지는 일을 명확하게 규정한 것이다.

현행 방송법과 전파법의 관계에 대해서도 전술했듯이 전파법 제76조의 규정이 논의 대상이 되고 있는데, 특히 우정대신은 방송법 제3조의 2 제1항을 위반했다는 이유로 방송국의 운용정지 등을 행할 수 있는 것이 문제가 되고 있다. 이 점에 대하여는 적극설23)이 일반적이라는 점은 이미 설명하였다.

또 방송법 제3조의 2 제1항의 규정의 성격에 대하여도, 일종의 자율적인 윤리 규정으로 보인다는 것을 설명한 바 있지만,24) 유선 텔레비전 방송법은 동 법 제17조 제2항에서 '준용되는 방송법 제3조의 2 제1항의 규정을 위반했을 경우에는'이라고 명확하게 규정하고 법적 제재를 정하고 있어 더욱 논의를 불러일으켰다.

방송의 경우, 전파법 제76조의 규정에서 '만약 이러한 법률 및 이에 기초한 명령 또는 이에 기초한 처분에 위반됐을 때는'이라고 하여 방송법에 있는 프로그램 편집 준칙과 같이 일반적으로 자율적 규범에 속하는 것으로 보이는 규정이 포함될 수 있는지의 여부에 대하여 해석의 여지를 남겨 놓고 있다.25) 전술한 위탁방송 사업자에 관한 방송법 제52조의 24 규정에도 같은 의문이 남아 있다.
 이 점은 다매체·다채널 시대를 맞이하여 미디어의 경합과 융합이 논의될 때도 있고, 입법론으로서는 광범위한 시각에서의 검토가 요구되기도 하며, 현행법의 운용차원에서도 신중한 대처가 이뤄져야 하는 상황이다.

(3) 시설 제공 의무

 다음으로 시설 제공 의무, 소위 '비어 있는 선(線)의 임대 의무'에 대해서 설명하겠다. 1972년 유선 텔레비전 방송법을 제정할 때는 전기 통신이 자유화되기 이전이었다. 이때는 공중 전기 통신은 원칙적으로 KDD의 독점이 보장되는 시대였다. 이같은 시대에 타인에게 제공의 여지를 개방하는 것은 획기적인 일이었다.
 유선 텔레비전 방송법 제9조는 '유선 텔레비전 방송 시설자는 유선방송 업무를 시행하려는 자에게 그 업무의 용도에 제공하기 위해 제3조 제1항의 허가에 관련된 유선 텔레비전 방송 시설의 사용신청을 접수받았을 때는 우정성령으로 정해져 있는 경우를 제외하고 이를 승낙해야 한다'라고 규정되어 있다.
 동 법의 정의에 따르면 유선 텔레비전 방송 시설자는 유선 텔레비전 방송 시설의 설치에 대하여 우정대신의 허가를 받은 자를 지칭하고 있는데, 현 상황에서는 인입단자 수 501 이상의 시설 설치자를 말한다. 그리고 해당 시설의 설치자가 유선 텔레비전 방송 또는 유선 라디오 방송 업무를 시행하려는 자에게 그 업무의 용도에 제공하기 위한 시설 사용 신청을 받으면 우정성 령에 정해져 있는 경우를 제외하고는 승낙해야 한다. 우정성 령은 또한 사용 가능한 주파수 전체를 현재 사용할 것인지, 또는 1년 이내에 사용할 것인지를 확정지을 것 등을 규정하고 있다.
 본 조항은 대중 정보 전달 수단의 독점을 배제하고 정보 제공 주체를 다양화한다는 관점에서 설정되어 있다.[26]

500 단자 이하의 시설에는 법적으로 시설 제공 의무가 없지만, 이 점에 대하여는 전술한 "space-cable net" 조사 연구회에서 '500 단자 이하의 신고 시설에서도 적극적으로 빈 채널을 타인에게 임대하는 일은 바람직한 일이며 수신자의 이익을 보호하게 되는 것이라고 본다. 따라서 신고 시설의 사업자에 대하여 채널 임대를 장려하는 일이 필요하다'라고 제시하고 있다.[27] 이는 전적으로 고려할 가치가 있다고 생각된다.

(4) '고도화시대를 맞이한 CATV에 관한 간담회' 중간보고에 관한 동향[28]

1990년 6월, 고도화 시대를 맞이한 CATV에 관한 간담회가 중간보고를 발표하였다. 동 간담회는 1989년 8월 이래 우정성에서 개최하고 있는데 중간보고의 기본은 다음 세 가지이다.

① CATV 시설 설치 허가에 대해서 다른 매스미디어 사업자의 참여를 제한한다는 관점에서 매스미디어의 집중 배제 원칙을 확립할 필요가 있다. ② CATV의 주된 출자자 및 임원은 원칙적으로 해당지역에 기반을 둔 사람이 바람직하다. ③ CATV 사업 주체에 지방자치체가 참가하는 것에 대하여는 출자 또는 임원의 파견에 의한 경영 지배에 유의해야 한다. 매우 예외적으로, 기업으로서 채산성이 없고 일반 민간 기업에 의한 CATV를 전혀 기대할 수 없는 지역으로서, 주민의 CATV에 대한 필요가 큰 지역에서는 지방자치체에 의한 출자 비율을 높게 하여, 지방자치체의 자영도 있을 수 있다고 본다.

CATV는 금후, 그 기능이 고도화되고 규모도 확대되어 지역사회에서의 역할도 점차 증대될 것이다. 그리하여 그 규제 방안에 대하여 규제 완화를 기본 방향으로 지역사회 특유의 요망에 부응하는 일 등을 검토하는 것도 의의가 있을 것이다.

우정성에서는 이 중간보고를 포함하여, 이후 도시형 CATV의 허가 및 설치 지침을 검토중인 것으로 알려지고 있는데, 이에 대하여 일본신문협회 미디어 개발위원회는 '도시형 CATV에 매스미디어 집중 배제 원칙을 적용하는 데는 문제가 있다'라고 의견을 개진하였다. 동 원칙은 미디어 다양화의 흐름에서 다시 볼 필요가 있는데, 이 원칙을 CATV에 적용하면 결과적으로 지금까지 실적이 있는 신문사를 배제하게 되어 CATV 보급을 저해할 우려가 있다는 것이다. 또한 민방련은 미디어가 다양화된 지금, 총체적으로 규제 완화가 지향되고 있는데 매스미디어 집중 배제 원칙을 중시할 필요성을 찾기 힘들다는 의견을 명확히 하고 있다.

5. 외국의 CATV

마지막으로 외국의 CATV에 대한 개관을 하도록 하겠다.

CATV가 특히 발달한 미국의 상황을 먼저 보겠다.[29] 1948년 펜실베니아주 마하노이 도시에서 필라델피아 텔레비전국의 신호를 산꼭대기의 마스터 안테나에서 수신하여 유선으로 배급한 일이 미국에서의 상용 CATV 제1호가 되고 있다. 이 후에 각지에서 같은 서비스가 차례로 개시되었다. CATV 보급이 시작되자, 전에는 CATV에 호의적이었던 텔레비전국이 시청 점유율이 저하되고 광고 수입이 감소되자 태도가 돌변했다.

또한 CATV 사업자간에도 통폐합이 성행하여, 복수 CATV 시설을 운영하는 "Multiple System Operator(MSO)"도 출현하였다.

70년대에 들어서서 CATV는 대도시에 진출하였다. 그러나 대도시에서는 3대 네트워크를 상회하는 프로그램의 제공이 불가능하여 경영이 부진하였다.

이 문제를 해결하는 계기가 된 것은 국내 통신위성의 이용으로 1975년 타임(Time)사의 자회사인 HBO(Home Box Office)에 의해 시작되었다. 주택이 교외로 이전하게 됨에 따라 도시의 영화관에 가는 것보다 HBO 서비스를 수신하는 것이 저렴하여 인기가 올라갔고, 그 후에 위성을 이용한 네트워크가 다수 출현하게 되었다. 또 렌트 혹은 비디오 소프트도 진출하여 경쟁이 심하게 되었다.

　미국 CATV 사업자의 서비스 내용을 구체적으로 보겠다. 콜로라도주 덴버의 "Mile Hi Cable-vision"을 보면 동 시설은 60채널의 능력을 지니고 그 속에 8개의 유료 채널(pay cable channel)을 운영하고 있다(1985년 6월). 또 기본 서비스는 3단계의 요금제로 되어 있다. 동 사의 평균 가입자는 월액 14.95달러(3단계의 최고)의 기본 서비스에 가입하여 월액 8.95달러의 유료 서비스 2채널을 수신하면 월 32.85달러를 지불하는 것으로 나타나 있다.

　미국의 CATV 보급 상황은 1989년 4월 현재 9,010시스템으로 54채널 이상이 682(7.57%), 30~53채널이 4,489(49.82%), 20~29채널이 1,418(15.74%) 등이다. 1990년 5월 현재의 가입자 수는 5,323만 8천 세대로 텔레비전 수신기의 소유 세대(9,210만)의 57.8%에 이르고 있다.

　미국 CATV에 관계되는 문제로서는 소위 "back yard dish" 수신과 텔레비전국 방송의 의무 재송신 취급이 있다.

　"back yard dish" 문제는 통신위성으로 전송된 프로그램을 수신하는 안테나를 자택에 설치하는 것을 일컫는데 HBO 등의 유료 텔레비전을 직접 수신하는 일이 매년 증가하여 80만에 달하고 있다고 보도되고 있다.[30] 심지어는 일백 수십만이 된다는 추정도 있다.[31] 이에 대한 조치로 HBO를 필두로 CATV 프로그램 공급업자는 차례로 스크램블화를 1985년 말부터 개시하였다. 개인이 직접 위성에서 수신하기 위해서는 프로그램 공급 사업자와 계약을 체결하여 디코더를 준비하는 일이 필요하게끔 되어 이 문제는 진화가 되었다.

　최초에 "back dish"가 성행한 원인은 다음과 같다. 1984년 통신법의 개정에 따라 스크램블을 걸지 않은 프로그램을 시청하는 일은 일반적으로 괜찮았는데, 스크램블이 걸린 프로그램을 부당하게 수신한 경우에는 형사규제가 부가되었던 것이다.[32] 이 때문에 스크램블화 하지 않은 프로그램을 개인이 직접

통신위성에서 수신하는 안테나를 메이커와 판매업자가 판매하게 되었다. 참고로 일본의 법제에서는 전기통신사업법 제4조 제1항의 규정에 '전기 통신 사업자가 취급하는 통신의 비밀은 침범하지 않는다'라고 되어 있다.33)

다음으로 텔레비전 방송의 재송신 의무에 대하여 살피겠다. 미국에서는 1966년 제정된 FCC의 의무 재송신 규칙이 있다. 이는 동일 지역에 있는 모든 텔레비전국과 동일 지구에 시청되는 텔레비전국의 방송을 재송신하는 것을 의무로 부과한다는 내용이다. 이에 대하여 1985년 콜럼비아 특별구의 연방고등재판소가 위헌 판결을 내렸고, 동 판결은 1986년 최고재판소에서 상고를 기각함에 따라 확정되었다.

이 위헌 소송을 제기한 것은 '퀸시 케이블 텔레비전 회사'와 '터너 방송 회사'로서 이들은 재송신 의무가 편집 자유에 대한 부당한 제약이므로 연방 헌법 수정 제1조항에 위반된다고 주장하였다. 고등재판소는 ① 법률과 규칙에 의해 언론과 표현의 자유를 제약할 때는 정당한 이유에 기초하여 대상을 명확하게 한정할 필요가 있다. ② 그럼에도 불구하고 FCC의 현행 규칙은 강력한 경제력을 지니고 있는 네트워크 가맹의 VHF국도, 경제 기반이 약한 독립 UHF국이나 공공 텔레비전국과 구별하지 않고 무차별적인 보호 대상으로 지정하여 그 대상이 과도하게 광범위하다. ③ 이 같은 규칙에 따라 CATV 사업자의 편집 자유를 제약하는 것은 헌법상 인정할 수 없고, 어떤 이유에 의해서도 현재 형태대로는 위헌이다. 이 판결은 최고 재판의 상고 기각에 의해 확정되었기 때문에, FCC는 바로 개정 검토에 들어갔는데, 작업은 난항을 겪어서 새로운 규제가 시행된 것은 2년 뒤인 1987년이었다. 신규제는 꽤 복잡한데 그 골자를 보면 다음과 같다. ① 이 규칙에 기초하여 재송신 의무를 하는 것은 만 5년으로 하고, ② 재송신 대상이 된 방송국은 CATV를 중심으로 반경 50마일 이내의 방송국으로 통상 텔레비전 수신기의 소유 세대에서 시청 점유율이 2%, 주간 접촉률이 5% 이상의 국(유자격국)으로 하며, ③ CATV는 자신의 채널 수에 따라 정해진 수의 유자격 방송국의 신호를 재송신하는데, 유자격

방송국의 수가 지정된 수를 상회할 때는 CATV가 재송신 방송국을 자유롭게 선택하고, ④ 그러나 유자격의 공공 텔레비전 방송국에 대해서는 채널 수 53 이하의 CATV는 1국, 54 이상은 2국으로 정하며, ⑤ CATV사업자는 가입자에게 CATV를 경유하지 않고 직접 텔레비전 방송을 수신하기 위한 장치를 유료로 설치할 때는 신청하도록 한다. 그런데 이 새로운 규칙에 대해서도 CATV 사업자는 위헌 소송을 제기하고 있다.34)

이 소송에 대하여 1987년 12월 콜럼비아 특별구 연방고등재판소는 위헌 무효의 판결을 내렸다. 위헌 판결 후에도 전미(全美)케이블텔레비전연맹의 조사에 의하면, 케이블 시스템의 98%가 대체로 종래에 통용된 방송국 신호를 재송신하고 있어 판결의 영향은 매우 적은 것으로 나타났다. 근래 수년간 시스템의 채널 수가 많아져 방송국의 재송신이 CATV측에선 큰 부담이 되고 있지 않은 것도 이유로서 거론되고 있다.

그러나 최근 다시 CATV에 대하여 무엇인가 제재를 행해야 된다는 목소리가 경합하고 있는 방송과 영화계, 그리고 시청자 측으로부터 제기되고 있다. 그리하여 미국 하원의 에너지 상업위원회는 ① FCC에 CATV요금을 규제할 권한을 부여하고, ② CATV에 의한 공중파 텔레비전 재송신을 의무로 하는 등의 CATV 재규제 법안을 통과시켰다. 상원의 상업·과학·운수위원회도 같은 법안을 이미 가결시켜 놓고 있다. 그러나 부시 대통령은 거부권을 발동할 공산이 크다고 전해지고 있다.35)

영국에서는 라디오와 텔레비전의 방송 프로그램 중계 사업이 일찍부터 행해졌는데, 주로 BBC와 IBA의 프로그램을 동시 재송신하는 것으로 자주적인 프로그램의 송출은 허용되지 않았다.36)

자주 프로그램의 송출을 포함한 다채널의 CATV사업이 시작된 것은 1980년대 초반부터였다. 이와 병행하여 서구 각국이 통신위성을 이용하여 프로그램을 제공하는 각종 네트워크 서비스가 탄생되었다.

1984년 성립된 '케이블과 방송법'에 따라 CATV 면허의 발급 및 운영의 감독을 행할 "Cable Authority(CA)"가 설립되었다. 1990년 6월 현재 전국 각 지역에서 "Cable Authority"로부터 영업권을 부여 받은 광역대 CATV는 104개소가 있다(운용 중인 곳은 18). 그러나 광역대 CATV 보급은 정체성을 면치 못하고 있다(세대 보급률이 약 0.45%).[37]

'케이블과 방송법'에서 주목받는 것은 방송 프로그램의 재송신 의무이다. 즉 상기 법률에 의해 면허를 받은 CATV는 방송 공공 사업체가 그 지역에서 제공하는 텔레비전 또는 라디오의 프로그램을 동시 재송신해야 된다. 이러한 의무 재송신은 DBS 서비스 및 신규의 텔리텍스트 서비스에도 적용된다.

1985년 이전까지는 통신위성으로부터 신호를 수신받을 수 있는 기관이 공중 전기 통신 사업, 방송 기관, CA로부터 면허받은 새로운 CATV 사업자에 한정되어 있었다. 그런데 1985년부터 "SMATV(Satellite Master Antenna Television)"의 취급이 완화되어 개인 주택, 호텔, 병원 등 단일 건물과 단일 구내에서는 무선통신법에 기초하여 면허가 허용되게 되었다. 또한 기존의 CATV와 복수 건물 구내에 분배할 경우에는 CA가 신청을 심의하여 새로운 CATV 면허를 부여한 지역 또는 면허 부여를 공고한 지역을 제외하고는 수신을 허락하게 되었다. 이처럼 수신을 허가 받은 자는 방송의 동시 재송신 의무를 지켜야 한다.[38]

서독[39]에서는 1984년에 초기의 도시형 CATV 프로젝트가 루도비히스하겐시에서 개시되어 그 후에 뮌헨, 도르트문트, 서베를린에서도 시작되었다. 현재 우전성(郵電省)에 의한 광대역 케이블 네트워크의 건설과 위성 수신 설비의 확충이 진행되고 있다. 위성 수신 설비는 통신위성에 의해 전송된 프로그램 소프트의 수신 설비를 말한다. 서독에서는 CATV의 보급이 비교적 순조로운데, 1989년 현재 광대역 CATV 636만 3천 세대, 세대 보급률은 24.2%에 이르고 있다. 가입 세대수에서는 유럽 최대의 규모다. 이같은 성과는 우전성에 의한 광대역 네트워크의 건설 추진과 함께 매력적인 소프트의 공급을 행하는 "space-cable network"의 보급, 그리고 서독의 민간 방송이 통신위성에

의해 CATV에 프로그램을 공급해 주는 업자로부터 출발한 것 등이 이유로서 거론되고 있다.[40]

프랑스[41]에서는 1982년 '프랑카블'이라는 광대역 광섬유 케이블망 계획이 책정되어 관련 법률의 정비 등도 진행시키고 있다. 1985년에는 계획 제1호로서 세르지봉트와즈시가 운용을 시작하였으며 계속해서 몽베리와 파리의 일부에서도 개시되고 있다. 그러나 프랑스에서는 공공 방송과 민방이 극심한 경쟁을 하고 있어 보급은 저조한 편이다.[42]

■ 주

1. 『CATV 技術研究會編 衛星放送時代의 CATV』, 2-4쪽.
2. 『新版뉴미디어用語辭典』, 92쪽; 『新電波用語辭典』, 130쪽, 131쪽.
3. 『平成2年版通信白書』, 383쪽.
4. CATV行政問題研究會 編, 『CATV行政 '88』, 95쪽, 96쪽.
5. 같은 책, 85-95쪽.
6. 같은 책, 114-121쪽.
7. ≪民間放送≫ 제1023호(昭和 61年 2月 13日).
8. ≪民間放送≫ 제1069호(昭和 62年 6月 13日), ≪民間放送≫ 제1073호(昭和 62年 7月 23日); ≪NHK放送硏究≫ 1988年 5月호, 50쪽.
9. ≪民間放送≫ 제1078호(昭和 62年 9月 13日).
10. 『高度化時代를 맞이한 CATV에 관한 懇談會中間報告書』, 6쪽, 12쪽, 13쪽.
11. 같은 책, 47쪽.
12. 같은 책, 6쪽.
13. 『스페이스 케이블네트 調査研究會編 本格的衛星時代의 CATV』, 27쪽.
14. 『衛星時代의 CATV』, 9-16쪽.
15. ≪日本經濟新聞≫(昭和 61年 5月 20日); 『衛星時代의 CATV』, 12쪽, 13쪽.
16. 高租憲治, 「CATV의 動向과 有線텔레비전放送法의 課題」, ≪ジュリスト≫ 增刊, 1988年 『네트워크社會와 法』 168쪽.
17. ≪民間放送≫(平成 2年 8月 23日).
18. 『平成2年版通信白書』, 38쪽, 39쪽.
19. 같은 책, 55쪽, 56쪽.

제11장 CATV에 관한 문제 281

20. 『衛星通信高度利用시스템 硏究會編 위성·비지니스新時代』, 14-17쪽.
21. 河野弘炬 編, 『CATV關係法規·解說集』, 23쪽; 郵政省電波監理局有線放送課 監修, 『有線텔레비放送總監』, 3쪽.
22. 小野澤知之, 「有線텔레비전放送法의 制定에 대하여」, ≪電波時報≫ 1972년 9월호, 72쪽.
23. 佐藤幸治, 「外面의 精神의 自由」, 蘆部信喜 編, 『憲法Ⅱ 人權(Ⅰ)』, 547쪽; 內川芳美, 「言論의 自由」, 『講座現代의 社會와 커뮤니케이션』, 3쪽, 99쪽.
24. 『放送關係法에 관한 檢討의 問題點과 그 分析 臨放調答申書資料編』, 362쪽, 放送通信制度硏究會, 『放送制度에 관한 法政策硏究報告書』, 『蘆部信喜編 뉴미디어時代의 放送制度像所收』, 24쪽, 25쪽; 塩野宏, 「日本에서의 放送의 新秩序의 諸原理」, 『放送法制의 課題』, 358쪽, 359쪽.
25. 塩野宏, 「有線텔레비전放送을 둘러싼 法技術」, 『放送制度의 課題』, 159쪽.
26. 河野弘炬 編, 『CATV關係法規·解說集』, 30쪽; 小野澤知之, 「有線텔레비전放送法의 制定에 대하여(1)」, 前揭, 76쪽, 77쪽; 『有線텔레비전放送總鑑』, 32-35쪽.
27. 『本格의 衛星時代의 CATV』, 38쪽; ≪新聞協會報≫ 제2940호(平成 2年 7月 3日); ≪民間放送≫ 제1180호(平成 2年 9月 23日).
28. 『高度化時代를 맞이한 CATV에 관한 懇談會中間報告書』, 36쪽, 40쪽, 45쪽; ≪新聞協會報≫ 제2940호(平成 2年 7月 3日); ≪民間放送≫ 제1180호(平成 2年 9月 23日).
29. ≪世界의 라디오와 텔레비전≫ 1986 30쪽, 33쪽, 1988 205쪽; ≪世界의 放送≫ 1990, 29쪽, 30쪽, 75쪽, 109쪽.
30. ≪NHK放送硏究≫ 1985年 6月호, 65쪽.
31. 『衛星放送時代의 CATV』, 351쪽.
32. 『衛星放送時代의 CATV』, 32쪽.
33. 같은 책, 35쪽.
34. ≪NHK放送硏究≫ 1985年 9月호, 63쪽, 1984年 4月호 65쪽, 5月호 54쪽, 55쪽, 8月호 55쪽, 56쪽, 1987年 3月호 67쪽, 4月호 68쪽, 69쪽, 9月호 63쪽, 64쪽.
35. 같은 책, 1988年 6月호 52쪽, 52쪽, 8月호 45쪽, 11月호 51쪽; ≪民間放送≫ 제1177호(平成 2年 8月 23日).
36. ≪世界의 라디오와 텔레비전≫ 1986 33쪽, 34쪽, 1988 139쪽, 140쪽.
37. ≪NHK放送硏究≫ 1989年 9月호, 20쪽.
38. ≪NHK放送硏究≫ 1985年 7月호, 68쪽, 69쪽.
39. ≪世界의 라디오와 텔레비전≫ 1986, 35쪽.
40. ≪NHK放送硏究≫ 1989年 9月호, 23쪽, 24쪽; ≪世界의 放送≫ 1990, 40쪽, 41쪽.
41. ≪世界의 라디오와 텔레비전≫ 1986, 34쪽, 35쪽.
42. ≪NHK放送硏究≫ 1989年 1月호, 7쪽, 9月호 23쪽.

제12장 전파에 관한 규율과 방송 행정조직

1. 전파에 관한 국제 및 국내 규율

(1) 전파와 주파수

 전파의 유한 희소성 등에 대하여는 자주 언급되었으며, 또 전파 사용을 위한 규율 등에 대해서도 개략적으로 설명되었다. 여기에서는 전파에 관한 규율에 대하여 일괄적으로 설명을 하도록 하겠다.
 먼저 전파와 주파수에 관해 시작하겠다. 전파의 존재는 맥스웰에 의해 이론적으로 밝혀지고 벨에 의해 실험적으로 증명되었다. 그 전파의 1초 동안 반복되는 주기적인 변화 회수를 주파수라고 하고, 이를 헤르쯔(Hz)로 표시한다. 그리고 주파수의 단위는 다음과 같이 사용한다.

$$1,000 \text{ Hz} = 1 \text{ kHz (킬로헤르쯔)}$$
$$1,000 \text{ kHz} = 1 \text{ MHz (메가헤르쯔)}$$
$$1,000 \text{ MHz} = 1 \text{ GHz (기가헤르쯔)}$$
$$1,000 \text{ GHz} = 1 \text{ THz (테라헤르쯔)}$$

전파는 주파수에 의해 성질이 상당히 틀리고 용도도 틀리다. 주파수대에 따른 대표적인 용도를 보면 <표 18>과 같다. 전파법에서 '전파'는 300만 메가헤르쯔 이하의 주파수의 전자파를 일컫는다(제2조 제1호).[1]

<표 18> 전파의 주파수 대별에 따른 대표적 용도

주파수	3kHz	30kHz	300kHz	3000kHz 3MHz	30MHz	300MHz	3000MHz 3GHz	30GHz
파장	100km	10km	1km	100m	10m	1m	10cm	1cm
명칭	VLF 초장파	LF 장파	MF 중파	HF 단파	VHF 초단파	UHF 극초단파	SHF	EHF
대표적 용도	오메가 (무선 항행)	데카 (무선 항행) 선박, 항공기 항행용 비공	중파방송 선박, 항공기 통신. 로란 (무선 항행)	단파방송 선박, 항공기 통신. 아마추어 무선. 시민 라디오	텔레비전. FM방송. 무선호출. 선박, 항공기 통신. 아마추어 무선. 각종 육상 이동통신	텔레비전 방송. 항공, 기상 레이다. 자동 무선전화. 퍼스널 무선. 무선전화. MCA 육상 이동통신 시스템	시외전화 회로. 각종 레이다. 위성통신 및 위성방송 업무용 통신	위성통신. 각종 레이다. 간이무선 업무용 통신전파. 천문

자료: 『통신백서』, 1990, 384-385쪽.

(2) 전파의 국제적 규율

전파의 효용은 더없이 우월하여 근대 생활에서 없어서는 안되지만, 이를 무질서하게 사용하면 혼신이 발생하여 유효한 사용이 불가능하게 된다. 이 때문에 전파 이용에는 국제적·국내적 규율이 필요하게 된다.

국제적으로는 먼저 '국제전기통신조약'이 있어, 이에 부속된 규제로 '무선통신규칙'이 있다. 그리고 전술한 대로 이 무선통신 규제에서 전파의 주파수대를 지역별로 이용 형태에 부응하여 구별하고 있다. 지역별로서는 세계를 세 지역으로 나누어 일본은 제3지역에 포함된다. 제1지역 유럽, 아프리카, 소비에트, 제2지역 남북 아메리카, 제3지역 아시아와 오세아니아로 되어 있다.[2]

이 국제적인 분배표에 따라 일본 VHF대의 텔레비전 방송에 관련된 일부분을 예로 들면 <표 19>와 같다.

<표 19> 국제적인 분배표의 예(단위: MHz)

제1지역	제2지역	제3지역
		87-100 고정 이동 방송
87.5-100 방송	88-100 방송	
100-108 방송		

자료: 『무선통신규칙』, 1979년.

(3) 전파의 국내적 규율

1) 주파수의 할당 원칙과 사용 계획

각 국은 이 국제적인 분배표의 범위 내에서(필요에 따라 지역내 협의를 하고) 국내적인 사용 구분을 결정하고 있다. 일본의 경우, 이를 '주파수의 할당 원칙'이라 부른다.[3]

각 국이 개별적인 주파수를 할당할 때, 그 주파수의 전파를 이용함으로써 국제적인 영향이 있다고 인정받을 경우에는 국제전기통신연합(ITU)의 상설 기관의 하나인 국제주파수등록위원회(IFRB)에 통고하여 승인을 받아야 한다. 승인되지 않으면 혼신에 대한 국제적인 보호를 받을 수 없다.[4]

다음으로 국내적으로는 '주파수의 할당 원칙'에서 국내에서 사용 가능한 전파에 관하여 업무별로 분배가 이루어져 방송용 주파수에 대해서는 '방송용 주파수 사용 계획'이 전파법 제7조 제3항의 규정에 기초하여 작성된다. 이 계획은 전술한 방송법에 기초하여 책정된 방송보급기본계획의 방송계 수의 목표 달성에 도움을 주도록 하고 있다. 전파법 제26조의 규정에 의해 작성된 표에 나타난 할당 가능한 주파수 안에서 방송국 관련의 혼신 방지, 그 외에 전파의 공평하고 능률적인 이용을 확보하기 위해 필요한 사항을 감안하여 결정되고 있다.

전파법 제26조는 주파수의 공개를 위한 규정으로 할당 가능한 주파수 및 할당된 주파수의 현상을 나타내는 표를 작성하여 공중의 열람에 제공해야 된다고 규정하고 있다.[5]

또 방송용 주파수 사용 계획의 제정과 변경은 전파감리심의회의 필요한 자문 사항으로 되어 있다(전파법 제99조의 11 제1항 제2호).

이상 설명했듯이, 방송용 주파수 사용 계획 책정의 근거가 법률상 명확하게 된 것은 1988년의 법률 개정에 따른 것으로 그 때까지는 관계자 사이에 오랫동안 법률상의 정비가 요구되어 왔고 방송정책간담회도 그 필요성을 진술하였었다.[6]

덧붙여서 말하면, 이 점에 대하여 1966년의 전파법 개정안(폐기)에서 주파수 분배 계획과 주파수 사용 계획이라는 형태로 대체로 다음과 같은 정비를 도모한 일이 있었다.

먼저 우정대신은 국제적인 결정 등을 감안하여 업무의 종별에 상응하고 해당 업무에 사용될 수 있는 주파수의 범위를 나타내 주파수 분배 계획을 정해야 한다고 규정하고, 다음으로 우정대신은 이 주파수 분배 계획에 기초하여 공중의 수요 등을 감안하여 방송국에 주파수 사용 계획을 정해야 되며, 구체적인 결정은 이 주파수 사용 계획의 범위 내에서 시행될 것을 명확히 하고 있다.[7]

이에 대하여 이번에는 개정 방송법에 기초한 방송 보급 기본 계획에 나타나 있는 방송계 수의 목표 달성에 도움이 되도록 전파법 제26조의 규정에 의해 작성된 표와 관련하여 방송용 주파수 사용 계획이 정해지게 되었다. 이 방송 보급 기본 계획의 고찰은 이미 제2장에서 했지만, 1966년의 전파법 개정안에 있는 방침은 전파 행정의 기본적 틀을 근거로 한 것이었다.

<표 20> 방송용 주파수 사용 계획

제1총칙
1. (생략)
2. 이 계획에서의 주파수 등은 다음과 같이 표시한다.
 (1) 주파수
  각 방송국에 사용될 수 있는 주파수대의 중앙 주파수(텔레비전 방송에 대하여는 다음에 게재된 채널 번호)
   1) 지상계에 의한 방송
    90㎒부터 108㎒까지, 170㎒부터 194㎒까지, 192㎒부터 222㎒까지, 470㎒부터 770㎒까지, 12,092㎓부터 12,200㎓까지의 주파수를 각각 6㎒의 격간으로 구분하여, 각 구분한 주파수대의 낮은 것부터 순서대로 1부터의 일련 번호(중략)

제5 텔레비전 방송(지상계)을 행하는 방송국에 사용될 수 있는 주파수 등
1. 일본방송협회의 방송
 (1) 종합 방송(광역 방송)

방송대상지역	친국(親局)			중계국		
	송신장소	주파수(채널번호)	공중선전력(kW)	송신장소	주파수(채널번호)	공중선전력(kW)
관동광역권	동경	1	50	(생략)		

 (2) 종합 방송(현역방송)

방송대상지역	친국(親局)			중계국		
	송신장소	주파수(채널번호)	공중선전력(kW)	송신장소	주파수(채널번호)	공중선전력(kW)
홋카이도	삿포로	3	10	(생략)		
아오모리현	아오모리	3	5	(생략)		

(이하 생략)

여기서 구체적인 주파수 사용 계획의 예를 텔레비전 방송을 중심으로 살피겠다.[8]

방송용 주파수 사용 계획은 <표 20>으로 정리했는데 먼저 설명한 방송 보급 기본 계획과 이 사용 계획이 중심을 이루고 있다. 전자에 의해 방송국 설치에 관한 지침과 지역별 방송계 수의 목표가 정해졌고, 후자에 의해 구체적인 방송국에 대하여 주파수의 할당이 시행되었다. 따라서 종래에 수가 많았던 면허 방침은 대부분 폐지되었다. 현재 일반적인 면허 방침으로는 '지상계에 의한 텔레비전 음성 다중 방송의 면허 방침,' '위성계에 의한 텔레비전 음성 다중 방송의 면허 방침,' '텔레비전 문자 다중 방송의 면허 방침,' '이벤트용 방송국의 면허 방침,' '외국파 혼신 대책용 중계 방송국의 면허 방침'이 있다.

2) 면허 기준의 위상

전술했듯이 전파를 무질서하게 사용하면 그 효용을 발휘할 수 없다. 일정한 질서 하에 사용해야만 처음부터 효용을 발휘하는 것이다. 따라서 국제적으로도 무선국을 개설할 때는 원칙적으로 면허가 필요하다(무선통신규칙 제24조 2020호, 전파법 제4조).

그리고 이 면허를 취득하기 위한 면허 신청과 그 심사가 시행되고 있는데, 방송국의 경우 그 심사 기준의 위상에 대해 현재까지 많은 논의가 있었다.

면허에 관련된 여러 문제에 대하여 이미 제5장과 제7장에 언급되어 있는데 여기서는 면허 기준의 위상을 중심으로 고찰하겠다.

먼저 방송국 면허를 신청하면 전파법 제7조 제2항에 규정된 ① 공사 설계가 제3장에 정한 기술 기준에 적합한가, ② 우정대신이 정한 방송용 주파수 사용 계획에 기초한 주파수 할당이 가능한가, ③ 해당 업무를 유지하기에 충분한 재정적 기초가 있는가, ④ 이전 3호에 게재되어 있는 이외에 우정성령으로 정한 방송국 개설의 근본적 기준에 합치되는가 등의 여부를 심사한다.

이 네 가지 항목 내에서 특별히 논할 필요가 있는 것은 주파수의 할당과 방송국 개설의 근본적 기준에 관한 사항이다. 전자에 대하여는 이미 논하였으므로 여기서는 후자를 중심으로 논하겠다.

　방송국의 경우, '방송국 개설의 근본적 기준'이라는 성령(省令)이 있다. 이 성령에는 약간의 기술적 사항 이외에 방송법에 있는 방송 프로그램의 편집, 소위 방송국의 면허 이후에 시행하는 방송 사업의 내용을 포함하는 특색을 지니고 있다. 또한 동 기준 제9조, 제10조, 그리고 제11조에 주목되는 조항도 있다. 제9조는 소위 매스미디어의 집중 배제에 관한 규정이 있다. 그리고 제10조는 '개설하려는 방송국은… 그 국을 개설이 방송의 공정하고 능률적인 보급을 도모하는 역할을 해야 된다'라고 규정하였고, 제11조는 '제3조부터 제10조까지의 각 조항에 적합한 방송국에게 할당될 수 있는 주파수가 부족한 경우에 각 조항에 적합한 정도에서 보아 최대한도로 공공복지에 기여하는 일이 우선되게 한다'라고 정하였다.

　특히 중요한 제9조와 관련하여 설명하면, 전술했듯이 1988년의 방송법 개정에 의해 우정대신에 의한 방송 보급 기본 계획이 정해져 있다. 그 지침 중의 하나는 방송의 기회를 될 수 있는 대로 많은 사람에게 확보해 주고 방송에 의한 표현 자유 또한 될 수 있으면 많은 사람에 의해 향유될 수 있도록 하기 위한 기본 방침을 정하고 있다(제2조의 제2항 제1호). 방송 보급 기본 계획에서는 ① 일반 방송 사업자에 의한 방송에 대하여 원칙적으로 한 사람에 의해 소유 또는 지배되는 방송계의 수를 제한하고, 될 수 있으면 많은 사람에게 방송할 수 있는 기회를 개방하고, ② 각 지역사회에서 각종 대중 정보 제공 수단의 소유와 지배가 원칙적으로 방송국의 설치에 의하여 특정인에 집중되는 일을 피하도록 하는 지침이 명확히 되어 있다. 전자는 복수국의 지배 금지, 후자는 다른 사업의 지배 금지를 기본으로 정하고 있다. 그리고 방송국 개설의 면허에 관한 기본 방침인 방송국 개설의 근본적 기준 제9조에서 매스미디어 집중 배제에 관한 기본적 방침이 구체적으로 밝혀져 있다.

　그 내용은 제5장에 논술되어 있다. 또한 같은 방침에 기초한 위탁 방송 사업자의 인정 기준에 대해서도 제10장에 이미 설명되어 있다.

여기서는 1988년의 전파법과 방송법 개정 이전의 상황에 대하여 언급하겠다. 개정 전의 방송국 개설의 근본적 기준 제9조(현행 제10조)에 따른 '일반 방송 사업자에 대한 근본적 기준 제9조의 적용 방침 및 이에 기초한 심사 요령'9)이 있다. 이 심사 요령에는 현재 근본 기준 제9조에 규정된 매스미디어 집중 배제에 관한 구체적 규정이 함께 담겨져 있다. 이 점에 대하여는 관계자 사이에 오랫동안 법령으로 만들 것이 요청되었다. 예를 들면 임방조 답신서(臨放調 答申書)에서는 개설의 근본적 기준에 방송국 면허 제도의 근본에 관한 일을 집중적으로 포함하도록 하고, 특히 제9조와 제10조(현행 제10조와 제11조)에 주체 선정의 기준을 표시하는 등 행정청의 판단은 될 수 있으면 구체적인 기준을 법으로 정하여 시행하려고 하였다.10)

이번의 개정 이전에도 민방련은 방송 제도에 관한 의견 중에, 면허 심사 기준에 대하여 '성령 및 이에 위임된 부분을 재검토하여 중요 부분을 법률로 명시하고 개괄적인 규정은 배제해야 한다. 그 경우 규제의 완화를 기조로 하여 미디어 특성에 부응한 법률이 되도록 한다'라는 견해를 밝혔으며,11) 신문협회도 '면허 제도에 대하여 객관적인 판단을 할 수 있게 법률로 정한 심사 기준을 설치할 필요가 있다'라는 의견을 표명하였다.12)

또한 방송정책간담회 보고서는 '방송 사업을 행하는 무선국인 방송국의 면허 심사 기준으로서 매우 중요한 의미를 지닌 사업 계획의 확실성, 법인 설립의 확실성이 있어야 하며, 방송의 공정하고 능률적인 사항에 대하여는 채널 계획의 적합성, 인적 자본의 지역 밀착성이 있어야 한다. 그리고 매스미디어의 집중 배제 등 근본 기준에 격상되는 등의 조치를 필요로 한다'라고 하였으며,13) '근본 기준 제10조에 정해져 있는 경원(競願)처리, 그리고 이 면허를 취득하기 위한 면허 신청과 심사가 법률에 격상된 규정과 함께 이 수속의 공정을 기하는 조치가 필요하다'라고 의견을 밝히고 있다.14)

1988년의 법률 및 성령의 개정은 이같은 경위를 거쳐 현재와 같은 규정이 되었다.

3) 면허, 재면허, 면허 기간

방송국의 면허 신청에 대한 심사 결과가 전파법 제7조 제2항의 각 호에 적합하다고 인정되면, 신청자에 대한 예비 면허가 부여되어(전파법 제8조), 공사 완공 이후의 검사를 거쳐 면허가 부여된다(제12조).

면허의 조건, 면허 이후의 운용 등에 대하여는 제7장에 언급되어 있어 여기선 면허, 재면허, 면허 기간에 대해서 살펴겠다.

먼저 예비 면허와 면허의 관계에 대하여 서술하면, 예비 면허는 면허와 별개의 것이 아니라 공사 완성 후의 검사의 합격을 정지 조건으로 한 실질상 면허 성질을 지닌 처분이라고 할 수 있고,[15] 방송국의 면허는 일반적으로 시설 면허로서 설명된다.[16]

방송정책간담회 보고서에서는 이 점에 대하여 특별히 언급하고 있지는 않지만 '현행의 시설 면허에는…'이라는 표현이 있어 시설 면허라는 입장을 세우고 있다고 추측된다.[17]

이 설명은 어디까지나 일반적·개괄적인 설명인데, 보통 시설 면허라는 것은 일정 시설의 설치 자체에 착안하여 그 설치 내지는 개설을 허가 대상으로 하는 것으로 예를 들면, 약국이나 병원의 개설 등이 이에 해당된다.

방송국 면허의 경우, 형식적으로는 시설 면허의 방식을 채택하고 있는데, 이와 동시에 특정 주파수의 배타적 사용권을 인정하여 일종의 독특한 면허 제도가 되고 있다. 이 후반 부분이 광물의 채굴, 취득에 관한 광업권의 부여 등에서 볼 수 있는 사용 면허의 유형에 속한다고 볼 수 있어 방송국의 면허는 시설 면허와 사용 면허의 복합 형식으로 정리된다는 설명도 있다.[18]

다음으로 재면허에 관해 살펴보면 이 점에 대해선 상당한 논의가 발생한다.

종래의 생각으로는 재면허가 현행법에 있어서 그 심사 기준을 신규 면허의 심사 기준과 똑같이 하고 있는 것(전파법 제15조)으로 보아서 신규 면허 신청이 있는 경우와 나란히 심사를 하고, 경원의 처리를 원칙으로 하고 있다. 다만 재면허의 경우는 과거의 실적을 가지고 장래의 업무 계획을 간접적인 증거로 하고 있으나(방송국 개설의 근본적 기준 제3조 제2항), 심사 대상은 어디까지나 신규 신청의 경우와 마찬가지로 장래 계획이 대상이며 과거의 실적은 그 계획의 확실성을 증명하기 위한 것에 지나지 않는다.19)

그런데 이 점에 대하여 1968년 12월 최고재판소의 판결에서 전파법에 규정된 재면허는 실질적으로 면허 갱신이라는 판단을 보여,20) 방송정책간담회도 이 점에 대하여 '이후의 재판 사례 동향을 감안하고 방송 사업의 계속적 안정성을 배려하여 이전의 방침을 고쳐서 면허의 갱신이라는 방침을 검토할 필요가 있다'21)라고 하였다. 민방련도 이 면허의 갱신제와 함께 면허 기간의 연장을 요망하고 있다.22)

이 문제를 고찰하면, 방송정책간담회가 말하는 방송 사업의 계속적 안정성은 기존의 방송 사업자 측 뿐만 아니라 시청자 측에서도 중요한 문제이다. 그러나 신규 참여를 희망하는 자에게 그 가능성을 보장하는 것과 함께 국가로서 귀중한 전파를 누구에게 위탁할 것인가를 재검토하는 기회를 갖는 것도 더없이 중요하다. 따라서 재면허 제도를 검토할 경우는 이같은 점에 대해서 충분히 고려할 필요가 있다.

면허 기간에 대해선 그저 기간의 길고 짧은 것으로 논하지 않고 전술한 재면허의 의의와 함께 생각해 봐야 한다. 국가로서는 재검토 시기를 어느 정도의 기간으로 하는 것이 적절한가의 관점에서 검토해야 할 것이다. 1988년의 전파법 개정에서는 방송국의 면허 유효기간이 연장되어 5년(개정 전 3년)을 초월하지 않는 범위에서 우정성령이 규정하고 있으나 면허의 갱신이라는 방침은 채용하고 있지 않다.

2. 방송 행정조직

전파법과 방송법이 제정된 1950년에 전파삼법(電波三法)이라고 불리는 전파감리위원회설치법도 제정되어, 1950년부터 수년간은 방송 행정을 포함한 전파 행정이 독립 행정위원회인 전파감리위원회의 손에 의해 시행되었다.

동 위원회는 1952년 행정 개혁에 따라 폐지되었고, 이후 일본의 방송 행정을 포함한 전파 행정은 우정성이 담당하게 되었다. 그리고 그 때 새롭게 전파와 방송의 규율에 관한 사무를 공평하고 능률적으로 운영하기 위해 우정성에 전파감리심의회가 설치되었다(전파법 제99조의 2). 이 심의회는 설치 경위와 소장하고 있는 전파와 방송 행정의 특성 때문에 그 임무와 위원 임명 방안 등에 있어서 다른 심의회 등과 비교할 때 특별한 고려를 하고 있다.[23]

심의회의 기능을 대별하면 세 가지가 있다. 첫째, 우정대신은 전파법, 방송법에 기초하여 구체적인 인허가 등의 처분을 행하는 경우와 전파법에 기초한 성령을 제정·개폐하는 경우 심의회에 자문을 구하고 또 그 답신을 존중하여 조치한다(전파법 제99조의 11, 방송법 제53조의 10). 특히 무선국과 무선 종사자의 면허 취소, 성령의 제정·개폐, 위탁 방송 업무의 인정 취소, 방송 프로그램 센터의 지정 취소 등에 대해 심의회가 자문을 받았을 경우는 청문을 하게 되어 있다(전파법 제99조의 12 제1항, 방송법 제53조의 11). 심의회는 이외의 전파 및 방송의 규율에 관하여 우정대신으로부터 자문을 받은 경우에도 필요할 때는 청문을 할 수 있다(제99조의 12 제2항).

둘째는 우정대신에 대한 권고 권리로서, 동 심의회는 전파와 방송의 규율에 관하여 권고할 수 있고 우정대신은 그 내용을 공표함과 동시에 존중하여 필요한 조치를 취할 의무를 지니고 있다(전파법 제99조의 13, 방송법 제53조의 12).

셋째의 기능은 우정대신의 행정처분을 불복한 '이의 주장'의 심리로서, 이 경우는 판결 기관으로서의 심의회가 기능하고 있다.

전파법에 기초한 우정대신의 행정처분에 대한 이의신청에서는 이를 우정대신이 기각할 경우를 제외하고는 동 심의회에 심의를 의뢰하여 심의회가 필히 청문을 개회하여 해당 사안에 청문을 주재한 심사관이 작성한 조서와 의견서에 기초하여 결정안을 의결하도록 되어 있다. 그리고 우정대신은 그 의결에 따라 이의 신청에 대한 결정을 행사한다(전파법 제7장).[24] 1988년의 방송법 개정에 의해, 전파법 제7장의 규정 등이 방송법의 규정에 의한 우정대신의 처분에 대하여 이의 신청과 소송에 표준으로 적용할 수 있게 되었다(제53조의 13).

이상과 같이 전파감리심의회의 기능에는 특유한 것이 있는데, 1964년에 답신서를 제출한 임방조는 방송 행정의 기본 사항에 관하여 우정성에 부속한 위원회의 의결에 기초해서만 우정대신이 그 권한을 행사할 수 있도록 강력한 것이어야 한다는 의견을 밝히고 있다. 더욱이 당시 NHK는 우정성 외국(外局)으로서의 방송위원회의 설치를, 민방련은 방송심의회의 설치를 의견으로 표명하고 있었다.[25] 1987년에도 민방련과 신문협회는 전파감리심의회의 강화를 요망하고 전자는 '우정대신은 중요한 사항에 관하여 동 심의회의 의결에 기초해서만 권한을 행사하도록 해야 한다'[26]라고 하였으며, 후자는 '우정성은 이 조직이 결정한 사항에 대해서만 권한을 행사할 수 있도록 법을 정비해야 한다'[27]라고 제시하였다.

또한 방송정책간담회 보고서는 자문 사항의 정비에 대하여 현행법에서 정한 자문 사항 이외에 대해서도 방송 행정상 중요한 사항에 대하여는 자문의 의무를 지니는 한편, 현재 법으로 정해져 있어도 경미하다고 인정되는 경우는 자문을 필요로 하지 않는다는 등 자문 사항의 적정화를 요구하고 있다.[28]

원래 방송 행정은 전파의 유한 희소성을 근원으로 일본 유일의 언론 입법이라 불리는 방송법을 근본으로 한 행정으로 행정부 내에서도 특별하게 간주된다. 따라서 방송 행정은 이 점을 명확히 인식하여 민주제도의 기반이 되는 언론과 표현의 자유 확보에 대하여 충분한 배려를 하고 방송이 지닌 풍부한 효용이 국민 생활 중에 향유될 수 있도록 방송 행정조직의 정비도 이루어져야 한다.

■ 주

1. 『新·放送總鑑』, 14쪽.
2. 같은 책, 23쪽, 24쪽.
3. 같은 책, 25쪽.
4. 같은 책, 25쪽; 昭和62年版『通信白書』, 482-485쪽; 平成2年版『通信白書』, 395-397쪽.
5. 『新·放送總鑑』, 25쪽.
6. 『放送政策의 展望』, 57쪽.
7. 昭和 41年 3月 전파법의 일부를 개정한 법률안 제3조의 2~제3조의 5, 제99조의 11.
8. 『放送六法-平成元年-』, 89-133쪽.
9. 『臨放調答申書資料編』, 55쪽, 56쪽, 57쪽.
10. 『臨放調答申書』, 61-64쪽.
11. 《民間放送》 제1082호(昭和 62年 11月 3日).
12. 《新聞協會報》 제2810호(昭和 62年 11月 3日).
13. 『放送政策懇談會報告書』, 69쪽.
14. 같은 책, 67쪽.
15. 『放送局開設과 運用의 안내』, 35쪽; 『新·放送總鑑』 37쪽; 鎌田繁春, 『電波法槪說』, 63쪽.
16. 『放送局開設과 運用의 안내』, 35쪽; 『新·放送總鑑』, 37쪽.
17. 『放送政策懇談會報告書』, 70쪽, 71쪽.
18. 塩野宏,「放送事業과 行政介入」, 『放送法制의 課題』, 60쪽, 61쪽.
19. 『新·放送總鑑』, 13쪽.
20. 『最高裁判所民事判例集』, 22권 13호, 3254쪽; 別冊《ジュリスト》 no.85, 『매스컴 判例百選』(제2판), 156쪽.
21. 『放送政策懇談會報告書』, 69쪽.
22. 《民間放送》 제1082호(昭和 62年 11月 3日).
23. 鈴木實, 『通信法體系』, 259-263쪽.
24. 『新·放送總鑑』, 35쪽.
25. 『放送調答申書』, 123쪽; 『臨放調答申書資料編』, 270쪽, 293쪽, 294쪽.
26. 《民間放送》 제1082호(昭和 62年 11月 3日).
27. 《新聞協會報》 제2810호(昭和 62年 11月 3日).
28. 『放送政策懇談會報告書』, 113쪽.

부록 1
방송제도 관계문헌(1990년 11월 증보)

大塚 壽

이 글은 방송 제도론에 관해 일본어로 쓰여진 문헌을 주요 주제에 따라 정리한 것으로, 이 책을 읽은 입문자가 일본의 방송 제도를 연구하는 데 참고하도록 하는 데 그 목적이 있다. 이러한 의도로 쓴 것이기 때문에, 문헌을 총망라 한 것은 아니며 일본방송제도에 관한 연구가 발전하는 데 기여한 바를 고려하여 선별적으로 채택하였다. 외국 방송 제도에 대한 연구는 원칙적으로 수록하지 않고 있음을 미리 밝혀 두고자 한다. 주요한 단행본에는 등장 순서에 따라 번호를 붙였으며 이후에는 이 번호에 의해 참조하고 있다.

1. 방송제도 전반

(1) 제도에 대한 해설과 문제점(1988년 방송법 개정 이전)

방송 제도에 관한 해설로서는 1950년에 제정된 이른바 전파 삼법(電波三法)에 관해서 莊宏, 松田英一, 村井修一 『전파법방송법급전파감리위원회설치법 상해』(1)(昭和 25年 日信出版)이 있다. 鎌田繁春『전파법개설』(昭和 26年 오무사)는 전파법을 중심으로 한 뛰어난 개설서이다. 전파 삼법의 입법 과정에 관한 연구로서는 內川芳美「전후방송제도의 확립과정」(內川,『매스미디어법정책사연구』(2)(昭和 64年 有裵閣)의 초출논문(전반은 昭和 38年)이 선구적이며, 그 전반 부분이 《방송학연구》 6호에 게재된 것에 촉발되어, 瓜生忠夫「방송법제정전사」(瓜生,『방송산업』(3)(昭和 40年 法政大學出版局)이 발표되었다. 후자는 2차 대전 후 한때 초법규적으로 활동한 방송위원회 위원으로서의 체험에 의해 논지를 전개하고 있다. 또, 奧平康弘「방송법제 재편성-그 준비과정」(『전후개혁3 정치과정』昭和 49年 東京大學出版會)은 전후 방송제도 개혁을 방송 행정의 자세를 중시하여 1952년의 전파감리위원회 폐지 조치를 포함하는 시기까지라고 보고, 그 전에 이른바 제1차 방송법안(昭和 23年 國會提出) 폐안까지의 시기를 다루고 있다. 松田浩「도큐멘트 방송전후사 I -알려지지 않은 궤적」(4)(昭和 55年 雙柿舍)은 《방송 朝日》에「방송의 제도와 업태」란 제목으로 게재된 당시부터 귀중한 청취조사와 광범한 문헌조사의 기록으로 평판이 높았다. 방송법제입법과정연구회편,『자료·점령하의 방송입법』(5)(昭和 55年 東京大學出版會)은 제1부 기본문헌편, 제2부 증언편, 제3부 참고편에 內川方美 교수의 해설이 들어 있으며, 전파 삼법의 입법 과정을 연구하는 데 우선 읽어야 할 기본 문헌이라고 할 수 있다. 內川方美「점령하의 방송제도개혁」(2)(內川)는 점령기 GHQ의 언론정책의 측면에서 네 개의 주제아래 분석하고 있는데, 向後英紀「점령문서에 보이는 대일방송정책의 형성과정」(《NHK방송연구와 조사》 34권 10호),「방송위원회의 성립과 그 기능」(동 36권 12호), 高融「일본방송협회의 재조직-정부기관에서 민중기관으로: 한나메모의 형성과정」(동 36권 11호),「GHQ문서에 보이는 민간방송 승인의 경위」(동 38권 2호)는 미국의 공개문서를 충실히 조사분석한 것이다. 또한, 林進「방송제도와 방송의식」(1)-(3)(埼玉大學紀要 교양학부 22-24권)은 사회의식론의 관점에서 사회학적 의미의 방송제도를 검증하는 의의를 확인한 후, 점령하 방송제도 개혁준비기까지의 방송의식을 검토하고 있다. 한편, 입법과정에 관련하였던 사람에 의한 것으로「망도(網島)의 전파와 함께」(1)-(2)(≪전파시보≫ 7권 11-12호),「전파 삼법의 제정과 그 배경」(≪전파기술협회보≫ 64호), 莊宏「전파 삼법의 제정」(逐信外史刊行會編『遞信史話(下)』(6)(昭和 37年 전기통신협회),「현행방송제도에 관하여」(≪전파시보≫ 26권 1호),「전파법·방송법의 기본이념」(≪전파시보≫ 25권 6호), 松田英一「새로운 전파법, 방송법, 전파감리위원회 설치법에 관하여」(≪전파시보≫ 4권 5호), 村井修一「방송법 그 1, 그 2」(5권 2-3호), 野村義男『전파 삼법 제정시를 회상하면서』(內閣法制局百年史編集委員會編『증언 근대법제의 궤적-내각법제국의 회상』(昭和 60年 교오세이)등이 있다.

昭和 27年(1952)년 텔레비전 방송을 도입하기 위한 제도적 대응과 전파감리위원회의 폐지 과정에 대해서는 방송제도적 연구 업적이 극히 미약하다. 松田浩(4) 외에, 중부일본방송편「민간방송사」(7)(昭和 34年 四季社), 阿川秀雄「나의 전파사 (上)(下)」(8)(昭和 51年 善本社), 室伏高信「텔레비전과 정력(正力)」(9)(昭和 33年 講談社), 林進「텔레비전의 역사」(思想 413호), 莊宏「텔레비전의 문제점」(≪전파시보≫ 6권 10호), 網島毅「전파와 함께 50年」(≪통신평론≫ 昭和 59年 12월호, 平成 元年 4월호) 등을 단서로 하여 실증적 연구가 진행되기를 기대한다. 片桐裕「전파법 제7조 제1항 제3호에서 말하는 '당해 업무를 유지하기에 충분한 재정적 기초가 있는 것'의 의의」(『法制意見百選』昭和 61年 교오세이)는 이 시기에 나온 내각 법제국의 법제의견에 대한 해설이다(필자주: 현행 전파법에서는 방송을 하는 무선국에 대하여 7조 2항 3호에 동일한 기준이 있다).

昭和 34年(1959)에는 방송 프로그램의 적정화를 위한 방송 프로그램 심의기관에 대해 규정함과 동시에 방송 프로그램의 편집 등에 관하여 규정을 명확하게 하였으며, 그 밖에 NHK, 민방에 관하여 필요한 규정을 만드는 방송법의 일부가 개정되었는데, 이 단계의 해설서로서 田中正人, 平井正俊『방송행정법

개설』(10)(昭和 35年 전파진흥회)가 있다.

컬러 텔레비전 방송 개시에 관한 제도적 대응에 대해서는 田中正人「컬러 텔레비전 방송을 실시하기 위한 관계성령의 제정개폐에 관하여」≪전파시보≫ 15권 8호), 松田浩『다큐멘트 방송전후사2-조작과 저널리즘』(昭和 56年 雙林舍) 등이 있다.

昭和 39年의 임시방송관계법제 조사회답신, 41년의 전파법, 방송법 각 일부 개정법안의 국회 제출, 폐안의 경과를 거쳐 진행된 UHF 텔레비전의 해방, FM 방송의 개시 시기에 정리된 해설서로서 左藤惠監修『방송국개설과 운영의 첫걸음』(11)(昭和 43年 전파타임스사)가 있으며, 이 계보와 연관된 것으로 그 후의 뉴미디어에 대한 제도적 대응을 다룬 우정성 전파감리국 방송부 감수 『신 방송총감』(12)(昭和 58年 전파타임스사)가 있다.

이 시기까지의 제도개정에 관해서는 이른바 라디오 수신료의 폐지를 도모한 법개정에 관하여, 福守搏一「방송법 일부개정에 관하여」(≪전파시보≫ 22권 9호), 高橋幸男「방송법의 개정」(당시 법령 623호)을, 1982년 다중방송의 실용화 등을 위한 방송법 등의 개정에 관하여는 渡邊寬「방송법개정에 관하여」(≪방송문화기금보≫ no.17), 小林正昭「방송법등의 일부를 개정하는 법률에 관하여」(≪전파시보≫ 351호), 「방송법등의 일부개정을 둘러싸고」(≪쥬리스트≫ 771호), 山口卓郞「텔레비전 다중방송의 실용화를 향한 법정비 등」(당시 법령 1173호)을 참고할 수 있고, 1987년 중계 국제방송과 FM 다중방송을 실시하기 위한 법개정에 관하여, 三澤充男「중계국제방송, FM 다중방송의 실시」(당시 법령 1317호), 三室政基, 岩田耕一「방송법 및 전파법의 일부개정에 관하여」(≪전기통신시보≫ 4권 8호)가 있다.

1972년에 제정된 유선 텔레비전 방송법에 대해서는 河野弘矩『CATV관계 법규·해설집』(13)(昭和 48年 共同聽視出版社), 우정성 전파감리국 유선방송과 감수『유선텔레비전 방송총감』(14)(昭和 51年 전파타임스사) 외에, 和田憲治「유선텔레비전 방송법안에 관하여」(≪전기통신≫ 296호), 「유선텔레비전 방송법축조해설 上·下」(≪CATV저널≫ 2권 8호), 倡田宣行「유선텔레비전방송법에 관하여」(≪전기통신≫ 309호), 小野澤知之「유선텔레비전방송법의 제정에 관하여」(≪전파시보≫ 27권 9호), 石田彪「CATV의 건전한 발전을 위하여 -유선텔레비전 방송법」(당시 법령 815호)가 있다.

방송제도 전반에 걸친 정부차원의 검토는 1962년에 우정성 부속기관으로 2년간 설치되었던 임시방송관계법제조사회가 있다. 우정대신으로부터 방송관계 법제의 발본적 개정 의견에 관하여 자문을 받은 이 조사회는 1964년 9월 8일 답신을 하고, 『임시방송관계법제조사회 답신서』(15)를 공표하였다. 동시에 공표된 『임시방송관계법제조사회 답신서 자료편』(16)에는 당시 방송제도의 개요를 파악하는 데 편리한 자료와 NHK, 민방련(民放連) 등의 의견, 우정성이 제출한 「방송관계법제에 관한 검토상의 문제점과 그 분석」 등도 게재되어 있다.

이 조사위원회의 답신에 입각하여 정부는 전파법, 방송법의 개정안을 작성하고 1966년 3월에 국회에 제출하였으나, 심의를 마치지 못하여 폐기되었다.

한편, 1970년 우정성에 통신정책과가 설치된 것을 계기로 구성된 통신행정문제연구회가 공표한 『통신행정의 전망(요설)』(17)도 방송제도를 취급하고 있으며, 전기통신시스템의 미래상에 관한 조사연구회편 『21세기의 전기통신』(18)(昭和 58年 일본경제신문사), 우정성 전기통신심의회편『신통신정책비전』(19)(昭和 59年 교세이)도, 공중통신을 중심으로 하는 일반 전기통신과의 관계에서 방송제도에 관련된 사항을 취급하고 있다.

방송제도의 구조적 파악과 과제를 다룬 것으로는 莊宏『방송제도론을 위하여』(20)(昭和 38年 日本放送出版協會)을 우선 들고 싶다. 임방조에서 검토가 신행되고 있는 가운데 공표된 이 책은 방송제도 전반을 살펴 보면서 제도론의 포인트를 해명하고, 여기 저기에서 문제 제기를 하고 있다. 이에 앞서는 것으로는 1959년 법개정 전의 것이기는 하지만 행정관리연구회『방송관계법령연구보고와 의견』(昭和 29年)을 들겠다. 또한, 1963년 12월 6일 임방조에서 吉

國一郞(당시 내각법제국 제2부장)이 지적한 방송법, 전파법의 문제점에 대한 취지가 『방송법제입법과정연구회편』(5) 436항 이하에 기록돼 있다. 임방조 (16)책에 수록되어 있지 않은 각 방면의 의견에 대해서는 我妻榮, 戒能通孝, 有線亨 「좌담회·방송법제의 현상과 과제」(≪법률시보≫ 35권 2호), 荒瀨豊, 稻葉三千男, 佐藤毅, 高木敎典, 林進 「공동연구 국민의 방송-실태와 가능성 방송법개정을 검토한다」(≪세계≫ 223호) 등이 있다.

임방조 답신 직후의 논고로서는 伊藤正己 「방송의 공공성」(伊藤 『현대사회와 언론의 자유』 昭和 49年 有信堂)이 답신의 기조가 되고 있는 생각을 방송의 공공성 이념으로 지적하고, 방송의 공공성은 방송의 자유를 최대한으로 보장함으로써 가장 잘 성취할 수 있다는 입장에서 답신의 구체적인 제안에 대하여 논하고 있다. 內川芳美 「입법화에 있어서 결함 시정을 기대」(≪일본테레비≫ 68호)는 답신에 방송의 공공성을 중시한 적극적 방송문화정책이 있다는 것 등을 지적하고 있다. 이 밖에 瓜生忠夫 「임시방송관계법제조사회 답신비판」 (1)-(6)(≪TBS 조사정보≫ 71-76호) 등 답신을 대상으로 한 논평이 많다.

1966년 개정법안을 소재로 한 업적으로는 稻葉三千男 「국가규제를 강화하는 방송법개정」(≪이코노미스트≫ 44권 17호), 「텔레비전이 만드는 상황과 방송법-영상문화의 장래에 비치는 영(影)」(≪朝日저널≫ 8권 23호), 大森幸男 「방송법개정안-그 문제점」(≪총합저널리즘연구≫ 3권 5호), 「방송법, 전파법 개정안-폐안까지의 경위와 금후의 재고」(≪신문연구≫ 181호), 我妻榮, 宮澤俊義, 鈴木竹雄, 野宏, 「쥬리스트의 눈·방송법전파법의 개정」(≪쥬리스트≫ 353호) 등이 있다. 또한, 岡部慶三 「프로그램 편집과 공중의 요망 (上)·(下)」 (≪放送學硏究≫ 18-19호)는 개정법안에 나타난 방송여론조사위원회 구상을 계기로 방송에 관한 여론의 실체를 분석하고 있다.

1966년 개정법안이 폐기되자 법개정을 기다리고 있던 정책결정은 차차 행정차원에서 이루어지게 되었다. 奧平康弘 「방송에서 정치와 행정」(奧平 『표현의 자유2』(21)(昭和 59年 有斐閣)은 방송법 개정안에 근거한 행정, 프로그램 편성의 조건, 기타 행정의 정치화를 지적하고, 행정위원회의 설치 필요성을 논하고 있다. 稻葉三千男「FM면허의 문제점」(《YTV REPORT》 57호)은 초단파 FM방송이 개시되기 목전의 시점에서 면허행정의 바람직한 자세를 제시하는 시도이며 高木敎典「전파산업의 경제분석」(1)-(3)(《경제평론》 17권 13호, 18권 1호, 3호)는 UHF로의 이행, FM 면허, 법개정 문제 등을 다루고 있다. 《신문학평론》 22호(특집 텔레비전 20年 텔레비전 연구의 20年)에서 稻葉三千男「제도」는 유선 텔레비전 방송법 성립기까지의 방송제도에 관한 동향을 총괄하고 있다. 石坂悅男「방송의 제도와 구조」(『강좌현대 저널리즘 III 방송』(22) 昭和 48年 시사통신사)는 이 시기에 방송제도 민주화의 요건을 탐색한 연구이다.

1974년 재단법인 방송문화기금이 설립되어 인문사회 연구를 후원하게 되면서 민간 베이스에서 공동연구가 활발하게 되었다. 伊藤正己編『방송제도-그 현상과 전망1』(23)(제2쇄 昭和 52年 日本放送出版協會),『방송제도-그 현상과 전망2』(24)(昭和 52年 同出版協會),『방송제도-그 현상과 전망3』(25)(昭和 53年 同出版協會)는 편자를 대표자로 하는 방송통신제도연구회에 의한 작업으로 제도연구의 대표적인 성과라고 말할 수 있을 것이다. (23)부터 (25)에 전개된「공동토의 전기통신·방송법제의 현상과 과제」는 당시의 제도적 문제 상황을 다각적으로 분석하고 있으며 (23)에 수록된 片岡俊夫「우리나라의 전파·방송법제, 행정 및 방송사업의 현상과 문제점」이 그때까지 제도에 관한 논의에 입각하여 문제점을 지적하고 있다.

1977년에는 국회의 위원회에서 방송제도를 검토하자는 기운이 일어나게 되었다. 堀部政男「영국 방송제도개혁의 동향」(伊藤編 25), 大森幸男「방송계가 당면한 두 개의 국면」(《신문연구》 323호)가 주요 주제를 전해주고 있다. 鹽野宏「방송제도 재고의 배경」(鹽野『방송제도의 과제』(26) 平成 元年 有斐閣)은, 유연한 구조를 가진 방송법제하에서 전기통신기술의 성과를 소화하면서 임시방편적 대응을 되풀이하는 문제점을 지적하였는데, 奧平康弘「방송법

제의 현상과 과제」(奧平 21)도, 방송이 전환기에 있음을 지적하면서 중요한 논점을 묘사하고 있다. 한편, 青木貞伸「일본의 전파정책과 문제점」(법학세미나 증간총합특집시리즈5『언론과 매스커뮤니케이션』昭和 53年)은 충분한 논의를 한 뒤에 법개정을 할 필요성이 있음을 주장하고 있다.

  1980년에는 이른바 수신료의 지불의무제에 관한 방송법 개정안이 국회에 제출되었으나, 위원회에서 심사가 개시되지 못한 채 폐안되었다. 한편에서 뉴미디어를 둘러싼 논의도 활발하게 전개되는 가운데, 石坂悅男, 浜田純一, 石川明, 高品晋「방송제도연구 1980」(《NHK 문연월보》 31권 1호)는 그 해의 방송제도연구의 동향을 회고하면서 당면한 연구과제를 정리하고, 전망하고자 한 것이다. 이 것은 제도연구의 방법론을 주로 다룬 內川芳美, 石坂稅男, 浜田純一, 大谷堅志郞, 石川明, 後藤和産에 의한 좌담회「방송제도연구의 과제와 방법」(《NHK 문연월보》 30권 9호)의 후속작업으로 자리잡고 있다. 後藤和産「신방송제도론을 위하여」(《방송학연구》 33호)는 뉴미디어의 전개 등에 의해 필요하게 된 방송법제도를 검토하고 있다. 또, 芦部信喜「일본의 방송제도」(放送文化基金編『방송의 공공적 과제』(27) 昭和 57年 基金)은 1981년에 개최된 심포지엄에서 지적된 방송제도의 현상과 문제점에 대한 보고 및 예고이다.

  1982년의 방송법 일부 개정에 대한 평가에 대해서는 大森幸男「방송법의 개정과 방송제도의 금후」(《신문연구》 372호)가 있다. 한편, 堀部政男『NHK시민대학 정보화시대와 법』(昭和 58年)은 26회의 강의 가운데 2회를 할애하여 일본 방송제도의 구조와 과제를 설명하고 있다.

  1984년 1월에는 앞서 기술한 방송통신제도연구회(대표자 芦部信喜)가『방송제도에 관한 법정책연구보고서』를 공표하고 방송법제 개혁의 요인으로서, 남아있는 과제, 다양화로의 대응, 뉴미디어로의 준비를 거론하여 제도 전반에 관한 연구회의 구상을 밝혔다. 이 보고서는 계속해 이 연구회가 실시한 공동토의와 함께, 芦部信喜編『공동토의 뉴미디어시대의 방송제도상』(28)(昭和 61年 일본방송출판협회)에 수록돼 있다.

한편, 1972년에 제정된 유선 텔레비전 방송법에 대한 평가에 관한 연구로 大森幸男「유선 텔레비전 입법—그 배경과 성격」(≪월간민족≫ 2권 7호),「유선텔레비전법을 검토한다」(≪방송문화≫ 27권 8호), 園部貞義「CATV法」(≪CATV저널≫ 2권 8호), 鹽野宏「유선텔레비전방송을 둘러싼 법기술」(塩野, 26), 齊藤文男「유선텔레비전법과 언론의 자유」(『九州大學敎養學部社會科學論集』13호), 淸水英夫「유선텔레비전을 둘러싼 언론법적 과제」(靑山法學論集 16권 3-4합본호), 田所泉「CATV의 현상과 동향」(≪쥬리스트≫ 增刊總合特集5『현대의 매스커뮤니케이션』昭和 51年)을 들 수 있다. 또한, 당시의 방송제도를 둘러 싼 정세에 관해서는 大森幸男「방송의 미래상을 위하여」(≪쥬리스트≫ 530호), 동「전파방송을 둘러 싼 법규제」(石村善治, 奧平康弘編『알 권리』(29) 昭和 49年 有斐閣選書)가 있다.

1984년에는 이른바 전전개혁(電電改革) 3법이 제정된 해인데, 鹽野宏「전기통신법제의 전개과정」(鹽野 26書)은 그 동향을 근거로 공중전기통신 분야의 개혁과 대비해서 방송 및 CATV 영역의 임시방편적인 대응을 지적하면서, 더욱 미디어의 융합·경합의 관점에서 논점을 지적하고 있다. 또한, 동「방송정책의 동향과 과제」(鹽野 26書)는, 방송의 다양화가 법제도의 다양화, 혹은 유연성을 요청한다고 지적하고 있다.

한편, 石川明「방송학연구의 25년—제도연구」(≪방송학연구≫ 35호)가 ≪방송학연구≫(영문지 포함)를 중심으로 여러 연구를 리뷰하고 있으며, 浜田純一「매스커뮤니케이션에 대한 법학적 어프로치」(≪신문학평론≫ 39호)에도 1990년까지의 방송 제도론의 계보를 소개하고 있다.

(2) 방송정책간담회 보고서와 제도 전면 개정

이상과 같이 방송계의 현저한 상황 변화를 맞아, 우정성에는 1985년에 이르러 뉴미디어 시대의 방송에 관한 간담회(방송정책간담회)를 우정대신의 간담회로 발족시키고, '이른바 뉴미디어 시대에 있어서 방송의 역할에 관한 장기 전망을 하는 동시에, 국민의 다양화하는 요망에 부응할 수 있는 방송의 자세에 관하여 검토하며, 금후의 방송 정책의 책정에 이바지 한다'라는 검토를 개시하였다. 이 간담회는 성립된 시점부터 그 명칭이 간담회였음에도 불구하고, 이전에 우정성 설치법상의 위치를 확보하고 있던 임방조와 대비되어, 제도적 문제에 대한 검토가 심층적으로 이루어 질 것이라고 기대되었다. 2년이 채 안 된 1987년 4월에 정리된 보고서는 우정성방송행정국감수 『방송정책의 전망』 (30)(昭和62年 전기통신진흥회)으로 시판되었다. 立石直「방송미디어고(考)」 (《전기통신시보》 4권 2호)는 방송정책간담회의 사무국 기능을 맡았던 행정관이 쓴 뉴미디어론, 방송산업론이다. 동『최신 아메리카 방송사정』(平成 2年 교세이)은 이러한 체험과 문제의식을 바탕으로 한 비교제도 연구의 귀중한 업적이다. 또한, 간담회 회원이었던 大森幸男「방송계, 금후의 전망 – 21세기를 향하여」(《국제전기통신연합과 일본》 17권 5호)가 있다.

보고서가 나오자 제일 먼저 菔原俊行「放政懇 보고서의 개괄적 평가와 문제점」(《방송저널》 17권 4호)이 행정의 계획성과 일관성 등의 제언을 정당하게 평가해야 한다고 장래 비전의 결여를 지적하고 있다. 또한, 동「요구되는 중장기적인 시점」(《월간민방》 17권 6호)에는 더욱이 이른바 '하드·소프트의 분리' 여하에 대한 검토의 부족을 지적하고 있다. 青木貞伸「百家 爭鳴, 각계의 백열한 논의」(《월간민방》)는 미래를 전망하는 제도에 관한 제언의 부족을 지적하는 동시에, 특히 행정조직의 근본적 개혁이 제언되고 있지 않은 것이 최대의 문제점이라고 지적하고 있다.

《쥬리스트》 890호「특집 방송정책의 과제」에서는 浜田純一 '방송정책의 과제와 전망'에서 보고서의 배경을 개관한 뒤, '방송'의 개념과 의의, 한계, NHK와 민방의 '병존체제,' 방송의 다양화와 다원화에 대해 검토하고, 보고서의 사정거리를 확인하는 작업을 하고 있다. 이 특집은 이밖에 片岡俊夫 '방송법제의 제 과제와 공공방송사업,' 野崎戌 '민간방송에서 본 방송정책'을 게재하고 있다. 또한, 淸水英夫 '방송의 자유와 방송제도'(荒瀨豊, 高木敎典, 春原昭彦編 內川芳美敎授還曆記念論集『자유·역사·미디어』(31)(昭和 63年 일본평론사)가 보고서의 주요 문제점을 지적하고 있다.

방송정책간담회의 활동과 일부 시기가 중복되는 2년 동안 방송문화기금의 위탁에 의하여 '방송제도에 관한 총합적 연구'를 실시한 방송문제총합연구회는 1988년 1월에 「미디어의 다양화·융합시대의 방송제도」라는 제목의 보고서(32)를 발표하였다. 여기에서는 방송정책간담회가 전제한 방송에 관한 전통적 규제근거를 이해하면서 논의를 한걸음 진전시키고, 정보화가 진행되고 있는 현대사회에서는 여러가지 다른 가치관이 다원적으로 존재하는 사회의 모든 구성원이 풍부하고 다양한 문화와 사회생활을 하고 필요한 정보의 평등한 제공을 확보하는 것, 사회 구성원간의 정보 향유의 격차를 줄인다는 공정의 개념이 중요한 이념이 되고 있으며, 기본적 정보를 제공해야 하는 미디어에 대해서는 방송사업주체의 자세를 중심으로서, 방송의 조직, 구조면에서 공평하고 다양한 프로그램 편집을 실현하는 방책을 생각해야하기 때문에, NHK와 민방의 병존체제를 견지해야 한다라고 말하고 있다. 長谷部恭男 「시장·자유·공정-방송제도론을 소재로 하여」(《법률시보》 60권 8호)는 이 보고서의 개요를 소개하고, 새로운 규제근거를 제시하고 있다. 또한, 일본민간방송연맹『방송과 사회』(33)(昭和 63年 동양경제신보사)는 간행 전년의 심포지엄 「방송제도의 바람직한 자세를 생각한다」의 기록과 함께, 다매체 시대 사회와의 관계에서 방송의 장래를 생각하는 여러 논고를 수록하고 있다. 이 심포지엄에서는 방송정책간담회의 회원이었던 大森幸男氏, 野敎授, 우정성에서 加藤芳隆참사관이 참가하고 있다. 이 시기에 통신과 방송의 융합에 관하여 고찰한 것으로 篠原俊行 「NTT와 방송의 금후」(《신방송문화》 no.10)가 있으며, 방송제도를 그 기능, 구조, 과정, 변동 및 그 상호관계에 관하여 사회학적으로 고찰한 것으로 花山達朗 「방송제도의 사회학적 분석-서독 모델을 단서로 하여」(《방송학연구》 38호)가 있고, 방송정책의 유형화를 각국의 기본방향에서 찾으려 한 것으로 小林宏一「비교방송정책론의 시도」(≪방송학연구≫ 38호)가 있다.

　방송정책간담회가 끝난 뒤, 우정성은 새삼스럽게 관계단체부터 청문회를 여는 등 방송제도의 전면 개정을 향하여 적극적으로 움직였는데, 1988년 2월 '방송법 및 전파법의 일부를 개정하는 법률안'이 정부제출법안으로 국회에 제출되어 성립되었다. 片岡俊夫『방송개론 제도의 배경에 관하여』(昭和 63年 일본방송출판협회)는 이 책의 초판인데, 이 시기의 방송제도의 구조와 제도론의 요점을 설명한 유일한 책이며, 방송제도, 정책에 관심을 가진 사람의 필독서가 되었다. 塩野宏「일본에 있어서 방송의 신질서의 제원리」(塩野 26書)는 서독의 심포지엄(1987년)을 위한 일본 방송제도의 특질과 동향을 소개한 보고(독문)에 일본의 독자를 위하여 1988년 법개정 성립 등에 관한 주(注)를 붙인 것인데, 방송정책간담회보고서(30)의 주요 요소와 각 방면의 견해를 소개하면서 塩野 교수의 생각이 언급돼 있어서 塩野 26書의 이해하기 위해서는 이 논문부터 읽기 시작해도 좋을 것이다.

　1988년의 법개정은 방송관계법으로서는 방송보급기본계획에 관한 사항의 法定, 방송프로그램의 편집 등에 관한 통칙의 규정, NHK의 목적규정의 정비 및 업무범위, 감사의 임무, 이사 등의 임기 개정, 민간방송의 유료방송에 관한 사항의 법률 제정 등, 그리고 전파법과 관련해서는 방송용 주파수사용계획에 관한 사항의 법률 제정, 방송국 면허의 유효기간 연장 등을 내용으로 하는데, 이에 관한 해설로는 今泉至明「방송법 및 전파법의 일부개정에 관하여」(≪정보통신저널≫ 6권 3호), 동「방송법 등 개정의 개요」(≪쥬리스트≫ 916호), 信國隆裕「현상추인에 그친 방송법제의 재고」(≪입법과조사≫ 145호), 浜田純一「放送法및 電波法의 一部改正에 관하여」(쥬리스트 916호), 池田佳史 '방송의 발전 다양화에 대응한 새로운 방송제도(당시 법령 1340호),' 青木貞伸「방송법개정의 문제점」(≪TBS 조사정보≫ 350호), 大森幸男「문제 있는 방송법개정」(≪신문연구≫ 442호), 田所泉「산업정책으로서의 방송법개정」(≪신문경영》 103호), 篠原俊行「신·방송체제의 구축을 향하여 - 88년 법개정의 총괄과 차기 제도개혁의 과제」(《신문학평론》 38호)가 있다. 이 개정을 잠정적인 것으로 인식하고 정보 미디어로서의 방송을 종합적 관점에서 파악해야 할 필요성을 주장한 것으로 吉池節子「신방송법을 어떻게 받아들이는 것이 좋은가?」(《신방송문화》 no.10)가 있고, 이 개정에 우려를 표시한 것으로 綠泉了「방송을 법으로 다스리는 것에 대한 의의」(《총합저널리즘연구》 no.125), 1982년 개정부터의 문제점을 살펴 본 것으로 石井淸司「법개정을 하고 싶은 측의 위험한 논리」(《방송비평》 230호)가 있다. 또한, 松井茂記『매스미디어와 法 입문』(34)(昭和 63年 弘文堂)이 방송의 자유와 방송규제에 한 장을 할애하여 헌법론을 전개하고 있다.

(3) 이후의 법 개정 등

방송정책간담회의 성과를 기초로 한 1988년의 제도 전면개정에서 아직 과제로 남은 사항 등에 관해서, 우정성은「통신과 방송의 경계영역적 서비스에 관한 연구회」(중간보고 平成 元年),「방송의 공공성에 관한 조사연구회」(중간보고 昭和 63年),「방송라이브러리에 관한 조사연구회」에서의 검토에 입각하여, 1989년 방송법 및 전파법의 일부를 개정하는 법률안을 정리하여 성립시켰다. 89년에 개정된 방송법은 NHK가 그 본래업무를 위탁하고자 할 때 스스로 지켜야 할 업무위탁기준에 관한 사항과 NHK 감사의 자회사 조사권을 법정화하고, 통신위성을 이용한 방송 서비스를 가능하게 하는 수탁방송사업자, 위탁방송사업자 제도를 신설하였으며, 방송 라이브러리에 관한 방송 프로그램센타의 지정 제도를 내용으로 담고 있는데, 이에 대한 해설로서는, 片岡俊夫「방송법, 전파법의 일부개정」(《쥬리스트》 941호), 楊井貴晴「위성시대의 새로운 방송제도」(당시 법령 1368호), 安村幸夫「통신위성이용의 새로운 방송제도에 관하여」(《국제전기통신연합과 일본》 20권 2호)가 있다. 한편, 방송 라이브러리에 관한 경위와 과제에 관해서는 大山勝美·松田 浩「프로그램 보존의 의의와 과제」(《신방송문화》 no.17) 등이 있다. 大森幸男「방송의 언론보도 기능 재고를」(《월간민방》 20권 6호)는 방송법제정 이래의 경과를 살피면서 법의 존재의의를 묻고 있다. 花田達朗『전기통신과 방송의 융합-정책페이퍼를 소재로 하여』(平成 元年 전기통신정책총합연구소)는 89년 방송법 개정까지의 융합현상에 대한 정책대응을 검토하고 있다.

더욱이, 1990년에도 방송법과 전파법이 일부 개정되어, 텔레비전 방송의 수신장애대책을 추진하기 위한 제도의 정비와 텔레비전 방송사업자가 행하는 텔레비전 다중방송에 있어서 보완이용노력의무의 한정이 도모되었다. 이 텔레비전 다중방송에 관한 제도개정에 있어서,「팩시밀리 다중방송에 관한 조사연구회 의 보고」(平成 2年)이 참고가 되고 있다. 개정법의 해설로서 방송행정국 기획과(課)「방송법 및 급 전파법의 일부를 개정하는 법률에 관하여」(《정보통신저널》 8권 9호)가 있다.

한편, 今泉至明「국민의 복지향상을 위하여」(《월간민방》 20권 6호)는 최근 제도개정에 입각하여 방송정책의 과제를 정리, 전망하는 외에「방송의 공공성에 관한 조사연구회」중간보고 이후의 검토 결과를 1990년에 보고서로 정리하고 있으며, 그 내용은 중간보고의 내용 등과 함께, 우정성방송행정국 감수『공공성에서 본 방송』(平成 2年 교오세이)에 게재되어 있다.

2. 방송개념과 전기통신의 특성

(1) 방송의 개념

일본의 전파법과 방송법은 방송을 '공중에 의해 직접 수신되는 것을 목적으로 하는 무선통신의 송신'이라고 정의하고 있으며, 이것은 국제전기통신조약 및 그 부속 무선통신규칙에 있는 정의와 취지가 같다. 그러나 방송제도를 구축하는 경우에 이러한 정의가 절대적인 것은 아니며 외국에서는 이와 다른 정의를 내리고 있는 예도 있는데 일본의 실정법에서도 유선 텔레비전 방송법이 정의하는 유선방송을 포함하여 방송이라고 개념화하는 경우도 있다.

塩野宏「방송의 개념에 관한 일고찰」(塩野 26書)은 서독의 "Rundfunk" 개념과의 비교에서 비디오텍스의 취급을 염두에 두고 '방송' 개념의 문제를 지적하고 있다.

한편, 매스미디어 가운데 방송의 고유한 특질과 방송제도와의 관계에 대해서는 '방송의 공공성' 문제로 파악하는 경우가 많으나 포괄적 개념으로서의 방송의 공공성 개념을 비판적으로 검토한 野崎茂「방송의 공공성론 구조」(≪월간 일본테레비 79호≫), 방송의 공공성에 관한 이익상황을 검토한 中島巖「방송에 있어서의 공공성」(NHK 방송학연구실편 ≪방송학서설≫(35) 昭和 45年 일본방송출판협회), 서독 방송법제에 관하여 일본과 비교제도적으로 고찰하여 방송의 공공성과 방송사업에 대한 국가개입의 수법의 상관관계라는 각도에서 분석한 塩野宏「방송의 특질과 방송사업-서독 모델의 분석」(塩野 26書), 공공성 개념을 잠정적으로 규정하고 방송의 공공성을 둘러싼 제 문제를 다룬 小林直樹「현대 '공공성의 고찰」(≪공법연구≫ 51호) 등을 참조해야 한다.

또한, 浜田純一「방송에 있어서 자유와 규제」(浜田『미디어 法理』(36) 平成 2年 일본평론사)는 특수방송적인 규제의 근거에 관하여 고찰한 뒤, 방송 자유의 본질에 관하여 주관적 측면(표현자가 의견을 표명하고 정보를 유포하는 자유를 보장한다는 측면)과 객관적 측면(수용자의 측면에서 본 것으로서 사회에 유통하는 의견이나 정보의 폭넓은 다양성을 보장한다는 측면)의 상호관계를 축으로 방송정책의 구조를 검토한 것이다. 浜田 36書에는 자유의 이러한 두 가지 측면의 병존구조(浜田『제도개념에 있어서 주관성과 객관성-제도와 기본권의 구조분석 서설』(현대헌법학연구회편『현대국가와 헌법의 원리』昭和 58年 有斐閣 참조)를 강조하고, 특히 서독에서 학설, 판례의 발전과 일본 법이론과의 접목을 염두에 둔 논문들이 실려 있어 유익하다. 그 중에서도, 8번째 논문 「'열린 방송질서'의 이론에 향하여」는 방송개념의 소프트화, 다양한 방송주체의 등장, 방송주체의 성격과 이에 대한 규제의 다양화를 긍정적으로 보고, 다구조적인 방송질서의 기반을 전망하고 있다. 한편, 村瀨眞文「방송의 국제화시대에 있어서 방송의 공공적 기능」(≪방송학연구≫ 40호)가 유럽 평의회 협약과 EC 각료이사회의 명령에서 방송의 공공적 기능의 근거를 탐색하면서 앞으로의 과제를 제시하고 있다.

(2) 전기통신으로서의 특성

'전파를 이용하는 방송의 특질은 방송국의 면허제도가 거의 필연이다(조약부속 무선통신 규칙 725호 참조)'는 사실에 현저히 나타난다. 塩野宏「방송사업과 행정개입」(塩野 26書)는 면허제도를 중심으로 방송법제의 문제점을 현대 행정법학의 일반 이론에 비추어 검토하고 있다. 그 곳에서는 방송사업에 있어서 면허제도의 기본구조를 이른바 시설면허와 사용면허의 복합형식으로 볼 수 있다고 말하고 있다.

永田一郎「방송국의 면허의 성질」(永田『행정법에 관한 제문제』(37) 昭和 50年)은 이 문제에 대한 고정적 이해는 곤란하다고 하면서, 방송국 면허기간이 3년(그 후 5년으로 연장되었다-필자 주)이라는 의미는 방송국의 태도에 대한 체크에 그친다고 지적하고 있다. 재면허를 실질적으로 면허의 갱신으로 해석한 최고재판소 판결(民集 22권 13호 3254항)의 해설로서 塩野宏「텔레비전 방송국개설의 예비면허」(별책 ≪쥬리스트≫ 85『매스콤 판례백선』제2판), 池田敏夫「競願사건에 있어서 소송의 이익과 행정심판의 사법심사 도쿄 12채널 사건」(≪쥬리스트≫ 별책 법학교실제 2기 제7호) 및 그 곳에 수록된 참고문헌이 있다. 실용화 시험국의 면허기간에 관한 동경 지방법원 판결(행재례집 19권 8·9호 1355항)에 대한 해설로는, 野宏「실용화 시험국의 면허기간」(前揭

『매스콤 판례백선』제2판)이 있다. 이 밖에 동「행정경과총설」(塩野『행정과정과 그 통제』平成 元年 有斐閣)에 방송국 규제의 예가 도표로 나와 있다.

한편, 전파의 규제에 관한 개설로서는 大井田淸「전파법의 과제」(≪쥬리스트≫ 증간「네트워크 사회와 법」昭和 63年)이 간결하게 정리하고 있다.

전파의 이용에 관한 국제적 규제에 관해서는 山本草二『전파법에 의한 전파의 규제』(38)(昭和 33年 國際電信電話), 동『국제전기통신연합의 국제단체성』(39)(昭和 34年 國際電信電話), 동『전파사용의 국제법적규제에 있어서 기능주의의 형성과정」(前原光雄敎授還曆기념『국제법학의 제문제』昭和 38年 慶應通信), 동「국제전기통신연합과 국제행정법의 전개」(국연논총 昭和 39年), 野村義男「국제전기통신연합과 국제회의」(野村『국제조약과 전기통신·방송·저작권』(40) 昭和 42年 임팔스), 西崎太郎「국제주파수할당제도」(≪쥬리스트≫ 증간 총합특집5 『현대의 매스콤』), 吉崎英雄「ITU뉴스 전권위원회에 관하여」(≪ITU연구≫ 213호) 등이 있다.

유선방송 가운데, 유선 텔레비전 방송에 대해서는 유선텔레비전방송법의 주요한 구조가 CATV시설에 이용되는 동축 케이블 부설이 지역독점성을 띠기 쉬운 점에 착안하여 구상되었다는 것만을 여기에서 지적하고 싶다.

3. 방송의 자유

(1) 방송에 있어서 표현의 자유 일반

內川芳美「방송에 있어서 언론의 자유」(內川芳美·岡部慶三·竹內郁郞·辻村明編『강좌 현대 사회와 매스커뮤니케이션 제3권 언론의 자유』(41) 昭和 49年 동경대학출판회)는 전파를 이용한다는 방송의 기술적 특성에 바탕을 둔 공적 규제에 관한 4개의 전형적인 논거(공물설, 국민공유재산설, 주파수희소설, 사회적 영향력설)를 검토한 뒤, 언론표현의 수단으로서의 방송의 자유를 최대한으로 보장하기 위한 조건을 면허제도, 프로그램 규제, 공평원칙에 관하여 검토하고 있다. 동「아메리카의 방송과 공정원칙」(內川 2書)에는 "Fairness Doctrine"의 'fair'는 공평원칙보다 공정원칙이라고 부르는 편이 실제에 충실하다고 말하고 있다.

　淸水英夫「방송의 자유에 대하여」(淸水『권력과 매스콤』(42) 昭和 49年 學陽書房)는 방송에는 권력과 싸운 경험이 존재하지 않기 때문에, 자주규제를 시작으로 방송의 자유가 부정될 위험이 있음을 지적하고, 동「'알 권리'를 중시한 '방송의 자유를'」(≪월간 민방≫ 18권 5호)는 공공성 개념이 '열렸다'는 요소를 중시하고 있으며, 그 임무에 방송사업자가 자주적으로 대처해야 한다고 말하고 있다. 稻葉三千男「방송에 있어서 다수와 소수」(稻葉『매스콤의 총합리론』(43) 昭和 62年 創風社)는 프로그램 편집상의 대항적 관계로서 예상되는 6개의 경우를 추려내어 소수자 존중에 의한 방송의 공공성 실현의 가치를 탐색하고 있다. 戒能通孝「언론의 자유와 텔레비전」(≪사상≫ 413호)는 텔레비전 기업가에게만 자유로운 표현의 권리가 있다고 이해하는 것은 표현의 자유를 부정하는 것이라고 하고 있으며, 또 동「재판의 공정과 방송의 공정」(≪월간 일본테레비≫ 96호)은 공정한 재판의 여러 조건과의 대비에서 공정한 방송을 성립시키는 조건을 탐색하고 있다. 荒瀨豊「언론의 자유, 표현의 자유」(≪월간 일본테레비≫ 96호)는 방송에서 일컬어지는 언론 요소의 희소성이 현대 매스미디어의 특성이라고 지적하고 텔레비전의 동시성을 살린 방송 자유의 지표를 제시하고 있다. 石村善治「표현의 자유의 문제상황」(≪공법연구≫ 50호)는 현대사회에서 사회적·정치적 커뮤니케이션 상황을 어떻게 헌법 가치의 관점에서 파악할 것인가를 총체적으로 조망하고자 한 작업이다.

　방송의 사회적 책임에 대해서는, 山本明「일본에 있어서 방송의 사회적 책임」(≪월간 일본테레비≫ 79호)이 방송의 사회적 책임론이 방송기업의 논리가 곧 자주규제론으로 정착한 과정을 분석하고, 그 문제점과 과제를 제시하고 있다. 千葉雄次郎「방송의 논리」(千葉『알 권리』(44) 昭和 47年 동경대학출판회)는, 방송의 사회적 책임을 달성하는 첫걸음은 방송이 사회에 초래하고 있는 폐해를 제거하는 노력을 하는데 있다고 지적하고 있다. 이 밖에, 生田正輝「방송의 사회적책임에 관하여」(≪방송문화≫ 20권 8호), 野村忠夫「방송프로그램의 표현의 자유와 사회적책임」(방송문화기금 편 27書) 등이 있다. 자주규제의 역할과 헌법상의 문제점에 대해서는 石村善治의「자주윤리규정」(石村·奧平編 29書)이 실마리가 된다.

(2) 방송프로그램 편집준칙 등

芦部信喜「표현의 자유」(芦部『현대인권론』(45) 昭和 49年 有斐閣)는 표제에 관하여 개설하는 가운데, 진실보도 의무에 실정법의 규정을 필요로 한다면서 언론의 공적 책임이론에 대해 의문을 제기하고 있다. 서독에서 이 이론(공적 임무라고 함)과 일본의 언론정책의 헌법학적 검토로서 石村善治「방송의 기구와 자유」(NHK 방송학연구실편 31書), 浜田純一「프레스의 자유의 이론과 과제」(浜田 36書), 「편집의 자유와 프레스의 내부질서」(同前書) 등을 참조해야 한다. 芦部「현대에 있어서 언론·출판의 자유」(芦部 45書)에서는 매스미디어가 독점화하고 국민의 알권리가 위협받고 있다는 인식에서 방송규제의 문제점을 지적하고 프로그램심의회와 프로그램향상위원회의 조직운영 및 재면허시의 프로그램 내용심사의 문제도 다루고 있다. 또 동 「방송의 자유와 규제근거」(芦部『연습헌법』 昭和 57年 有斐閣)는 방송법 44조 3항 2호, 4호, 동 조 4항(현행법에서는 3조의 2 제1항 2호, 4호, 동 조 2항-필자 주)과 같은 법제가 헌법상 허용되는 근거와 조건을 설명하고 있다. 동 「방송 프로그램 편집기준과 언론표현의 자유」(伊藤編 23書)는 '알 권리'이론에서 본 프로그램 준칙의 의의와 법규범성에 관하여 미국의 논의를 소재로 검토하고 있다. 淸水英夫의 「방송에 있어서 공정이론의 재검토」(淸水『언론법연구』(46) 昭和 54年 學

陽書房)는 방송법 44조 3항 3호(현행법에서는 3조의 2 제1항 3호, 4호-필자 주)를 일괄하여 방송의 공정에 관한 조항이라고 부르고, 헌법의 요청에 부응하는 다이나믹한 이념이라고 말하고 있다.

堀部政男「정보화시대와 표현의 자유」(內川芳美·森泉章編 淸水英夫敎授還曆記念論集『법과 저널리즘』(47) 昭和 58年 일본평론사)는 정보 미디어의 다양화 속에서 새로운 국면을 맞고 있는 방송 프로그램의 바람직한 자세를 출발점으로 현행 프로그램 편집준칙 등의 근거, 성격 등에 관하여 고찰하고 있다. 浜田純一「방송의 다양성」(浜田 36書)는 방송에 있어서 다양성 확보에 관하여, 서독의 제4차 방송판결에 이르기까지의 경과를 소재로하여 검토하고 일본 방송제도의 바람직한 모습을 모색하고 있다. 塩野宏「방송 프로그램의 자세」(방송문화기금편『방송의 기본문제-방송기본문제연구회의보고」(48) 昭和 56年)는 성폭력 프로그램, 사설방송, 의견광고에 관하여 논점을 제시하고 있다.

(3) 보도·언론매체로서의 방송

방송이 갖는 보도기능에 관해서는 기본적으로 신문과 다르지 않다-이 관점에서 법제도와의 관계에 대해서는 우선 일본신문협회연구소편『법과 신문』(昭和 47年 일본신문협회) 및 동『新 법과 신문』(平成 2年 일본신문협회) 참조-고 생각되고 있으나, 이른바 博多驛事件에 관련하여 후꾸오까 지방배판소가 텔레비전 4개사에 대하여 취재필름을 제출하도록 명령한 것이, 사건의 특이성도 있어서 '방송의 자유' 나아가서는 '알 권리'에 커다란 문제를 제기하였다. 이 제출명령의 합헌성에 관한 최고재판결정에 관해서는 鈴木茂嗣「보도의 자유와 공정한 재판」(별책 《쥬리스트》 85「매스콤 판례백선」제2판) 등의 해설이 있으며 이 밖에 伊藤正己「'보도의 자유'의 조건」(《방송문화》 25권 1호)가 이 사건을 계기로 현대사회에서 보도의 자유를 둘러싼 제 논점을 검토하면서 보도의 자유를 강화하는 입법의 위험성을 경고하고 있다. 또한 이 최고재판소의 결정에 관한 문헌은 石村善治·齊藤文男編「질문받은 방송의 자유」(49)(昭和 46年 법률문화사)에 자세하게 나와 있다. 山川洋一郎「이익형량론」(芦部信喜編『강좌헌법소송』제2권 昭和 62年 有斐閣)이 이 결정에 이용된 이익형량의 합헌판정 기준으로서의 유효성을 검토하고 있다.

방송사업자가 소유하는 비디오와 형사수속의 관계에서는 최근 博多驛事件과는 다른 의미에서 특이한 케이스가 연속적으로 발생하였다. 1988년 일본테레비(NTV) 비디오 압수사건과 1990년 TBS 비디오 압수사건이 그것인데, 전자에 대해서는 齊藤文男「검찰의 비디오 압수와 '보도의 자유'」(≪월간민방≫ 19권 2호), 淸水英夫「일본테레비 비디오 압수사건의 문제성」(淸水『매스콤윤리학』平成 2年 三省堂), 동「비디오 테이프 압수사건 최고재결정의 문제점」(≪쥬리스트≫ 929호), 永井敏雄「보도기관의 취재 비디오테이프에 대한 수사기관의 차압처분이 헌법21조에 위반하지 않게 된 사례」(≪법조시보≫ 42권 4호), 津村政孝「보도기관의 취재비디오와 수사기관의 차압처분」(≪쥬리스트≫ 임시증간 957호) 및 이상의 글에 수록된 문헌이 있다. 후자에 대해서는 腹部孝章「TBS 미편집 테이프 압수사건의 문제점」(≪신문연구≫ 468호), 新井直之「TBS 비디오 테이프 압수문제를 생각한다」(≪방송레포트≫ 105호), 奧平康弘, 五十嵐二葉, 河野愼二, 松本正「TBS사건 최고재결정과 보도의 자유」(≪법률시보≫ 62권 10호), 戶松秀典「TBS 특별항고에 대한 최고재 기각결정의 문제점」(≪신문연구≫ 470호), 淸水英夫, 浜田純一, 大藏雄之助「테레비에서 '보도의 자유'란 무엇인가?」(≪신방송문화≫ no.19), 太田喜晟, 志賀信夫, 服部孝章, 靑木貞伸「테레비국의 약요(弱腰)가 '보도의 자유'를 억압한다」(≪방송비평≫ 254호), 中村泰次「'TBS사건' 최고재결정에서 또 좁혀진 표현의 자유」(≪총합저널리즘연구≫ 134호)가 있다.

방송의 언론기관적 성격에 관하여는 大森幸男의「테레비는 언론기관인가」(≪중앙공론≫ 81권 9호)가 이 문제가 정면으로 제기된 사정을 정부 측과 방송사업자 측의 입장에서 탐색하고 있다. 內川芳美「방송에 있어서 언론성(1)·

(2)」(《방송문화》 20권 12호, 21권 1호)은 이에 앞서 사설방송의 차원에 영역을 한정하여 이 문제를 정리·분석하고 있다. 민간방송에서는 小沼靖「민방에 있어서 '사설'방송의 가능성」(《신문연구》 323호)이 사설방송을 하려는 의지가 보이며 八卷信生「정견방송, 의견광고, 사설방송에 관한 동향」(《월간 민방》 20권 4호)가 민간방송의 언론기관성을 고양해야 한다고 주장하고 있다. NHK에 관해서는 伊藤正己「회사의 기본권」(『石井照久先生追悼論文集 상사법의 제 문제』 昭和 49年 有斐閣)이 NHK가 사설방송에 소극적인 이유를 밝히고 있다. 한편, 內川芳美「테레비 뉴스와 언론의 자유」(테레비 보도연구회편『테레비뉴스 연구』(50) 昭和 55年 일본방송출판협회)에서도 방송의 언론기관적 성격을 언급하고 있다.

공직선거법에 있어서 프로그램 편집조항 및 공영 텔레비전 정견방송의 제도화에 관해서는 近藤操「선거제도에서 방송의 자유」(《방송학연구》 16호), 「선거제도와 테레비」(《방송학연구》 21호) 등이 선거제도심의회 등에서의 체험을 근거로 한 귀중한 문헌이다. 공직선거법에 기초한 정견방송은 1983년 6월 실시된 참의원 선거 입후보에 관련된 정견방송에서 차별방송이 있다는 이유로 방송사가 일부 삭제한 사건에 대해서 堀部政男「'정견방송'과 '편성권'의 논의 심화」(《월간 민방》 15권 7호), 長谷部恭男「정견방송 소송 공소심 판결」(판례셀렉트 86 《월간 법학교실》 77호 별책부록), 常本照樹「정견방송 삭제사건」(《쥬리스트》 887호), 丹羽俊夫「정견방송 일부삭제 '적법' 최고재판결의 문제점」(《월간 민방》 20권 7호), 靑柳幸一「정견방송에 있어서 표현의 자유」(《신문연구》 468호), 浜田純一「정견방송에 있어서 차별용어 사용부분의 삭제의 적법성」(월간 《법학교실》 121호) 등의 연구와 이들 연구에 수록된 문헌이 있다.

(4) 편집과정

 편성과 제작론에 대해서는 後藤和彦『방송편성·제작론』(51)(昭和 42年 岩崎放送出版社)이 정보를 취급하는 조직의 의사결정의 문제를 방송에 관련하여 탐색한 선구적인 작업이다. 後藤「편성제작과정」(NHK방송학연구실편 35書)는 그후의 연구성과에 입각하여 편성·제작과정의 구조를 정리함과 동시에 편성 방침에 내재된 가치의 전제를 검토하고 있다. 藤竹曉『테레비의 이론』(52)(昭和 44年 岩崎放送出版社)은 제작 스태프 전체를 총칭하여 '송상자(送像者)'라고 부르고 송상자 측의 의식에서 수상자상(受像者像)의 부재를 문제로 삼고 있다. 井上宏『현대 테레비방송론-'송신자'의 사상』(53)(昭和 50年 세계사상사)는 현대의 송신자를 조직의 구조 속에서 파악하여 광장주최자로서의 주체성 확보가 필요하다고 말하고 있다. 井上「'편성의 시대'와 편성연구」(≪방송학연구≫ 33호)는 '편성'이 클로즈업되는 시대의 송신자 연구의 과제를 탐색한 것이다. 이 사이에 後藤和彦「편성재고(1)·(2)」(≪방송문화≫ 27권 8호, 9호), 동「편성·두 갈래 길」(≪방송문화≫ 28권 3호) 등이 발표되었다.

 또 佐田一彦『방송과 시간』(昭和 63年 文一總合出版)은 일관성 있는 프로그램 편성행위의 의미를 사회적 시간의 인식과 합의에서 구하고 뉴미디어 시대에서 방송이란 무엇인가를 확인하는 작업을 통하여 방송제도의 장래에 대해 언급하고 있다. 한편 野崎茂「스스로 소프트 체계의 재편을」(≪신문연구≫ 456호)이 다매체 시대의 소프트 비지니스의 바람직한 모습을 묻고 있다.

 편집권 문제에 대해서는 金澤賞太郞「편성권의 확립을 향하여」(≪CBC 리포트≫ 2권 6호), 後藤和彦「편집권과 편성권」(後藤 51書)이 눈에 띄는 작업이며, 시독 등의 편집강령이나 내부석 자유의 동향을 검토한 石川明, 石村善治, 浜田純一, 廣瀨英彦 등의 여러 연구성과가 축적되어 있는데 일본에서도 1977년에 '매일신문사 편집강령' 제정의 움직임이 있었으며 일본신문협회 제8차 신문법제연구회『신문의 편집권-구미와 일본에 나타난 구조와 실태』(54)

(昭和 61年 일본신문협회)도 발표되어 방송 편집권에 대한 연구가 공개되고 있다. 野口悟「내부적 방송의 자유론」(≪매스콤 시민≫ 234호)은 이를 위한 시금석이 되었다고 말할 수 있을 것이다.

이밖에 방송 프로그램 심의기관의 위상을 검토한 것으로 井上宏「방송신시대의 프로그램 심의회 상을 찾는다」(≪월간 민방≫ 20권 6호)가 있으며 방송사업자가 정하는 프로그램 기준에 관련시켜 텔레비전 방송의 바람직한 모습을 논한 것으로 服部孝章「방송이 당면한 벽」(淸水英夫編『매스콤과 인권』昭和 62年 三省堂)이 있고 방송프로그램향상위원회에 관하여는 大森幸男「활동의 역사와 금후의 기대」(≪방송문화기금보≫ no.42)가 있다.

4. 방송사업

(1) 방송의 기본 체제

방송사업 체제는 '방송의 기본체제'라고 불리는데 임방조 15書 이래 정착되어 왔다. 일본에서는 NHK와 민간방송의 2체제로서 병존 체제를 의미하고 있다. 그런데 방송대학학원이 발족하여 기본 체제에 변화가 발생하였고 최근에는 방송 뉴미디어의 실용화도 염두에 두고 있어 논의를 할 필요성이 생겼다. 그러나 주요 방송 매체로서 방송의 기본 체제를 논할 때는 방송제도의 중요성이 계속 유지되고 있다. 방송정책간담회 30書가 공공방송과 민간방송 각각의 존재의의를 논하고 있고, 방송문제총합연구회 32書가 병존 체제의 유지를 주장한 것도 이러한 취지를 드러내고 있다. 加藤寬의「NHK와 민방의 관계」(방송문화기금 편 48書)는 사적인 방송과 공적인 방송의 경쟁형태가 바람직하다는 공공경제학의 이론을 수용하고 있다.

이들 업적에 입각하여 正村公宏의「지식산업으로서의 방송사업」(≪방송학연구≫ 24호)이 산업론과 경제체제론의 방법을 채용하여 방송사업의 일반적 특질, 상업방송과 공공방송 각각의 특수성을 분명하게 하고 있다. 高木敎典의 「매스미디어 산업의 현상-방송」(日高六郎, 佐藤毅, 稻葉三千男編의 『매스커뮤니케이션 입문』(55) 昭和 42年 有斐閣)은 방송산업의 기본적인 존재형태가 국가에 의해 좌우된다는 전제에 따라 일본에서의 NHK와 민간방송의 2본위 의미를 역사적·국제적으로 탐색하는 외에 당시의 방송산업을 개관하고 있다. 丸尾直美와 大村達彌의 「방송사업의 현상과 장래-'공공성'의 분석과 평가」(≪방송문화기금보≫ no. 16), 大村達彌의 「방송의 공공성」(≪공공선택의 연구≫ 2호)은 방송사업의 공공성에 관한 경제분석을 시도하고 있다. 昭和 40年 代에 中島巖은 「방송의 규율과 원칙」(NHK 방송학연구실편 35書)과 「방송사업의 경제적 구조」(≪방송문화연구연보≫ 15호)에 제도파 경제학의 기본적 틀에 의거하면서 방송사업의 기업적 측면의 특수성, 생산과정의 특징을 탐구하였고, 방송사업을 포함한 제 산업의 연관도 설명하고 있다. 安全壽明은 「한계시장 산업으로서의 방송」(『강좌 정보사회과학』 9권 3)에서 텔레비전 시청자 수의 한계가 NHK와 민간방송의 경영에 끼치는 영향을 제시한 이외에, 大森幸男이 「바람직한 경쟁과 협력의 새로운 전개-20년을 경과한 'NHK 대 민방'의 위상」(≪월간 민방≫ 2권 11호)의 글로 NHK와 민간방송의 관계를 전망하고 있다. 尾上久雄은 「방송의 경제학을 고찰하면서」(≪NHK 문연월보≫ 28권 2호), 동 「방송사업의 사회적 코스트와 베니핏」(방송문화기금편 48書)에서 지불허용가격(支拂許容價格, WTP: willingness to pay)을 방송에 적용하고 있다. 荒井宏祐의 「경제학이 방송의 제 문제를 취급할 수 있는가」(≪NHK 방송연구조사≫ 38권 12호)는 새로운 방송질서의 구축문제에 관하여 방송경제학연구의 과제를 제시해주고 있다.

石川明의 「방송제도를 둘러싼 방송관의 문제」(津金澤聰廣, 田宮武編의 『방송문화론』(56) 昭和 58년 미네루아書房)는 방송제도의 기본적인 방침에 대해서 논하고 있으며 방송 자유를 보장하고 있는 미국, 서독, 영국의 사례를 조사하고 있다. 仲佐秀雄의「NHK와 민방」(田宮武, 津金澤聰廣編의『텔레비방송을 고찰함』(57) 平成 2年 미네르바書房)은 각국 방송제도의 역사를 유형별로 살피고 있다. 매체 다양화 시대의 방송체제를 설명한 것으로는 松田浩의「매체 다양화 시대에서의 언론의 자유」(≪신문연구≫ 372호), 浜田純一의「방송제도론과 방송체제의 제 문제」(≪신문연구≫ 372호), 동「방송정책의 중장기적 전망-방송질서를 둘러싼 '개방계 사고'에 대하여」(≪쥬리스트≫ 증간 '네트워크사회와 법'), 石井晴夫의「방송사업」(關島久雄編의『현대일본의 공익기업』昭和 62년 일본경제평론사)이 있다. 또한 野崎茂, 東山禎之, 葭原俊行의『방송업계』(58)(昭和 61년 교육사산업계시리즈 439)가 시대에 따른 산업론을 전개하고 있고 靑木貞伸의「발전하는 다채널화와 방송미디어」(법학세미나 증간 총합특집 시리즈 35『매스미디어의 현재』昭和 61년)가 전환기에 있는 NHK와 민방의 위상을 탐구하고 있다. 志賀信夫의『방송』(59)(개정판 平成 2年 일경산업시리즈)은 방송산업의 경영환경, 뉴미디어와의 관련 등을 연구하고 있다. 또한 葭原俊行의「소위 병존체제의 위상」(≪방송저널≫ 17권 5호)은 중장기적 시점에서 전망하여 이에 기초한 정책 필요성을 강조하고 있다. ≪신방송문화≫ 15호의 특집「Key Station의 변모」(坂本洋, 荻野祥三, 村上盛男, 大邑凉, 藤井潔, 岩坂保人, 小田桐誠, 藤井雙正, 野崎茂)는 다매체 시대의 Key국, 지방국, 프로그램 제작회사 등의 상호관계를 분석하고 있다. 또한 矢澤章二의「지상계와 위성계의 조화 있는 발전을」(≪월간 민방≫ 20권 1호)은 방송보급기본계획의 현상을 소개하고 전망에 대해서 제언하고 있다. 服部孝章의「집중배제원칙과 규제완화조치의 모순」(≪매스컴 시민≫ 237호)은 방송보급기본계획을 중심으로 昭和 63년 법개정의 문제점을 지적하고 있으며 동「'위성방송'을 둘러싼 방송행정의 과제」(≪신문연구≫ 456호)가 본격적인 위성이용 시대에서의 다채널화 정책을 모색하고 있다.

(2) NHK

공공방송연구에 대해서는 辻村明의「방송제도의 유형과 그 배경」(NHK 방송학연구실 편『방송연구입문』(60) 昭和 39년 일본방송출판협회)이 그 가능성을 시사하고 있는데 NHK의 연구부문에 공공방송 연구그룹이 昭和 53년에 발족되어 본격적인 연구가 시작되고 있다. 後藤和彦의「특집 해외 공공방송의 현상과 문제(序章 동요되는 구미의 공공방송)」(≪방송문화연구년보≫ 24집), 村井仁의「동 (II) 序章에 덧붙여」(동 연보 25집), 後藤和彦의「공공방송연구의 방법상 문제」(≪NHK 문연월보≫ 29권 12호), 동「뉴미디어의 등장과 공공방송사업」(동 31권 6호)이 연구대상과 방법론을 언급하고 있다. 동「'공공방송' 논의에서의 관점」(≪방송문화≫ 35권 9호)은 공공방송의 이념에 관하여 사회승인을 얻는 것이 필요하다고 지적하고 있다.

NHK에 설치된 경영과제에 관한 자문기관에서도 공공방송제도의 문제가 당연히 심의되고 있다. 그 성과를 연대별로 적어보면,『NHK 기본문제 조사회 조사보고서』(昭和 50年),『NHK 경영문제위원회에서의 검토점과 그 방향』(昭和 53年),『NHK 기본문제조사회(제2차)조사보고서』(昭和 54年),『NHK 장기비전심의회 조사보고서』)(61)(昭和 57年),『NHK 경영계획에 관한 심의회 조사보고서』(昭和 58年),『NHK의 장기전망에 관한 제언』(平成 2年 NHK의 장기전망에 관한 심의회) 등이 있다. 특히 61책에는 소위원회를 설치하여 (방송위원장 內川芳美, 기술위원장 平山博, 재정위원장 加藤一郎, 조사보고서 기초위원장 加藤一郎) 공공방송과 제도론을 논하여 귀중한 자료가 되고 있다.

사업체론에 관해서는 稻葉三千男의「NHK」(朝日저널편『일본의 거대조직』 昭和 41年 勁草書房), 동『NHK 수신료를 고찰함』(62)(昭和 60年 청목서점), 草柳大藏의「NHK」(草柳의『현대왕국론』昭和 42年 문예춘추사), 파나도 크리샤, 志賀信夫 譯의「공공방송은 무엇을 할 수 있는가—일본의 NHK」(≪총합저널리즘연구≫ 62호), 奧山雄材의「일본방송협회」(당시 법령 826호), 原幸

治郞의 『NHK-공공방송의 역사와 과제』(昭和 53年 敎育社 입문신서), 塩野宏의 「NHK는 무엇인가」(방송문화기금 편 48서), 黑川次郞의 「정보화 시대의 공공방송-현상과 과제」(≪쥬리스트≫ 증간 『네트워크사회와 법』, 志賀信夫의 「NHK의 소프트 전략」(≪방송비평≫ 224호), 岡村黎明의 「NHK의 풍경」(岡村『텔레비의 사회사』昭和 63年 朝日選書), 松田浩「NHK의 공공성을 고찰함」(≪방송리포트≫ 95호), 新井直之의 「'공공방송'이 붕괴되고 있다」(≪매스컴 시민≫ 240호), 靑木貞伸, 須藤春父, 服部孝章, 山本裕司 등의 「시리즈 NHK연구 (1)-(5)」(≪월간 민방≫ 19권 2, 3, 5, 7, 8호), 笹川巖의 「21세기를 시야에 둔 '공공방송'의 올바른 위상」(≪TBS 조사정보≫ 377호) 등이 있다. 이외에 塩野宏의 「특수법인에 관한 일 고찰」(塩野『행정조직법의 제문제』平成 2年 有斐閣)이 NHK의 특수성을 언급하고 있고 石村善治의 「NHK의 VP 진출과 헌법원칙」(≪TBS 조사정보≫ 142호), 大塚壽의 「법인을 둘러싼 기본문제」(昭和 48年 河上기념재단)가 NHK의 업무범위에 대하여 법적인 검토를 추가하고 있다. 임시행정개혁추진심의회의 『이후 행재정개혁의 기본방향』이 NHK 활성화에 관해 언급하고 있다. 또한 服部孝章의 「공공방송의 장래상-다매체 시대의 방송질서는 어떤 것인가?」(≪신방송문화≫ no.15)가 「방송의 공공성에 관한 조사연구회의」의 중간보고서와 일본방송노동조합의 「신공공방송론」(平成 元年 4월)의 제언과 문제점을 정리하고 있다. 이외에 信國降裕의 「NHK의 현상과 개혁논의」(≪입법과 조사≫ no.154), 篠原俊行의 「NHK 개혁을 대상으로 한 쟁점은 무엇인가」(≪방송저널≫ 20권 3호), 松田浩의 「공공방송 NHK가 담당하는 역할」(≪월간 민방≫ 20권 6호)도 참고할 만하다.

경영분석으로서는 前田重郞과 福田吉貢의 「NHK-수신료와 장기계획」(≪경제평론≫ 15권 12호), 鈴木淸之助의 「NHK(일본방송협회분석)」(野口祐 編「일본의 공공기업체」昭和 46年 勞動旬報社), 安全壽明의 「NHK 오렌지리포트1-제2의 '赤字王國'으로 돌진하는 정보산업」(YTV 정보산업연구그룹편 「일본의 정보산업」昭和 50年 사이말 출판), 志賀信夫의 「국제레벨에서 본

NHK의 수신료」(≪CBC 리포트≫ 9권 5호), 大村達弥의「공공방송의 경제분석」(「공공방송의 재정기반」(63) 昭和 59年 현대경영연구센터), 大岩雄次郞의「공공방송과 외부성」, 九尾直美의「공공방송사업의 코스트와 베니핏 收支」, 黑川知美의「과도기에 있는 NHK의 경영기반」(이상 ≪CBC 리포트≫) 등이 있다. NHK 자체에 의한 것으로서는「NHK 풀 리포트1, NHK와 그 경영」(昭和 43年 일본방송출판협회)을 들 수 있다.

수신료제도에 관해서는 다음과 같다. 永田一郞의「방송법에서의 수신료」(永田 37書), 永田繁春의「방송수신료제도에서의 문제점」(≪전파시보≫ 9권 11호), 紫橋國降의「수신료제도각서」(≪방송문화≫ 10권 2호), 福田吉貢의「NHK와 수신료1」(≪경리연구≫ 14호), 高木敎典의「방송법개정론의와 NHK 수신료제도」(≪Kyowa AD-Review≫ 19호), 眞鍋淳一郞의「방송수신료금」(현대공익사업 강좌 제6권『공익사업 요금구성론』昭和 50年 電力新報社), 塩野宏의「수신료를 둘러싼 법적 문제점」(塩野 26書), 河野弘短의「NHK 수신계약」(현대계약법대계 제7권「서비스-노무 공급계약」昭和 59年 有斐閣), 佐佐木弘의「일본 공공방송에 광고방송의 도입 가능성은 있는 것인가」(≪세계경제평론≫ 昭和 63年 7월호). 그리고 野崎茂의「NHK 신론」(≪총합저널리즘연구≫ 132호)이 수신료제도의 목적달성론을 전개하고 있다.

국제방송에 관해서는 다음과 같다. 白石克己「국제방송과 그 수신」(≪ITU 연구≫ 34호), 大森幸男의「NHK 국제방송에 대한 비판과 불만의 진상에 대하여」(≪월간 애드버타이징≫ 28권 7호), 우정성의 위탁에 의한「국제방송에 관한 조사연구위원회 보고서」(64)(昭和 58年), 이를 근거로 한 佐村知子의「국제방송의 확충 강화책과 금후의 과제」(『국제통신에 관한 제문제』31권 5호), 山本忠伸의「국제방송의 현상과 과제」(≪ITU연구≫ 140호). 그리고 北山節郞의「국제방송-과거와 현재」(≪방송학연구≫ 40호)가 국제방송의 현황과 문제를 언급하고 있다. 위성방송과 하이비전에 관해서는 NHK 경영책임자의 방침을 전달한「인터뷰-島桂次 NHK 신회장-위성방송을 말하다」(≪신방송문화≫ no.14)가 있다.

(3) 민간 방송

기업의 성립과 발전동향에 관해서는 다음과 같다. 大森幸男의 「방송과 신문-그 역사적 관계(1)·(2)」(伊藤正己編 23·24書), 美谷和成의 「방송론」(65) (昭和 61年 學陽書房)의 「제1부 방송기업의 성립과 집중-독점화」가 전반적 동향을 제시하고 있다. 일본민간방송연맹 방송연구소의 「신방송질서의 연구 1995-2000」(66)(昭和 60年 일본민간방송연맹), 동 「방송산업」(67)(昭和 62年 동양경제신보사)이 장래전망을 포함한 산업론을 전개하고 있다. 66書의 후속 작업에 관해서는 伊豫田康弘의 「방송산업의 구조변화를 예측한다」(≪월간 민방≫ 20권 8호)가 있다.

사업 전반의 과제에 관한 것은 다음과 같다. 鳥居傳의 「상업방송의 이론과 실제」(68)(昭和 28年 丸善出版), 일본민간방송연맹 방송연구소편 「방송의 공공성」(69)(昭和 41年 岩崎放送出版社), 原淸의 「민간방송사업에 관한 제문제」 (방송문화기금편 48書), 中野收의 「경제시스템과 방송의 사회적 기능」(≪총합 저널리즘연구≫ 83호), 石坂悅男의 「매스미디어산업」(竹內郁郞과 兒島和人 編의 「현대매스커뮤니케이션론」(70) 昭和 57年 有斐閣), 動山禎之의 「민간방송사업의 실태와 과제」(≪쥬리스트≫ 증간 『네트워크사회와 법』), 田中康秀의 「방송산업의 구조변화에 대하여」(≪공익사업연구≫ 41권 3호) 등이 있다. 네트워크에 대해서는 高木敎典의 「일본의 텔레비전 네트워크」(동경대학신문연구소기요 13호)가 昭和 30年代까지의 실태를 미국과 비교하여 분석한 대표적 업적이다. 제작분리에 대해서는 松田浩의 「민방에서의 제작분리의 배경과 문제점」(≪방송문화≫ 27권 2호), 西山淸雄의 「제작분리-프로덕션화」(강좌 현대저널리즘 22書)가 있다. 다국화 정책과 '일본화(一本化) 조정'에 대해서는 腹部孝章의 「방송국면허제도의 과제」(荒瀨, 高木, 春原 編 30書)가 있고 독립

민방에 대해서는 佐佐木弘·石井晴夫의「독립(계) 민방기업의 경영문제」(≪공익사업연구≫ 36권 3호)가 있다.

전파료와 광고방송 계약에 관해서는 黑沉淸의「민방사업과 전파료 문제」(≪실무회계≫ 1권 8호), 稻葉三千男의「전파료 이론의 코페르니쿠스적 전환」(稻葉 43書), 高木敎典의「민방의 수익제도와 제작비(1)-(11)」(≪TBS 조사정보≫ 88-99호), 黑木三郞의「광고방송 계약」(계약법대계간행위원회편「특수의 계약2」昭和 38年 有斐閣), 동「광고방송 계약의 문제점」(≪쥬리스트≫ 증간 총합특집 5『현대의 매스컴』), 東山禎之의「전파료제도의 기초이론과 현실」(≪월간 민방≫ 19권 5호) 등이 있다.

사업정책에 대해서는 다음과 같다. 金況郎雄의「방송사업과 경쟁정책」(金況「독점금지법의 구조와 운용」昭和 54年 有斐閣)이 언론과 보도의 자유를 보장하고 확대하기 위해 경쟁이라는 원칙과 자유주의 경제의 유지와 촉진을 위한 경쟁의 연관성을 탐구하고 있다. 浦部法穗의「매스미디어의 권력」(「岩波講座 基本法學6-權力」昭和 58年 岩波書店), 大森幸男의「미디어 다양화 시대의 매스미디어 집중배제 원칙」(≪신문연구≫ 413호), 內川芳美의「방송에서의 매스미디어 집중배제 정책」(內川 2書), 洪田統一의「미디어의 상호소유와 다양성」(浜田 36書) 등이 있다.

사업면허제에 대해서는 野崎茂와 篠原俊行의「일반방송사업(민방)의 면허」≪월간 일본텔레비≫ 86호)가 있다. 특히 篠原의「면허제도의 위상을 둘러싼 爭點」(≪방송저널≫ 17권 6호)은 방송정책간담회 30書에 있는 면허심사기준 등을 지적하고 있다.

(4) 방송대학

방송대학 구상의 구체화와 그 문제점에 관해서는 다음과 같다. 伊藤正己의「'방송대학'의 문제점」(伊藤編 25書)이 구상의 경위를 포함하여 방송대학 의

의와 교육, 그리고 방송대학의 창설준비에 관한 조사연구회의 「방송대학의 기본계획에 관한 보고」를 총괄하고 있다(昭和 50年). 같은 시기에 구상을 비판적으로 검토한 것으로는 「방송대학의 문제점」(≪법률시보≫ 50권 10호)이 있다. 방송제도의 측면에서 검토한 것으로는 青木貞伸의 「방송대학에 질문하는 것-그 구상과 문제점」(≪TBS 조사정보≫ 129호), 塩野宏의 「'방송대학'을 둘러싼 제문제」(塩野 26書), 伊藤正己와 野村忠夫, 波多野完治의 「좌담회-방송대학 구상을 둘러싸고」(≪쥬리스트≫ 468호), 石村善治의 「'방송대학' 구상과 헌법원칙」(≪신문연구≫ 239호) 등이 있다. 이후에 室俊司의 「방송대학」(강좌현대 저널리즘 22書), 稻葉三川男의 「방송대학의 문제점-전국 3지(紙)의 사설을 근거로」(≪매스컴 시민≫ 133호) 등이 있다.

방송대학학원법안이 처리된 이후에는 다음과 같은 문헌이 있다. 天成勳, 伊藤正己, 黑雨亮一, 佐藤忠男, 澤木敬郎의 「좌담회 생애교육과 대학」(≪쥬리스트≫ 689호), 大三幸男의 「방송대학-그 생성 경과와 문제점」(≪쥬리스트≫), 塩野宏의 「방송대학법안 검토」(塩野 26書), 石村善治의 「교육의 국가통제·국영방송화의 위험성-'방송대학학원법안'의 문제점」(≪매스컴 시민≫ 135호), 塩野宏의 「방송수단에 의한 교육 가능성과 문제-방송법제상의 제문제」(≪쥬리스트≫ 711호), 伊藤正己, 太田沈郞, 堀部政男, N. 가우아, 木田廣, 塩野宏의 「방송수단에 의한 교육 가능성과 문제」(≪쥬리스트≫). 이외에 齊藤正, 飯島宗一, 香月秀雄, 村井資長, 宮地貫一의 「방송대학의 창설에 대하여」(≪문부시보≫ 1250호), 石村善治의 「방송대학학원법의 성립과 문제점」(≪월간 법학교실≫ 12호), 藤田健治의 「방송대학구상-새로운 교육시스템을 목표로」(≪ITU 연구≫ 124호) 등이 있다.

방송대학학원에 대하여는 임시행정조사회의 「행정개혁에 관한 제5차 답신-최종답신」(昭和 58年 3月 14日)에서 「7년 후에 그 위상을 전망하면서」라는 글(『임조 최종제언』(71) 昭和 58年 행정관리연구센터)이 있다. 그리고 六軍正章의 「법 시행 후 방송대학학원법」(당시 법령 1343호), 山本靜馬의 「방송대학」(≪정보통신저널≫ 7권 11호)은 1회 졸업생 탄생을 전후하여 동 대학을 소개하고 있다.

(5) 방송 시청자

방송 시청자의 법적 지위에 대하여는 塩野宏의「방송에서 수신자의 법적 지위」(塩野 26書), 清水英夫의「방송에서 시청자(수신자)의 법적 지위」(靑山법학논집 21권 3/4 합본호)가 있다.

방송의 접근(access)에 관해서는 다음과 같다. 堀部政男의「접근권」(72)(昭和 52年 동경대학출판회)은 일본에서 최초의 포괄적인 연구가 되고 있으며「접근권은 무엇인가」(73)(昭和 53年 出版新書)에서는 접근권 운동의 경위와 그 권리의 유형을 밝히고 있다. 그리고 山口和秀의「접근권과 표현의 자유」(≪쥬리스트≫ 증간 종합특집5『현대의 매스컴』), 小林直樹의「새로운 기본권의 생성」(小林『현대기본권의 전개』昭和 54年 出版現代), 浦部法穗의「매스컴을 둘러싼 새로운 권리-소위 '접근권'을 중심으로」(≪쥬리스트≫ 606호)가 있다. 伊藤正己의「방송에 접근과 현행 법제」(伊藤編 23書), 阪本昌成의「프레스의 자유와 접근권」(阪本『정보공개와 표현의 자유』昭和 58년 성문당). 또 芦部信喜의「표현의 자유, 개념과 편집권」(일본신문협회 54書)은 알 권리를 '새로운 인권'으로 생각하지 않고 헌법 21조에 보장된 표현의 자유와 현대적 발현의 형태(芦部 45書)로서 보고 있다. 靑水英夫의「매스커뮤니케이션과 국민의 언론자유-접근권을 중심으로」(靑水 42書)는 접근요구를 미디어가 저버리면 미디어의 개방조치로 접근권을 실현할 수 있다고 본다. 伊藤幸治의「외년적 성신활동의 자유」(芦部信喜編『憲法2 인권(1)』昭和 53年 有斐閣 대학쌍서)는 이러한 문제를 '매스미디어와 국민'이라는 표제 아래 검토하고 있다. 小林直樹의「신판 헌법강의 上」(昭和 55年 동경대학출판회 伊藤『헌법』신판 平成 2年 홍문당 법률학 강좌쌍서), 松田 34書도 접근권에 대해 언급되어 있다.

텔레비전 방송의 난시청 문제에 대하여 우정성 관련 조사회의 검토 결과가 명확하게 나와 있다. 「텔레비전 방송의 수신장해에 관한 조사연구회의 보고서(75)(昭和 54年)」가 그것이다. 이외에 園部貞義는 「텔레비전 난시청 대책조사회 보고서의 문제점과 금후의 과제」(≪미디어저널≫ 5권 11호), 河野弘矩의 「수신장해, 난시청 해소문제의 법리」(≪쥬리스트≫ 증간 총합특집5『현대의 매스컴』)가 있다.

도시 수신장해에 관해서는 다음과 같다. 小林健男의 「전파장해의 법리와 실무」(76)(昭和 54年 開發社), 河野弘矩의 「텔레비전수신환경과 법－건축물에 의한 수신장해 분쟁」(77)(昭和 58年 一粒社), 野好弘의 「방송 수신장해의 법적 구제」(野村『공해와 법의 상식』昭和 45年 제국지방행정학회), 동「전파장해의 구제」, 加藤一郞 編의『공해법의 바람』昭和 46年 有斐閣), 好美淸光의 「일조권, 전파방해와 상린관계」(山本進一・田中實의『법학연습강좌』제2권 昭和 46年 法學書院), 石川明의 「고층건물에 의한 수신장해의 사법상 구제에 관하여」(慶應義塾法學會 ≪법학연구≫ 50권 6호), 麻生利勝, 那順弘平, 原田榮司의 「고층건물에 의한 텔레비전 수신장해와 방송사업자의 책임」(≪판례 타임즈≫ 430호), 塩野宏의 「국토개발」(현대법학전집『미래사회와 법』(78) 昭和 51年 筑摩書房).

텔레비전 방송의 난시청에 관하여서는 우정성이 정부수준의 대책을 종종 제시했으나 平成 元年度 보정예산으로 방송위성기구나 위성방송수신대책기금을 만드는 것이 결정되어 법제도상의 수당도 정하여지고 기금의 과실로 NHK의 지상파 텔레비전 방송의 난시청 지역으로 위성방송 수신설비 설치경비의 일부 조성이 이루어지게 되었다. 이 제도의 해설로서는 藤原茂戊樹의 「위성방송대책기금의 설치에 관하여」(≪정보통신채널≫ 8권 4호), 방송행정국계획과 「통신, 방송위성기구법의 일부를 개정하는 법률에 대하여」(동 8권 6호)가 있다. 또 平成 2年의 방송법, 전파법 개정으로 텔레비전 방송의 난시청을 구제하기 위하여 지방자치체나 도시 수신장해의 원인이 되는 건축물의 건축주가 수신장해대책 중계방송을 하게 되었다. 그리고 大川昭降의「잔재 텔레비전 난시청의 해소 촉진」(≪입법과 조사≫ 157호)도 참조될 수 있다. CATV에 의한 방송의 재송신에 관해서는 유선텔레비전방송법 13조의 규정이 있지만 그 의의와 문제점에 관해서는 塩野宏의「재송신의 동의권과 저작인접권」(塩野 26書, 같은 책 425쪽 참조), 방송저작권실무연구회의 『방송·미디어믹스와 저작권』(平成 元年 동 연구회)을, 이 문제에 있어서의 국제·국내 저작권제도에 관해서는 內田晉의「유선텔레비전방송에 관한 저작권문제」(≪레퍼런스≫ 411호)를 들 수 있다.

(6) 영상미디어에 관한 국제교류

텔레비전방송 프로그램의 국제교류 촉진에는 여러 나라간의 상호이해의 중요성이 지적되고 있는데 이 문제에 관하여는 우정성과 외무성의 협력 아래「방송프로그램 등의 영상미디어에 관한 국제이해 촉진에 대한 간담회 보고서」(昭和 63年),「방송프로그램의 국제교류와 국제이해의 촉진―방송프로그램의 해외제공 촉진에 관한 조사연구회 보고서」(平成 2年) 등이 있고 이외에 川竹和夫의「방송프로그램의 국제교류(전망)」(≪방송교육≫ 44권 2호)가 있다.

통신위성의 실용화에 따른 방송의 월경성(越境性)과 국제성의 견제와 관련한 국제화에 대하여는 다음과 같다. 小林廣一의「방송 및 그 관련 영역에 대한 국제화의 여러 양태와 배경」(≪방송학연구≫ 40호), 浜田純一의「국경을 넘는 방송과 정보의 자유」(≪방송학연구≫).

5. 뉴미디어

(1) 위성방송

위성방송 제도 전반을 다룬 자료는 山本草二의 「우주통신의 국제법」(79) (昭和 41年 유신당)으로 유선방송을 포함한 우주통신법에 관해 세계 최초의 연구서로서 지위를 굳히게 되었다. 동 「우주개발」(『현대법학전립』 78書)이 그 후에 관계 국제법, 국내법의 진전을 가져와 우주개발 전반에 대한 개론서로서 기능하며, 동 『방송위성을 향한 자유와 규제』(80)(昭和 54年 玉川대학 출판부)가 방송위성 기술의 성과와 국제사회의 일반이익이 환원되는가를 중심으로 검토한 이외에 龍澤邦彦의 「우주법시스템-우주개발에 대한 법제도」(81) (昭和 62年 홍인사)가 있다. 또 植村榮治, 金澤勳, 元女久光, 栗林忠男, 高祖憲治, 田代功, 廣部和也, 藤原正明, 松井浩, 三宅忠南, 山本草二의 「공동 토의 방송위성의 제도적 제 문제」(山本草二編 『방송위성-그 법제도적 연구』(82) 昭和 56年 일본방송출판협회)가 위성방송 실시의 전제조건과 실시에 따른 법제도적 문제를 다각적으로 논하고 있고 野村忠夫, 增田元一, 山本草二의 「정담통신위성, 방송위성을 둘러싼 법률문제」(≪쥬리스트≫ 530호)가 기본적 법률문제를 개관하고 있다.

주파수와 궤도 이용에 관해서는 다음과 같다. 松浦準雄의 「우주통신에 관한 세계 무선통신 주관청회의(방송위성)」(≪ITU연구≫ 8호), 上島史郎, 新井彰, 藤岡昌義, 立野敏의 「12㎓대 방송위성업무의 주파수 할당에 관한 세계무선주관청 회의 개요」(≪전파시보≫ 319호), 立野敏, 泉武博의 「12㎓대 방송위성의 기술과 공동기준-WARC-BS로 결정」(≪ITU연구≫ 67호), 小菅敏夫의 「정지위성궤도의 이용을 둘러싼 문제」(≪국제전기통신연합과 일본≫ 8권 5호), 고가, 아루도 A., 立石直 譯의 「정지궤도-우주통신법의 초점」(동 8권 7호), 要林忠男의 「정지위성궤도의 법적 지위-'적도국가'의 주장을 둘러싸고

(慶應義塾 ≪법학회법학연구≫ 52권 8호), 동 정지궤도의 법적 지위와 주파수대의 분배문제」(山本編 82書).

遠藤敬二, 泉武博의「개정 방송위성의 기초지식」(83)(昭和 59年 겸6판). 우정성 통신정책국의 우주통신기획과와 우주통신개발과편의『위성커뮤니케이션-우주통신의 현상과 전망』(84)(昭和 60年 초), 방송비평간담회편(志賀信夫 감수)『뉴미디어의 시대, 방송위성의 모든 것』(85)(昭和 56년 紀尾井書房), 『위성비지니스』(86)(昭和 59년 紀尾井書房) 등도 간행되어 있다.

국내 위성의 개발과 이용에 관하여서는 昭和 48年度 결정된 '우주개발계획'에서 처음으로 방송위성이 계획되었지만 그 경위에 대하여는 우주개발위원회에서 기술한 것으로서 八藤東禧의『우주개발정책형성의 궤적』(87)(昭和 57年 국제통신문화협회)이 있고 大森幸男의「움직이기 시작한 방송위성」(≪방송문화≫ 29권 3호), 秋田大助, 今道潤三, 野村忠夫, 伊藤正己의「좌담회: 방송위성을 둘러싼 제 문제」(≪방송문화≫), 靑木貞伸의「방송위성의 문제점」(≪법률시보≫ 50권 10호)이 경위와 문제점을 파헤치고 있다.

塩野宏의「국내 법제에서 본 위성방송의 문제점」(塩野 26書)은 이 단계에서 법기술적 측면에서의 개관이지만 방송에 있어서 하드웨어와 소프트웨어의 분리 가능성에 대한 언급이 있어 이러한 방향에 대하여 지적한 최초의 논고(처음 시작은 昭和 49年)로 본다.

통신과 방송기구법은 昭和 57年度 이후로 거슬러 올라가 실용통신, 방송위성의 위치, 자세 등의 제어를 행한 사업주체, 통신, 방송위성기구를 모든 인가법인으로 하여금 설립하기 위해 昭和 54年에 제정한 것이다. 동 법의 해설로는 다음과 같다. 三宅忠男의「통신, 방송위성을 발사하기 전에 그의 관리 운영체제를 일원화하는 통신, 방송통신 기구법」(당시 법령 1059호), 동「통신방송위성기구법」(≪국제전기통신연합과 일본≫ 10권 1호), 植村榮治의「통신방송위성기구법」(≪쥬리스트≫ 696호).

동 기구 설립에 앞서 국내 국제위성시스템의 운영형태를 검토한 것으로 山

本草二의「실용위성 시스템의 운영형태」(伊藤 編 25書)와 동「실용방송위성 운영의 법제도적 문제」(山本 編 82書)가 있다.

임시행정조사회 최종 답신서(71)는 동 기구가 장래에 필요한 조건을 정비하고 자립화의 원칙에서 민간 법인화를 해야 된다고 제시하고 있다. 그 해설로서는 衣川和秀의「하이비전 위성방송의 보급발달을 만든다」(당시 법령 1340호)가 있으며 이 동향에 관한 문제점을 파헤친 것으로는 篠原俊行의「위성기구법개정안, 방송기구 전반에 대한 큰 영향」(≪월간 민방≫ 18권 1호)이 있다.

平成 元年 보정예산관리에의 기구법 개정(平成 2年)에 대해서는 전술한 바와 같이 平成 2年에 제정된 특정 통신·방송개발사업원활화법에 기초하여 특정통신·방송개발사업에 대한 지원사업과 통신, 방송위성기구가 맡아서 하게 되었다. 동 사업원활화법의 소개 등으로는 高田昭義의「정보유통원활화와 신규 지원시책」(≪정보통신저널≫ 8권 7호)이 있다.

昭和 53年으로 거슬러 올라가서「실험용 중형 방송위성(BS)」에 이어 세계 최초의 실험용 방송위성으로 방송위성 2a호(BS-2a), 61년에는 다음 예비기로서 2b호(BS-2b)가 NHK에 의해서 쏘아 올려졌다. BS-2a에 대하여서는 NHK의 본방송 개시 이전에 만든 방송용 중계기의 일부 고장으로 당초 예정한 2채널 방송이 불가능하게 되어 59년 5월부터 1채널에 의한 실험방송이 개시되었다. 이어 62년 7월에는 면허방침의 수정을 기다려 2채널 안에 1채널을 독자 프로그램 채널로서 사용하여 위성방송의 보급촉진이 시작되었다. 靑木貞伸의「위성방송의 빛과 그림자」(≪총합저널리즘 연구≫ 123호)는 그 사정에 대해 하이비전의 동향과 디지탈방송(ISDB) 구상까지 시야를 넓혀 논평하고 있다.

BS-2b에 의한 위성방송은 방송보급기본계획상의 위치를 얻고 平成 元年 6월 본 방송화를 계기로 2채널에 의한 24시간 방송을 시도하여 같은 해 8월부터 위성 수신료가 설정되었다. 위성 수신료에 대한 관련되어 NHK가 계획한

BS-2X로 위성을 쏘아 올린 기계는 외국에서 조달한 것이었는데 쏘아올리는 데 실패하여 BS-3h로 형을 바꾸어 BS-2의 후속기로서 平成 2年 8월에 쏘아올린 BS-3a(3b는 平成 3年 여름에 발사할 예정)의 보완위성으로 하여 平成 3年에 발사할 예정이다.

우정성 전파감리국편의 『뉴미디어와 방송정책』(88)(昭和 87年 대장성인쇄국)은 「방송의 다양화에 관한 조사연구회의」에 대한 보고서로 위성방송에 관하여 포스트 BS-3에 대한 검토를 하였다. 그리고 우정성 전파감리국 감수 「신시대의 위성방송」(89)(昭和 57年 제일법규)은 전파이용개발조사연구회 실용위성부회의 「제2세대 실용방송위성에 관한 조사연구보고서」를 중심으로 BS-3에 대한 정책론을 주된 내용으로 하고 있다. 昭和 60년도의 우주통신정책간담회보고서인 『위성방송의 새로운 전개』(90)(昭和 61年, 硏文社)는 방송위성의 개발과 이용 방법을 종합적으로 검토하고 있고, 昭和 59年의 우주통신정책간담회보고서인 『우주통신의 새로운 전개』(91)(昭和 60년 硏文社)도 같이 BS-2a 등에서 발생한 고장을 찾아서 조달, 발사, 관리에 관한 개선시책을 언급하고 있다. 또『위성방송의 장래전망에 관한 연구회 보고서』(平成 元年)는 BS-3의 후속기(당시 BS-4의 속칭)의 단계로 일본에 할당된 8개 채널의 이용과 조달법인에 의한 일원적인 위성조달 등을 시사하고 있다. 미국의 슈퍼 301조에 관련한 미일간의 교섭 결과에 따른 양국의 인공위성 사용에 관한 합의에 관해서는 廣瀨俊一郞의 「위성을 둘러싼 미일 문제에 대하여」가 있다.

植村榮治의 「위성방송의 업무, 사업에 관한 법적 문제」(山本 編 82서)는 인공위성의 발사, 통신, 방송위성기구와 방송사업자의 관계에 대하여 법적 문제를 검토하고 있다. 또 浜田純一의 「위성방송의 이용형태」(위성방송제도연구회 『위성방송의 제도적 제 문제』(92) 昭和 59年), 黑川和美의 「유료방식의 경제적 측면」, 植村榮治의 「위성방송의 면허제도」(이상『위성방송의 제도적 제 문제』)는 塩野宏의 「유료방식의 법적 측면」(塩野 26書), 舟田正之의 「위성방송의 사업주체」(≪입교법학≫ 25호)와 함께 방송문화기금의 위탁연구 제1호로 된 위성방송제도연구회의 「위성방송에 대한 제도적 연구」가 있다.

방송정책간담회(30) 책은 이러한 검토 결과들을 모아서 위성방송이 원활히 보급되기 위하여 환경조건을 정비하는 일 등에 관하여 논하고 있다. 城石尙治의 「일본 최초의 민간위성 방송과 그의 장래 전망」(《국제전기통신연합과 일본》 20권 3호)은 일본위성방송(JSB)의 방송준비 상황을 보고한 것이다.

국제 위성 텔레비전방송에 관해서는 다음과 같은 문헌이 있다. 山本草二의 「방송위성업무와 정보자유」(伊藤 編 24書), 동 「위성방송을 바라보는 국제적 동향과 문제점」(《쥬리스트》 증판 종합특집5 『현대의 매스컴』), 「DBS의 원칙 1982년 유엔총회결의에 있어」(戶部 編 28書), 廣部和也의 「방송위성의 프로그램 내용에 대한 규제」(山本 編 82書). 村瀨眞文의 「'정보의 자유'인가 '국가주권의 존중'인가-방송위성을 둘러싼 국제적 동향」(《신문연구》 315호), 동 「방송위성과 국제커뮤니케이션」(《방송학연구》 27호). 그리고 永井道雄의 「방송위성과 국제커뮤니케이션」(《방송문화》 29권 3호), 服副孝章의 「방송위성과 국제사회」(《신문학평론》 27호)도 관련되는 문헌으로 알려져 있다.

위성방송 기술이 고안되기 이전의 중파, 단파방송에 관해서는 다음과 같다. 野村義男의 「방송의 평화적 이용」(野村 40書), 井士泰三의 「국제평화에 이바지하는 방송-국제연맹(1936년) 협정개정안 심의과정」(《방송학연구》 2호), 野村義男의 「해적 放送船」, 「해적 방송대책」(이상 野村 40書), 山村草二의 「해적 방송국의 취재와 그의 한계」(成蹊大學 정치·경제논총 18권 1/2 합본호) 등은 위성방송에 관한 국제입법 동향의 배경을 이해하는 데 도움을 주는 자료이다. 아울러 山村草二의 「Intelsast(국제전기통신위성기구) 영구협정의 연구」(93), 동 「국제 데이터 유통과 통신법제의 문제」(우정성전기통신 감수 旭리서치센터 편 『TDF워즈』 昭和 60年 出版開發社) 등에서 위성방송의 효용성을 유감 없이 발휘하는 방도를 연구하고 있다.

(2) 다채널 CATV, 다중방송 등

다채널 CATV에 관해서는 우정성 CCIS 감사회 편 『CATV의 장래를 탐구』(94)(昭和 48年 방송채널사)를 먼저 참조하는 것이 좋다. CCIS는 Coaxial Cable Information System(동축케이블정보시스템)의 약칭으로 방송형 서비스와 비방송서비스를 검토한 점 등은 획기적인 것이었다. 野崎茂의 『미디어의 숙성(熟成)』(95)(平成 元年 동양경제신보사)은 미디어의 성장사론 입장에서 유선도시구상을 모델로 삼고 있다.

다채널 CATV에서 시청자와의 관계에서는 프로그램 공급원의 확보와 함께 쌍방향 기능의 도입이 과제가 되어 있고, 이를 가능하도록 하는 도시형 CATV가 있다. 이에 대해서는 宮川洋의 「도시형 CATV 성립의 문제점」(일본케이블텔레비컨설턴트편 『케이블텔레비사업에 성공하는 방법』(96) 昭和 60年 電通)이 있다. CATV 사업 진흥을 도모하고 있는 우정성에서는 川野達夫의 「쌍방향 CATV와 유선전기통신법」(≪우정연구≫ 昭和 58年 10월호)과 같은 데서 쌍방향통신의 일부 허용을 도모하고 있다. 또한 전기통신 자유화에 따라 관계법이 개정되어 CATV망을 이용한 제1종 전기통신사업의 허가를 받아 완전 쌍방향 통신을 할 수 있게 되었다. 山下東子의 「유선텔레비전방송사업과 제1종 전기통신사업의 상호소유 현상과 문제점-사례연구」(전기통신정책총합연구소 『네트워크 통합화에 관한 조사연구』(97) 昭和 62年)는 일본케이블텔레비전(JCTV)과 레이크시티케이블비전(LCV)에 대하여 검토하고 있다. 多賀谷一照의 「유선텔레비전방송시설과 제1종 전기통신사업」(『네트워크 통합화에 관한 조사연구』)은 이 문제를 법적 시각에서 논하고 있다.

프로그램의 원활한 공급에 대해서는 다음과 같다. 우정성 전파감리국의 『도시의 대규모 유선텔레비전 방송시설에 관한 개발조사 연구보고서(국내 통신위성 및 국내 방송위성을 이용한 유선텔레비전방송의 가능성)』(98)(昭和 58年), 우정성 방송행정국 감수의 『CATV 프로그램 소프트 공급의 원활화를 목적으로 하여-유선텔레비전방송간담회보고서』(99)(昭和 60年 방송저널사), 우정성-스페이스·케이블네트 조사연구회편의『본격적 위성방송 시대의 CATV-스페이스·케이블네트의 보급촉진에 관한 조사연구보고』(100)(昭和 61年 전기통신진흥회), 우정성과 위성통신고도이용시스템연구회의 『Satellite·Business 신시대』(101)(昭和 62年 행정), 우정성 방송행정국 유선방송과 감수 CATV 기술연구회편의『위성방송시대의 CATV』(102)(昭和 62年 행정).

舟田正之의 「스페이스·케이블네트와 법제도」(전기통신정책총합연구소 97書)는 스페이스·케이블네트의 규제방안을 모색하고 있으며 高木敎典의 「CATV의 전개와 과제」(≪쥬리스트≫ 890호)는 스페이스·케이블네트의 발전을 촉진할 정책과제를 제시하고 있다. 또한 스페이스·케이블네트 추진간담회가 昭和 63年에 최종보고인『CATV 신시대 선언』(103)(昭和 63年 행정)을 간행하였고 스페이스·케이블네트 추진협의회편 우정성방송행정국 감수의『스페이스·케이블네트 가이드라인』(104)(平成 元年 동 스페이스·케이블네트 추진협의회)이 통신위성의 기능을 최대한으로 활용한 경우의 행정수속 등을 표시하고 있다. 今泉至明의 「스페이스·케이블네트의 추진」(≪정보통신저널≫ 7권 5호)은 그 단계에서의 행정 대응을 소개하고 있으며 渡邊寬의 「full set 구상의 추진」(≪정보통신저널≫ 8권 5호)은 관련된 지역진흥책을 소개하고 있다.

平成 2年 스카이보드센터의 사업계획발표를 둘러싼 전말에 대해서는 高橋孝輝의 「스카이보드의 사례연구」(≪신방송문화≫ no.17)가 있으며, 이에 관련된 우정성의 견해에 대해서는 「위성이용의 프로그램 배신(配信)업계의 질문에 대한 우정성의 회답」(≪일경뉴미디어≫ 1990. 4. 9)이 있다. 이외에 中島好登의 「스카이보드센터가 던진 '방송유사서비스'문제의 파문」(≪방송비평≫ 249호), 靑木貞伸의 「미디어다양화시대의 신질서」(≪TBS 조사정보≫ 372호) 등이 이 문제를 계기로 전파정책의 위상을 검토하고 있다.

행정 측에서 정책과제를 제시한 것은 金子俊明의 「일본 유선텔레비의 현상과 제도, 정책」(松平恒 編『CATV』(105) 昭和 58年 일간공업신문사), 高祖憲

治의 「CATV 정책의 신발전」(CATV 연구자료센터 편의 『CATV의 이륙 (take-off)』(106) 昭和 62年 텔레콤), 동 「CATV의 동향과 유선텔레비전의 방송법 과제」(≪쥬리스트≫ 증간 『네트워크사회와 법』)가 있다. 平成 2年의 「고도화 시대를 맞이한 CATV에 관한 간담회중간보고서」, 이를 소개한 渡邊 寬, ≪정보통신저널≫ 8권 8호도 빼놓을 수 없다. 이외에 방송비평간담회편 志賀信夫 감수의 『CATV 시대=제3의 영상문화를 탐구』(107)(昭和 57年 紀 尾井書房), 동 『CATV 비지니스전략』(108)(昭和 58年 紀尾井書房), 大森幸男 의 「CATV 시대는 장미빛 꿈인가」(≪월간 민방≫ 19권 12호), 松平恒의 「미 국의 현상과 일본의 전망」(≪월간 민방≫) 등이 참고할 만하다.

통신위성에 의한 방송서비스의 단계적 도입을 분명히 밝힌 「통신과 방송 의 경계영역적 서비스에 관한 연구회' 중간보고」를 계기로 하드와 소프트의 분리방식과 방송보급기본계획과의 관련을 검토한 篠原俊行의 「민간통신위성 원년 '방송'은 어떻게 대응할 것인가?」(≪신방송문화≫ no.13)가 돋보인다. 根 岸哲의 「신정보시스템과 법」(현대경제법강좌9 『통신, 방송, 정보와 법』(109) 平成 2年 三省堂)은 경쟁질서와 규제질서를 검토하고 있다.

다중방송도 방송제도에 많은 문제점을 제기하고 있다. 우정성은 다중방송 기술의 전면 개방에는 신중한 태도를 취하고 있다. 이 때문에 조사회에서는 검토를 거쳐 서서히 실용화를 꾀하고 있다. 『다중방송에 관한 조사연구회의보 고서』(110)(昭和 51年)도 이러한 조사회 검토의 한 사례이며 방송의 다양화에 관한 조사연구회의 88書도 이에 해당된다. 텔레비전 음성다중방송, 문자다중 방송의 실용화를 위해 57년 법개정 이후의 방송정책간담회 30書도 다중방송 의 적정이용 시책을 밝히고 있다. 63년에는 우정성이 FM 다중방송에 관련된 기술기준과 면허방침을 책정하였다.

大森幸男의 「다중방송을 둘러싼 문제의 소재」(≪쥬리스트≫ 631호), 동 「다중방송의 제 문제」(≪방송문화≫ 32권 4호), 青木貞伸의 「시청자 부재의 음성다중방송」(≪매스컴 시민≫ 130호)이 텔레비전 음성다중방송 실용화 시기에서 검토된 것이다. 그리고 문자방송실용화 시기에 검토된 것은 다음과 같다. 植田豊, 江上和夫, 宮川洋, 山路裕, 田原茂行의「문자다중방송의 현상과 가능성」(≪TBS 조사정보≫ 276호), 副田徹郞의「뉴미디어의 등장과 방송행정」(≪선전회의≫ 29권 8호), 田所泉의「본격화한 문자다중 방송과 금후의 행방」(≪신문경영≫ 93호). 또한 FM 다중방송 실용화 단계에서 제도와 업계의 동향을 전하는 문헌으로서는 藤岡伸一郞의「다중계 뉴미이어에 대한 행정 대응」(≪신방송문화≫ no.19), 隈元信一의「'시대의 테마'를 짊어지고 출발을 목전에 둔 PCM 음악방송」, 砂川浩慶의「라디오계의 생존을 내걸고 신전개를 도모하는 FM 다중과 AM 스테레오」(이하 ≪신방송문화≫)를 들 수 있다. 팩시밀리 방송에 대하여는 伊藤豊의「'특정 대상의 이용'에도 제도정비를(팩시밀리 방송)」(≪월간민방≫ 17권 10호) 등이 있다. 平成 2年에는「팩시밀리 다중방송에 관한 조사연구회보고서」가 명확하게 밝혀졌고 이를 소개한 今千之明의 ≪정보통신저널≫ 8권 6호가 있으며 동 연구회는 팩시밀리 다중방송의 특성에 대하여 사회적 영향력은 적고 사업화도 용이하지 않을 것으로 보고 있다. 平成 2年 방송법 개정도 팩시밀리 방송을 NHK가 할 만한 것이고 국내방송은 적합하지 않고 민간방송에도 보완 이용의 노력의무를 부과하지 않았는데 이에 관한 설명으로는 高田昭義의 ≪정보통신저널≫ 8권 6호가 참고될 것이다. 관련된 문헌으로는 吉澤正一의「미디어 특성에 부응하는 소프트 개발이 최대의 과제-팩시밀리 방송」(≪신방송문화≫ no.19), 佐塚正樹의「팩시밀리 방송 실용화를 둘러싼 동향」(≪신문경영≫ 111호) 등이 있다.

하이비전에 대해서는 정부의 진흥책도 진행되고 있는데, 하이비전의 추진과 관련된 간담회편의「차세대 텔레비 하이비전」(111)(昭和 62年 제1법규)이 우정성 방송행정국 하이비전추진실 감수에서 간행되었다. 이외에 村木良彦의「텔레비산업은 영화와 같은 전철을 밟는 것인가」(≪월간민방≫ 17권 10호), 村木良彦, 手嶋, 前川英樹의「하이비전 소프트 금후의 전개」(≪방송문화기금보≫ no.46), 和久井孝太郞 감수의「하이비전 비지니스」(昭和 63年 일간공업

신문사), 前川英樹의「하이비전의 1990년을 고찰하면서」(≪방송저널≫ 20권 1호)를 거론할 수 있다.

CCIR 제17회 총회에서 HDTV와 관련된 처음의 규격권고가 행해졌는데 이에 관한 설명으로는 神原盛吉의「HDTV의 국제규격에 대하여」(≪정보통신저널≫ 8권 7호), 河內正孝, 田島幸宏의「HDTV 국제규격 문제의 경위와 장래전망」(≪ITU연구≫ 226호)이 있다. CCIR 권고에 따라 행해진 전기통신 기술심의회 답신에 대해서는 團宏明에 의해 소개된 동 8권 9호가 있다.

EDTV(고화질화 텔레비전)에 대해서는 기술방식 검토의 단계에 따라 실용화가 진행되고 있는데, 이와 관련해서는 河內山重高의「EDTV도 화궤광대기술(畵櫃廣大技術)의 개발을」(≪월간민방≫ 17권 10호), 神原成吉의「클리어비전(EDTV)」(≪정보통신저널≫ 7권 1호) 등이 있다.

긴급경보 방송시스템은 松本正春과 河內正孝의「긴급경보 방송시스템의 실용화에 대하여」(≪전기통신시보≫ 2권 7호)에 해설되어 있다.

뉴미디어 전반에 관해서는 다음과 같다. 掘部政男의「근미래 사회와 법률학」(≪법률시보≫ 56권 1호), 大森幸男의「뉴미디어 시대의 법제와 언론기관」(≪신문연구≫ 408호), 隅井孝雄의「뉴미디어와 매스컴」(內川, 森泉編, 47書), 桂敬一의「뉴미디어 정책과 언론표현의 자유」(荒瀨, 高木, 春原編, 31書), 동「정보화정책과 신정보산업의 현상」(동경대학신문연구편『고도 정보사회의 커뮤니케이션』平成 2年 동경대학출판회), 大藏雄之助의「통신전쟁-승자의 조건은 무엇인가」(昭和 60年 講談社), 동「뉴미디어 문화론」(昭和 61年 중앙경제사), 掘部政男, 永田眞三郞編『정보네트워크 시대의 법학입문』(112)(平成 元年 三省堂), 小松崎淸介의「뉴미디어와 정보사회」(掘江湛編『정보사회와 매스컴』昭和 63年 有斐閣選書).

방송과 관련된 뉴미디어를 해설한 서적으로는 誌賀信夫編『뉴미디어에의 제언』(113)(昭和 57年 일본공업신문사), 須之部淑男編『방송과 뉴미디어』(114)(昭和 58年 일본방송출판협회), 전파기술심의회 편『전파이용의 장기 전망』(115)(昭和 59年 전파진흥회), 통산성 산업구조심의회정보산업부회 중간답신인『비약하는 정보화』(116)(昭和 59年 컴퓨터에이지사), 경제기획청 국민생활국 소비자행정 제1과 편『정보화 시대의 소비자 정책』(117)(昭和 60年 대장성 인쇄국), 우정성 전기통신심의회 편『1990년대 텔레콤 전략-전기통신 고도화비전』(118)(昭和 62年 다이아몬드사) 등이 있다. 靑木貞伸의『뉴미디어의 흥망』(119)(平成 2年 전파신문사)이 각종 뉴미디어를 둘러싼 제 세력의 추이를 검증하고 있다. 白川通信의『위성방송과 하이비전』(120)(平成 2年 敎育社)이 전자기술의 진전을 포함하여 영상 중심의 발전동향을 고찰하고 있다. 이외 猪瀨博의「새로운 기술과 방송체제」(방송문화기금 편, 48書)는 기술상의 과제와 제도, 정책의 대응에 대한 문제점을 제시하고 있고 楜原盛吉의「개발실용화가 진행되고 있는 새로운 방송미디어」(≪정보통신저널≫ 6권 8호)가 昭和 63年의 상황을 소개하고 있다.

6. 기타

통신법 또는 통신정책의 체계 안에서 방송제도를 살피고 있는 것은 三浦一郎의「통신정책의 과제와 전망」(昭和 52년 제1법규)이 선구적인 업적으로 되어 있고 鈴木實의「통신법 체계」(121)(昭和 61年 행정)가 뒤이은 역작이라고 볼 수 있다.

방송에 관련된 개설서로는 연감, 방송사, 사사(私史) 등에도 방송제도를 포함한 제도론과 관련된 사항이 많이 있는데 일부를 설명하면 다음과 같다.

방송에 관련된 개설서는 春日由三 감수『방송학개론』(昭和 44年 岩崎放送出版社), 酒井三郎의『민방 20년사기』(昭和 48年 兼六館出版), 田宮武와 津金澤聰宏編『방송론개설』(昭和 50年 미네르바書房), 岡村黎明의『텔레비는 변한다』(昭和 54年 岩波쥬니어新書), 齊藤守慶의『방송신시대-'별의 시대'에의 도

전』(122)(平成 元年 TBS브리태니커) 등이 있다. 이외에 매스컴 강좌로서 北川隆吉, 高木敎典, 田口富久治, 中野收 編『강좌 현대 일본의 매스커뮤니케이션』1, 2, 4권(昭和 57, 58年 靑木書店)이 있다.

연감류로서는 우정성 편『通信白書』(대장성 인쇄국), NHK 편『NHK 연감』(일본방송출판협회), 일본민간방송연맹 편『일본민간방송연감』(고겡출판) 등이 있다.

방송사로서는 일본방송협회 편『방송오십년사』(昭和 52年 일본방송출판협회), 일본민간방송연맹의『민간방송삼십년사』(昭和 56年), 志賀信夫의『昭和 텔레비 방송사』(上)·(下)(平成 2年 甲川書房) 등을 열거할 수 있다. 石村善治의「방송사업에서의 독점과 경쟁」(『현대경제법강좌』, 109)이 제도역사의 개관을 보여주고 있다.

문헌목록으로서는 방송문헌목록작성위원회 편의『방송관계문헌총목록』(昭和 43年, 시판은 昭和 58年 日外앙시에즈), 방송관계문헌총목록연구회의『방송관계문헌총목록2』(昭和 58年 日外앙시에즈)가 있으며 昭和 55年 이후의 문헌으로는『NHK 방송연구와 조사』의 방송관계 문헌색인이 동일 분류법에 따라 편리하게 되어 있다. 이외에 총합저널리즘연구소『매스컴문헌 집대성』(昭和 48年), 大塚秀의「방송제도 관계문헌목록」(伊藤編, 25書) 등이 참고될 수 있다.

부록 2

방송법(放送法)

개정 1950년 5월 2일
법률 제132호
개정 (생략)
개정 1989년 6월 28일

제1장 총칙

제1조 (목적) 이 법률은 다음에 열거하는 원칙에 따라 방송을 공공의 복지에 적합하도록 규율(規律)하고, 그 건전한 발달을 도모하는 것을 목적으로 한다.
  1. 방송이 국민에 최대한으로 보급되어 그 효용을 갖도록 보장하는 일
  2. 방송의 불편부당, 진실 및 자율을 보장함으로써 방송에 의한 표현의 자유를 확보하는 일
  3. 방송에 종사하는 자의 직책을 명확히 함으로써 방송이 건전한 민주주의의 발달에 기여하도록 하는 일

제2조 (정의) 이 법률 및 이 법률에 근거한 명령의 규정 해석에 관해서는 다음의 해석에 따른다.
  1. '방송'이라 함은 공중에 의하여 직접수신될 것을 목적으로 하는 무선통신의 송신을 말한다.
  1-2. '국내방송'이라 함은 국내에서 수신될 것을 목적으로 하는 방송으로 수탁(受託)국내방송 이외의 것을 말한다.
  1-3. '수탁(受託)국내방송'이라 함은 타인의 위탁에 의해 그 방송프로그램을 그

대로 송신하는 방송으로서 인공위성의 무선국에 의해 행해지는 것을 말한다.
2. '국제방송'이라 함은 외국에서 수신될 것을 목적으로 하는 방송으로서 중계국 제방송 이외의 것을 말한다.

2-2. '중계국제방송'이라 함은 외국방송사업자(외국에서 방송사업을 행하는 자를 말한다. 이하 같다)의 위탁(委託)에 대해서 그 방송프로그램을 외국에서 수신될 것을 목적으로 하여 그대로 송신하는 방송을 말한다.

2-3. '중파방송'이라 함은 526.5㎑부터 1,606.5㎑까지의 주파수를 사용하여 음성이나 그밖의 음향을 보내는 방송을 말한다.

2-4. '초단파방송'이라 함은 30㎒를 초과하는 주파수를 사용하여 음성이나 그밖의 음향을 보내는 방송으로서 텔레비전방송에 해당되지 아니하며 또한 다른 방송의 전파에 겹쳐서 행하는 방송이 아닌 것을 말한다.

2-5. '텔레비전방송'이라 함은 정지 또는 이동하는 사물의 순간적 영상 및 이에 수반되는 음성이나 그밖의 음향을 보내는 방송을 말한다.

2-6. '다중방송'이라 함은 초단파방송 또는 텔레비전방송의 전파에 겹쳐서 음성이나 그밖의 음향, 문자, 도형, 기타 영상이나 신호를 보내는 방송을 말한다.

3. '방송국'이라 함은, 방송을 하는 무선국을 말한다.

3-2. '방송사업자'라 함은, 전파법(1950년 법률 제131호)의 규정에 의하여 방송국의 면허를 받은 자 및 위탁(委託) 방송사업자를 말한다.

3-3. '일반방송사업자'라 함은 일본방송협회(이하 "협회"라 한다) 및 방송대학학원(이하 "학원"이라 한다) 이외의 방송사업자를 말한다.

3-4. '수탁(受託)방송사업자'라 함은, 전파법의 규정에 의하여 수탁국내방송을 하는 무선국의 면허를 받은 자를 말한다.

3-5. '위탁(委託)방송사업자'라 함은, 위탁방송업무(수탁방송사업자에 위탁해 그 방송프로그램을 방송시키는 업무를 말한다. 이하 같다)에 관해 제52조의 13 제1항의 인정을 받은 자를 말한다.

4. '방송프로그램'이라 함은, 방송을 하는 사항(그 방송이 수탁국내방송인 때에는 위탁해서 방송을 시키는 사항)의 종류, 내용, 분량 및 배열을 말한다.

5. '교육프로그램'이라 함은, 학교교육 또는 사회교육을 위한 방송의 방송프로그램을 말한다.

6. '교양프로그램'이라 함은 교육프로그램 이외의 방송프로그램으로서 국민의 일

반적 교양의 향상을 직접 목적으로 하는 것을 말한다.

제2조 2 (방송보급 기본계획) ① 우정대신은 방송(위탁해서 방송시키는 것을 포함해 다음항 1호, 제52조의 13 제4호, 제53조 제1항 및 제53조의 12 제1항에서 같다)의 계획적인 보급 및 건전한 발달을 도모하기 위해 방송보급 기본계획을 정하여 이에 따른 필요한 조치를 강구한다.
② 방송보급 기본계획에는 방송국의 설치(수탁국내방송에 있어서는 수탁국내방송을 행하는 방송국의 설치 및 위탁방송 업무)에 관하여 다음 사항을 정하여야 한다.
  1. 방송을 국민에게 최대한으로 보급시키기 위한 지침, 방송을 할 수 있는 기회를 가급적 많은 사람에 대하여 확보함으로써 방송에 의한 표현의 자유가 가급적 많은 사람에 의하여 향유되도록 하기 위한 지침, 기타 방송의 계획적인 보급 및 건전한 발달을 도모하기 위한 기본적인 사항
  2. 협회의 방송, 학원의 방송 또는 일반방송사업자의 방송의 구분, 국내방송, 수탁국내방송, 국제방송 또는 중계국제방송의 구분, 중파방송, 초단파방송, 텔레비전방송 기타 방송의 종류에 따른 구분 기타 우정성령(令)으로 정하는 방송의 매 구분 동일한 방송프로그램의 방송을 동시에 수신할 수 있는 것이 상당히 인정되는 일정한 구역(이하 "방송대상지역"이라 한다)
  3. 방송대상지역의 방송계(放送系, 동일한 방송프로그램의 방송을 동시에 행할수 있는 방송국의 총체를 말한다. 이하 같다)의 수(수탁국내방송에 관한 방송대상지역에서는 방송계에 의해 방송할 수 있는 방송프로그램의 수)의 목표
③ 방송보급 기본계획은 제9조 제1항, 제2항 제1호 및 제5항에 규정하는 사항, 전파법 제7조 제3항의 방송용 할당가능 주파수, 방송에 관한 기술의 발달 및 수요의 동향, 지역의 자연적·경제적·사회적·문화적 제반사정 기타 사정을 감안하여 정한다.
④ 우정대신은 전항의 사정 변동에 의하여 필요하다고 인정될 때는 방송보급 기본계획을 변경할 수 있다.
⑤ 우정대신은 방송보급 기본계획을 정하거나 변경한 때에는 지체없이 이를 공시하지 않으면 아니된다.
⑥ 방송사업자(수탁방송사업자 및 위탁방송사업자 제외)는 그 행하는 방송에 관계되는 방송대상지역에 있어서 해당방송이 고루 수신되도록 노력하여야 한다.

제1장의 2 방송프로그램의 편집등에 관한 통칙(通則)

제3조 (방송프로그램 편집의 자유) 방송프로그램은 법률에 정하는 권한에 의하지 아니하고는 누구로부터도 간섭받거나 규율되지 아니한다.

제3조의 2 (국내방송의 방송프로그램편집 등) ① 방송사업자는 국내방송의 프로그램을 편집함에 있어서 다음 각호에 정한 바에 따라야 한다.
　1. 공안(公安) 및 선량한 풍속을 해(害)하지 말 것
　2. 정치적으로 공평할 것
　3. 보도는 사실을 왜곡하지 말 것
　4. 의견이 대립되어 있는 문제에 관해서는 가급적 다각도에서 논점을 밝힐 것
② 방송사업자는 텔레비전방송의 프로그램 편성에 있어서 특별한 사업계획에 의한 것을 제외하고는 교양프로그램 또는 교육프로그램과 아울러 보도프로그램 및 오락프로그램을 설정, 방송프로그램 상호간의 조화를 갖도록 하여야 한다.
③ 방송사업자는 교육프로그램을 편성방송함에 있어 그 방송의 대상을 명확히 하여 그 내용이 방송대상에게 유익적절하고 조직적이고도 계속적이도록 함과 아울러 그 방송의 계획 및 내용을 미리 공중이 알 수 있도록 하여야 한다. 이 경우 해당 프로그램이 학교방송일 때는 그 내용이 학교교육에 관한 법령이 정하는 교육과정의 기준에 준거하도록 하여야 한다.
④ 텔레비전방송 및 텔레비전 다중방송(텔레비전방송의 전파에 겹쳐서 행하는 다중방송을 말한다. 이하 같다)을 행하는 방송사업자는 텔레비전 다중방송의 방송프로그램 편성에 있어서 동시에 방송되는 텔레비전방송의 방송프로그램 내용에 관련해서 그 내용을 풍부하게 하며 그 효과를 높이도록 프로그램을 가능한 한 많이 설정하도록 하여야 한다.

제3조의 3 (프로그램 기준) ① 방송사업자는 방송프로그램의 종류별 및 방송대상에 상응하여 방송프로그램의 편성기준(이하 "프로그램 기준"이라 한다)을 정하여 이에 따라 방송프로그램을 편성하여야 한다.
② 방송사업자는 국내방송에 있어서 전항의 규정에 의하여 프로그램 기준을 정한 경우에는 우정성령(令)이 정하는 바에 따라 이를 공표하여야 한다. 이를 변경한 때

에도 같다.

제3조의 4 (방송프로그램 심의기관) ① 방송사업자는 방송프로그램의 적정을 기하기 위하여 방송프로그램 심의기관(이하 "심의기관"이라 한다)을 둔다.
② 심의기관은 방송사업자의 자문에 응하고 방송프로그램의 적정을 기하기 위하여 필요한 사항을 심의하는 외에 이에 관해서 방송사업자에 대하여 의견을 개진할 수 있다.
③ 방송사업자는 프로그램 기준 및 방송프로그램 편성에 관한 기본계획을 정하거나 이를 변경하고자 할 때에는 심의기관에 자문하여야 한다.
④ 방송사업자는 심의기관이 제2항의 규정에 의하여 자문에 답신하거나 의견을 개진한 사항이 있을 때에는 이를 존중하여 필요한 조치를 취하여야 한다.
⑤ 방송사업자는 심의기관으로부터 답신이나 의견을 방송프로그램에 반영시키기 위하여 심의기관의 기능활용에 노력함과 아울러, 심의기관이 제2항의 규정에 의하여 자문에 답신하거나 의견을 개진한 사항이 있는 때에는 우정성령(令)이 정하는 바에 따라 그 개요를 공표하여야 한다.

제3조의 5 (프로그램 기준 등의 규정 적용 제외) 제3조의 3의 규정은 경제시황 자연현상 및 스포츠에 관계되는 시사에 관한 사항, 기타 우정성령(令)으로 정하는 사항등을 방송사항으로 하는 방송 또는 임시적이고 일시적인 목적(우정성령에서 정하는 것에 한함)을 위한 방송을 전문적으로 행하는 방송사업에게는 적용하지 아니한다.

제4조 (정정방송 등) ① 방송사업자가 진실이 아닌 사항을 방송했다는 이유로 그 방송에 의해 권리침해를 받은 본인 또는 그 직접관계인으로부터 방송이 있는 날로부터 2주간 이내에 청구가 있을 때에는 방송사업자는 지체없이 그 방송한 사항이 진실인지의 여부를 조사하여 진실이 아님이 판명될 때에는 판명된 날로부터 2일 이내에 그 방송을 한 방송설비와 동등한 방송설비에 의하여 상당한 방법으로 정정 또는 취소하는 방송을 하여야 한다.
② 방송사업자가 그 방송에 있어서 진실이 아닌 사항을 발견한 때에는 전항과 같다.
③ 전2항의 규정은 민법(1987년 법률 제89호)의 규정에 의한 손해배상청구를 방해

하는 것은 아니다.

제5조 (방송내용에 따른 사후조치) 방송사업자는 정령(政令)이 정하는 바에 따라 해당 방송프로그램 방송 후 3주간 이내에 한하여 방송프로그램의 내용을 방송한 후에 심의기관 또는 전조(前條)의 규정에 의한 정정이나 취소하는 방송 관계자가 확인할 수 있도록 필요한 조치를 취하여야 한다.

제6조 (재방송) 방송사업자는 동의를 받지 아니하고는 타(他) 방송사업자(수탁방송사업자 제외)의 방송(위탁해서 행하는 것을 포함)을 수신해서 이를 재방송해서는 아니된다.

제6조의 2 (재해시의 방송) 방송사업자는 폭풍, 호우, 홍수, 지진, 대규모의 화재, 기타에 의한 재해가 발생하거나 발생할 우려가 있을 때에는 그 발생을 예방하고 또는 그 피해를 경감하는 데 기여하는 방송을 하여야 한다.

제2장 일본방송협회

제7조 (목적) 협회는 공공의 복지를 위하여 일본 전국에 걸쳐 널리 수신이 되도록 풍족하고도 양질의 방송프로그램에 의한 국내방송을 실시함과 아울러 방송 및 그 수신의 진보·발달에 필요한 업무와 국제방송을 행함을 목적으로 한다.

제8조 (법인격) 협회는 전조(前條)의 목적을 달성하기 위하여 이 법률의 규정에 의하여 설립되는 법인으로 한다.

제9조 (업무) ① 협회는 제7조의 목적을 달성하기 위하여 다음의 업무를 수행한다.
　1. 다음에 열거하는 방송에 의한 국내방송을 행하는 일
　　A. 중파방송
　　B. 초단파방송
　　C. 텔레비전방송

D. 다음에 열거하는 다중방송
　(1) 초단파 문자다중방송(초단파방송의 전파에 겹쳐서 문자, 도형 또는 신호를 송출하는 방송을 말함)
　(2) 텔레비전 음성다중방송(음성 기타 음향을 송출하는 텔레비전 다중방송을 말함)
　(3) 텔레비전 문자다중방송(문자, 도형 또는 신호를 송출하는 텔레비전 다중방송을 말함)
 2. 방송 및 그 수신의 진보발달에 필요한 조사연구를 실시하는 일
 3. 국제방송을 실시하는 일
② 협회는 전항의 업무외에 제7조의 목적을 달성하기 위하여 다음의 업무를 행할 수 있다.
 1. 전항 제3호의 국제방송 프로그램의 외국에서의 송신을 외국방송사업자에 위탁할 경우, 필요하다고 인정될 때에는 해당 외국방송사업자와의 협정에 따라 그에 관한 중계국제방송을 실시하는 일
 2. 전항의 업무에 따른 부대업무를 실시하는 일
 3. 방송프로그램 및 그 편집상 필요한 자료를 외국방송사업자에 제공하는 일
 4. 다중방송을 행하고자 하는 자에 방송설비를 임대하는 일
 5. 위탁에 의하여 방송 및 그 수신의 진보발달에 기여하는 조사연구, 방송 설비의 설계, 기타의 기술원조와 아울러 방송에 종사하는 자를 양성하는 일
 6. 전(前) 각호 이외에 방송 및 그 수신의 진보발달에 특히 필요한 업무를 행하는 일
③ 협회는 제2항의 업무외에 해당업무의 원활한 수행에 지장이 없는 범위 안에서 다음의 업무를 행할 수 있다.
 1. 협회가 보유하는 시설 또는 설비(협회가 소유하는 토지에 대한 신탁의 종료 또는 해제에 의하여 취득한 것을 포함한다)를 일반의 이용에 공여하거나 임대하는 일
 2. 위탁에 의하여 방송프로그램 등을 제작하는 업무, 기타 협회가 제2항의 업무를 수행하기 위하여 보유하는 설비나 기술을 활용해서 행하는 업무로서 협회가 행함이 적절하다고 인정되는 업무를 실시하는 일
④ 협회는 제3항의 업무를 행함에 있어 영리를 목적으로 해서는 아니된다.

⑤ 협회는 중파방송과 초단파방송중의 하나와 텔레비전방송이 각각 전국에서 고루 수신되도록 조치하여야 한다.
⑥ 협회는 제1항 제2호의 업무를 행함에 있어, 방송에 관계가 있거나 학식과 경험이 있는 자로부터 의견제시가 있는 때에는 그 내용이 방송 및 그 수신의 진보발달에 기여하는 것으로서 동항 및 제2항의 업무수행에 지장을 주는 것이 아닐 경우에는 이를 존중하고 동호(同號)의 업무에 의한 성과는 가능한한 일반이 이용할 수 있도록 하여야 한다.
⑦ 제2항 제1호의 협정은 중계국제방송에 관계되는 방송구역, 방송시간, 기타 우정성령으로 정하는 방송설비에 관한 사항을 내용으로 하며, 협회는 당협정을 체결하거나 변경하고자 할 때에는 우정대신의 인가를 받아야 한다.
⑧ 협회는 제2항 제6호 또는 제3항의 업무를 시행하고자 할 때에는 우정대신의 인가를 받아야 한다.
⑨ 협회는 방송수신용 기기나 그 진공관 또는 부품을 인정하거나 방송수신용 기기의 수리업자를 지정하거나, 기타 어떠한 명목으로도 무선용 기기의 제조업자, 판매업자 및 수리업자가 행하는 업무를 규율하거나 이에 간섭하는 행위를 하여서는 아니된다.

제9조의 2 (우주개발사업단 등에의 출자) 협회는 전조(前條) 제1항 또는 제2항의 업무를 수행하기 위하여 필요한 경우에는 우정대신의 인가를 받아서 수지예산, 사업계획 및 자금계획에서 정한바에 따라 우주개발사업단, 통신·방송위성기구 및 유선텔레비전 방송법(1972년 법률 제114호) 제2조 제3항에서 규정하는 유선텔레비전방송 시설자 기타 전조 제1항 또는 제2항의 업무에 밀접하게 관련되는 정령(政令)으로 정하는 사업을 행하는 자에 출자할 수 있다.

제9조의 3 (업무의 위탁) ① 협회는 제9조 제1항의 업무나 제33조 제1항 또는 제34조 제1항의 규정에 의해 행하는 업무(다음 항에서 '제9조 제1항의 업무 등'이라 한다)에 있어서 협회가 정하는 기준을 따르는 경우에 한해 그 일부를 타인에 위탁할 수 있다.
② 전항의 기준은 동항(同項)의 규정에 의한 위탁에 따른 해당 위탁업무가 효율적으로 행해지고 아울러 제9조 제1항의 업무가 원활하게 수행되는 등 지장이 없도록

하여야 한다.
③ 협회는 제1항의 기준을 정한 때에는 지체없이 그 기준을 우정대신에게 제출하여야 한다. 이것을 변경한 때에도 같다.

제10조 (사무소) ① 협회는 주(主)사무소를 동경도(東京都)에 둔다.
② 협회는 필요한 곳에 사무소를 둘 수 있다.

제11조 (정관) ① 협회는 정관을 두고 다음 사항을 규정해야 한다.
1. 목적
2. 명칭
3. 사무소의 소재지
4. 자산 및 회계에 관한 사항
5. 경영위원회, 이사회, 및 역원(役員)에 관한 사항
6. 업무 및 그 집행에 관한 사항
7. 방송채권 발행에 관한 사항
8. 공고의 방법
② 정관은 우정대신의 인가를 받아 변경할 수 있다.

제12조 (등기) ① 협회는 주된 사무소의 변경, 부속 사무소의 신설 기타 정령(政令)에서 정하는 수속에 따라 등기를 하여야 한다.
② 전항(前項)의 규정에 의하여 등기를 필요로 하는 사항은 등기 후가 아니면 이것으로 제3자에 대항할 수 없다.

제13조 (경영위원회의 설치 및 권한) ① 협회에 경영위원회를 둔다.
② 경영위원회는 협회의 경영방침, 기타 협회의 업무의 운영에 관한 중요사항을 결정하는 권한과 책임을 가진다.

제14조 다음 사항은 경영위원회의 의결을 거치지 않으면 아니된다. 다만, 경영위원회가 경미하다고 인정한 사항은 이에 해당되지 아니한다.
1. 수지예산, 사업계획 및 자금계획

2. 수지결산
3. 방송국의 설치계획과 방송국의 개설 휴지 및 폐지
4. 제3조의 3 제1항에 규정하는 프로그램 기준 및 방송프로그램의 편집에 관한 기본계획
5. 정관의 변경
6. 제32조의 수신계약의 조항 및 수신료의 면제기준
7. 방송채권의 발행 및 차입금의 차입
8. 토지의 신탁
9. 제9조의 3 제1항에 규정하는 기준
10. 사업의 관리 및 업무의 집행에 관한 규정
11. 역원(役員)의 보수, 퇴직금 및 교재비(어떤 명목이든 이와 유사한 것을 포함)
12. 기타 경영위원회가 특히 필요하다고 인정한 사항

제15조 (경영위원회의 조직) ① 경영위원회는 위원 12인(人)으로 조직한다.
② 경영위원회에 위원장 1인을 두며, 위원의 호선으로 선출한다.
③ 위원장은 위원회의 업무를 총괄한다.
④ 경영위원회는 미리 위원 중에서 위원장에 사고가 있을 경우에 위원장의 직무를 대행하는 자를 정해 두어야 한다.

제16조 (위원의 임명) ① 위원은 공공의 복지에 관하여 공정한 판단을 할 수 있으며 넓은 경험과 지식이 있는 자 중에서 양원(兩院)의 동의를 얻어 내각 총리대신이 임명한다. 이 경우 그 선임에 있어서는 교육, 문화, 과학, 산업 기타 각 분야가 공평하게 대표될 수 있도록 고려하여야 한다.
② 전항(前項)의 임명에 있어서 위원 중 8인에 대해서는 별표(別表)에 정하는 지구(地區)에 주소를 둔 자 중에서 각 1인을, 기타 위원은 이들 지구(地區)를 통해서 4인을 임명하여야 한다.
③ 위원의 임기가 만료되거나 결원이 생겼을 경우, 국회의 폐회 또는 중의원의 해산 때문에 양원의 동의를 얻을 수 없을 때에는 내각 총리대신은 제1항의 규정에 불구하고 양원의 동의를 얻지 아니하고 위원을 임명할 수 있다. 이 경우 임명 후 최초의 국회에서 양원의 동의를 얻어야 한다.

④ 다음 각 호의 1에 해당하는 자는 위원이 될 수 없다.
1. 금고 이상의 형의 처분을 받은 자
2. 국가공무원으로서 징계면직 처분을 받고 해당 처분일부터 2년을 경과하지 아니한 자
3. 국가공무원(심의회, 협의회 등의 위원 기타 이에 준하는 지위에 있는 자로서 비상근자를 제외)
4. 정당의 역원(임명일 이전 1년간 이에 해당하는 자를 포함)
5. 방송용 수신기나 방송수신용 수신기의 제작자나 판매업자 또는 이들이 법인인 경우에는 그 역원(어떠한 명칭이거나 이와 동등이상의 직권이나 지배력을 갖는 자 포함. 이하 본조에서는 같다)이나 그 법인의 의결권의 10분의 1 이상을 갖는 자(임명일 이전 1년간에 이들이 해당되는 자 포함)
6. 방송사업자(수탁방송사업자 제외)나 신문사, 통신사, 기타 뉴스나 정보의 반포(頒布)를 업(業)으로 하는 사업자 또는 이들 사업자가 법인일 경우에는 그 역원(役員)이나 직원 또는 그 법인의 의결권의 10분의 1 이상을 갖는 자
7. 제2호에 열거한 사업자 단체의 역원(役員)
⑤ 위원의 임명에 있어서 5인 이상이 동일 정당에 속하는 일이 없도록 하여야 한다.

제17조 (임기) ① 위원의 임기는 3년으로 한다. 다만 보궐위원은 전임자의 잔여기간을 재임한다.
② 위원은 재임될 수 있다.
③ 위원은 임기가 만료되더라도 새로 위원이 임명될 때까지는 제1항의 규정에도 불구하고 계속 재임한다.

제18조 (퇴직) 위원은 제16조 제3항 후단의 규정에 의한 양원의 동의를 얻지 못한 때에는 당연퇴직한다.

제19조 (파면) 내각 총리대신은 위원이 제16조 제4항 각호의 1에 해당할 때에는 이를 파면하여야 한다.

제20조 ① 내각 총리대신은 위원이 심신의 장애로 직무를 집행할 수 없다고 인정될 때, 또는 위원이 직무상의 의무위반 기타 위원으로서 적합하지 않은 비행이 있다고 인정될 때에는 양원의 동의를 얻어 그 위원을 파면할 수 있다. 이 경우 각 의원(議院)은 그 원이 정하는 바에 따라 해당위원에게 변명의 기회를 주어야 한다.
② 내각 총리대신은 위원 중 5인 이상이 동일 정당에 속하게 된 때에는 동일정당에 속하는 자가 4인이 되도록 양원의 동의를 얻어 위원을 파면한다.

제21조 위원은 제19조의 경우가 아니면 그의 뜻에 반하여 파면되지 아니한다.

제22조 (위원의 보수) 위원은 여비 기타 업무수행에 수반되는 실비 외에 근무일수에 따라 상당한 보수를 받을 수 있다.

제23조 (의결방법 등) ① 경영위원회는 위원장 또는 제15조 제4항에 규정하는 위원장의 직무를 대행하는 자 및 6인 이상의 위원이 출석하지 않으면 회의를 열어 결정할 수 없다.
② 경영위원의 의사는 따로 규정하지 않는 한 출석위원 과반수로서 의결한다. 가부동수일 경우에는 위원장이 결정한다.
③ 회장 및 감사는 제1항의 의결에 출석하여 의견을 진술할 수 있다.

제24조 (역원) 협회에 역원(役員)으로 경영위원회 위원 외에 회장 1인, 부회장 1인, 이사 7인 이상 10인 이내 및 감사 3인 이내로 둔다.

제25조 (이사회) ① 회장, 부회장 및 이사로서 이사회를 구성한다.
② 이사회는 정관이 정하는 바에 따라 협회의 중요 업무집행에 관하여 심의한다.

제26소 (회장 등) ① 회장은 협회를 대표하며 경영위원회가 정하는 바에 따라 그 업무를 총괄한다.
② 부회장은 회장이 정하는 바에 따라 협회를 대표하며 회장을 보좌하여 협회의 업무를 관장하고 회장에 사고가 있을 때 그 직무를 대행하며 회장이 결원일 때는 그 직무를 행한다.

③ 이사는 회장이 정하는 바에 따라 협회를 대표하며, 회장 및 부회장을 보좌하여 협회의 업무를 관장하며, 회장 및 부회자에 사고가 있을 때에는 그 직무를 대행하며, 회장 및 부회장이 결원일 때에는 그 직무를 행한다.
④ 감사는 회장, 부회장 및 이사가 행한 업무를 감시한다.
⑤ 감사는 그 직무를 행하기 위해 필요한 때에는 그 발행제(發行濟) 주식 총수의 과반수에 해당하는 주식을 협회가 보유한 주식회사 또는 그 자본의 과반에 해당하는 출자구수를 협회가 보유한 유한회사(이하 '자회사'라 한다)에 대해 영업보고를 요구할 수 있다.
⑥ 다른 주식회사 발행제 주식 총수의 과반수에 해당하는 주식을 협회 및 자회사 또는 자회사가 보유하는 때에는 이 규정의 적용에 있어서 그 주식회사는 자회사로 간주하지 아니한다. 다른 유한회사의 자본 과반수에 해당하는 출자구수를 협회 및 자회사 또는 자회사가 보유한 때에도 같다.
⑦ 감사는 제5항의 규정에 의해 보고를 요구하는 경우에 있어 자회사가 지체없이 보고를 행하지 않을 때 또는 그 보고의 진부(眞否)를 확인할 필요가 있을 때에는 보고를 요구한 사항에 관해 자회사의 업무 및 재산상황을 조사할 수 있다.
⑧ 자회사는 정당한 이유가 있을 때에는 제5항의 규정에 의한 보고 또는 전항의 규정에 의한 조사를 거부할 수 있다.
⑨ 감사는 제4항의 규정에 의한 감사 결과를 경영위원회에 보고한다.

제27조 ① 회장은 경영위원회가 임명한다.
② 전항의 임명에 있어서 경영위원회는 위원 9인 이상의 다수에 의한 의결에 의하여야 한다.
③ 부회장 및 이사는 경영위원회의 동의를 얻어 회장이 임명한다.
④ 감사는 경영위원회가 임명한다.
⑤ 회장, 부회장, 이사 및 감사의 임명에 있어서는 제16조 제4항의 규정을 준용한다. 이 경우에 동항(同項) 제6호 중 '방송사업자(수탁방송사업자 제외)나 '신문사'로 되어 있는 것은 '신문사'로, '10분의 1 이상을 갖는 자'로 되어 있는 것은 '10분의 1 이상을 가진 자(임명일 이전 1년간에 이에 해당하는 자 포함)'로 동항(同項) 제7호 중 '역원(役員)'으로 되어 있는 것은 '역원(役員, 임명일 이전 1년간에 이에 해당되는 자 포함)'으로 각각 바꾼다.

제28조 ① 회장 및 부회장의 임기는 3년, 이사 및 감사의 임기는 2년으로 한다.
② 회장, 부회장, 이사 및 감사는 재임될 수 있다.
③ 회장은 임기가 만료되었을 때에도 새로 회장이 임명될 때까지는 동항(同項)의 규정에 불구하고 계속 재임한다.

제28조의 2 경영위원회 또는 회장은 각각 제27조 제1항 내지 제4항의 규정에 의하여 임명한 역원이 동조(同條) 제5항에서 준용하는 제16조 제4항 각호의 1에 해당될 때에는 해당역원(役員)이 동항(同項) 제6호의 사업자 또는 그 단체중 협회가 그 구성원인 단체의 역원이 됨으로써 동항 제6호 또는 제7호에 해당될 때를 제외하고는 이를 파면하여야 한다.

제29조 ① 경영위원회는 회장이나 감사가 직무집행에 임할 수 없다고 인정된 때, 또는 회장이나 감사에 직무상의 업무위반이나 기타 회장이나 감사로서 적합하지 못한 비행이 있다고 인정될 때에는 이를 파면할 수 있다.
② 회장은 부회장이나 이사가 직무집행에 임할 수 없을 때 또는 부회장이나 이사에 직무상의 의무위반, 기타 부회장이나 이사로서 적합하지 않은 비행이 있다고 인정될 때에는 경영위원회의 동의를 얻어 이를 파면할 수 있다.

제30조 (회장 등의 겸직금지) ① 회장, 부회장 및 이사는 영리를 목적으로 하는 단체의 역원(役員)이 되거나 자신의 영리사업에 종사할 수 없다.
② 회장, 부회장 및 이사는 방송사업(수탁방송사업 제외)에 투자할 수 없다.

제31조 (민법 등의 준용) 민법 제44조(법인의 불법행위 능력), 제50조(법인의 주소), 제54조(대표권의 제한), 제56조(가이사) 및 제57조(특별대리인)와 비송(非訟)사건수속법(1989년 법률 제14호) 제35조 제1항(가이사 등의 선임의 관할)의 규정은 협회에 준용한다.

제32조 (수신계약 및 수신료) ① 협회의 방송을 수신할 수 있는 수신설비를 설치한 자는 협회와 그 방송의 수신에 관한 계약을 하여야 한다. 다만 방송의 수신을 목적으로 하지 않는 수신설비 또는 라디오방송(음성 기타의 음향을 송출하는 방송으로서

텔레비전방송 및 다중방송에 해당하지 않는 것을 말함)이나 다중방송에 한하여 수신이 가능한 수신설비만을 설치한 자는 이에 해당하지 아니한다.
② 협회는 미리 우정대신의 인가를 받은 기준에 의하지 않고서는 전항(前項) 본문의 규정에 의하여 계약을 체결한 자로부터 징수하는 수신료를 면제하여서는 아니된다.
③ 협회는 제1항의 계약조항에 있어서 미리 우정대신의 인가를 받지 않으면 아니된다. 이를 변경하고자 할 때에도 같다.

제33조 (국제방송실시의 명령 등) ① 우정대신은 방송구역, 방송사항 기타 필요한 사항을 지정하여 협회에 국제방송을 행할 것을 명할 수 있다.
② 협회는 전항(前項)의 국제방송 프로그램의 외국에서의 송신을 외국방송사업자에 위탁하는 경우에 필요하다고 인정될 때에는 해당 외국방송사업자와의 협정에 따라 그에 관한 중계국제방송을 할 수 있다.
③ 제9조 제7항의 규정은 전항(前項)의 협정에 준용한다. 이 경우, 동조(同條) 제7항 중 '또는 변경하고자'를 '변경하거나 또는 폐지하고자'로 바꾸어 적용한다.

제34조 (방송에 관한 연구) ① 우정대신은 방송 및 그 수신의 진보발달을 도모하기 위하여 필요하다고 인정될 때에는 협회에 대해 그 사항을 정하여 연구를 명할 수 있다.
② 전항(前項)의 규정에 의하여 행한 연구의 성과는 방송사업의 발달 기타 공공의 이익이 되도록 이용되어야 한다.

제35조 (국제방송 등의 비용부담) ① 제33조의 규정에 의하여 협회가 행하는 업무에 요하는 비용은 국가의 부담으로 한다.
② 제33조의 명령은 전항(前項)의 규정에 의하여 국가가 부담하는 금액이 국회의 의결을 거친 예산의 금액을 초과하지 않는 범위 안에서 해야 한다.

제36조 (사업년도) 협회의 사업년도는 매년 4월에 시작되어 익년 3월에 끝난다.

제37조 (수지예산, 사업계획 및 자금계획) ① 협회는 매사업년도의 수지예산, 사업계획

및 자금계획을 작성하여 우정대신에 제출하여야 한다. 이를 변경하고자 할 때에도 같다.

② 우정대신이 전항(前項)의 수지예산, 사업계획 및 자금계획을 수리할 때에는 이를 검토, 의견을 붙여 내각을 경유하여 국회에 제출, 승인을 받아야 한다.

③ 전항(前項)의 수지예산, 사업계획 및 자금계획에 동항의 규정에 의하여 이를 변경시키고자 하는 취지의 의견이 첨부되었을 때에는 국회의 위원회는 협회의 의견을 들어야 한다.

④ 제32조 제1항 본문의 협정에 의하여 계약을 체결한 자로부터 징수하는 수신료의 월액(月額)은 국회가 제1항의 수지예산을 승인하는 것으로서 정해진다.

제37조의 2 ① 협회는 매 사업년도의 수지예산, 사업계획 및 자금계획이 국회의 폐회 기타 부득이한 사유로 당해 사업년도 개시일까지 승인을 받을 수 없을 때에는 3개월 이내에 한하여 사업의 경상적 운영 및 시설의 건설 또는 개수공사(국회의 승인을 받은 전사업년도의 사업계획에 근거하여 실시한 이들 공사의 계속에 관계되는 것에 한함)에 필요한 범위의 수지예산, 사업계획 및 자금계획을 작성하여 우정대신의 인가를 받아 이를 실시할 수 있다. 이 경우에 있어서 전조 제4항에 규정하는 수신료의 월액은 동항의 규정에 불구하고 전사업년도 종료일이 속하는 달의 수신료 월액으로 한다.

② 전항(前項)의 규정에 의한 수지예산, 사업계획 및 자금계획은 당해 사업년도의 수지예산, 사업계획 및 자금계획에 대한 국회의 승인이 있는 때에는 실효(實效)하며 동항의 규정에 의한 수지예산, 사업계획 및 자금계획에 근거한 수입, 지출, 사업의 실시와 아울러 자금의 조달 및 반제(返濟)는 당해 사업년도의 수지예산, 사업계획 및 자금계획에 근거한 것으로 간주하지 아니한다.

③ 우정대신은 제1항의 인가를 한 때에는 사후에 이를 보고하여야 한다.

제38조 (업무보고의 제출) ① 협회는 매사업년도의 업무보고서를 작성하고 여기에 감사의 의견서를 첨부하여 당해 사업년도 경과 후 2개월 이내에 우정대신에 제출하여야 한다.

② 우정대신은 전항(前項)의 업무보고서를 수리한 때에는 여기에 의견을 붙여 동항(同項)의 감사 의견서를 첨부해 내각을 경유, 국회에 보고하여야 한다.

③ 협회는 제1항의 규정에 의하여 작성한 업무보고서를 각 사무소에 비치하여야 한다.

제39조 (지출의 제한 등) ① 협회의 수입은 제9조 제1항 내지 제3항까지의 업무 수행 이외의 목적으로 지출해서는 아니된다.
② 협회는 제9조 제3항의 업무에 관한 경리에 있어서는 기타의 경리와 구분하여 특별한 감정(勘定)을 인정하여 정리하여야 한다.

제40조 (대차대조표 등의 제출) ① 협회는 매사업년도의 재산목록, 대차대조표 및 손익계산서(이하 본조에서는 '재무제표'라 한다)와 이에 관한 설명서를 작성하고 여기에 감사의 의견서를 첨부하여 당해 사업년도 경과 후 2개월 이내에 우정대신에게 제출하여야 한다.
② 우정대신은 전항(前項)의 서류를 수리한 때에는 이를 내각에 제출하여야 한다.
③ 내각은 전항(前項)의 서류를 회계검사원(檢查院)의 검사를 거쳐 국회에 제출하여야 한다.
④ 제38조 제3항의 규정은 제1항의 규정에 의하여 작성한 재무제표에 대하여 준용한다.

제41조 (회계검사원의 검사) 협회의 회계에 대하여는 회계검사원(會計檢查院)이 검사한다.

제42조 (방송채권) ① 협회는 방송설비의 건설이나 개수(改修)의 자금에 충당하기 위하여 대장대신의 인가를 받아 방송채권을 발행할 수 있다.
② 전항(前項)의 방송채권의 발행액은 회계검사원의 검사를 거친 최근 사업년도의 대차대조표에 의한 협회의 순재산액의 3배를 초과할 수 없다.
③ 협회는 제1항의 규정에 의하여 방송채권을 발행한 때에는 매사업년도말 현재의 발행채권 미상각액(未償却額)의 10분의 1에 상당하는 액수를 상각적립금으로 적립하여야 한다.
④ 협회는 방송채권을 상각하는 경우에 한하여 전항(前項)에서 규정하는 적립금을 충당할 수 있다.

⑤ 협회의 방송채권의 채권자는 협회의 재산에 대하여 다른 채권자에 우선하여 자기채권의 변제를 받을 권리를 가진다.
⑥ 전항(前項)의 선(先)취득권의 순서는 민법의 일반적 선(先)취득권의 순서에 따른다.
⑦ 전(前)6항에서 정하는 것 외에 방송채권에 관한 필요한 사항에 대하여는 정령(政令)이 정하는 바에 따라 상법(1900년 법률 제48호) 및 비송(非訟)사건수속법의 사채에 관한 규정을 준용한다.

제43조 (방송의 휴지 및 폐지) ① 협회는 우정대신의 인가를 받지 아니하고는 그 방송국을 폐지 또는 그 방송을 12시간 이상 휴지(休止)할 수 없다. 다만 불가항력에 의한 경우에는 이에 해당하지 아니한다.
② 협회는 그 방송을 휴지한 때에는 전항(前項)의 인가를 받은 경우를 제외하고는 지체없이 그 사항을 우정대신에 제출하여야 한다.

제44조 (방송프로그램의 편집 등) ① 협회는 국내방송의 방송프로그램 편집 및 방송을 함에 있어서 제3조의 2 제1항 및 다음 각호에 정한 바에 따라야 한다.
 1. 풍부하고 양질의 방송프로그램을 방송함으로써 공중의 요망을 만족시킴과 아울러 문화수준의 향상에 기여하도록 최대한 노력할 것
 2. 전국대상 프로그램 외에 지방대상 방송프로그램을 갖출 것
 3. 우리나라의 과거 우수한 문화보존과 더불어 새로운 문화의 육성과 보급에 힘쓸 것
② 협회는 공중의 요망을 파악하기 위하여 정기적으로 과학적인 여론조사를 실시하고 그 결과를 공표하여야 한다.
③ 제3조의 2 제2항의 규정은 협회의 중파방송 및 초단파방송의 프로그램 편집에 대하여 준용한다.
④ 협회는 국제방송의 프로그램 편집 및 방송 또는 외국방송사업자에 제공하는 방송프로그램 편집에 있어서는 우리나라의 문화, 산업 기타 사정을 소개하여 우리나라에 대한 올바른 인식을 북돋우며 보급하는 등 국제친선의 증진과 경제교류의 발전에 기여함과 아울러 해외동포에 적절한 위안을 주도록 하여야 한다.

제44조의 2 (방송프로그램 심의회) ① 협회는 제3조의4 제1항의 심의기관으로 국내방송에 관한 중앙방송 프로그램 심의회(이하 '중앙심의회'라 한다) 및 지방방송 프로그램 심의회(이하 '지방심의회'라 한다)와 국제방송에 관한 국제방송 프로그램 심의회(이하 '국제심의회'라 한다)를 둔다.
② 지방심의회는 정령(政令)에서 정하는 지역마다 둔다.
③ 중앙심의회는 위원 15인 이상, 지방심의회는 7인 이상, 국제심의회는 위원 10인 이상으로 조직한다.
④ 중앙심의회 및 국제심의회의 위원은 학식과 경험이 있는 자 중에서 경영위원회의 동의를 얻어 회장이 위촉한다.
⑤ 지방심의회의 위원은 학식과 경험이 있는 자로서 해당 지방심의회에 관계되는 제2항에 규정하는 지역에 주소를 둔 자 중에서 회장이 위촉한다.
⑥ 제3조의4 제2항의 규정에 따라 협회의 자문에 응하여 심의하는 사항은 중앙심의는 국내방송에 관한 동조(同條) 제3항에 규정하는 사항 및 전국대상 방송프로그램에 관한 사항, 지방심의는 제2항에 규정하는 지역대상의 방송프로그램에 관한 사항, 국제심의회는 국제방송에 관한 제3조의 4 제3항에 규정하는 사항 및 국제방송의 프로그램에 관한 사항으로 한다.
⑦ 협회는 제2항에 규정하는 지역대상 방송프로그램의 편집 및 방송에 관한 계획을 정하거나 이를 변경하고자 할 때에는 지방심의회에 자문하여야 한다.
⑧ 제3조의 4 제2항의 규정에 따라 협회에 대하여 의견을 개진할 수 있는 사항은 중앙심의회 및 지방심의회는 국내방송의 방송프로그램에 관한 것, 국제심의회는 국제방송의 방송프로그램에 관한 것으로 한다.

제45조 (후보자 방송) 협회가 공선(公選)에 의한 공직의 후보자에 정견(定見)방송 기타 선거운동에 관한 방송을 하게 한 경우에는 그 선거에 있어서 타(他)후보자의 정구가 있을 때에는 동등한 조건으로 방송을 하게 하여야 한다.

제46조 (광고방송의 금지) ① 협회는 타인(他人)의 영업에 관한 광고방송을 하여서는 아니된다.
② 전항(前項)의 규정은 방송프로그램 편집상 필요하고 또한 타인(他人)의 영업에 관한 광고를 위한 것이 아니라고 인정되는 경우에 있어서 저작자나 영업자의 성명

또는 명칭 등의 방송을 방해하지 아니한다.

제47조 (방송설비 양도 등의 제한) ① 협회는 우정대신의 인가를 받지 아니하면 방송설비의 전부 또는 일부를 양도, 임대, 담보제공, 그 운용의 위탁 기타 어떠한 방법이든 간에 이를 타인(他人)의 지배에 속하도록 할 수 없다.
② 우정대신은 전항(前項)의 인가를 하고자 할 때에는 양원의 동의를 얻지 않으면 아니된다. 다만 협회가 제9조 제2항, 제4항 또는 제3항 제1호의 업무를 행하는 경우에는 이에 해당하지 아니한다.

제48조 및 제49조 삭제

제50조 (해산) ① 협회의 해산에 관하여는 따로 법률로 정한다.
② 협회가 해산한 경우에 협회의 잔여재산은 국가에 귀속한다.

제2장의 2 방송대학학원(學園)

제50조의 2 (방송프로그램의 편집 등) ① 제3조의 2 제2항 및 제4항, 제3조의 3, 제3조의 4 및 제6조의 2 규정은 학원에 적용하지 아니한다.
② 제43조 및 제46조의 규정은 학원에 준용한다.

제3장 일반방송사업자

제51조 (방송프로그램 심의기관) ① 일반방송사업자의 심의기관은 위원 7인(다중방송을 전문적으로 행하는 일반방송사업자의 심의기관은 우정성령으로 정하는 7인 미만의 인원) 이상으로 조직한다.
② 일반방송사업자의 심의기관의 위원은 학식과 경험이 있는 자 중에서 해당 일반방송사업자가 위촉한다.
③ 일반봉송사업자의 방송국 방송구역(전파법 제14조 제3항 제3호의 방송구역을

말함) 또는 위탁하여 방송시키는 구역(이하 이 항에 있어서만 '방송구역등'이라 한다)과 다른 일반방송사업자의 방송구역들이 중복되는 경우에 있어 그 중복되는 부분이 해당 어느 한 일반방송사업자의 방송구역등의 3분의 2이상이 될 때 또는 그 중복되는 부분의 방송구역등의 구역내 인구가 해당 어느 한 일반방송사업자의 방송구역내의 인구 3분의 2 이상이 될 때에는 이들 일반방송사업자는 공동으로 심의기관을 둘 수 있다. 이 경우 전항(前項)의 규정에 의한 심의기관의 위원 위촉은 이들 일반방송사업자가 공동으로 위촉한다.

제51조의 2 (광고방송의 식별을 위한 조치) 일반방송사업자는 대가를 받고 광고방송을 행하는 경우에는 그 방송을 수신하는 자가 그 방송이 광고방송임을 분명하게 식별할 수 있도록 하여야 한다.

제52조 (후보자 방송) 일반방송사업자가 그 설비에 의하여 또는 다른 방송사업자의 설비를 통해 공선(公選)에 의한 공직의 후보자에 정견(政見)방송 기타 선거운동에 관한 방송을 하게 한 경우에는 그 선거에 있어서의 타(他)후보자의 청구가 있을 때에는 요금의 징수여부에 관계없이 동등한 조건으로 방송을 하게 하여야 한다.

제52조의 2 (학교대상 방송에서의 광고의 제한) 일반방송사업자는 학교대상 교육프로그램의 방송을 실시하는 경우에 그 방송프로그램에 학교교육에 저해된다고 인정되는 광고를 포함할 수 없다.

제52조의 3 (방송프로그램의 공급에 관한 협정의 제한) 일반방송사업자는 특정인으로부터만 방송프로그램의 공급을 받는 조항을 포함하는 방송프로그램의 공급에 관한 협정을 체결해서는 아니된다.

제52조의 4 (유료방송) ① 유료방송(계약에 의하여 그 방송을 수신할 수 있는 수신설비를 설치하여 해당 수신설비에 의한 수신에 관하여 요금을 지불하는 자에 의하여 수신되는 것을 목적으로 하고 해당 수신설비에 의하지 아니하고는 수신할 수 없도록 하여 행하는 방송을 말함. 이하 같다)을 행하는 일반방송사업자(이하 '유료방송사업자'라 한다)는 해당 유료방송의 역무(役務)의 요금, 기타의 제공조건에 관하여

계약정관을 정하여 우정대신의 인가를 받아야 한다. 해당 계약약관을 변경하고자 할 때에도 또한 같다.
② 우정대신은 전항(前項)의 인가신청이 다음 각호에 적합하다고 인정될 때에는 동항(同項)의 인가를 하여야 한다.
  1. 역무(役務)의 요금이 업무의 효율적인 운영하에서의 원가에 비추어 타당할 것.
  2. 유료방송사업자 및 그 수신자(유료방송사업자와의 사이에 유료방송의 역무(役務)의 제공을 받는 계약을 체결하는 자를 말함. 제52조의 7에 있어서도 이하 같다)의 책임에 관한 사항이 적절하고도 명확하게 규정되어 있을 것.
  3. 특정인에 대하여 부당한 차별취급을 하는 것이 아닐 것.
③ 유료방송사업자는 제1항의 인가를 받은 계약약관 이외의 제공조건에 의하여 유료방송의 역무(役務)를 제공해서는 아니된다.
④ 유료방송사업자는 제1항의 인가를 받은 계약약관을 영업소나 기타 사업소에 공중이 쉽게 볼 수 있도록 게시하여야 한다.

제52조의 5 누구도 전조(前條) 제1항의 인가를 받은 계약약관에 근거하여 유료방송사업자와 그 유료방송의 역무(役務)의 제공을 받는 계약을 하지 않고서는 해당 유료방송을 수신해서는 아니된다.

제52조의 6 유료방송사업자는 정당한 이유없이 유료방송의 역무(役務)의 제공을 거부해서는 아니된다.

제52조의 7 우정대신은 유료방송의 역무(役務)의 요금 기타 제공조건이 사회적·경제적 사정의 변동에 의하여 현저하게 부적당하게 되어 수신자의 이익을 저해하고 있다고 인정될 때에는, 유료방송사업자에 대하여 제52조의 4 제1항의 인가를 받은 계약약관의 변경인가를 신청할 것을 명할 수 있다.

제52조의 8 (외국인 등이 취득한 주식의 취급) ① 증권취인소에 상장되어 있는 주식 또는 이에 준하는 것으로서 우정성령(令)으로 정하는 주식을 발행하고 있는 회사인 일반방송사업자는 그 주식을 취득한 전파법 제5조 제1항 제1호 내지 제3호까지에 게시(揭示)하는 자(이하 '외국인 등'이라 한다)로부터 그의 성명 및 주소를 주주명

부에 기재할 것을 청구받은 경우에 있어, 그 청구에 응함으로 인하여 동항(同項) 제4항 제2호(수탁방송사업자는 동조(同條) 제1항 제4호)에 해당되게 되면 그 성명 및 주소를 주주명부에 기재하는 것을 거부할 수 있다.

② 전항의 일반방송사업자는 우정성령(令)에서 정한 바에 따라 외국인 등이 그의 결권에서 점하는 비율을 공고하여야 한다. 다만 그 비율이 우정성령(令)에서 정하는 비율에 미달할 때에는 이에 해당하지 아니한다.

제3장의2 수탁방송사업자

제52조의 9 (역무의 제공의무 등) ① 수탁방송사업자는 위탁방송사업자로부터 그 방송프로그램에 대해 해당 위탁방송사업자에 관계된 제52조의14 제2항의 인정증에 기재된 동조(同條) 제3항 제3호 내지 제6호까지에 열거하는 사항(다음 항에 '인정증(認定證) 기재사항'이라 한다)에 따라 방송위탁의 신청을 받은 때에는 정당한 이유없이 이를 거부할 수 없다.

② 수탁방송사업자는 위탁방송사업자 이외의 자로부터 방송프로그램의 방송 위탁신청을 받았을 때 또는 위탁방송사업자로부터 그 방송프로그램에 있어서 인정증 기재사항에 따르지 않는 방송 위탁신청을 받았을 때에는 이를 승낙하여서는 아니된다.

제52조의10 (역무제공 조건) ① 수탁방송사업자는 위탁방송사업자의 위탁에 의해 그 방송프로그램을 방송하는 역무(이하 '수탁방송 역무'라 한다)의 요금 기타 우정성령(令)으로 정하는 제공조건을 정하여 그 실시전에 우정대신에게 신고해야 한다. 이것을 변경하고자 할 때에도 같다.

② 전항(前項)의 제공조건은 다음의 각호에 적합해야 한다.
  1. 수탁방송 역무(役務)의 요금이 업무의 능률적인 운영하에 있어서 원가에 비추어 타당할 것
  2. 수탁방송 역무(役務)의 제공에 관한 계약의 체결 및 해제, 수탁방송 역무(役務)의 제공정지와 아울러 수탁방송사업자와 위탁방송사업자의 책임에 관한 사항이 적정하고 명확히 정해져 있을 것

3. 위탁방송사업자에 부당한 의무를 부과하지 않을 것
③ 수탁방송사업자는 제1항의 규정에 따라 신고한 제공조건 이외의 제공조건에 의해 수탁방송 역무(役務)를 제공해서는 아니된다.

제52조의 11 (변경명령) 우정대신은 수탁방송사업자가 전조(前條) 제1항의 규정에 의해 신고한 제공조건이 동조(同條) 제2항 각호에 적합하지 않아 해당 제공조건에 의한 수탁방송 역무(役務)의 제공이 위탁방송 업무운영을 저해하고 있다고 인정될 때에는 해당 수탁방송사업자에 대해 해당 제공조건을 변경할 것을 명할 수 있다.

제52조 12 (방송프로그램의 편집 등) 제1장의 2 및 제3장(제52조의 8 제외)의 규정은 수탁방송사업자에게는 적용하지 아니한다.

제3장의 3 위탁방송사업자

제52조의 13 (인정) ① 위탁방송업무를 행하고자 하는 자는 다음 각호에 적합한가에 대해서 우정대신의 인정(認定)을 받아야 한다.
1. 수탁방송 역무(役務)의 제공을 받는 것이 가능할 것
2. 해당 업무를 유지하는 데 충분한 재정적 기반이 있을 것
3. 위탁된 방송에서의 표현의 자유가 가능한 한 많은 사람에 의해 향유될 수 있도록 하기 위해 우정성령(令)으로 정한 기준에 합치할 것
4. 그 인정을 하는 것이 방송보급 및 건전한 발달을 위해 적절할 것
5. 해당업무를 행하고자 하는 자가 다음 ⓐ 내지 ⓘ까지 어느 것에도 해당되지 않을 것
   ⓐ 일본국적을 갖고 있지 않은 자
   ⓑ 외국정부 또는 그 대표자
   ⓒ 외국의 법인 또는 단체
   ⓓ 법인 또는 단체로 ⓐ 내지 ⓒ까지 언급된 자가 업무를 집행하는 역원(役員)일 것 또는 이러한 자가 그 결의권의 5분의 1 이상을 점하는 것
   ⓔ 이 법률에 규정하는 죄를 범하여 벌금 이상의 형에 처해져 그 집행을 끝마

쳤거나 그 집행을 받은 것이 없어진 날로부터 2년을 경과하지 않은 자
ⓕ 제52조의 23 또는 제52조의 24 제2항(제5호 제외)의 규정에 의해 인정취소를 받고, 그 취소일로부터 2년을 경과하지 않은 자
ⓖ 전파법 제75조의 규정에 의해 방송국의 면허를 취소받고 그 취소일로부터 2년을 경과하지 않은 자
ⓗ 전파법 제76조 제2항 제3호의 규정에 의해 방송국의 면허를 취소받고(이 법률 또는 이 법률에 근거한 명령 또는 처분에 위반해 받은 동조(同條) 제1항의 규정에 의한 방송국 운용의 정지명령 또는 운용허용시간, 주파수 또는 공중선 전력제한에 관한 것에 한함) 그 취소일로부터 2년을 경과하지 않은 자
ⓘ 법인 또는 단체로서 그 역원(役員)이 ⓔ 내지 ⓗ의 어느 것에 해당하는 자
② 전항(前項)의 인정을 받고자 하는 자는 우정성령(令)에서 정한 바에 따라 다음의 사항을 기재한 신청서를 우정대신에게 제출해야 한다.
1. 성명이나 명칭 및 주소, 법인의 경우 그 대표자의 성명
2. 위탁해서 행하는 방송의 종류
3. 희망하는 위탁의 상대방
4. 위탁 상대방의 인공위성방송국에 관해 희망하는 인공위성의 궤도나 위치
5. 위탁해서 행하는 방송에 관해 희망하는 주파수
6. 업무개시 예정일
7. 위탁방송사업(위탁해서 행하는 방송의 방송사항을 말함. 이하 같음)
③ 전항(前項)의 신청서에는 사업계획서·기타 우정성령(令)에서 정한 서류를 첨부해야 한다.

제52조의 14 (지정사항 및 인정증) ① 전조(前條) 제1항의 인정은 다음의 사항을 지정해서 행한다.
1. 위탁의 상대방
2. 위탁 상대방의 인공위성방송국에 관해 인공위성의 궤도나 위치
3. 위탁해서 행하는 방송에 관한 주파수
② 우정대신은 전조(前條) 제1항의 인정을 한 때에는 인정증을 교부한다.
③ 인정증에는 다음의 사항을 기재한다.

1. 인정 연월일 및 인정번호
2. 인정받는 자의 성명 또는 명칭
3. 위탁해서 행하는 방송의 종류
4. 위탁의 상대방
5. 위탁 상대방의 인공위성 방송국에 관한 인공위성의 궤도나 위치
6. 위탁해서 행하는 방송에 관한 주파수
7. 위탁방송 사항

제52조의 15 (업무의 개시 및 휴지의 신고) ① 위탁방송사업자는 제52조의13 제1항의 인정을 받은 때에는 지체없이 그 업무의 개시기일을 우정대신에게 신고해야 한다.
② 위탁방송업무를 1개월 이상 휴지(休止)할 때에는 위탁방송사업자는 그 휴지기간을 우정대신에게 신고해야 한다. 휴지기간을 변경할 때에도 같다.

제52조의 16 (인정의 갱신) ① 제52조의 13 제1항의 인정은 5년마다 갱신을 받지 않으면 그 효력을 상실한다.
② 우정대신은 전항(前項)의 갱신 신청이 있을 때에는 제52조의 13 제1항 제3호에 적합하지 않다고 인정할 경우를 제외하고 그 갱신을 하지 않으면 아니된다.

제52조의 17 (위탁방송사항 등의 변경) ① 위탁방송사업자는 위탁방송사항을 변경하고자 할 때에는 미리 우정대신의 허가를 받아야 한다.
② 우정대신은 전파법의 규정에 따라 위탁방송사업자의 위탁 상대방(이하 '위탁 상대방'이라 한다) 이외의 자가 해당 위탁에 관한 인공위성의 궤도나 위치 및 주파수를 그 면허장에 기재해야 할 수탁국내방송을 하는 무선국의 면허를 받았을 때, 위탁의 상대방이 해당 위탁에 관한 인공위성의 궤도나 위치 또는 주파수에 대해 변경허가 또는 지정변경을 받은 때, 기타 이에 준하는 것으로 우정성령(슈)에서 정하는 때에는 해당 위탁방송사업자의 신청에 따라 제52조의 14 제1항 각호에 언급한 사항의 지정을 변경한다.

제52조의 18 (승계) ① 위탁방송사업자에 대해 상속이 있을 때에는 그 상속인은 위탁방송사업자의 지위를 승계(承繼)한다. 이 경우에는 상속인은 지체없이 그 사실을

증명하는 서면을 첨부해 그 취지를 우정대신에게 신고해야 한다.
② 위탁방송사업자와 법인이 합병한 경우는 합병 후 존속하는 법인 또는 합병에 의해 설립된 법인은 우정대신의 인가를 받은 위탁방송사업자의 지위를 승계할 수 있다.
③ 제52조의 13 제1항의 규정은 전항(前項)의 인가에 준용한다.

제52조의 19 (인정증의 정정) 위탁방송사업자는 인정증에 기재한 사항에 변경이 생긴 때에는 그 인정증을 우정대신에게 제출하여 정정을 받아야 한다.

제52조의 20 (업무의 폐지) 위탁방송사업자가 그 업무를 폐지하는 때에는 그 취지를 우정대신에게 신고해야 한다.

제52조의 21 위탁방송사업자가 위탁방송업무를 폐지한 때에는 제52조의 13 제1항의 인정은 그 효력을 상실한다.

제52조의22 (인정증의 반납) 제52조의 13 제1항의 인정이 그 효력을 상실한 때에는 위탁방송사업자이었던 자는 1개월 이내에 그 인정증을 반납해야 한다.

제52조의 23 (인정의 취소 등) 우정대신은 위탁방송사업자가 제52조의 13 제1항 제5호 (ⓕ 제외)의 규정에 해당하는 때에는 그 인정을 취소시켜야 한다.

제52조의 24 ① 우정대신은 위탁방송사업자가 이 법률이나 이 법률에 기초한 명령 또는 처분에 위반한 때에는 3개월 이내의 기간을 정하여 위탁방송업무의 정지를 명할 수 있다.
② 우정대신은 위탁방송사업자가 다음 각호의 1에 해당하는 때에는 그 인정을 취소할 수 있다.
 1. 정당한 이유없이 위탁방송업무를 6개월 이상 계속 휴지한 때
 2. 부정한 수단에 의해 제52조의 13 제1항의 인정 또는 제52조의 17 제1항의 면허를 받았을 때
 3. 전항(前項)의 규정에 의한 명령에 따르지 않았을 때

4. 방송국 면허를 받은 위탁방송사업자가 그 면허를 전파법 제76조 제2항의 규정에 따라 취소되었을 때
5. 위탁 상대방의 인공위성 방송국의 면허가 그 효력을 상실한 때

제52조의 25 우정대신은 전(前) 2조(條)의 규정에 의한 처분을 할 때에는 이유를 기재한 문서를 그 위탁방송사업자에게 송부해야 한다.

제52조의 26 (통지) 우정대신은 제52조의 20의 규정에 의한 업무의 폐지신고를 받았을 때나 제52조의 23 또는 제52조의 24 제2항의 규정에 의한 인정취소 또는 동조(同條) 제1항의 규정에 의한 업무정지 명령을 한 때에는 그 취지를 해당 신고, 취소 또는 명령에 관한 위탁방송사업자의 위탁 상대방에 통지한다.

제52조의 27 (독체규정) 위탁방송사업자에 대해서 제1장의 2 및 제3장의 규정을 적용하는 경우에는 제3조의 2 제1항 및 제3조의 3 제2항 중 '국내방송'은 '수탁국내방송'으로, 제3조의 2 제3항 중 '방송에'는 '방송의 위탁에'로, 동조(同條) 제4항 중 '을 행한다'는 '을 위탁해서 행한다'로, 제3조의 5 중 '방송사항'은 '위탁방송사항(위탁해서 행하는 방송의 방송사항을 말한다)'으로, 동조(同條) 제51조 제1항, 제51조의 2 및 제52조의 2 중 '행한다'는 '위탁해서 행한다'로, '방송을 한 사항'은 '위탁해서 방송을 행한 사항'으로, '하여야 한다'는 '위탁해서 행하여야 한다'로, 동조 제2항 중 '그'를 '그 위탁하여 행한'으로, 제6조 중 '해서는 아니된다'는 '위탁하여 행해서는 아니된다'로 제6조의 2 중 '을 한다'는 '을 위탁해서 행한다'로, 제52조 중 '그 설비에 의해서나 다른 방송사업자의 설비를 통해서'는 '수탁방송사업자의 설비에 의해', 제52조의 4 제1항 중 '계약에 의해'는 '그 방송을 위탁해서 행하는 자와의 계약에 의해'로 '을 말한다'는 '을 위탁해서 행하는 것을 말한다'로 제52의 5 중 '해당 유료방송'은 '해당 역무(役務)에 관한 방송'으로 '에 의해 해당 유료방송'은 '에 의해 당해방송'으로, 제52조의 8 제1항 중 '전파법 제5조 제1항 제1호 내지 제3호까지'는 '제52조의 13 제1항 제5호 ⓐ 내지 ⓒ까지'로, '동조(同條) 제4항 제2호(수탁방송사업지에 있어서는 동조(同條) 제1항 제4호)'는 '동호 ⓑ'로 독체(讀替)한다.

제4장 방송프로그램 센터

제53조 (지정) ① 우정대신은 방송의 건전한 발달을 도모하기 위해 설립된 민법 제34조의 법인에서 다음 조에 규정하는 업무를 적정하고 확실하게 행할 수 있다고 인정되는 사항을 그 신청에 따라 전국에 1개에 한해 방송프로그램 센터(이하 '센터'라 한다)를 지정할 수 있다.

② 우정대신은 전항(前項)의 신청을 한 자가 다음 각호의 1에 해당하는 때에는 동항(同項)의 규정에 의한 지정을 하여서는 아니된다.
　1. 제53조의 7 제1항의 규정에 의해 지정을 취소받았거나 그 취소한 날로부터 2년을 경과하지 안은 자일때
　2. 그 역원(役員) 중에 이 법률에서 규정하는 죄를 범해 형에 처해져 그 집행을 마쳤거나 그 집행을 받은 것이 없어진 날로부터 2년을 경과하지 않은 자일때

③ 우정대신은 제1항의 규정에 의한 지정을 한 때에는 해당지정을 받은 센터의 명칭, 주소 및 사무소의 소재지를 공시해야 한다.

④ 센터는 그 명칭, 주소 또는 사무소의 소재지를 변경하고자 할 때에는 변경하고자 하는 날의 2주간 전까지 그 취지를 우정대신에게 신고해야 한다.

⑤ 우정대신은 전항(前項)의 규정에 의한 신고가 있을 때에는 그 취지를 공시해야 한다.

제53조의 2 (업무) 센터는 다음의 업무를 행한다.
　1. 방송프로그램의 수집, 보관 및 공중에 시청시키는 일
　2. 방송프로그램에 관한 정보를 수집, 분류, 정리, 보관하는 일
　3. 방송프로그램에 관한 정보를 정기적으로나 시의에 따라 또는 의뢰에 따라 제공하는 일
　4. 전(前)3호에 언급한 업무에 부대(附帶)한 업무를 행하는 일

제53조의 3 (수집의 기준 등) ① 센터는 방송프로그램의 수집기준을 정하여 이에 따라 방송프로그램을 수집한다.

② 센터는 방송사업자(수탁방송사업자 제외)에 대해 센터가 방송프로그램의 수집에 필요한 한도에서 정한 기준 및 방법에 따라 방송프로그램에 관한 정보 제출을

요구할 수 있다.
③ 센터는 전항(前項)의 규정에 의한 요구에 응하여 제출된 정보를 전조(前條)에
규정하는 업무용 이외의 용도에 제공할 수 없다.
④ 센터는 제1항에 규정하는 방송프로그램의 수집기준과 아울러 제2항에 규정하는
방송프로그램에 관한 정보제출에 관한 기준 및 방법(이하 '수집기준 등'이라 한다)
을 정한 경우에는 우정성령(令)에 정한 바에 따라 이를 공표해야 한다. 이를 변경
할 때에도 같다.

제53조의 4 (방송프로그램 수집 자문위원회) ① 센터는 방송프로그램 수집 자문위원회
(이하 '자문위원회'라 한다)를 둔다.
② 자문위원회는 센터의 자문에 응하여 수집기준 등에 관한 사항을 심의한다.
③ 센터는 수집기준 등을 정하거나 이를 변경하고자 할때 자문위원회에 자문하여
야 한다.
④ 센터는 자문위원회가 제2항의 규정에 의해 자문에 응해 답신한 때에는 이를 존
중하여 필요한 조치를 취하여야 한다.
⑤ 자문위원회의 위원은 협회가 추천하는 자, 학원(學園)이 추천하는 자, 일반방송
사업자(수탁방송사업자 제외)가 조직하는 단체가 추천하는 자 및 학식과 경험을
가진 자 중에서 센터의 대표자가 위촉한다.

제53조의 5 (사업계획 등의 제출) ① 센터는 매사업년도의 사업계획 및 수지예산을 작
성하여 당해사업년도의 개시전에(제53조의 제1항의 규정에 의한 지정을 받은 날이
속하는 사업년도에 있어서는 그 지정을 받은 후 지체없이) 우정대신에게 제출해야
한다. 이를 변경하고자 할 때에도 같다.
② 센터는 매사업년도의 사업보고서 및 수지결산서를 작성하여 당해사업년도 경과
후 3개월 이내에 우정대신에게 제출해야 한다.

제53조의 6 (감독명령) 우정대신은 이 장의 규정을 시행하는 목적에 필요한 한도에서
센터에 대해 제53조의 2에 규정하는 업무에 관해 감독상 필요한 명령을 할 수 있
다.

제53조의 7 (지정의 취소) ① 우정대신은 센터가 다음 각호의 1에 해당할 때에는 그 지정을 취소할 수 있다.
  1. 제53조의 2에 규정하는 업무를 적정하고 확실하게 실시할 수 없다고 인정될 때
  2. 이 장의 규정에 위반한 때
  3. 제53조 제2항 제2호의 규정에 해당하게 될 때
  4. 전조(前條)의 규정에 의한 명령에 위반한 때
  5. 부정한 수단에 의해 지정을 받았을 때
② 우정대신은 전항(前項)의 규정에 의해 지정을 취소한 때에는 그 취지를 공시해야 한다.

제5장 잡칙

제53조의 8 (자료의 제출 등) 우정대신은 이 법률의 시행에 필요한 한도에서 정령(政令)이 정하는 바에 따라 방송사업자에 대하여 그 업무에 관한 자료의 제출을 요구할 수 있다.

제53조의 9 우정대신은 다중방송의 보급을 돕기 위하여 우정성령(令)이 정하는 바에 따라 협회 또는 초단파방송이나 텔레비전방송을 행하는 일반방송사업자(위탁방송사업자 제외)에 대하여 그 초단파방송 또는 텔레비전방송의 방송설비를 다중방송용으로 제공하기 위한 계획(방송사항, 방송설비의 이용주체 등에 관한 사항 포함)의 책정 및 그 제출을 요구할 수 있다.

제53조의 10 (전파감리심의회에의 자료) ① 우정대신은 다음에 열거하는 경우에는 전파감리심의회에 자문하고 그 의결을 존중하여 조치하여야 한다.
  1. 제2조의 2 제1항 또는 제4항의 규정에 의하여 방송보급 기본계획을 정하거나 변경하고자 할 때
  2. 제9조 제7항(제33조 제3항에 있어 준용하는 경우를 포함) (중계 국제방송의 협정의 인가), 동조(同條) 제8항(임의적 업무의 인가), 제9조의 2(우주개발사업

단 등에의 출자의 인가), 제11조 제2항(정관변경의 인가), 제32조 제2항 및 제3항(수신료 면제의 기준 및 수신계약 조항의 인가), 제33조 제1항(국제방송실시의 명령), 제34조 제1항(방송에 관한 연구의 실시명령), 제37조의 2 제1항(수지예산 등의 인가), 제43조 제1항(제50조 제2항에 있어서 준용하는 경우 포함)(방송의 폐지 또는 휴지의 인가), 제47조(방송설비의 양도 등의 인가), 제52조의 4 제1항(유료방송의 역무 계약약관의 인가), 제52조의 7(유료방송의 역무 계약약관의 변경인가 신청명령), 제52조의 11(수탁방송 역무의 제공조건의 변경명령), 제52조의 13 제1항(위탁방송업무에 관한 인정), 제52조의 17 제1항(위탁방송사항 변경의 허가), 또는 제53조 제1항(센터의 지정)의 규정에 의한 처분을 하고자 할 때

3. 제37조 제2항의 규정에 의하여 협회의 수지예산, 사업계획 및 자금계획에 대하여 의견을 붙이고자 할 때
4. 제52조의 24 제2항(위탁방송업무에 관한 인정취소)이나 제53조의 7 제1항(센터의 지정취소)의 규정에 의한 처분을 하고자 할 때
5. 제52조의 13 제1항 제3호(위탁방송업무에 관한 인정기준)의 규정에 의한 우정성령(令)을 제한하거나 변경하고자 할 때

② 전항(前項) 각호(제4호 제외)의 사항 중 전파감리심의회가 경미하다고 인정하는 사항에 대해서는 우정대신은 전파감리심의회에 자문하지 아니하고 조처를 할 수 있다.

제53조의 11 (청문) ① 전파감리심의회는 전항(前條) 제1항 제4호 및 제5호의 규정에 따라 자문을 받은 경우에는 청문을 행하여야 한다.
② 전파법 제99조의 12 제3항 내지 제7항까지의 규정은 전항(前項)의 청문에 준용한다.

제53조의 12 (권고) ① 전파감리심의회는 제53조의 10 제1항 각호의 사항 기타 방송의 규율에 관하여 우정대신에게 필요한 권고를 할 수 있다.
② 우정대신은 전항(前項)의 권고를 받은 때에는 그 내용을 공표함과 아울러 이를 존중하여 필요한 조치를 하여야 한다.

제53조의 13 (이의신청 및 소송) 전파법 제7장 및 제115조의 규정은 이 법률의 규정에 의한 우정대신의 처분에 대해 이의신청 및 소송에 대하여 준용한다.

제6장 벌칙

제54조 ① 협회의 역원(役員)이 그 직무와 관련, 뇌물을 받거나 이를 요구 또는 약속한 때에는 3년 이하의 징역에 처한다.
② 협회의 역원(役員)이 되고자 하는 자가 그 담당하고자 하는 직무에 관하여 청탁을 받고 뇌물을 받거나 요구 또는 약속한 때에는 협회의 역원(役員)이 된 경우 전항(前項)과 같은 형에 처한다.
③ 협회의 역원(役員)이었던 자가 재직 중 청탁을 받고 직무상 부정행위를 하고 또는 상당한 행위를 하지 아니한 일에 관련하여 뇌물을 받았거나 이를 요구 또는 약속한 때에는 제1항과 같은 형에 처한다.
④ 제3항에서 규정하는 뇌물을 공여하거나 그를 제의 또는 약속한 자는 3년 이하의 징역이나 100만엔 이하의 벌금에 처한다.
⑤ 제1항 내지 제3항의 경우에 있어서 협회의 역원(役員)이 받은 뇌물은 이를 몰수한다. 그 전부 또는 일부를 몰수할 수 없을 때에는 그 상액(償額)을 징수한다.

제55조 다음 각호의 1에 해당하는 경우에는 그 위반행위를 한 협회 또는 학원의 역원(役員)을 50만엔 이하의 벌금에 처한다.
  1. 제9조 제1항 내지 제3항 및 제33조 제2항의 업무 이외의 업무를 행한 때
  2. 제9조 제7항(제33조 제3항에 있어서 준용하는 경우를 포함), 동조(同條) 제8항, 제9조의2, 제11조 제2항, 제32조 제2항 또는 제3항, 제37조의2 제1항, 제42조 제1항, 제43조 제1항(제50조의 2 제2항에 준용하는 경우를 포함) 또는 제47조 제1항의 규정에 의하여 인가를 받아야 할 경우에 인가를 받지 않았을 때
  3. 제30조 제1항, 제37조 제1항, 제38조 제1항, 제39조 제1항 또는 제40조 제1항의 규정에 위반할 때

제56조 ① 제4조 제1항의 규정에 위반한 자는 20만엔 이하의 벌금에 처한다.

② 전항(前項)의 죄는 사적인 일에 관한 것일 때에는 고소가 있은 후에 논한다.

제56조의 2 다음 각호의 1에 해당하는 자는 20만엔 이하의 벌금에 처한다.
  1. 제52조의 4 제1항의 규정에 의한 인가를 받은 계약약관에 의하지 아니하고 유료방송의 역무(役務)를 제공한 자
  2. 제52조의 6의 규정에 위반하여 유료방송의 역무(役務)제공을 거부한 자
  3. 제52조의 7의 규정에 의한 명령을 위반한 자
  4. 제52조의 9 제1항의 규정에 위반하여 방송프로그램의 방송위탁신청을 거부한 자
  5. 제52조의9 제2항의 규정에 위반하여 방송프로그램의 방송위탁신청을 승낙한 자
  6. 제52조의 10 제1항의 규정에 따라 신고한 제공조건에 의하지 않고 수탁방송 역무(役務)를 제공한 자
  7. 제52조의 11의 규정에 의한 명령에 위반한 자
  8. 제52조의 17 제1항의 규정에 의한 허가를 받지 않고 위탁방송사항을 변경한 자
  9. 제52조의 24 제1항의 규정에 의한 명령에 위반한 자

제56조의 3 제52조의 4 제4항의 규정에 위반하여 계약약관을 게시하지 아니한 자는 10만엔 이하의 벌금에 처한다.

제57조 ① 법인의 대표자 또는 법인이나 인(人)의 대리인, 사용인 기타 종업원이 그 법인 또는 인(人)의 업무에 관하여 제3조의 위반행위를 한 때에는 행위자를 벌하는 외에 그 법인 또는 인(人)에 대해서는 각 본조(本條)의 벌금형을 과(科)한다.
② 전항(前項)의 경우, 해당 행위자에 대하여 한 제56조 제2항의 고소는 그 법인 또는 인(人)에 대해서도 효력을 가지며, 그 법인 또는 인(人)에 대한 고소는 해당 행위자에 대해서도 효력을 가진다.

제58조 협회 또는 학원의 역원(役員)이 이 법률 또는 이 법률에 근거한 명령에 위반하여 등기하는 것을 태만히 하거나 제43조 제2항(제50조의 2 제2항에서 준용하는 경

우 포함)의 규정에 위반하여 신고를 하지 않을 때에는 10만엔 이하의 과료에 처한다.

제58조의 2 다음 각호의 1에 해당하는 자는 10만엔 이하의 과료에 처한다.
1. 제52조의 18 제1항 또는 제52조의 20 규정에 위반하여 신고하지 않은 자
2. 제52조의 22의 규정에 위반하여 인정증을 반납하지 않은 자

제59조 제53조의 8의 규정에 의한 자료의 제출을 태만히 하거나 허위의 자료를 제출한 자는 10만엔 이하의 과료에 처한다.

부칙(附則)

1. (시행기일 등) 이 법률은 1989년 10월 1일부터 시행한다.
(이하 생략)

부록 3

전파법

1950년 5월 2일 호외
법률 제131호
최종개정 1990년 6월 27일 호외
법률 제54호

제1장 총칙

제1조 (목적) 이 법률은 전파의 공평하고도 능률적인 이용을 확보함으로써 공공의 복지를 증진함을 목적으로 한다.

제2조 (정의) 이 법률 및 이 법률에 의거한 명령의 규정의 해석에 관하여는 다음 정의에 따르는 것으로 한다.
  1. '전파'란 300만메가헬즈 이하의 주파수의 전자파를 말한다.
  2. '무선전신'이란 전파를 이용하여 부호를 보내거나 또는 받기 위한 통신설비를 말한다.
  3. '무선전화'란 전파를 이용하여 음성 기타의 음향을 보내거나 또는 받기 위한 통신설비를 말한다.
  4. '무선설비'란 무선전신, 무선전화 기타 전파를 보내거나 또는 받기 위한 전기적 설비를 말한다.
  5. '무선국'이란 무선설비 및 무선설비를 조작하는 자의 총체를 말한다. 다만, 수신만을 목적으로 하는 것을 포함하지 아니한다.
  6. '무선종사자'란 무선설비의 조작 또는 그 감독을 하는 자로서 우정대신의 면허

를 받은 자를 말한다.
> 주 각호 열기 이외의 부분의 '명령'=이 법 시행규칙, 무선국 면허수속 규칙, 무선종사자 조작범위령, 전파법에 의한 전파장해방지구역 지정에 관한 정령, 무선설비규칙, 무선국 운용규칙, 전파법에 의한 전파장해의 방지에 관한 규칙 등

제3조 (전파에 관한 조약) 전파에 관하여 조약에 따로 규정이 있는 때에는 그 규정에 의한다.
> 주 '조약'=국제전기통신조약, 국제민간항공조약 등

제2장 무선국의 면허

제4조 (무선국의 개설) 무선국을 개설하고자 하는 자는 우정대신의 면허를 받아야 한다. 다만, 다음 각호에 게기하는 무선국에 대하여는 그러하지 아니하다.
1. 발사하는 전파가 극히 미약한 무선국으로서 우정성령으로 정하는 것
2. 시민 라디오의 무선국(26.9메가헬즈 내지 27.2메가헬즈의 주파수의 전파를 사용하고 또한 공중선전력이 0.5와트 이하인 무선국 중 우정성령으로 정하는 것으로서 제38조의 2 제1항의 기술기준 적합증명을 받은 무선설비만을 사용하는 것을 말한다)
3. 공중선전력이 0.01와트 이하인 무선국 중 우정성령으로 정하는 것으로서 다음 조 제1항의 규정에 의하여 지정된 호출부호 또는 호출명령을 자동적으로 송신하거나 또는 수신하는 것으로서, 또한 제38조의 2 제1항의 기술기준 적합증명을 받은 무선설비만을 사용하는 것

> 주 1-3호의 '우정성령'=이 법 시행규칙 6조 1·3·4항
> 벌칙 이 법 110조 제1호·114조

제4조의 2 (호출부호 또는 호출명칭의 지정 등) ① 우정대신은 전조 제3호에 게기하는 무선국에 사용하기 위한 무선설비에 대하여 그 무선설비를 사용하는 무선국의 호출부호 또는 호출명칭의 지정을 받고자 하는 자로부터 신청이 있은 때에는 우정성령으로 정하는 바에 의하여 호출부호 또는 호출명칭의 지정을 한다.

② 무선설비에 대하여 전항의 규정에 의한 호출부호 또는 호출명칭의 지정을 받은 자는 우정성령으로 정하는 바에 의하여 그 무선설비에 그 지정된 호출부호 또는 호출명령 기타 우정성령으로 정하는 사항을 표시하여야 한다.
③ 제1항의 규정에 의한 호출부호 또는 호출명칭의 지정을 받은 무선설비 이외의 무선설비에 전항의 표시 또는 이와 혼동되기 쉬운 표시를 하여서는 아니된다.
    주 1·2항의 '우정성령'=이 법 시행규칙 6조의 2 제2항·6조의 3
    벌칙 3항 관계=이 법 112조 1호·114조

제5조 (결격사유) ① 다음 각호의 1에 해당하는 자에게는 무선국의 면허를 부여하지 아니 한다.
  1. 일본의 국적을 가지지 아니한 사람
  2. 외국 정부 또는 그 대표자
  3. 외국의 법인 또는 단체
  4. 법인 또는 단체로서 전 3호에 게기하는 자가 그 대표자인 것 또는 이들의 자가 그 임원의 3분의 1 이상 혹은 의결권의 3분의 1 이상을 점하는 것
② 전항의 규정은 다음에 게기하는 무선국에 대하여는 적용하지 아니한다.
  1. 실험무선국(과학 또는 기술의 발달을 위한 실험에 전용하는 무선국을 말한다. 이하 같다)
  2. 선박안전법(1933년 법률 제11호) 제29조의 7의 선박무선국
  3. 항공법(1952년 법률 제231호) 제127조 단서의 허가를 받아 국내 각지간의 항공용으로 제공되는 항공기의 무선국
  4. 아마추어 무선국(개인적인 흥미에 의하여 무선통신을 하기 위하여 개설하는 무선국을 말한다. 이하 같다)으로서 그 국내에서 일본국민이 동종의 무선국을 개설하는 것을 인정하는 나라의 국적을 가진 자가 개설하는 것
  5. 대사관, 공사관 또는 영사관의 공용에 제공하는 무선국(특정한 고정지점간의 무선통신을 하는 것에 한한다)으로서, 그 국내에서 일본국 정부 또는 그 대표자가 동종의 무선국을 개설하는 것을 인정하는 나라의 정부 또는 그 대표자가 개설하는 것
  6. 자동차 기타 육상을 이동하는 것에 개설하거나 혹은 휴대하여 사용하기 위하여 개설하는 무선국 또는 이들의 무선국 혹은 휴대하여 사용하기 위한 수신설

비와 통신을 하기 위하여 육상에 개설하는 이동하지 아니하는 무선국으로서 다음에 게기하는 자가 개설하는 것[전기통신업무(전기통신사업법(1984년 법률 제86호) 제2조 제6호의 전기통신업무를 말한다. 이하 같다)를 하는 것을 목적으로 하는 것을 제외한다]

 가. 그 국내에서 일본국민이 동종의 무선국을 개설하는 것을 인정하는 나라의 국적을 가진 사람

 나. 그 국내에서 일본국 정부 또는 그 대표자가 동종의 무선국을 개설하는 것을 인정하는 나라의 정부 또는 그 대표자

 다. 그 국내에서 일본의 법인 또는 단체가 동종의 무선국을 개설하는 것을 인정하는 나라의 법인 또는 단체

 라. 전항 제4호에 게기하는 법인 또는 단체로서 동항 제1호 내지 제3호에 게기하는 자로서 가목 내지 다목에 게기하는 자가 아닌 것이 그 임원의 3분의 1 이상 또는 의결권의 3분의 1 이상을 점하지 아니하는 것(동항 제1호 내지 제3호에 게기하는 자로서 가목 내지 다목에 게기하는 자가 아닌 것이 그 대표자인 것을 제외한다)

③ 다음 각호의 1에 해당하는 자에게는 무선국의 면허를 부여하지 아니한다.

1. 이 법률 또는 방송법(1950년 법률 제132호)에 규정하는 죄를 범하여 벌금 이상의 형을 받고 그 집행이 종료되거나 또는 그 집행을 받지 아니하기로 된 날로부터 2년이 경과하지 아니한 자
2. 무선국의 면허취소를 받고 그 취소일부터 2년이 경과하지 아니한 자

④ 공중에 의하여 직접 수신되는 것을 목적으로 하는 무선통신의 송신(이하 '방송'이라 한다)을 하는 무선국[수신장해대책 중계방송을 하는 것 및 인공위성의 무선국(이하 '인공위성국'이라 한다)으로서 타인의 위탁에 의하여 그 방송프로를 국내에서 수신되는 것을 목적으로 하여 그대로 송신하는 방송을 하는 것을 제외한다]에 대하여는 제1항 및 전항의 규정에 불구하고 다음 각호의 1에 해당하는 자에게는 무선국의 면허를 부여하지 아니한다.

1. 제1항 제1호 내지 제3호 또는 전항 각호에 게기하는 자
2. 법인 또는 단체로서 제1항 제1호 내지 제3호에 게기하는 자가 업무를 집행하는 임원인 것 또는 이들의 자가 그 의결권의 5분의 1 이상을 점하는 것
3. 법인 또는 단체로서 그 임원이 전항 각호의 1에 해당하는 자인 것

⑤ 전항에 규정하는 수신장해대책 중계방송이란 상당 범위에 걸치는 수신장해가 발생하고 있는 텔레비전방송(방송법 제2조 제2호의 5의 텔레비전을 말한다. 이하 같다) 및 그 텔레비전방송의 전파에 중첩하여 하는 다중방송(동조 제2호의 6의 다중방송을 말한다. 이하 같다)을 수신하여 그 모든 방송프로에 변경을 가하지 아니하고 그 수신의 장해가 발생하고 있는 구역에서 수신되는 것을 목적으로 하여 동시에 이를 재송신하는 방송 중 그 장해에 관련된 텔레비전방송 또는 그 텔레비전방송의 전파에 중첩하여 실시하는 다중방송을 하는 무선국의 면허를 받은 자가 하는 것 이외의 것을 말한다.

제6조 (면허의 신청) ① 무선국의 면허를 받고자 하는 자는 신청서에, 다음에 게기하는 사항을 기재한 서류를 첨부하여 우정대신에게 제출하여야 한다.
1. 목적
2. 개설을 필요로 하는 이유
3. 통신상대방 및 통신사항
4. 무선설비의 설치장소[이동하는 무선국 중 인공위성국에 대하여는 그 인공위성의 궤도 또는 위치, 인공위성국, 선박의 무선국, 선박지구국(전기통신업무를 하는 것을 목적으로 하여 선박에 개설하는 무선국으로서, 인공위성국의 중계에 의하여 무선통신을 하는 것을 말한다. 이하 같다), 항공기의 무선국 및 항공기지구국(전기통신업무를 하는 것을 목적으로 하여 항공기에 개설하는 무선국으로서 인공위성국의 중계에 의하여 무선통신을 하는 것을 말한다. 이하 같다) 이외의 것에 대하여는 이동범위, 제18조를 제외하고, 이와 같다]
5. 전파의 형식과 희망하는 주파수의 범위 및 공중선전력
6. 희망하는 운용허용시간(운용할 수 있는 시간을 말한다. 이하 같다)
7. 무선설비(제30조, 제32조 및 제33조의 규정에 의하여 비치하여야 하는 설비를 포함한다. 제8호와 제10조, 제12조, 제17조, 제18조 및 제73조에서 같다)의 공사설계 및 공사준공의 예정기일
8. 무선설비의 공사비 및 무선국 운용비의 지변방법
9. 운용개시 예정기일

② 방송을 하는 무선국의 면허를 받고자 하는 자는 전항의 규정에 불구하고, 신청서에 다음에 게기하는 사항을 기재한 서류를 첨부하여 우정대신에게 제출하여야

한다.
 1. 전항 제1호, 제2호 및 제4호 내지 제9호에 게기하는 사람
 2. 사업계획 및 사업수지 견적
 3. 방송사항
 4. 방송구역
③ 선박국(선박의 무선국 중 무선설비가 조난자동통보설비 또는 레이다만인 것 이외의 것을 말한다. 이하 같다)의 면허를 받고자 하는 자는 제1항의 서류에 동항에 게기하는 사항 외에 그 선박의 소유자, 용도, 총톤수, 여객선인 때에는 여객정원, 항행구역, 주된 정박항 및 신호부자와 국재항해에 종사하는 선박인 때 또는 선박안전법 제4조 제3항의 규정에 의하여 무선전신 또는 무선전화의 시설이 면제된 선박인 때에는 그 뜻을 함께 기재하여야 한다.
④ 항공기국(항공기의 무선국 중 무선설비가 레이다만인 것 이외의 것을 말한다. 이하 같다)의 면허를 받고자 하는 자는 제1항의 서류에 동항에 게기하는 사항 외에 그 항공기의 소유자, 용도, 형식, 항행구역, 정치장, 등록기호 및 항공법 제61조의 2 제1항의 규정에 의하여 무선설비를 설치하여야 하는 항공기인 때에는 그 뜻을 함께 기재하여야 한다.
⑤ 인공위성국의 면허를 받고자 하는 자는 제1항 또는 제2항의 서류에 그들의 규정에 게기하는 사항 외에 그 인공위성의 발사예정시기 및 사용가능기간과 그 인공위성국의 목적을 수행할 수 있는 인공위성의 위치의 범위를 함께 기재하여야 한다.

제7조 (신청의 심사) ① 우정대신은 전조 제1항의 신청서를 수리(受理)한 때에는 지체없이 그 신청이 다음 각호에 적합여부를 심사하여야 한다.
 1. 공사설계가 제3장에 정하는 기술수준에 적합할 것.
 2. 주파수의 할당이 가능할 것.
 3. 그 업무를 유지할만한 재정적 기초가 있을 것.
 4. 전 3호에 게기하는 것 외에 우정성령으로 정하는 무선국(방송을 하는 것을 제외한다) 개설의 근본적 기준에 합치할 것.
② 우정대신은 전조 제2항의 신청서를 수리한 때에는 지체없이 그 신청이 다음 각호에 적합여부를 심사하여야 한다.
 1. 공사설계가 제3장에 정하는 기술기준에 적합할 것

2. 우정대신이 정하는 방송용 주파수사용계획(방송을 하는 무선국에 사용시킬 수 있는 주파수 및 그 주파수의 사용에 관하여 필요한 사항을 정하는 계획을 말한다. 이하 같다)에 의거하여 주파수할당이 가능할 것.
3. 그 업무를 유지할만한 재정적 기초가 있을 것
4. 전 3호에 게기하는 것 외에 우정성령으로 정하는 방송을 하는 무선국 개설의 근본적 기준에 합치할 것.

③ 방송용 주파수사용계획은 방송법 제2조의 2 제1항의 방송보급 기본계획에 정하는 동조 제2항 제3호의 방송계의 수의 목표(다음 항에서 '방송계의 수의 목표'라 한다) 달성에 이바지하게 되도록 제26조의 규정에 의하여 작성된 표에 표시되는 할당이 가능한 주파수 중 방송을 하는 무선국에 관련된 것(다음 항에서 '방송용 할당가능주파수'라 한다)의 범위내에서 혼신의 방지 기타 전파의 공평하고도 능률적인 이용을 확보하기 위하여 필요한 사항을 감안하여 정하는 것으로 한다.

④ 우정대신은 방송계의 수의 목표, 방송용 할당가능 주파수 및 전항에 규정하는 혼신의 방지 기타 전파의 공평하고도 능률적인 이용을 확보하기 위하여 필요한 사항의 변경에 의하여 필요가 있다고 인정하는 때에는 방송용 주파수 사용계획을 변경할 수 있다.

⑤ 우정대신은 방송용 주파수사용계획을 정하거나 또는 변경한 때에는 지체없이 이를 공시하여야 한다.

⑥ 우정대신은 신청의 심사시 필요하다고 인정하는 때에는 신청자에게 출두 또는 자료의 제출을 요구할 수 있다.

주 1항 4호의 '우정성령'=무선국(방송국을 제외한다)의 개설의 근본적 기준, 방송국의 개설의 근본적 기준, 5항의 '공시'=방송용 주파수사용계획

제8조 (예비면허) ① 우정대신은 전조의 규정에 의하여 심사한 결과, 그 신청이 동조 제1항 각호 또는 제2항 각호에 적합하다고 인정하는 때에는 신청자에 대하여 다음에 게기하는 사항을 지정하여 무선국의 예비면허를 부여한다.
1. 공사준공기한
2. 전파의 형식 및 주파수
3. 호출부호(표지부호를 포함한다), 호출명칭 기타 우정성령으로 정하는 식별신호(이하 '식별신호'라 한다)

4. 공중선전력
5. 운용허용시간

② 우정대신은 예비면허를 받은 자로부터 신청이 있는 경우에 있어서 상당하다고 인정하는 때에는 전항 제1호의 기한을 연장할 수 있다.

      주 1항 3호의 '우정성령'=이 법 시행규칙 6조의 4

제12조 (면허의 부여) 우정대신은 제10조의 규정에 의한 검사를 한 결과, 그 무선설비가 제6조 제1항 제7호 또는 동조 제2항 제1호의 공사설계(제9조 제1항의 규정에 의한 변경이 있는 때에는 변경이 있은 것)에 합치하고 또한 그 무선종사자의 자격 및 원수가 제39조 또는 제39조의 3, 제40조 및 제50조의 규정에, 그 시계 및 서류가 제60조의 규정에 각각 위반하지 아니하다고 인정하는 때에는 지체없이 신청자에 대하여 면허를 부여하여야 한다.

제13조 (면허의 유효기간) ① 면허의 유효기간은 면허일부터 기산하여 5년을 초과하지 아니하는 범위내에서 우정성령으로 정한다. 다만, 재면허를 방해하지 아니한다.

② 903메가헬즈 내지 905메가헬즈의 주파수의 전파를 사용하고 또한 공중선전력이 5와트 이하인 무선국으로서 제38조의 2 제1항의 기술기준 적합증명을 받은 무선설비만을 사용하는 것의 면허의 유효기간은 전항 본문의 규정에 불구하고 10년으로 한다.

③ 선박안전법 제4조(동법 제29조의 7의 규정에 의거한 정령에서 준용하는 경우를 포함한다. 이하 같다)의 선박의 선박국(이하 '의무선박국'이라 한다) 및 항공법 제61조 또는 제61조의 2 제2항의 규정에 의하여 무선설비를 설치하여야 하는 항공기의 항공기국(이하 '의무항공기국'이라 한다)의 면허의 유효기간은 제1항의 규정에 불구하고 무기한으로 한다.

      주 1항의 '우정성령'=이 법 시행규칙 7조-9조, 3항의 '정령'=선박안전법 시행령 1조

제13조의 2 (다중방송을 하는 무선국의 면허의 효력) 초단파방송(방송법 제2조 제2호의 4의 초단파방송을 말한다) 또는 텔레비전방송을 하는 무선국의 면허가 그 효력을 상실한 때에는 그 방송의 전파에 중첩하여 다중방송을 하는 무선국의 면허는 그

효력을 상실한다.

제14조 (면허장) ① 우정대신은 면허를 부여한 때에는 면허장을 교부한다.
② 면허장에는 다음에 게기하는 사항을 기재하여야 한다.
 1. 면허의 연월일 및 면허의 번호
 2. 면허인(무선국의 면허를 받은 자를 말한다. 이하 같다)의 성명 또는 명칭
 3. 무선국의 종별
 4. 무선국의 목적
 5. 통신상대방 및 통신사항
 6. 무선설비의 설치장소
 7. 면허의 유효기간
 8. 식별신호
 9. 전파의 형식 및 주파수
 10. 공중선전력
 11. 운용허용시간
③ 방송을 하는 무선국의 면허장에는 전항의 규정에 불구하고 다음에 게기하는 사항을 기재하여야 한다.
 1. 전항 제1호 내지 제4호 및 제6호 내지 제11호에 게기하는 사항
 2. 방송사항
 3. 방송구역

제16조 (운용개시 및 휴지 신고) ① 면허인은 면허를 받은 때에는 지체없이 그 무선국의 운용개시기일을 우정대신에게 신고하여야 한다. 다만, 우정성령으로 정하는 무선국에 대하여는 그러하지 아니하다.
② 전항의 규정에 의하여 신고한 무선국의 운용을 1개월 이상 휴지하는 때에는 면허인은 그 휴지기간을 우정대신에게 신고하여야 한다. 휴지기간을 변경하는 때에도 또한 같다.
  주 1항 단서의 '우정성령'=이 법 시행규칙 10조의 2

제22조 (무선국의 폐지) 면허인은 그 무선국을 폐지하는 때에는 그 뜻을 우정대신에게

신고하여야 한다.
　　　벌칙 이 법 116조 2호

제23조 면허인이 무선국을 폐지한 때에는 그 면허는 그 효력을 상실한다.

제26조 (주파수의 공개) 우정대신은 면허신청 등에 이바지하기 위하여 할당이 가능한 주파수 및 할당주파수 현황을 표시하는 표를 작성하고 공중의 열람에 제공하여야 한다.

제5장 운용

제1절 통칙

제52조 (목적외 사용의 금지 등) 무선국은 면허장에 기재된 목적 또는 통신상대방, 통신사항(방송을 하는 무선국에 대하여는 방송사항)의 범위를 초과하여 운용하여서는 아니된다. 다만, 다음에 게기하는 통신에 대하여는 그러하지 아니하다.
  1. 조난통신(선박 또는 항공기가 중대하고 또한 급박한 위험에 빠졌을 경우에 조난신호를 전치하는 방법 기타 우정성령으로 정하는 방법에 의하여 하는 무선통신을 말한다. 이하 같다)
  2. 긴급통신(선박 또는 항공기가 중대하고 또한 급박한 위험에 빠질 우려가 있는 경우 기타 긴급사태가 발생한 경우에 긴급신호를 전치하는 방법 기타 우정성령으로 정하는 방법에 의하여 하는 무선통신을 말한다. 이하 같다)
  3. 안전통신(선박 또는 항공기의 항행에 대한 중대한 위협을 예방하기 위하여 안전신호를 전치하는 방법 기타 우정성령으로 정하는 방법에 의하여 하는 무선통신을 말한다. 이하 같다)
  4. 비상통신(지진, 태풍, 홍수, 해일, 설해, 화재, 폭동 기타 비상사태가 발생하거나 또는 발생할 우려가 있는 경우에 있어서 유선통신을 이용할 수 없거나 또는 이를 이용하는 것이 현저하게 곤란한 때에 인명의 구조, 재해의 구원, 교통통신의 확보 또는 질서의 유지를 위하여 하는 무선통신을 말한다. 이하 같다)

5. 방송의 수신
6. 기타 우정성령으로 정하는 통신
주 1·3·6호의 '우정성령'=이 법 시행규칙 36조의 2·37조
법칙 이 법 110조 3호·114조

제59조 (비밀의 보호) 누구든지 법률에 따라 정하는 경우를 제외하고 특정한 상대방에 대하여 이루어지는 무선통신(전기통신사업법 제4조 제1항 또는 제90조 제2항의 통신인 것을 제외한다. 제109조에서도 같다)을 방수하여 그 존재 혹은 내용을 누설하거나 또는 이를 도용하여서는 아니된다.

제60조 (시계, 업무서류 등의 비치) 무선국에는 정확한 시계 및 무선검사부, 무선업무일지 기타 우정성령으로 정하는 서류를 비치하여 두어야 한다. 다만, 우정성령으로 정하는 무선국에 대하여는 이들의 전부 또는 일부의 비치를 생략할 수 있다.
주 본문 및 단서의 '우정성령'=이 법 시행규칙 38조·38조의 2

제74조 (비상시의 무선통신) ① 우정대신은 지진, 태풍, 홍수, 해일, 설해, 화재, 폭동 기타 비상사태가 발생하거나, 또는 발생할 우려가 있는 경우에 있어서는 인명의 구조, 재해의 구원, 교통 통신의 확보 또는 질서의 유지를 위하여 필요한 통신을 무선국에 하게 할 수 있다.
② 우정대신이 전항의 규정에 의하여 무선국에 통신을 하게 한 때에는 나라는 그 통신에 소요된 실비를 변상하여야 한다.
벌칙 1항 관계=이 법 110조 6호·114조

제75조 우정대신은 면허인이 제5조 제1항, 제2항 및 제4항의 규정에 의하여 면허를 받을 수 없는 자로 된 때에는 그 면허를 취소하여야 한다.

제76조 ① 우정대신은 면허인이 이 법률, 방송법 혹은 이들 법률에 의거한 명령 또는 이들에 의거한 처분에 위반한 때에는 3개월 이내의 기간을 정하여 무선국의 운용정지를 명하거나 또는 기간을 정하여 운용허용시간, 주파수 혹은 공중선전력을 제한할 수 있다.

② 우정대신은 면허인이 다음 각호의 1에 해당하는 때에는 그 면허를 취소할 수 있다.
1. 정당한 이유가 없음에도 무선국의 운용을 계속하여 6개월 이상 휴지한 때
2. 부정한 수단에 의하여 무선국의 면허 혹은 제17조의 허가를 받거나 또는 제19조의 규정에 의한 지정의 변경을 하게 한 때
3. 전항의 규정에 의한 명령 또는 제한에 따르지 아니한 때
4. 면허인이 제5조 제3항 제1호에 해당하게 된 때

③ 우정대신은 전항의 규정에 의하여 면허의 취소를 한 때에는 그 면허인이었던 자가 받고 있는 다른 무선국의 면허를 취소할 수 있다.

주 1항의 '명령'=이 법 시행규칙, 무선설비규칙, 무선국 운용규칙, 방송법시행령, 방송법 시행규칙 등
벌칙 1항 관계=이 법 110조 5호·112조 5호·114조

제7장 이의신청 및 소송

제83조 (이의신청의 방식) 이 법률 또는 이 법률에 의거한 명령의 규정에 의한 우정대신의 처분에 대한 이의신청은 이의신청서 정부(正副) 2통을 제출하여 하여야 한다.

주 '명령'=이 법 시행규칙, 무선설비규칙, 무선국 운용규칙 등

제85조 (전파감리심의회로의 부의) 제83조의 이의신청이 있는 때에는 우정대신은 그 이의신청을 각하하는 경우를 제외하고 지체없이 이를 전파감리심의회에 부의하여야 한다.

제86조 (청문의 개시) 전파감리심의회는 전조의 규정에 의하여 회의에 회부된 사안에 대하여 이의신청의 수리일부터 30일 이내에 청문을 개시하여야 한다.

제87조 청문은 전파감리심의회가 사안을 지정하여 지명하는 심리관이 주재한다. 다만, 사안이 특히 중요한 경우에 있어서 전파감리심의회가 청문을 주재하여야 할 위원을 지명한 때에는 그러하지 아니하다.

제93조 (조서 및 의견서) ① 심리관은 청문에 있어서는 조서를 작성하여야 한다.
② 심리관은 전항의 조서에 의거하여 의견서를 작성하여 동항의 조서와 함께 전파감리심의회에 제출하여야 한다.
③ 전파감리심의회는 제1항의 조서 및 전항의 의견서의 등본을 공중의 열람에 제공하여야 한다.

제93조의 2 (증거서류 등의 반환) 심리관은 전조 제2항의 규정에 의하여 의견서를 제출한 때에는 신속히 제92조의 규정에 의하여 제출된 증거서류 또는 증거물 및 제92조의 3의 규정에 의한 제출요구에 응하여 제출된 서류 기타의 물건을 그 제출인에게 반환하여야 한다.

제93조의 3 (불복신청의 제한) 심리관이 청문에 관한 절차에서 한 처분에 대하여는 행정불복심사법(1962년 법률 제160호)에 의한 불복신청을 할 수 없다.

제93조 4 (의결) 전파감리심의회는 제93조의 조서 및 의견서에 의거하여 사안에 대한 결정안을 의결하여야 한다.

제93조의 5 (처분의 집행정지) 우정대신은 제85조의 규정에 의하여 전파감리심의회에 부의한 사안에 관련된 처분에 대하여 행정불복심사법 제48조에서 준용하는 동법 제34조 제2항 규정에 의한 신청이 있는 때에는 전파감리심의회의 의견을 들어야 한다.

제94조 (결정) ① 우정대신은 제93조의 4의 의결이 있는 때에는 그 의결일부터 7일 이내에 그 의결에 의하여 이의신청에 대한 결정을 한다.
② 결정서에는 청문을 거쳐 전파감리심의회가 인정한 사실을 표시하여야 한다.
③ 우정대신은 결정을 한 때에는 행정불복심사법 제48조에서 준용하는 동법 제42조의 규정에 의하는 외에 결정서의 등본을 제89조의 규정에 의한 참가인에게 송부하여야 한다.

제96조의 2 (소의 제기) 이 법률 또는 이 법률에 의거한 명령의 규정에 의한 우정대신

의 처분에 불복이 있는 자는 그 처분에 대한 이의신청의 결정에 대하여서만 취소의 소를 제기할 수 있다.
주 '명령'=이 법 시행규칙, 무선설비규칙, 무선국 운용규칙 등

제97조 (전속관할) 전조이 소(이의신청을 각하하는 결정에 대한 소를 제외한다)는 도쿄고등재판소의 전속관할로 한다.

제99조 (사실인정의 구속력) ① 제97조의 소에 대하여는 전파감리심의회가 적법하게 인정한 사실은 이를 입증할 실질적인 증거가 있는 때에는 재판소를 구속한다.
② 전항에 규정하는 실질적인 증거의 유무는 재판소가 판단하는 것으로 한다.

제7장의 2 전파감리심의회

제99조의 2 (설치) 전파 및 방송(위탁하여 방송을 시키는 것을 포함한다. 제99조의 12 제2항, 제102조의 2 제1항 제2호 및 제108조의 2 제1항에서 같다)의 규율에 관한 사무의 공평하고도 능률적인 운영을 도모하기 위하여 그 사무에 관한 사항을 조사 심의하고, 우정대신에게 필요한 권고를 하고, 또한 법률에 의거한 우정대신 또는 지방전기통신감리국장 혹은 오끼나와 우정관리사무소장의 처분과 방송법, 유선텔레비전방송법(1972년 법률 제114호) 및 유선라디오방송업무의 운용의 규정(規正)에 관한 법률(1951년 법률 제135호)에 의거한 우정대신의 처분에 대한 불복신청에 대하여 심사 및 의결을 하기 위하여 우정성에 전파감리심의회를 둔다.

제99조의 2의 2 (조직) ① 전파감리심의회는 위원 5인으로써 조직한다.
② 심의회에 회장을 두고 위원의 호선에 의하여 선임한다.
③ 회장은 회무를 총리한다.
④ 전파감리심의회는 미리 위원 중에서 회장에 사고가 있는 경우에 회장의 직무를 대행하는 자를 정하여 두어야 한다.

제99조의 3 (위원의 임명) ① 위원은 공공복지에 관하여 공정한 판단을 할 수 있고 넓

은 경험과 지식을 가진 자 중에서 양의원의 동의를 얻어 우정대신이 임명한다.
② 위원의 임기가 만료하거나 결원이 생긴 경우에 국회의 폐회 또는 중의원의 해산 때문에 양의원의 동의를 얻을 수 없는 때에는 우정대신은 전항의 규정에 불구하고 양의원의 동의를 얻지 아니하고 위원을 임명할 수 있다. 이 경우에 있어서는 임명 후 최초의 국회에서 중의원의 동의를 얻어야 한다.
③ 다음 각호의 1에 해당하는 자는 위원으로 될 수 없다.
 1. 금고 이상의 형을 받은 자
 2. 국가공무원으로서 징계면직처분을 받고 그 처분일로부터 2년이 경과하지 아니한 자
 3. 방송사업자 기타 전기통신사업을 영위하는 자, 무선설비 기기의 제조업자 혹은 판매업자 또는 이들의 자가 법인인 때에는 그 임원(어떠한 명칭에 의하는가를 불문하고 이와 동등 이상의 직권 또는 지배력을 가진 자를 포함한다. 이하 이 조에서 같다) 혹은 그 법인의 의결권의 10분의 1 이상을 가진 자(임명일 이전 1년간에 있어서 이들에 해당한 자를 포함한다)
 4. 전호에 게기하는 사업자의 단체의 임원(임명일 이전 1년간에 있어서 이에 해당한 자를 포함한다)

제99조의 11 (필요한 자문사항) ① 우정대신은 다음에 제기하는 경우에는 전파감리심의회에 자문하고 그 의결을 존중하여 조치를 하여야 한다.
 1. 제4조 제1호, 제2호 및 제3호(면허를 요하지 아니하는 무선국), 제4조의 2 제1항(호출부호 또는 호출명칭의 지정), 제7조 제1항 제4호 및 제2항 제4호(무선국 개설의 근본적 기준), 제8조 제1항 제3호(식별신호), 제9조 제1항 단서(허가를 요하지 아니하는 공사설계 변경), 제13조 제1항(무선국 면허의 유효기간), 제15조(간이한 면허절차), 제28조(제100조 제5항에서 준용하는 경우를 포함한다)(전파의 질), 제29조(수신설비의 조건), 제30조(제100조 제5항에서 준용하는 경우를 포함한다)(안전시설), 제31조(주파수측정장치의 비치), 제32조(계기 및 예비품의 비치), 제34조 및 제35조(의무선박국의 무선설비의 조건), 제36조(제100조 제5항에서 준용하는 경우를 포함한다)(기술기준), 제38조의 2 제1항(특정무선설비), 제38조의 5 제2항(제73조의 2 제5항에서 준용하는 경우를 포함한다)(기술기준 적합증명의 의무 등), 제39조 제1항, 제2항, 제3항, 제5

항 및 제7항(무선설비의 조작), 제39조의 3 단서(아마추어무선국의 무선설비의 조작), 제41조 제2항 제2호 및 제3호(무선종사자의 양성과정에 관한 인정기준 등), 제47조(시험원), 제48조의 3 제1호(선박국 무선종사자 증명의 실효), 제49조(국가시험의 세목 등), 제50조 제2항(무선종사자의 자격별 원수의 지정), 제52호 제1호, 제2호, 제3호 및 제6호(목적외 사용), 제55조(운용허용시간의 운용), 제61조(통신방법등), 제64조 제2항(제2 침묵시간), 제65조 제1항 및 제4항(청수의무), 제66조 제1항(조난통신), 제67조 제2항(긴급통신), 제70조의 4(청수의무), 제70조의 5(항공기국의 통신연락), 제73조의 2 제1항(지정검사기관)과 제100조 제1항 제2호(고주파 이용설비)의 규정에 의한 우정성령을 제정, 변경 또는 폐지하고자 하는 때

2. 제7조 제3항 또는 제4항의 규정에 의하여 방송용 주파수 사용계획을 정하고 또는 변경하고자 하는 때

3. 제38조의 6 제3항(제47조의 2 및 제73조의 2 제5항에서 준용하는 경우를 포함한다)의 규정에 의한 지정증명기관, 지정시험관이나 지정검사기관의 임원, 증명원, 시험원 혹은 검사원의 해임명령 또는 제38조의 14 제2항(제39조의 2 제5항, 제47조의 2, 제73조의 2 제5항 및 제102조의 13 제6항에서 준용하는 경우를 포함한다)의 규정에 의한 지정증명기관, 지정강습기관, 지정시험기관, 지정검사기관 혹은 센터의 지정취소, 제76조 제2항 및 제3항의 규정에 의한 무선국의 면허취소나 제79조 제1항(동조 제2항에서 준용하는 경우를 포함한다)의 규정에 의한 무선종사자의 면허 혹은 선박국 무선종사자 증명의 취소처분을 하고자 하는 때

4. 제8조의 규정에 의한 무선국의 예비면허, 제9조 제1항의 규정에 의한 공사설계변경허가, 제9조 제4항 혹은 제17조 제1항 후단의 규정에 의한 방송사항의 변경허가, 제38조의 2 제1항 규정에 의한 지정증명기관의 지정, 제39조의 2 제1항의 규정에 의한 지정강습기관의 지정, 제46조 제1항의 규정에 의한 지정시험기관의 지정, 제71조 제1항의 규정에 의한 무선국의 주파수 등의 지정변경 혹은 인공위성국의 무선설비의 설치 장소의 변경명령, 제73조의 2 제1항의 규정에 의한 지정검사기관의 지정, 제102조의 2 제1항의 규정에 의한 전파장해방지구역의 지정 또는 제102조의 13 제1항의 규정에 의한 센터의 지정을 하고자 하는 때

② 전항 제4호에 게기하는 사항 중 전파감리심의회가 경미한 것이라고 인정하는 것에 대하여는 우정대신은 전파감리심의회에 자문하지 아니하고 조치할 수 있다.

제99조의 12 (청문) ① 전파감리심의회는 전조 제1항 제1호 및 제3호의 규정에 의하여 자문을 받은 경우에는 청문을 하여야 한다.
② 전파감리심의회는 전항의 경우 외에 전파 및 방송의 규율에 관하여 우정대신으로부터 자문을 받은 경우에 필요하다고 인정하는 때에는 청문을 할 수 있다.
③ 전 2항의 청문의 개시는 심리관(제6항에서 준용하는 제87조 단서의 경우는 그 위원. 이하 같다) 명의로써 사안의 요지와 청문의 기일 및 장소를 공고하여야 한다. 다만, 그 사안이 특정한 자에 대하여 처분을 하고자 하는 것인 때에는 그 특정인에 대하여 사안의 요지, 청문의 기일 및 장소와 출두를 요구하는 뜻을 기재한 청문개시통지서를 송부하여 행한다.
④ 전항 단서의 경우에는 사안의 요지와 청문의 기일 및 장소를 공고하여야 한다.
⑤ 그 사안에 이해관계가 있는 자는 심리관의 허가를 얻어 청문기일에 출두하여 의견을 진술할 수 있다.
⑥ 제87조 및 제90조 내지 제93조의 3의 규정은 제1항 및 제2항의 청문에 준용한다.
⑦ 제1항 또는 제2항의 규정에 의하여 청문을 한 사안에 대하여는 전파감리심의회는 전항에서 준용하는 제93조의 조서 및 의견서에 의거하여 답신을 의결하여야 한다.

제99조의 13 (권고) ① 전파감리심의회는 제99조의 11에 게기하는 사항 기타 전파의 규율에 관하여 우정대신에 대하여 필요한 권고를 할 수 있다.
② 우정대신은 전항의 권고를 받은 때에는 그 내용을 공표함과 동시에 이를 존중하여 필요한 조치를 하여야 한다.

제104조의 2 (예비면허 등의 조건) ① 예비면허, 면허 또는 허가에는 조건 또는 기한을 붙일 수 있다.
② 전항의 조건 또는 기한은 공공의 이익을 증진하거나 또는 예비면허, 면허 혹은 허가에 관련된 사항의 확실한 실시를 도모하기 위하여 필요 최소한도의 것에 한하

여 또한 그 처분을 받는 자에게 부당한 의무를 과하는 것으로 되지 아니하는 것이어야 한다.

제106조 ① 자기 혹은 타인에게 이익을 주거나 또는 타인에게 손해를 가할 목적으로 무선설비 또는 제100조 제1항 제1호의 통신설비에 의하여 허위의 통신을 발한 자는 3년 이하의 징역 또는 50만엔 이하의 벌금에 처한다.
② 선박조난 또는 항공기조난의 사실이 없음에도 무선설비에 의하여 조난통신을 발한 자는 3월 이상 10년 이하의 징역에 처한다.

제107조 무선설비 또는 제100조 제1항 제1호의 통신설비에 의하여 일본국 헌법 또는 그 밑에 성립된 정부를 폭력으로 파괴하는 것을 주장하는 통신을 발한 자는 5년 이하의 징역 또는 금고에 처한다.

제108조 무선설비 또는 제100조 제1항 제1호의 통신설비에 의하여 왜설한 통신을 발한 자는 2년 이하의 징역 또는 30만엔 이하의 벌금에 처한다.

제109조 ① 무선국의 취급 중에 관련된 무선통신의 비밀을 누설하거나 또는 도용한 자는 1년 이하의 징역 또는 20만엔 이하의 벌금에 처한다.
② 무선통신업무에 종사하는 자가 그 업무에 관하여 알게 된 전항의 비밀을 누설하거나 또는 도용한 때에는 2년 이하의 징역 또는 30만엔 이하의 벌금에 처한다.

제110조 다음 각호의 1에 해당하는 자는 1년 이하의 징역 또는 20만엔 이하의 벌금에 처한다.
1. 제4조의 규정에 의한 면허가 없음에도 무선국을 개설하거나 또는 운용한 자
2. 제100조 제1항의 규정에 의한 허가가 없음에도 동조 동항의 설비를 운용한 자
3. 제52조, 제53조, 제54조 제1호 또는 제55조의 규정에 위반하여 무선국을 운용한 자
4. 제18조의 규정에 위반하여 무선설비를 운용한 자
5. 제72조의 제1항 또는 제76조 제1항(이상의 각 규정을 제100조 제5항에서 준용하는 경우를 포함한다)의 규정에 의하여 전파발사 또는 운용이 정지된 무선국

또는 제100조 제1항의 설비를 운용한 자
6. 제74조 제1항의 규정에 의한 처분에 위반한 자
7. 제99조의 9의 규정에 위반한 자
8. 제102조의 6의 규정에 위반하여 장해원인부분에 관련된 공사를 스스로 하거나 또는 그 청부인에게 시킨 자
9. 제102조의 8 제1항의 규정에 의거한 명령에 위반하여 고층부분에 관련된 공사를 정지하지 아니하거나 혹은 그 청부인에게 정지시키지 아니한 자 또는 그 공사를 스스로 하거나 혹은 그 청부인에게 시킨 자

부록 4
일본민간방송연맹 방송기준(1989년)

전문(前文)

　민간방송(民間放送)은 공중(公衆)의 복지(福祉)를 목표로 삼아야 하고 문화의 발전과 산업 및 상업의 번영을 위해 노력해야 하며 평화로운 사회의 실현(實現)에 공헌해야 한다.
　방송기준(放送基準)에 선언된 이상의 목표를 명심하여 우리는 민주주의 정신(民主主義 情神)에 충실하고 인간의 기본권(基本權)과 공중(公衆)의 여론에 대해 존중(尊重)을 견지하며 발표(發表)와 표현(表現)의 자유(自由)를 수호하고 법(法)과 질서(秩序)를 존중하면서 민간(民間)방송의 목적에 대한 사회의 신뢰(信賴)에 부응하기 위해 부단히 노력해야 한다.
　실제의 방송운용(放送運用)에 있어서 다음과 같은 점이 강조되어야 한다.
　첫째, 신속(迅速)하고 정확(正確)한 뉴스보도(報道)
　둘째, 건전(健全)한 오락(娛樂)
　셋째, 문화(文化)와 교육(敎育)의 진보(進步)
　넷째, 청소년(靑少年)에 대한 유익한 영향(影響)
　다섯째, 적절하고 정직한 광고(廣告)
　다음의 기준은 라디오 텔레비전(TV다중방송 포함) 프로그램과 광고 등의 방송에 적용한다. 그러나 18장 '광고방송시간에 관한 기준'은 당분간 TV다중방송에는 적용하지 아니한다.

I. 인권(人權)

1. 인명의 가치(價値)가 경시되어서는 안된다.
2. 개인과 집단의 권위(權威)는 존중(尊重)되어야 하며 경시되어서는 안된다.
3. 사생활(私生活)의 권리는 존중되어야 한다.
4. 인신(人身)의 매매(賣買)와 매춘(賣春)이 긍정적으로 묘사되어서는 안된다.
5. 인종, 성별, 직업 또는 종교를 근거로 한 차별(差別)이 있어서는 안된다.

II. 법(法)과 정치(政治)

6. 법령(法令)은 반드시 존중(尊重)되어야 하며 말이나 행동으로 법(法)의 집행을 방해하려는 어떠한 시도(試圖)도 있어서는 안된다.
7. 정부(政府)나 정부기관(政府機關)의 권위를 침해하려는 시도(試圖)가 있어서는 안된다.
8. 정부기관에 의해 토의되고 있는 문제(問題)는 신중하게 취급해야 하며 이와 마찬가지로, 의견(意見)이 분분한 문제는 그것에 관한 토의에 영향을 주거나 토의를 방해하지 않도록 신중하게 다루어야 한다.
9. 국제적 이해와 친선에 해를 끼칠 가능성이 있는 문제들은 주의해서 다루어야 한다.
10. 인종, 민족, 국민에 관한 문제를 다룰 때는 감정(感情)을 존중하지 않으면 아니된다.
11. 정치문제(政治問題)는 공정하게 다루어야 하며 각 당파에 편향(偏向)되지 않도록 주의를 기울여야 한다.
12. 선거 이전의 선거운동(選擧運動) 같은 의심을 일으키거나 암시가 있는 문제는 취급하지 말아야 한다.
13. 정치(政治)나 경제문제(經濟問題)에 관련하여 발표된 의견(意見)은 근거를 명

백하게 밝혀야 한다.
14. 정치적, 경제적 혼란을 야기시킬 수 있는 문제는 조심해서 다루어야 한다.

III. 어린이·청소년(靑少年)에 대한 고려

15. 어린이·청소년들이 관습, 책임감(責任感), 진정한 용기(勇氣)의 정신 등을 존중하고 키워나갈 수 있도록 고려해야 한다.
16. 어린이 프로그램은 건전한 사회통념에 바탕을 두고 그 품성을 그르치는 말과 표현을 해서는 아니된다.
17. 어린이 프로그램에서 불건전하고 잔인하고 범죄적(犯罪的)인 행동(行動)을 묘사할 때는 어린이의 정서(情緖)와 감정(感情)을 지나치게 자극하지 않도록 고려해야 한다.
18. 무력(武力)이나 폭력(暴力) 등을 묘사할 때는 청소년들에게 미치는 영향을 고려해야 한다.
19. 최면술이나 심령현상을 다룰 때는 청소년(靑少年)들이 함부로 흉내내지 않도록 고려해야 한다.
20. 어린이들이 출연할 때 그들이 부당(不當)한 역할을 하는 장면은 피해야 한다. 어린이들이 참여하여 상(賞)을 타거나 상품(賞品)을 받을 수 있는 프로그램에서는 아이들의 사행심을 자극하지 않도록 특별히 주의해야 한다.
21. 청소년들의 흡연이나 음주가 긍정적으로 묘사되어서는 안된다.

IV. 가정(家庭)과 사회(社會)

22. 가정생활(家庭生活)은 존중되어야 하며 이에 유해로운 사상(思想)이 긍정적으로 표현되어서는 안된다.
23. 결혼제도(結婚制度)에 해를 끼치는 사상이 표현되어서는 안된다.
24. 사회질서나 양속(良俗), 관습에 해를 끼치는 일들을 긍정적(肯定的)으로 다루어서는 안된다.
25. 공중도덕(公衆道德)은 존중(尊重)되어야 한다. 보편적 사회규범(社會規範)에 어긋나는 감정을 일으키거나 모방의 동기를 일으킬 수 있는 표현을 방송(放送)

해서는 안된다.

V. 교육(敎育)과 교양의 향상

26. 교육프로그램은 그것이 학교지향적(學校志向的)이건 사회지향적(社會志向的) 이건 간에 사회조직내의 인간에게 적절한 자료(資料) 등을 계통적(系統的)으로 방송해야 한다.
27. 학교지향적(學校志向的)인 교육(敎育)프로그램에서는 폭넓은 의견과 생각을 고려하고 교육기관과 협력(協力)하여 시청각적 특성을 활용, 교육적 성과(成果)를 얻을 수 있도록 노력해야 한다.
28. 사회지향적(社會志向的) 프로그램에서는 학문, 예술, 기술(技術), 기예(技藝), 직업 등을 시청자들이 흥미깊게 지식을 습득하도록 해야 한다.
29. 교육프로그램의 기획(企劃)과 내용은 교육에 관한 법률(法律)에 기초를 두어야 하며 적절한 방법으로 통해 시청대상이 알 수 있도록 노력해야 한다.
30. 교양프로그램의 형식이나 표현은 시청자들이 일상생활의 문제들을 보다 깊게 이해하게 하고 원만한 상식과 풍부한 감성을 일깨우는 데 있다.

VI. 보도(報道)의 책임

31. 모든 뉴스는 사실(事實)에 근거하여야 하며 공정하게 표현되어야 한다.
32. 뉴스의 보도(報道)는 개인(個人)의 자유(自由)를 침해해서는 안되며 개인(個人)의 명예와 권위에 해를 끼쳐서도 안된다.
33. 보도(報道)와 편집(編輯)에 있어서 편견(偏見)을 갖지 않도록 그리고 시청자들이 오도하지 않도록 주의해야 한다.
34. 뉴스 보도(報道)에 있어서 표현(表現)된 의견의 근거는 명확해야 한다.
35. 사실보도(事實報道)에 있어서도 참혹한 장면의 표현은 피하여야 한다.
36. 뉴스, 뉴스해설 및 실황중계 등은 부당한 목적이나 선전에 이용되지 않도록 주의해야 한다.
37. 뉴스의 오보(誤報)는 신속히 취소하고 정정해야 한다.

VII. 종교(宗敎)

38. 신앙(信仰)의 자유(自由)와 각 종파(宗派)의 입장(立場)은 존중되어야 하며 어느 특정한 종교나 종파(宗派)에 해를 끼치는 표현을 해서는 안된다.
39. 종교의식(宗敎儀式)이나 종교행사(宗敎行事)를 다룰 때는 그 행사의 경건함을 해치지 않도록 주의해야 한다.
40. 종교프로그램에서 과학(科學)을 부정하는 표현을 다루어서는 안된다.
41. 어느 특정한 종교(宗敎)나 종파(宗派)를 위한 모금운동(募金運動)은 취급하지 않아야 한다.

VIII. 표현(表現)에 관한 고려

42. 방송(放送)프로그램의 내용(內容)은 시청자의 생활환경(生活環境)을 고려해야 하고 적절한 시간(時間)에 방송되어야 하며 불쾌감을 일으켜서는 안된다.
43. 단어와 문자는 시청자들에게 쉽게 이해될 수 있어야 한다.
44. 지방(地方)사투리는 평상시 그 사투리를 쓰는 시청자가 불쾌감을 느끼지 않도록 사용되어야 한다.
45. 일반 대중에게 불안감이나 동요(動搖)을 줄 수 있는 내용은 주의하여 다루어야 한다.
46. 사회(社會)의 의견(意見)이 분분한 문제는 가능한 여러 각도에서 논의되어야 한다.
47. 불쾌감을 주는 불경(不敬)한 단어나 비속한 표현은 쓰지 말아야 한다.
48. 자살(自殺)이나 그 의도에 관한 이야기는 그것이 전래(傳來)의 것이든 예술작품이든 간에 조심해서 다루어야 한다.
49. 외국프로그램이나 해외취재를 할 때는 시대적·국가적 상황(時代的·國家的 狀況), 전통(傳統), 관습(慣習) 등의 차이를 고려해야 한다.
50. 뉴스 보도형식에 있어서 극적인 효과를 얻으려고 사실(事實)과 허구에 혼돈을 주는 표현을 써서는 안된다.
51. 어느 특정 대상에 대한 교신(交信)이나 고지내용(告知內容) 등은 그것이 인간의 생명(生命)이나 중요한 사회적(社會的) 문제와 관련이 있을 때를 제외하고는

취급하지 않아야 한다.
52. 미신(迷信)을 긍정적(肯定的)으로 다루어서는 안된다.
53. 점술(占術)이나 운세판단 및 이와 유사한 것을 결정적(決定的)인 것으로 다루어서는 안되며 믿음을 강요해서도 안된다.
54. 질병(疾病), 잔악행위(殘惡行爲), 비참, 학대 등을 표현할 때 혐오감을 주어서는 안된다.
55. 정신적·신체적(精神的·身體的) 장애(障碍)와 관련된 문제를 다룰 때는 그와 같은 장애(障碍)로 고통받는 사람들의 감정을 자극하지 않도록 주의해야 한다.
56. 약품(藥品)에 관한 지식(知識), 의료시술(醫療施術) 등의 문제를 다룰 때는 불필요한 불안·초조·공포·낙관(樂觀) 등을 주지 않도록 주의해야 한다.
57. 방송국과 무관한 사적(私的) 증언(證言)이나 권유는 취급하지 않아야 한다.
58. 가요곡의 취급에 있어서는 별개(別個)의 음악방송기준이 사용될 것이다.

IX. 폭력(暴力)

59. 폭력행위는 그 목적이 어떤 것이든 간에 부정적으로 취급한다.
60. 폭력의 표현은 최소한으로 제한되어야 한다.
61. 시청자들에게 정신적, 신체적 고통을 줄 수 있는 살인(殺人), 고문(拷問), 폭행, 사형(死刑) 등의 장면은 자극적이거나 과장표현되어서는 안된다.

X. 범죄(犯罪)

62. 범죄(犯罪)를 긍정적(肯定的)으로 다루어서는 안되며, 죄(罪)를 저지른 사람을 영웅시해서도 안된다.
63. 범죄행위(犯罪行爲)를 표현할 때는 모방의 동기를 일으키지 않도록 주의해야 한다.
64. 도박이나 이와 관련한 문제들을 표현하는 것은 최소한으로 제한해야 하며 매력적(魅力的)으로 묘사해서는 안된다.
65. 마약의 사용을 묘사하는 것은 최소한으로 제한되어야 하며 매력적으로 표현되어서는 안된다.

66. 수면제나 진정제의 남용을 묵과해서 매력적(魅力的)으로 묘사해서는 안된다.
67. 총(銃)이나 칼 등을 사용할 때는 주의해야 하며 살상(殺傷)의 방법(方法)을 흉내내도 감정을 유발시키지 않도록 주의(注意)해야 한다.
68. 유괴사건을 묘사할 때에는 범죄행위(犯罪行爲)의 세부적(細部的)인 부분까지 표현되어서는 안된다.
69. 범죄용의자(犯罪容疑者)의 체포, 심문방법 등과 재판과정(裁判過程), 법정장면(法廷場面) 등은 정확(正確)하게 묘사되도록 주의해야 한다.

XI. 성(性)

70. 성(性)과 관련된 문제가 곤혹, 혐오감을 주도록 표현되어서는 안된다.
71. 성(性)과 관련된 위생문제(衛生問題), 병환문제(病患問題) 등의 표현은 그것이 의학적으로, 교육적으로 또는 위생적(衛生的)으로 요구되는 경우만으로 한정되어야 한다.
72. 일반작품은 물론 예술적(藝術的)인 작품(作品)을 취급할 때에도 극도의 관능적 자극을 주지 않도록 주의해야 한다.
73. 성범죄(性犯罪)나, 비정상적(非正常的)인 성욕(性慾) 또는 성적도착 등을 다룰 때에는 각별히 주의해야 한다.
74. 전라(全裸)의 노출은 원칙적으로 피해야 한다. 신체의 일부를 노출하거나 묘사할 때는 상스럽거나 비속감이 들지 않도록 특히 주의해야 한다.
75. 출연자들의 말, 움직임, 춤, 옷, 색채, 자세, 위치 등이 시청자들로부터 비속감을 불러일으키지 않도록 주의해야 한다.

XII. 시청자(視聽者)의 참여(參與)와 상품(賞品) 및 선물의 취급

76. 시청자들이 프로그램에 참여할 수 있는 기회(機會)를 넓히도록 노력해야 한다.
77. 시청자가 참여하여 상품이나 보수를 받는 프로그램에서, 참여한 사람들이 프로그램 제작진으로 오인될 수 있는 사람은 참가를 피해야 한다.
78. 심사는 참여자나 출연자의 능력(能力)을 고려해야 하고 공평해야 한다.
79. 상금과 상품은 다른 상품과 마찬가지로 현행(現行)의 사회적 기준에 따른 합리

적인 금액(金額)이어야 하며 사행심을 일으키지 않도록 주의해야 한다.
80. 기획·연출·사회 등은 출연자나 시청자에 대해 실례를 하거나 불쾌감을 주지 않도록 조심해야 한다.
81. 출연자의 개인적인 문제를 취급할 때는 본인 및 관계자의 프라이버시를 침해해서는 안된다.
82. 현상모집에는 응모의 조건, 선별방법, 시상내용, 결과발표방법, 응모기간 등을 명백히 알려야 한다. 그러나 방송(放送) 이외의 다른 매체를 통해 자세한 내용이 알려졌다면 그것은 생략할 수 있다.
83. 경품등을 증여할 때는 그것의 가치(價値)가 지나치게 강조되거나 혹은 허위표현을 해서는 안된다.

XIII. 광고(廣告)에 있어서의 책임(責任)

84. 광고(廣告)는 사실(事實)을 말해야 하며 시청자에게 유익해야 한다.
85. 광고는 관계법령 등에 위배되어서는 안된다.
86. 광고는 건전한 사회생활(社會生活)이나 선량한 관습에 해를 끼쳐서는 안된다.

XIV. 광고(廣告)의 취급

87. 광고방송은 광고에 의해 광고방송임을 명백히 알리지 않으면 아니된다.
88. 상업광고(商業廣告)의 내용은 광고주(廣告主)의 이름, 상품명(商品名), 상표(商標), 표어, 기업형태, 기업내용(서비스, 판매조직, 시설 등)으로 한다.
89. 광고(廣告)는 어린이들의 사행심이나 구매욕구를 과도히 자극하지 않도록 주의해야 한다.
90. 학교지향적(學校志向的)인 프로그램의 광고는 학교교육(敎育)을 방해해서는 안된다.
91. 광고주가 명확하지 않거나 책임소재가 불명확한 것은 취급하지 아니한다.
92. 프로그램 및 스파트제공에 있어서는 공정한 자유경쟁에 위배되는 독점적 이용은 인정하지 아니한다.
93. 권리관계나 거래의 진실된 내용이 불분명한 광고는 취급하지 말아야 한다.

94. 계약 이외(以外)의 광고는 취급하지 않아야 한다.
95. 시청자들이 상품을 과대평가 할 수 있도록 사실(事實)을 과장(誇張)한 광고는 취급하지 말아야 한다.
96. 타인을 비방하거나 배척·중상하는 광고는 취급하지 말아야 한다.
97. 상품(商品)이나 서비스에 대한 그릇된 증언이나, 소비자(消費者)의 의견이 아닌 것, 증언자가 명확하지 않은 것은 취급하지 않아야 한다.
98. 일방적인 주장이나, 통신(通信), 통지(通知) 등과 논쟁의 여지가 있는 문제 등은 취급하지 않아야 한다.
99. 암호로 인식되는 것은 취급하지 말아야 한다.
100. 허가나 인가(認可)를 받아야 되는 직업인의 광고는 광고자(廣告者)가 그러한 허가 또는 인가가 없다면 취급하지 말아야 한다.
101. 식품광고는 건강을 해칠 우려가 있거나 그 내용에 허위나 과장이 있는 것은 취급하지 않아야 한다.
102. 진급, 취직, 자격 등과 관련하여 허위나 과장의 우려가 있는 교육기관 및 교육사업의 광고는 취급하지 않아야 한다.
103. 점술(占術), 골상학(骨相學), 심령학, 수상학(手相學), 관상학(觀相學) 등과 과학(科學)을 부정하고 미신(迷信)을 고무(鼓舞)하는 내용은 취급하지 말아야 한다.
104. 사적(私的)인 문제나 개인(個人)의 비밀을 조사(調査)하는 사업은 취급하지 말아야 한다.
105. 공중도덕(公衆道德)에 비추어 볼 때 문제가 될 수 있는 서비스나 상품, 그리고 섹스기구(器具) 등은 취급하지 않아야 한다.
106. 은밀하게 사용되거나, 가정(家庭)에서 공공연하게 말하기 거북한 상품은 주의해서 취급해야 한다.
107. 장례사업이나 사망, 장례에 관한 문제는 주의해서 취급해야 한다.
108. 아마츄어·스포츠클럽이나 선수를 이용하는 광고에서는 관계단체와 자주 연락을 하는 등의 주의깊은 고려를 해야 한다.
109. 기부금이나 기증품 모집을 취급할 때는 명분과 주체가 명확하고 정당하게 인가(認可)된 단체만을 고려해야 한다.
110. 어느 개인만을 선전하려는 광고는 취급하지 않아야 한다.

111. 황실(皇室)의 사진이나 문장(紋章), 그리고 황족가문(皇族家門)과 관련된 것을 무단 사용하는 광고는 취급하지 않아야 한다.
112. 구인(求人)에 관한 광고는 구인사업자 및 종사단속업무의 내용이 명확하지 않은 것은 취급하지 아니한다.
113. 지나가는 차(車)를 얻어 타는 행위(行爲)같은 특별한 장면의 삽입은 원칙적으로 방송국(放送局)이 기획하고 실행(實行)해야 한다.

ⅩⅤ. 광고에 있어서의 표현

114. 시청자들에게 불쾌감을 주지 않도록 광고는 방송시간(放送時間)을 고려하여 방송해야 한다.
115. 광고는 시청자가 정확(正確)하고 쉽게 이해할 수 있는 말과 단어로 만들어져야 한다.
116. 시청자에 착오를 일으키는 표현이 사용되어서는 안된다.
117. 시청자에게 불결감(不快感)을 주는 표현을 피해야 한다.
118. 원칙적으로 최상급(最上級)과 이와 유사한 표현은 쓰지 않아야 한다.
119. 뉴스로 보도된 사실을 부정해서는 아니된다.
120. 시청자가 뉴스와 혼동(混同)할 수 있는 표현은 하지 말아야 한다. 특히 뉴스 프로그램 안의 광고는 프로그램 내용과 분명히 구별되는 것이어야 한다.
121. 통계, 전문용어, 문헌 등을 인용, 실제 이상으로 과학적(科學的)인 것 같은 느낌을 줄 수 있도록 만들어져서는 안된다.

ⅩⅥ. 의료시술(醫療施術), 약품(藥品), 화장품(化粧品)의 광고

122. 의료, 의약품, 의약부외품, 의료용구, 화장품 등의 광고로 의사법(醫師法), 의료법, 약사법(藥師法) 등에 저축되는 것은 취급하지 말아야 한다.
123. 의료시술(醫療施術)의 광고는 의료시술법에 의해 규정된 진료과목의 한계를 넘어서는 안된다.
124. 의료시술(醫療施術)의 광고는 일반의사(一般醫師)나 치과의사(齒科醫師)의 기능, 치료방법, 경력, 학위 등에 관한 사항을 포함해서는 안된다.

125. 의료품(醫療品)의 안정성(安全性)이나 효능에 대해 최상급 표현이나 이와 유사한 표현을 써서는 안된다.
126. 약품과 화장품의 효능에 대한 표현은 법(法)에 의해 허용될 수 있는 것이어야 한다.
127. 의료시술 및 약품광고에서의 표현은 불안, 공포 또는 지나친 약관(樂觀)을 야기시켜서는 안된다.
128. 약품, 의료부외품, 의료용구, 화장품에 대해 의사, 약사 또는 미용사가 말하는 증언식광고(證言式廣告)는 취급하지 말아야 한다.
129. 상품(賞品)으로 약품(藥品)을 제공하는 광고는 원칙적으로 취급하지 않아야 한다.

XVII. 금융(金融)과 부동산(不動産)의 광고

130. 금융업의 광고로서 업자의 실태, 서비스내용이 시청자의 이익에 반(反)하는 것은 취급하지 아니한다.
131. 불특정 다수인에게 미확정적(未確定的)인 이익(利益)을 약속하는 광고와 그와 같은 암시로 투자(投資)를 권유하는 광고는 취급하지 않아야 한다.
132. 주택사업법(住宅事業法)과 건설법(建築法)에 의해 정당하게 등록되지 않은 기업(企業)의 광고는 접수(接受)하지 않아야 한다.
133. 투자의 익(益)을 과장하는 경향이 있고 시청자를 오도(誤導)하는 표현을 쓴 부동산(不動産) 광고는 취급하지 않아야 한다.
134. 현행 법규(法規)에 위배되거나 그 내용이 확인될 수 없는 부동산 광고는 취급하지 않아야 한다.

XVIII. 광고방송(廣告放送) 시간(時間)에 관한 기준(基準)

135. 상업광고(商業廣告)의 메시지는 다음과 같이 분류(分類)되어야 한다: 프로그램광고, 참여광고, 스파트광고, 안내광고

라디오

136. 프로그램광고는 다음과 한정되어야 한다. 뉴스프로그램과 5분내 길이의 프로그램에서의 광고는 개개(個個)의 방송국(放送局)이 결정하여야 한다.

5분짜리 프로그램	광고시간 : 1분
10분짜리　〃	〃　　　: 2분
15분짜리　〃	〃　　　: 2분 30초
20분짜리　〃	〃　　　: 2분 40초
25분짜리　〃	〃　　　: 2분 50초
30분짜리　〃	〃　　　: 3분
30분이상의 프로그램	방송시간의 10%

1) 프로그램 안에서 말, 음악, 효과음 그리고 노래 광고(멜로디만 나오는 것도 포함해서)와 광고목적(廣告目的)의 고지사항(告知事項)은 상업광고(商業廣告)로 간주되어야 한다.
2) 공동제공이나 연대광고(連帶廣告)는 프로그램광고의 초수(秒數)에 포함되어야 한다.

137. 한 프로그램에 들어가는 참여광고(參與廣告)의 길이는 다음과 같아야 한다.

10분짜리 프로그램	참여광고 : 2분
15분짜리　〃	〃　　　: 2분 40초
20분짜리　〃	〃　　　: 3분 20초
25분짜리　〃	〃　　　: 3분 40초
30분짜리　〃	〃　　　: 4분
상기(上記)와 다른 프로그램에 들어가는 광고(廣告)는 각 방송국(放送局)에 의해 결정(決定)되어야 한다.	

138. 안내광고의 길이에 관한 기준은 개개의 방송국(放送局)이 결정해야 한다.

TV

139. 주당(週當) 광고총량(廣告總量)은 안내광고를 포함하여 전체 방송시간의 18% 이내(以內)이어야 한다.

140. 프라임타임이 프로그램광고(廣告)와 참여광고(參與廣告)에 대한 시간기준은 다음을 초과하면 안된다. 그리고 다른 시간에도 이 두 종류의 광고는 다음의 기준에 따라 결정되어야 한다. 그러나 스포츠프로와 특별행사프로에 삽입된 광고

는 개개(個個)의 방송국(放送局)에 의해 결정되어야 한다.

5분미만의 프로그램	광 고 : 1분
10분 〃 〃	: 2분
20분 〃 〃	: 2분 30초
30분 〃 〃	: 3분
40분 〃 〃	: 4분
50분 〃 〃	: 5분
60분 〃 〃	: 6분

60분을 초과하는 프로의 광고(廣告)는 상기(上記) 기준에 따라 정해야 한다.

* 프라임타임이란 오후 6시에서 11시 사이의 연속적인 3시간 30분간을 말한다.

1) 프로그램광고는 음성(말, 음악, 효과음)과 화상(특수한 기술적효과)을 포함해야 한다.
2) 광고효과(廣告效果)를 갖는 배경, 도구, 의상, 음성(말, 음악) 등은 광고시간의 일부라고 생각되어야 한다. 그러나 그런한 것들이 연출상의 필요한 요소라면 광고(廣告)로 간주되어서는 안된다.

141. 이중(二重)인화기법이 광고(廣告)로서 사용되어서는 안된다. 그러나 스포츠나 특별행사프로에서의 이중인화기법의 광고는 각(各) 방송국(放送局)의 구체적 기준에 따라 결정되어야 한다.

142. 스파트광고(廣告)에 대한 기준은 다음과 같아야 하지만 영화에 있어서의 음향에 대한 기준은 일본민간방송연맹(日本民間放送連盟)의 기술 수준에 따라야 한다.

| 스파트의 종류 | 음 향 | |
	시 간	음 절
5초	3.5초 이내	21
10초	8초 〃	48
15초	13초 〃	78
20초	18초 〃	108
30초	28초 〃	168
60초	58초 〃	348

상기(上記) 언급내용 이외의 것은 각 방송국(放送局)이 정해야 한다.

143. 안내광고는 각 방송국이 결정해야 한다.

□ 역자소개

이창근
서울대 서양사학과 졸업
미국 캘리포니아 버클리대학 정치학과 졸업
미국 위스컨신대학원 저널리즘 석사
동 대학원 매스커뮤니케이션 박사
현재 광운대학교 신문방송학과 부교수
논저「한국 방송체제의 한 모형」외 논문 다수.

김광수
서울대 영어교육과 졸업
서울대 신문학 석사
미국 미시건대학 광고학 석사
미국 코네티컷대학 마케팅 커뮤니케이션 박사
현재 광운대학교 신문방송학과 부교수
논저「TV 광고효과의 모델」외 논문 다수.

일본의 방송제도   한울아카데미

1994년 10월 26일 초판 인쇄
1994년 11월 3일 초판 발행

지은이   카타오카 토시오
옮긴이   이창근, 김광수
펴낸이   김종수
펴낸곳   도서출판 한울
    주소 120-180 서울특별시 서대문구 창천동 503-24
        (휴암빌딩 201호)
    전화 326-0095(대표)
    팩스 333-7543
    등록 1980. 3. 13. 제14-19호
ⓒ 방송문화진흥회, 1994. Printed in Korea.
ISBN 89-460-2147-0   94330

* 값 9,000원